日本藏汉籍善本研究

严绍璗文集 卷四

严绍璗 著

北京大学出版社
PEKING UNIVERSITY PRESS

　　严绍璗1940年生于上海市。北京大学教授,北京外国语大学荣誉教授。北京大学比较文学与比较文化研究所所长(1998—2014)、北京大学中文系学术委员会主任(1998—2014)、国际比较文学协会东亚研究委员会主席(2000—2004)、北京大学东方文学研究中心研究员、学术委员会主任(2010—2018)、中国比较文学学会副会长兼学术委员会主任,全国古籍整理与出版规划领导小组成员、国际中国文化研究学会名誉会长。日本京都大学、佛教大学、文部省国际日本文化研究中心客座教授。先后获得北京大学人文社科研究成果奖(多次)、亚洲太平洋出版协会(APPA)学术类图书金奖、北京市第十届哲学社会科学优秀成果一等奖、教育部第五届人文社会科学研究优秀成果一等奖、2010年获日本第二十三届"山片蟠桃奖",2015年获首届"中国比较文学终身成就奖",2016年获首届"国际中国文化研究终身成就奖"等。

1994 年与中西进教授

目录

汉籍的外传与文明的对话 …………………………………………………… 1
在皇宫书陵部访"国宝" ……………………………………………………… 7
  1. 宋淳熙年间种德堂刊本《春秋经传集解》三十卷
     宋嘉定九年兴国军学刊本《春秋经传集解》三十卷 ………………… 11
  2. 唐人文集宋刊本《寒山子诗集》二卷《丰干拾得诗》一卷 ………… 21
  3. 宋端平年间初刊初印本《诚斋集》一百三十三卷
     宋初刊初印本《诚斋先生南海集》八卷 ………………………………… 23
  4. 宋刊本《崔舍人玉堂类稿》二十卷并《崔舍人附录》一卷
     《崔舍人西垣类稿》二卷 ………………………………………………… 27
  5. 宋刊本《景文宋公集》（残本）三十二卷 ……………………………… 29
  6. 宋明州刊本《六臣注文选》六十卷
     宋赣州刊本《六臣注文选》六十卷 ……………………………………… 30
  7. 宋刊本《诸病源候论》五十卷《序目》一卷 …………………………… 39
  8. 宋刊本《太平圣惠方》（残本）四卷 …………………………………… 41

9. 宋刊本《魏氏家藏方》十卷 …… 43

10. 宋刊本《严氏济生方》十卷 …… 43

11. 宋刊本《增广校正和剂局方》（残本）三卷 …… 44

12. 宋代建安励贤堂初刊初印本《新编类要图注本草》
    四十二卷《序例》五卷《目录》一卷 …… 45

13. 宋庆元年间江南西路传运司刊本《本草衍义》二十卷 …… 48

14. 宋绍兴年间东阳崇川余四十三郎宅刊本《初学记》三十卷 …… 51

15. 宋刊本《画一元龟》（残本）八十九卷 …… 54

16. 宋刊本《天台陈先生类编花果卉木全芳备祖》五十八卷 …… 55

17. 宋刊本《论衡》（残本）二十五卷 …… 57

18. 宋人手写本《南华真经注疏解经》三十三卷 …… 59

19. 宋绍兴年间绍兴府华严会刊本《大方广佛华严经》八十卷 …… 62

20. 宋开元寺刊本《毗庐大藏》六千二百六十二卷
    《字音帖》五百三十卷 …… 64

21. 明万历年间官刊本《道藏经》四千一百十五帖 …… 73

附录：正仓院访藏"国宝" …… 75

在国会图书馆访"国宝" …… 80

1. 宋刊本《春秋经传集解》三十卷 …… 82

2. 宋刊本《礼记》 …… 83

3. 宋刊本《大宋重修广韵》五卷 …… 86

4. 宋刊本《姓解》三卷（日本重要文化财） …… 88

5. 宋刊本《山家义苑》（残本）一卷 …… 90

6. 宋刊本《无文印》二十卷《和尚语录》一卷 …… 92

7. 宋绍兴年间刊本《古尊宿语录》（残本）五集（不分卷）
   宋嘉熙年间刊本《古尊宿语录前集》四策《续集》六策 …… 94

8. 明人纂修明刊本中国方志 79 种 …… 99

在日本国家公文书馆访"国宝" …… 114

1. 宋刊本《周易新讲义》十卷（日本重要文化财） …… 122
2. 宋刊本《庐山记》五卷（日本重要文化财） …… 122
3. 宋刊本《史略》六卷（日本重要文化财）
   宋刊本《子略》三十六卷（日本重要文化财） …… 123
4. 宋刻宋印本《增广司马温公全集》（残本）存九十五卷 …… 125
5. 宋刊本《东坡集》（残本）二十三卷（日本重要文化财） …… 126
6. 宋刊本《类编增广颖滨先生大全文集》
   一百三十七卷（日本重要文化财） …… 128
7. 宋刊本《豫章先生文集》卷（日本重要文化财） …… 130
8. 宋刊本《平斋文集》三十二卷（日本重要文化财） …… 130
9. 宋乾道年间高邮军学刊本《淮海集》四十卷
   《淮海居士长短句》三卷《淮海后集》六卷 …… 130
10. 宋刊本《东莱先生诗集》二十卷 …… 131
11. 宋乾道五年黄三八郎《钜宋广韵》五卷（日本重要文化财） …… 132
12. 元至治年间建安虞氏所刊《全相平话》五种（日本重要文化财） …… 133
13. 明人戴金藏明刊本"集部"自题"识文"九种 …… 134
14. 明人徐𤊹藏明刊本自题"识文"三种 …… 136
15. 明人王人鉴藏明刊本《读杜愚得》自题"识文"一种 …… 138

在东京国立博物馆访"国宝" …… 141

1. 唐人写本《王勃集》（残本）二卷（日本国宝） …… 142
2. 唐人写本《碣石调·幽兰（依兰）》第五（日本国宝） …… 144
3. 唐人写本《古文尚书》（残卷）一卷（日本国宝） …… 146
4. 唐人写本《史记集解》卷第二十九（日本重要文化财） …… 147
5. 唐长寿三年李元惠写本《妙法莲华经》七卷（日本国宝） …… 150
6. 9世纪日本僧人智证大师园珍访问中国
   "验关证书"（原件七函）（日本国宝） …… 152

7. 北宋禅僧圜悟克勤赠日本僧虎丘绍隆"印可状"一幅
   （日本国宝）……………………………………………… 153
8. 南宋禅僧大慧宗杲致无相居士书简一函（日本国宝）…… 154
9. 南宋禅僧无准师范致日本禅宗名师圣一国师书简一函
   （日本国宝）……………………………………………… 155
10. 禅僧虚堂智愚赠日本禅师无象静照"法语"一幅（日本国宝）… 155
11. 元人冯子振题赠日本僧人元隐元晦七言绝句三首亲笔墨函
    （日本国宝）……………………………………………… 156
12. 元代禅僧了庵清欲自题"法语"墨函（日本国宝）………… 157
13. 日本平安时代日人手写唐人魏徵《群书治要》（残本）十三卷
    （日本国宝）……………………………………………… 158

在东洋文库访"国宝" ………………………………………… 161

1. 西藏藏经《丹珠尔》一部103帙蒙古藏经《甘珠尔》一部102帙
   《母珠尔》一部225帙 蒙文佛经225种满族镶红旗文书2402函 … 163
2. 唐人写本《毛诗诂训传》（残卷）卷第六（日本国宝）…… 164
3. 唐人写本《隶古定本尚书》（残卷）三卷（日本国宝）…… 166
4. 宋刊本《仪礼》（残本）九卷 ………………………………… 170
5. 唐人写本《礼记正义》（残卷）第五（日本重要文化财）… 171
6. 宋绍定年间刊本《乐善录》十卷（圆尔辨圆携带回国本）… 174
7. 明人写本《永乐大典》（残本）六十三卷 …………………… 175
8. 关于东洋文库的研究部 ………………………………………… 181

在足利学校遗迹图书馆访"国宝" …………………………… 185

1. 宋刊本《周易注疏》十三卷（日本国宝）…………………… 189
2. 宋刊本《尚书正义》二十卷（日本国宝）…………………… 192
3. 宋建安刊本《周礼》（郑氏注）十二卷（日本重要文化财）… 195
4. 宋刊本《礼记正义》七十卷（日本国宝）…………………… 197
5. 宋明州刊本《文选》三十卷（六家注本）（日本国宝）…… 200

6. 宋一经堂刊本《附释音春秋左传注疏》六十卷
  （日本重要文化财） ……………………………………………… 201

在金泽文库访"国宝" ……………………………………………… 204

1. 宋嘉定十年刊《（大宋）嘉定十一年具注历》（残本）一叶 …… 209
2. 宋刊本《元氏长庆集》（残本）一卷 …………………………… 210
3. 10世纪写本《文选集注》（残本）十八卷（日本国宝） ………… 210

在静嘉堂文库访"国宝" …………………………………………… 213

1. 北宋刊本《白氏六帖事类集》三十卷（日本重要文化财） …… 216
2. 北宋刊本《李太白文集》三十卷（日本重要文化财） ………… 221
3. 南宋刊本《王右丞文集》十卷（日本重要文化财） …………… 224
4. 南宋刊本《唐百家诗选》（残本）十卷（日本重要文化财） …… 227
5. 南宋刊本《三苏先生文粹》七十卷（日本重要文化财） ……… 229
6. 宋蜀刊大字本《周礼郑注》（残本）二卷（日本重要文化财） … 232
7. 宋刊本《说文解字》十五卷（日本重要文化财） ………………… 234
8. 南宋刊本《尔雅疏》三卷（日本重要文化财） …………………… 237
9. 南宋刊本《大宋重修广韵》五卷（日本重要文化财） …………… 240
10. 南宋初绍兴年间湖北提举茶盐司刊本《汉书》一百卷
    （日本重要文化财） ……………………………………………… 241
11. 南宋初期浙中刊本《吴书》（专刻本）二十卷
    （日本重要文化财） ……………………………………………… 243
12. 北宋嘉祐刊南宋配补本《唐书》（残本）一百九十七卷
    （日本重要文化财） ……………………………………………… 247
13. 宋刊本《致堂读史管见》八十卷 ………………………………… 250
14. 宋绍兴年间浙东茶盐司刊本《外台秘要方》四十卷
    （日本重要文化财） ……………………………………………… 252
15. 宋刊元明配补本（黄荛圃手识本）《孙真人备急千金要方》三十卷
    《首》一卷 ………………………………………………………… 256

16. 宋刊本《锦绣万花谷》（残本）二卷（日本重要文化财）……………261
17. 南宋宁宗年间刊本《南华真经注疏》（残本）五卷
　　（日本重要文化财）………………………………………………264
18. 北宋刊本《册府元龟》（残本）四百七十八卷 ……………………266
19. 宋庆元三年建安余氏刊本《（重修）事物纪原集》二十卷 ………271
20. 南宋嘉定年间刊本《历代故事》十二卷（日本重要文化财）……273
21. 南宋年间刊本《名公书判清明集》（残本）（日本重要文化财）…274
22. 宋人笔记宋刊六种 ……………………………………………………275
23. 元人《文集》元刊本十种 ……………………………………………280

在杏雨书屋访"国宝" …………………………………………………288
1. 唐人写本《说文解字》（残卷）"木部"一百八十八字
　　（日本国宝）………………………………………………………293
2. 宋绍兴年间刊单疏本《毛诗正义》（残本）三十二卷
　　（日本国宝）………………………………………………………295
3. 北宋刊南宋补本《史记集解》（残本）六十九卷（日本国宝）……296
4. 宋刻眉山版"七史"与元刻路学版"六史" …………………………297

在天理图书馆访"国宝" ………………………………………………300
1. 宋刊本《刘梦得文集》三十卷（日本国宝）…………………………303
2. 宋刊本《欧阳文忠公集》一百五十三卷（日本国宝）………………305
3. 宋刊本《通典》（残本）一百六十九卷 ………………………………306
4. 宋刊本《白氏六帖事类集》（日本崇兰馆旧藏）（日本重要美术财）
　　宋刊本《白氏六帖事类集》（清人季振宜旧藏）
　　（日本重要文化财）………………………………………………308
5. 宋刊本《豫章黄先生文集》（残本）十六卷《外集》（残本）六卷
　　（日本重要文化财）………………………………………………308
6. 宋刊本《搜神秘览》三卷（日本重要文化财）………………………311
7. 宋刊本《新编醉翁谈录》十集（日本重要文化财）…………………312

8. 元刊全相本《至元新刊全相三分事略》三卷 ……312
9. 明刊本《三遂平妖传》二十回本 ……313
10. 明人明刊本通俗小说二十六种 ……315
11. 明人写本《永乐大典》（残本）十六卷（日本重要美术财）……327
12. 西班牙传教士J.G.门多萨的《中华帝国史》……329

在尊经阁文库访"国宝" ……331

1. 11世纪至14世纪写本《玉烛宝典》（残本）十一卷 ……334
2. 日本六条天皇仁安三年（1168）丹波氏家写本之转写本《黄帝内经太素》（残本）一卷（日本重要文化财）……335
3. 北宋刊本《重广会史》一百卷 ……337
4. 宋刊本《冲虚至德真经》八卷 ……338
5. 宋刊本《世说新语》……339
6. 宋临安陈宅经籍铺刊本《宾退录》十卷 ……339
7. 历代兵书明刊本五十四种 ……341

在御茶之水图书馆访"国宝" ……347

1. 唐人写本《大般涅槃经集解》（残本）一卷（日本重要美术财）……349
2. 唐人写本《菩萨藏阿毗达摩古迹之记》（残本）一卷（日本重要美术财）……350
3. 8世纪日人写本《维摩诘经》（残本）一卷（日本重要美术财）……350
4. 唐人写本《妙法莲华经》（残本）一卷 ……351
5. 宋刊本《大智度论》一百卷 ……352
6. 宋两浙转运司刊本《大方广佛华严经疏》（残本）三卷 ……353
7. 宋刊本《物初剩语》二十五卷《物初和尚语录》（不分卷）（日本重要美术财）……356
8. 宋刊本《虚堂和尚语录》三卷、《续辑》一卷 ……358
9. 宋刊本《重刊古尊宿语录》（不分卷）（日本重要美术财）……359
10. 宋湖州刊本（思溪版）《一切经》（残本）三百十七帖 ……361

11. 宋刊本《北磵诗集》九卷（日本重要美术财） …… 367

　　12. 宋刊本《新雕大唐三藏法师取经记》三卷（日本重要美术财） … 369

在真福寺访"国宝" …… 372

　　1. 唐人写本《翰林学士诗集》（残本）一卷（日本国宝） …… 375

　　2. 8世纪日人写本《汉书·食货志》（残本）一卷（日本国宝） …… 376

　　3. 宋刊本《新雕中字双金》一卷（日本重要文化财） …… 376

　　4. 宋刊本《绍圣新添周易神煞历揔王篇》一卷（日本重要文化财） …… 378

　　5. 宋刊本《礼部韵略》（残本）三卷（日本重要文化财） …… 378

　　6. 宋刊本《广韵》（残本）一卷（日本重要文化财） …… 379

　　7. 宋刊本《大宋僧史略》三卷 …… 383

在石山寺访"国宝" …… 385

　　1. 唐人写本《玉篇》（残卷）一卷（日本国宝） …… 388

　　2. 唐人写本《释摩诃衍论》五帖（日本国宝） …… 390

　　3. 奈良时代日人写本《史记》（残本）二卷（日本国宝） …… 391

　　4. 奈良时代日人写本《汉书》（残本）二卷（日本国宝） …… 392

　　5. 平安时代初期写本《春秋经传集解》（残本）二卷（日本国宝） … 392

在东福寺访"国宝" …… 394

　　1. 宋刊本《太平御览》一千卷、《目录》十五卷（日本国宝） …… 396

　　2. 宋刊本《释氏六帖》（义楚六帖）十二卷（日本国宝） …… 399

　　3. 宋开元寺刊本《毗庐大藏》 …… 400

　　4. 宋刊本《佛鉴禅师语录》三卷（日本重要文化财） …… 401

　　5. 1241年日僧圆尔辨圆自中国携回佛学经典宋刊本举例十种 …… 401

在日光轮王寺天海藏访"国宝" …… 405

　　1. 明人安少云尚友堂刊本《拍案惊奇》四十卷 …… 408

　　2. 明刊本《新编东度记》二十卷一百回 …… 409

　　3. 明万历年间刊本《金瓶梅词话》一百回本 …… 410

　　4. 明刊本《新刻出像官板大字西游记》 …… 412

5. 明万历年间余象斗双峰堂刊本
 《京本增补校正全像忠义水浒志传评林》二十五卷 …………… 413
6. 明人明刊本《圣水纪言》一卷 …………………………………… 415
7. 明人文集明刊本四种 ……………………………………………… 416
8. 金刊本《广韵》五卷 ……………………………………………… 418

附录一 …………………………………………………………………… 419
附录二 …………………………………………………………………… 421

"严绍璗文集"总目录 …………………………………………………… 428

汉籍的外传与文明的对话[①]

袁行霈教授和北大国学院国际汉学家培养基地提供这样一个讲坛，使我有机会把自己关于这一领域的一些思考提出来向各位请教。

今天的话题，我想说的是：汉籍的外传与文明的对话。

我国的汉文典籍，自上古以来就开始在域外流布。这里说的"域外"，当然是一个在特定时空中具有能动性的范畴。大约从北宋的时候，中国的文人开始获得一些在日本留存的前代汉籍的信息；18世纪后期开始，出现了专门性的域外汉籍的报告；一直到当代，域外关于汉籍的信息已经为学术界高度瞩目。

目前，我国学术界关于域外汉籍范畴中"汉籍"概念的界定，有多种表述，作为学者个人，仁者智者，皆可以自以为学，不必也不可能有一个"法定"的界定。我今天在这里说的域外汉籍，指的是自上古以来由中华作者运用汉字汉文撰写的文献典籍，无论在流布层面上还是在调查研究层面上，它们事实上构成域外汉籍的主体。

---

① 本文为2010年11月13日在北京大学国学院国际汉学论坛上的讲话。

近30多年来，随着中国人文学术的发展与繁荣，域外汉籍的调研已经具有相当的规模。由于国际汉学或国际中国学研究的发达，从事域外汉籍的调查研究工作者，不管自己的状态如何，几乎都把自己的工作归入到国际汉学或国际中国学的学术中。

我个人对于国际汉学和国际中国学研究价值的理解在于两个层面。一个是关于基础性研究的层面，一个是关于终极性研究的层面。

从基础性研究的层面来说，我们的研究在于希望通过对这一学术的阐释，展现世界学者对于中国文化所表现出的理解和智慧，把握这些文化学术智慧可以使我们集思广益，更加深入地推进对自身民族文化的理解和研究。从学术的广谱意义上说，这一价值的追求多少带有工具论的性质。这些年主要是由上海学者提出的"批判的中国学"研究，以及由厦门学者提出的所谓"汉学主义"的感叹等，其实都是在这一层意义上展开的。

第二层面是，我们这个学术，我个人认为还应该具有终极性的价值追求。中国文化作为人类总体文明形成和发展中的重要组成成分，它不仅仅以自己整体的形态展现于世界文明之中，而且也在于它在域外以多元形态的流布，介入相关区域各个不同族群和各个不同民族在"特定时空"中的"他们"的文明的形成与发展的过程。我们现在完全有信心、有把握地说，在人类总体的文明中，我们事实上已经可以在若干主要的文明形态中解析出其中所包含的中华文化成分。揭示中华文化自古以来走向世界的文化踪迹与它们在特定时空中表现出的价值意义，在世界人类总体文明中的相应部位中阐述其中内含的中华文化的各种因素，从而在更加深刻的意义上展示中华文化所具有的世界历史性价值，还原人们认识不清楚的，特别是被不少欧美学者及其在世界各处的追随者们搅乱的世界文明史的事实本相，我以为这就是我们国际汉学和国际中国学所承担的终极性的学术目标。域外汉籍的调研必须紧紧地扣住这一学术本质性的要求，这就是域外汉籍的调研必须紧紧地在世界文明的发展中与相应的文明对话连接在一起。否则就会失去域外汉籍调研的本体性文化学术意义。

我们确认这样的学术追求，是因为在数十年的这一学术研讨中，我们逐步地开始意识到，并且在世界文明中已经捕捉到国际汉学或国际中国学这一学术形成的基本价值。所以，确认这一学术目标，不过是还原这一学术的本质而已。域外汉籍正是自古以来担当着中华文化走向世界的中间桥梁的价值作用。

国际汉学或国际中国学的形成，当然是以中华文化的域外流布作为基础的。从世界文明史考察，异质文化之间的文化流动，至少存在三种基本形态，一种是人种的流动，一种是器物的流动，一种是文献典籍的流动。这三种形态，它们可能是"共生"的，也可能是"单独"的。它们进入域外，与域外本土文本化之间的多元形态的碰撞、接触、分解、融合等等，都可以称之为"不同文明之间的对话"。无数文明的对话构成中华文化透入世界文明的桥梁，在多个层面中造就了世界文明史辉煌的成就。

从现有的研究成果中可以获知，在各种文明的对话中，由文献典籍的流布所创造的文明的对话，最为广泛、最为深入、最为持久，由此而在世界相关地区、民族和国家中，参与创建人类文明的价值力量，也最为丰厚。基于这样最基本的文化体悟，从20世纪80年代中期以来，我尝试进行日藏汉籍的调研，在相对意义上说，20余年中这一域外汉籍的调研获得了关于中华文化透入日本文明史发展的基本线索。我国东亚学著名学者王勇教授十数年来一直创导研究"书籍之路"，其文化学的价值也在于此。

从这样的文化学视野来认识中华文化的世界性历史价值意义，在研究中我们可以以"器物文明对话"为主体的"丝绸之路"与以"典籍文明对话"为主体的"书籍之路"作为经典形态的"标准件"进行一些形而上的比较，由此大致可以考察它们承载的文化能量所表述的成果。"丝绸之路"承载的中华文化史是极为辉煌的，经由中亚一直到达欧洲。但是如果与"汉籍之路"对亚洲东部的朝鲜半岛、日本列岛和中南半岛的东部区域所产生的文化价值相比较而言，则东亚的这些区域，它们各自以自身生存的哲学精神为本体，在与汉字为基础、以汉籍为载体中华文化的对话中创生了"东亚古代文明共同体"，成为世界上最古老的文明体中一直具有生命力的唯一经典，成为世界文明史上无与伦比的景观。"书籍之路"在世界文化史和文明史上所生成的价值成果更是透入相关区域的相关层面的骨髓之中。这当然是在极端的意义上作出的判断，但它对于我们认知文献典籍的世界性流动在世界文化与文明构建与发展中的价值具有相当的思考意义。

到目前为止的各种研究，揭示出中华文化参与欧洲文明的创建，大约起始于16世纪大航海之后，这是在"丝绸之路"开通之后许多年才展现的欧洲文明进程中的新现象。欧洲文明史进程中这一重大时期的到来，则是通过来华的商人、探险家，特别是传教士逐步向欧洲传递了中华文化特别是以儒学为核心的汉籍文典，并经由它们作为"言说"之后才得以实现的。这里说的"参与欧洲文明的创建"指的是现在可以在欧洲文明中揭示出其中内含的若干文化元素是与中华文化密切相关联的，并且依照跨文化研究中的文化发生学的途径可以大致还原出这些元素的中华文化的本相。例如我们可以在欧洲多形态的启蒙思想中，揭示并还原出若干以儒学为核心的文化成分参与构建当时欧洲反对神学的理性精神的建设。以儒学为核心的中华文化之所以可能参与欧洲启蒙思想的建设，其主要的文化通道则在于通过相应的汉籍在欧洲的传递，并通过一系列的中间言说而与当时的欧洲思想家进行对话而得以实现。

这样的比较可能很形而上，也有许多学者不同意，但文明史进程的事实却对我们从事sinology研究，特别是对域外汉籍的调研提供了这样极为生动的启示和提示——汉籍的域外流布在人类文明的进程中具有何等重大的价值意义！

同样的启示与提示也存在于东亚和东南亚的宗教文化构建中。佛教在东亚的传递，是以汉传佛教为主体的，也就是说，佛教经典文本是以汉文译本为绝对媒介进入朝鲜半岛和日本列岛的，因而，它们在6—8世纪开始就构成古代东亚文明共同体的一个要素层面。但我们还观察到一个极有启示意义的现象，各位知道，东南亚地区的族群，包括南太平洋的一些岛屿族群，他们对伊斯兰教的信仰，事实上也是通过中国，例如以泉州地区为中心的传播而逐步确立的，但是，几乎所有这些伊斯兰教地区，它们都没有能够与中华文化构成更加深入的文化对话，追究其原因，我认为只是因为经由中国传递的伊斯兰教经典文献并不是汉文文本。这种失落了典籍文本的文化传递就不大可能构成有效的文化对话，更不能构筑长效的文化连接。同样文化状态也发生在菲律宾的基督教传播中。我们已经知道，菲律宾的基督教信仰最早是经由在中国的来自南欧的传教士传播的，中国是菲律宾接受基督教的主要中转区，在初始意义上与佛教的布教有相似之处，但它与佛教经由中国向朝鲜半岛和日本列岛的传播不同的是，菲律宾文化与中华文化的对话，事实上极为微弱，这是因为被传递的基督教经典也不是汉文文本。揭示这样的文化状态，或许是对我们关于域外汉籍的调研事实上提供了又一层面的启示与提示。

正是在这样基本的文明史考察的意义上,我们可以明确感知,国际汉学和国际中国学范畴中的域外汉籍,它们与被保存在我们自己国内的文献典籍的文化价值其实是不一样的。域外汉籍既是造就域外汉学家和中国学家的最根本性基础;又是中华文化透入世界文明中最基本的原材料。我们只有认识到域外汉籍是中华文化与世界文化连接的"生命活体",它们是"活物",我们才能把握调查与研究域外汉籍的最本质性价值。依据我本人数十年来对日本藏汉籍调研所获得的基础性体验,我觉得域外汉籍最主要的文化价值意义,并不在于盘点我们在域外保存的"祖传家产",更不必通过调查把它们"运回故里",域外汉籍调研的真正目的和价值在于通过把握域外汉籍与当地国家(民族)的文明的对话,以揭示中国文化走向世界的轨迹。这一基本的学术目标应该成为域外汉籍调研工作的学术切入点与参与这一运作的调研者的基本学术心态。正是在这样的学术意义上,域外汉籍调研应该与在传统意义上的目录学、版本学的调查报道有所区别——这是两个既有联系又具有文化价值要求本质性差别的层面。传统意义上的记账入册式的域外汉籍调研也是需要的,但这仅仅是域外汉籍调研的外围层面和表层运作,如果把它作为终极目标,那就好比是我们在位于北京白石桥的国家图书馆抄书与在北京北海的国家图书馆分馆抄书的价值等同,是谈不上与国际汉学或国际中国学的学术本体有什么联系的。

作为国际汉学或国际中国学的域外汉籍调查与研究,作为一个研究者应该确立的基本学术目标和追求的学术境界,则理应在于阐明汉籍进入域外的途径,理清在此途径上一系列的"言说者"(即以汉学家和中国学家为主体的汉籍文化的传递者和解说者)的文化功能和生存的实际形态,由此而进入对象国(民族)的文化史中阐明由汉籍承载的相关中华文化参与创生世界文明的真实状态,从而展现域外汉籍承载中华文化内蕴的生命力量的真正价值。正是在这样的意义上,才真正体现了域外汉籍调研的学术生命力。

汉籍在域外传播的驱动力,从文明史的总体进程考察,事实上取决于两个基本层面,一个层面是汉籍自身所内聚的价值意义,一个层面是相关族群、民族和国家文化进展中内在的政治、精神文化的诸种需要。

假如以日本前近代社会的状况判断,在上古、中世与近世三个历史时期中,日本社会主体对汉籍文献的感知重点(也即是它们与汉籍承载的文化对话的兴奋点）是很不相同的。上古时期传入日本的汉籍主要是在王朝构架、皇室权威、政治伦理、汉传佛教、六朝与唐代文学等诸层面上展开；中世时期传入日本的汉籍主要是在禅宗信仰、程朱理学、易学、唐宋文学等诸层面上展开；前近代时期传入日本的汉籍主要是在程朱理学、阳明心学、古典儒学、说唱传奇话本文、历代兵学和书画琴棋等诸层面中展开。作为汉学和中国学的域外汉籍研究，其文化价值意义应该就在于此。

  为达到我们现在可以预设的这一研究目标，域外汉籍研究理应在具备我国传统的目录文献学修养的基础上，建立世界文明史的大视野观念，在此大视野中逐步把握汉籍外传的途径；在装备自己具有外传对象国文化知识的基础上，把握对象国汉籍言说者的脉络，由此进入对于对象国文化的发生学层面的解读，从中钩沉出域外汉籍与对象国特定时空中的文化对话成分；在多元对话状态中还原出其中包含的中华文献典籍的原生态。

  以上便是我个人在数十年中对域外汉籍从学术兴趣走向学术理性的一些非常个人化的体验，以此自我归纳为在国际汉学或国际中国学的学术中作为表述域外汉籍研究目的与价值的一种逻辑过程。

  请各位指教！

在皇宫书陵部访"国宝"

日本皇宫内的汉籍收藏,集中于宫内厅书陵部。按照现时日本国民普遍的观念,这些都是皇家的私人图书,不列入日本成千上百个公家和私人藏书机构的行列。自大正年间(1912—1926)开始,由日本国家"文化财保护委员会"(1968年改组为内阁文化厅)审定的属于日本"国宝"的汉籍文献典籍已经有80余种,属于日本文化财的汉籍文献典籍已经有170余种,但宫内厅书陵部的唐钞宋刻,因为是"御物",所以从来也不列入审定的范围之内。

日本宫内书厅陵部特藏的汉籍,是考察汉籍在日本流布的一个极珍贵的宝库。然而,日本宫禁内究竟收藏有多少汉籍?其版本源流与价值究竟如何?学术界仅有一鳞半爪的传闻而亲见者甚少。

从1985年春天起,我在日本国立京都大学人文科学研究所日本学部、日本佛教大学文学部、日本宫城女子大学日本文学部、日本文部省(旧称)国际日本文化研究中心、日本文部科学省等处,任职客座教授。由各方面提供帮助,得以多次访问宫内厅书陵部,获得十分丰富的收获。

我第一次访问宫内厅书陵部,是由国立京都大学介绍,特别是由当时的东京外国语大学教授高桥均（Takahashi Hitoshi）先生为之联络安排的。1985年8月的一天，东京特别热，我是前两天由京都大学赶到东京的。高桥均教授陪同我先在地处千代田区神田锦町的大修馆稍稍休息，这里离宫内厅书陵部已经不远。大修馆是日本著名的出版社之一。高桥先生与大修馆很熟，他们特别让我观看了正在修订的由著名的汉学家诸桥辙次（Morohashi Tetsuji）先生（1883—1982）领衔编辑的《大汉和辞典》工作室。这部文化巨著，还由镰田正（Kamada Tadashi）、米山寅太郎（Yoneyama Torataro）诸位参加，1963年首次由大修馆刊出，其学术声名，即刻蜚声学界。诸桥辙次，米山寅太郎都是20世纪日本著名的汉籍研究家。自70年代以来，大修馆几乎每年对《大汉和辞典》修订再版，故有专门的修订工作室。工作间里有一个占据全室五分之四空间的工作平台，上面铺满了文稿。细看铺在桌子上的文稿，挖补填充之处甚多。满室肃静，静静中却有许多紧张感，但又让人觉得，一切紧迫而有条理。文稿浩瀚而堆放极为整齐，不像我曾经看见过的编辑室，书籍报刊狼藉满屋，胡乱堆积至屋顶，在岌岌可危中躬身坐着勤劳的编辑。后来想起这个访书前这个小插曲，或许暗示了某些机缘。在宫内厅书陵部访书后不久，仍然是由高桥均教授安排，我有幸在静嘉堂文库拜见了这部《大汉和辞典》的编著者米山寅太郎先生。更有趣的是，十年之后，即1995年，由中日双方五十余位学者参加编著的《中日（日中）文化交流史大系》十卷的日文版，便是由大修馆出版的。期间我作为中国方面的主编之一（总主编周一良先生，王勇先生与我共同操理具体事务），多次出入大修馆，回想当年第一次到这里参观《大汉和辞典》修订现场，总有一种特别和悦的感觉。

当日9点钟，高桥教授和我在东京都的竹平町与大手町交界处，经过竹桥而到达平川门，对面便是深奥莫测的日本皇宫了。这里有皇家警卫队值岗。他们身穿黑色制服，银色领章，全副武装，在入口处让我们停步，问我们的来意，随即向我们提了些问题，经电话核实无误之后，便发给我们两个人每人一枚菊花佩章，作为通行证。跨进大门，方才喧嚣的世界一下子变得无比寂静，走在发出沙沙声音的细石路上，四周是一片翠绿。我们身佩日本皇家的标志物"菊花"纹章，身边又不时有皇家骑警的摩托车轻轻地驶过，提醒我们当代的天皇就生活在这里，显得十分严肃且略略具有神秘感。我们最后越过莲花濠，走到一座外观平实无华的建筑面前——这就是宫内厅书陵部。在入口处再次被留步查问，所提的问题与刚才在平川门几乎是一样的，门岗手里拿着一张纸条，大概就是方才我们在平川门被查询的回答吧，这次要看看我们回答的是不是一样了。当入口处的先生认定我们就是刚才从平川门进来的那两个人时，问讯就结束了。严肃的气氛突然变得随和热情。我们被延请上二楼（翻新后的书陵部阅览室在一楼），先在会客室里小坐，喝了一杯咖啡，便进入了阅览室。负责我们这一次阅读的森（Mori）先生是一位皇族，他对我说："先生是从大陆来的第一位读者，凡是我们已经编目的任何文献，先生都可以请求。"他递给我两支铅笔和纸，暗示我必须收起自己的文具。我递上已经准备好的书单，戴着白手套的工作人员，用小车把书推出来。在阅读的间隙，森先生又把几种特殊装订的古籍拿出来，很谦虚地说是要向我"请教"，气氛甚为融洽。

20世纪80年代日本皇家警备队对它的造访者这样严格地审查，随着时代的推进，在近二十年来日本社会在国际化潮流中变得松动起来。现在，书陵部的大楼已经翻新，变得很是气派，而皇苑的入门，也显得平静坦然，因为那里已经没有了武装的保卫人员，入口处只有身着便服的和善的看门老人了。而且整个皇苑除了目前皇室成员的起居处之外，已经全部免费向全体国民开放，成为东京都内又一大休闲之处了。当然，到宫内厅书陵部阅览图书，还是需要事先联络，并大致地说明阅读的目的。

宫内厅书陵部以前称为"图书寮"。图书寮是701年（日本文武天皇大宝元年），根据"大宝令"而创建的。所谓的"寮"，在当时是作为中央一级的省的下辖机构。"大宝令"确定了天皇统治下以太政大臣为中心的八省中央官制。图书寮属于中务省（其职掌与中国唐代的尚书省略同），专门从事图书的收集、誊写与保存，以供中央各省查阅。724年，日本圣武天皇敕令"于图书寮所藏佛家及内外典籍、书法、屏风、障子、并杂图绘等，一物已上，自今以后，不得辄借亲王以下及庶民。若不奏闻而借者，本司科违敕罪"。自此以后一千余年间，图书寮的藏书便为历代天皇所独占。8世纪末，在日本惠美押胜（Emi-no-Oshikatsu）政乱时期，图书寮曾一度改称为"内史局"。至江户时代，又转隶由"藏人"管辖，藏人当时执掌宫内机密事务。1884年（明治十七年），日本采用近代官制，图书寮便移至宫内省。第二次世界大战后，日本进行了全面政治机构的改革，宫内官职也有变动。1949年6月1日，图书寮正式移交宫内厅书陵部。

宫内厅是日本内阁中一个特别的职能部门，专事负责天皇家和宫廷事务，书陵部为宫内厅中管辖皇家文献典籍和历代陵墓陵园的一个专门机构，所以称之为"书陵"。其实，一般地说，自平安时代后期以来，日文习惯上把汉文中的"书"称之为"本"，"书店"就被称为"本屋"；而汉文的"书"的意义则指"书法""写字""书法作品"等，可以作名词，也可以作动词。但是日本知识分子仍然愿意按传统典雅的意义，如仿照成书于720年的日本第一部史书《日本书纪》中经常所见的"一书曰""又一书曰"那样的古例，把文献典籍称为"Syo"（书），而不称为"Hon"（本）。所以，日本皇家藏书机关把文献典籍称之为"书"，虽然不合日本习惯语文的意思，却内具汉文的典雅之趣。目前书陵部内设立有三个课（日本现代公务部门中的"课"，大致与中国政府中的"处"的建制和规模相等）。此即"编修课""陵墓课"和"图书课"。编修课负责皇室起居注和实录；陵墓课负责历代陵墓调查和管理；图书课负责皇室公文和图书典籍文献的保管和整理，这里也就是由中国传入日本皇室的汉籍保存之所了。

目前，宫内厅书陵部的汉籍收藏中已经公开的部分，依据我的调查，有唐人写本6种；宋人写本1种，宋刊本72种；元人写本5种，元刊本69种；明人写本30种，明刊本970余种。另有宋版《一切经》一部凡6263帖，明宫版《道藏经》一部凡4115帖，极为气派。此外，尚有朝鲜古刊高丽版汉籍100余种左右，以及许多自奈良时代到江户时代的日本人的汉籍手写本，和自"五山版"以来的"和刊本"汉籍。

宫内厅书陵部所藏汉籍的确切数字，并不完全知晓，因为其中尚有相当的汉籍还要供当今的天皇及其家族阅读披览。目前可以稽核的收藏，主要是由下列各部分组成的：（一）原东山御文库的旧藏，以及皇室手写本为主的历代禁内的图书，这些文献称之为"御所本"，目前公开的约有19426册；（二）原桂宫、伏见宫等亲王家藏书，其中属桂宫家本约有9720册，属伏见宫家本约有1666册；（三）原松冈、毛利德山等江户时代诸大名家（即诸侯）的图书，其中原属松冈家本有和书7550部凡12000册，原属德山家本有汉籍1088部凡20901册，原属纪伊德川家家老水野家本有国土书绘卷815册，原属土佐藩主山内家本有汉籍3763

册；（四）原侯爵家、百爵家、子爵家等公家世袭的图书，其中有原属九条家本约为11889册，原属幕末摄政关白鹰司家本约为7069册，原属伯爵柳原家本约为3668册，原属白川家本约为1128册，原属壬生家本约为410册，原属子爵野宫家本约为932册，原属子爵庭天家本约为1812册；原属伯爵桥本家本1574册，原属子爵藤波家本约为436册，原属侯爵四条家本约为73册，原属子爵高辻家本汉籍949册，原属子爵土御门家本约为503册；（五）德川家康枫山官库的部分收藏，约有2000部凡30000册左右；（六）历代学者的藏书，如原属江户时代儒学家新井白石的和书汉籍凡343册，原属儒学家古贺精里、古贺侗庵、古贺茶溪的汉籍凡14876册，原属汉学家国分高胤的汉籍凡9712册等。

一般说来，凡图书文本上钤有"图书寮藏本""内史局藏本""藏人方藏本""宫内省藏本""宫内省图书寮藏本""宫内厅书陵部藏本"印记者，皆属于宫内厅书陵部的收藏。宫内厅书陵部收藏的汉籍，虽然并不是每一种都是海内孤本，但大多数宋元刊本，还都具有文物与文献诸方面的价值。

中国版刻印刷虽然起源于唐代，但成为大宗生产的印刷物，毕竟是从宋代开始的。一般说来，宋刊本在中国文化史上，无论是在文献学方面，还是在文物学方面，它所具有的价值，历来是无可置疑的。宫内厅书陵部作为中国境外的一个特殊的汉籍藏书机构，所储宋刊本之宏富，已经显示出了它在汉籍流布史上的重要的意义。特别值得注意的是，宫内厅书陵部所蒐储的宋刊本，许多在中国国内已经逸失，这更显示出它在文化学术史上价值了。

1. 宋淳熙年间种德堂刊本《春秋经传集解》三十卷
宋嘉定九年兴国军学刊本《春秋经传集解》三十卷

自孔子定《春秋》为儒学六艺之一，历代诠释，有贾逵、服虔辈出。到晋代杜预撰成《春秋经传集解》三十卷，遂成《春秋》经典文本。在中国文化史上，对《春秋》的流传和研究，具有定鼎之功。然唐代孔颖达作《春秋左传注疏》，列为经书之后，《春秋经传集解》的流传就慢慢疏淡了。清代编纂的《四库全书》"春秋类"中竟然未见列入《春秋经传集解》文本，也已荒谬之极。

今国内存《春秋经传集解》宋刊本九种，表面上还算皇皇大观，然究其实际，存三十卷全本者，仅有国家图书馆内二种，然又不能考其刊刻年代，也不知其刻书之地与刻书之人，统称为"宋刊本"，其余七种皆以残本珍藏。追踪日本收藏的《春秋经传集解》文本，有唐人写本残本一种，今存藤井齐成会有邻馆，被日本文化财保护委员会确认为"日本国宝"。有宋刊本九种，其中，存全书三十卷本者六种，其余有二种各残存十五卷，一种存十六卷。各种文本或刊刻年代可考，或刊刻地区可考，或刊刻者姓名可考，实为研究儒学史、文化史与《春秋》文献学史之大薮。

今宫内厅书陵部所藏宋淳熙三年（1176）闽山阮仲猷种德堂刊《春秋经传集解》三十卷并附《春秋名号归一图》二卷，共十五册。此本为宫内厅书陵部藏《春秋经传集解》三十卷本六种之一。

本文卷首题"春秋经传集解隐公第一"（此本卷五以下皆无"公"字，然卷二十九例外）。题下及第二行、第三行皆低一格附释文注，小字双行。第四行低八格署"杜氏"，又隔两格署"尽十一年"。卷三十尾题后，有"淳熙柔兆涒滩（丙申）阮仲猷种德堂"刊行木记，《刊语》曰：

> 谨依监本写作大字，附以释文，三复校正刊行，如履通衢，了亡室（"室"之误字）碍处，诚可嘉矣。兼列图表于卷首，迹夫唐虞三代之本末源流，虽千岁之久，豁然如一日矣，其明经之指南欤？以是衍传，愿垂清鉴。淳熙柔兆涒滩中夏初吉闽山阮仲猷种德堂刊。

卷首有杜预《春秋序》，直下小字双行注文。第二行低三格，署"唐国子博士兼太子中允赠齐州刺史"，换行仍低三格，题署"吴县开国男陆德明释文附"。次有《春秋经传集解后序》，次《春秋诸国地理图》，次《三皇五帝世系》，次《周及各国世系二十四表图》，次《春秋名号归一图》卷上下，次《春秋始终》，次《春秋传授次序》（此篇尾题为《春秋图说终》），次《诸侯兴废》，次《春秋总例》。以上为第一册。

每半叶有界十行，行十八字。注文小字双行，行二十二字。白口，双黑鱼尾。版心著录"左（几）（叶数）"。注文末以○为标志附释文。左右双边

（15.1厘米×10.4厘米）。

卷中避宋讳，凡"警、弘、殷、匡、筐、恒、贞、徵、琐、桓、构、媾、觏、慎"等字皆缺笔，不避宋光宗以下字讳。

卷三第二十四叶、卷八第二十二叶、卷十六第十二叶，卷二十二第十四叶、卷二十九第三叶皆后人写补。卷十第十内半叶缺失。卷中间有朱笔点。

每册首有"秘阁图书之印"，卷九首又有"纯武堂"印记。

此本原为纯武堂等旧藏。

除宫内厅书陵部外，日本文化厅也收藏有一部宋淳熙三年（1176）闽山阮仲猷种德堂刊《春秋经传集解》，为残本十六卷。此本原系中国莫友芝等所有，后为日人小汀利得所得。

此本今存卷十五至卷三十，凡十六卷，共十六册。卷首部分皆缺佚，然种德堂"刊记"存，《春秋经传集解后序》置于卷末，故亦存。此本卷面清朗，卷中间有朱笔点注。卷中有"莫友芝图书印""莫绳孙印""瑞南""子孙永宝""小汀文库"等藏书印记。此本已被日本文化财保护委员会确认为"日本重要文化财"。

在宋本《春秋经传集解》中，东亚文献学家十分注目于宋嘉定九年（1216）兴国军学刊本。从现有的材料考察，兴国军学刊本是日本版刻史上最早刊刻《春秋经传集解》的祖本，且刻手又是当时在日本的中国元人工匠俞良甫。直到江户时代末期，日本流传的《春秋经传集解》的翻刻本，几乎都是祖源于此兴国军学刊本的。

关于《春秋经传集解》兴国军学刊本的留存状况，据我的调查，国内目前只有中国国家图书馆收藏有一个残本，仅存卷第二十二凡一卷。日本今存《春秋经传集解》兴国军学刊本两套，一套三十卷，存宫内厅书陵部，原中国明代人祝枝山等旧藏；一套残本十五卷，存静嘉堂文库，原中国明清两代人毛晋、汪士钟、陆心源皕宋楼等旧藏。国人所藏珍本，现皆显影于东瀛日本，令人震惊不已。

宫内厅书陵部藏本，首有杜预《春秋左传序》。卷末有《春秋经传集解后序》。本文卷首题"春秋经传集解隐公第一"。第二行低六格署"杜氏"，后题"尽十一年"。

卷末有《经纬识异》四叶。叶后有"经凡一十九万八千三百四十八言"一

行,并"注凡一十四万六千七百八十八言"两行。并有校勘官列衔:

从事郎兴国军判官沈景渊;
迪功郎兴国军军学教授闻人模;
朝奉郎通判兴国军兼管内劝农营田事郑缉;
宣教郎前权发遣兴国军兼管内劝农营田事赵师夏;
奉议郎权发遣兴国军兼管内劝农营田事业叶凯。

卷中避宋讳,凡遇"玄、匡、贞、桢、徵、让、佶、桓、完、瑗、慎、惇、敦"等字皆阙笔。

卷后并有嘉定九年(1216)闻人模《刊记》,其文曰:

  本学五经旧板,乃金枢郑公仲熊分教之日所刊,宋绍兴壬申岁也。历时浸久,字画漫灭,且缺《春秋》一经。嘉定甲戌夏,有孙缉来贰郡,尝商略及此,但为费浩瀚,未易遽就。越明年,司直赵公师夏易符是邦,模因有请,慨然领略,即相与捐金出粟。模亦撙节廪士之余,督工锓木,书将成奏院。叶公凯下车观此,且惜五经旧板之不称。模于是并请于守贰复得工费,更帅主学粮幕掾沈景渊同计,置而更新之。乃按监本及参诸路本,而校勘其一二舛误,并考诸家字说而订正其偏旁点画,粗得大概,庶或有补于观者云。嘉定丙子年正月望日闻人模敬书。

卷中文公十七年以前经文,皆有日人读汉籍古法"乎古止点",宣公年间部分经文也有此点。卷三、卷四、卷二十、卷二十一、卷二十六、卷二十七、卷二十八,系日本后阳成天皇庆长年间(1596—1615)由日人钞补。

此本每半叶有界八行,行十七字。注文小字双行,行数同正文。白口,双黑鱼尾。版心著录"左氏(几)(叶数)"。上象鼻处记大小字数,下象鼻处有刻工姓名。左右双边(21.8厘米×14.8厘米)。原版刻工姓名可辨者有王纯、胡桂、张正、陈正、陈金、邓寿、潘金、余份、刘全等。

此本原系明人祝枝山等旧藏,后入日本金泽文库,又归丰后佐伯藩主毛利高标。为日本中世纪时代金泽文库外流出汉籍之一种。日本仁孝天皇文政年间(1818—1829)由出云守毛利高翰献于德川幕府,藏枫山官库。明治初期经太政官文库而归内阁文库。明治二十四年（1891）移送宫内省图书寮（即今宫内厅书陵部）。

卷首有"井口氏图书""佐伯侯毛利高标字培松藏书画之印"印记。卷尾有"文炳珍藏子孙永保"印记。每册首有"淡南鸐鹨氏之后""秘阁图书之章"印记。第二册首有"床头一壶酒能更几回眠"及"建芳馨兮庑门"印记。又除上述补写七卷外，各卷有"金泽文库"印记，并"枝山""允明"二印记。

杨守敬《日本访书志》卷一著录此宋兴国军学刊本并有识文曰：

> （此）盖即毛居正《六经正误》所称兴国本。余以正误所引十三条对校，一一相合。又以山井鼎《考文》照之，则彼所称足利宋本者，亦无一不合。而山井鼎不言是兴国本者，以所见本无末题识数叶耳。按岳氏《九经三传沿革例》称兴国本为于氏所刊。此本并无于氏之名。又称于氏本数叶后附释音，此本无释音。又称于氏本有圈点句读并点注文，此本无句读。则非于氏本无疑。盖兴国旧板，始于绍兴郑仲熊，只有五经，闻人重刊《左传》，并修他板，亦只五经。于氏始增刊九经，其五经经注文字，虽仍旧本，而增刻释文句读。故同为兴国本而实非一本也。岳氏既称前辈以兴国于氏本为最善，而又议于氏经注有遗脱。余尝通校此本，则经注并无遗脱。或于氏重刊此书，失于检照而有遗脱耶？且尝以岳本互勘，皆此本为胜。不特岳本，凡阮氏校勘记所载宋本，亦均不及之，然则今世所存宋本《左传》，无有善于此者。余在日本，曾劝星使黎公刻之，以费不足而止。窃羡闻人以校官怂恿当事者，既刻此书又修五经板。余亦校官，携此书归来数年，口焦唇乾，卒无应之者。古今人不相及，读闻人跋，弥滋愧已。①

杨守敬此言，评之中肯，拳拳之心，亦溢于言表，惟《释文》中所言"携此书归来数年"，不知所指何物。此本既然已"藏枫山官库"，杨氏又何以能携此书归返中国？存疑。其后，傅增湘氏日本访书，于帝室图书寮复见此本，著录于《藏园群书经眼录》卷二，称此本"版阔字大""古劲疏朴"云云。

与宫内厅书陵部所藏此本宋兴国军学刊《春秋经传集解》本为同一版本者，今静嘉堂文库还有一个残本保存。此残本今存十五卷分装十五册。存本卷目

---

① 杨守敬撰：《日本访书志》，光绪三十三年（1907）。

如下：

宣上（第十卷）	襄二（第十五卷）	襄三（第十六卷）
襄四（第十七卷）	襄五（第十八卷）	襄六（第十九卷）
昭元（第廿卷）	昭四（第廿三卷）	昭五（第廿四卷）
昭六（第廿五卷）	昭七（第廿六卷）	定上（第廿七卷）
定下（第廿八卷）	哀上（第廿九卷）	哀下（第卅卷）

卷三十末有《春秋经传集解后序》及经注字数，然原书所列官衔及闻人模《跋文》皆已经缺失。

卷中有"汲古主人""宋本""毛氏子晋""毛晋之印""汪士钟印""三十五峰园主人""归安陆树声藏书之记"等印记。

傅增湘曾在日本面见此书，《藏园群书经眼录》卷一著录此本，并谓"此书陆心源氏定为大字建本，以余观之，即兴国军学刻本，与帝室图书寮本同，间有异者，则为补刊版"①。

自13世纪以来，日本覆刊佛学之外的"外典"文献日渐发达。14世纪中期覆刻宋兴国军学刊本。此本每半叶八行，注文双行，经传文与注文行皆十七字。中国元代渡日刻工俞良甫在日本京都嵯峨以传入的宋兴国军学刊《春秋经传集解》本为祖本，重新刻刊。世称"五山版"《春秋经传集解》本，为日本"和刊本"《春秋经传集解》之翘首。以后日本所刊印的《春秋经传集解》，几乎都以此本为祖本。其中主要的古刊本有：

（1）16世纪末叶刊本。此本系活字刊本，每半叶八行，行十七字。四周双边，黑口。版心题"左氏（卷数）"，下记叶数。足利学校遗迹图书馆藏此本，有墨书识文曰："奥之会津人宗祥藏主入杏坛称津梁不幸逝矣，遗此本作当庠什物。庆长十七年壬子闰十月廿七日　庠主 寒松（简体）叟志焉"。此处"庆长十七年"系后阳成天皇年号，即1612年，此书刊年当不晚于此。

（2）明正天皇宽永八年（1631）刊本。

（3）樱町天皇元文二年（1737）刊本。

（4）桃园天皇宝历五年（1755）京师中江久四郎刊本。此本由日人那波师

---

① 傅增湘撰：《藏园群书经眼录》卷一，中华书局，1983年。

曾点。

（5）后桃园天皇安永六年（1777）京都越后屋清太郎—中江久四郎刊本。此本由日人那波师曾校读。其后有光格天皇天明七年（1787）重印本。

（6）光格天皇宽政十二年（1800）大阪米田清右卫门刊本。

（7）光格天皇文化三年（1806）刊本。

（8）光格天皇文化八年（1811）江户前州六左卫门等刊本。此本由日人秦沧浪校。

（9）仁孝天皇文政六年（1823）江都须原茂兵卫等刊本。

（10）孝明天皇嘉永三年（1850）秋田屋太右卫门刊本。此本由日人秦鼎编，秦寿、村濑诲辅校。同年有大阪象牙屋治郎兵卫重印本。

（11）孝明天皇安政三年（1856）仙台菅原屋安兵卫刊本。

（12）孝明天皇嘉水七年（1854）须静堂刊本。

《春秋经传集解》一书，宫内厅书陵部收藏的这两种宋刊本外，如前所述，日本还另有数种宋刊本《春秋经传集解》留存，一并报告于后。

（1）阳明文库藏宋绍兴年间（1131—1162）刊宋代递修本《春秋经传集解》三十卷共十六册。阳明文库是以江户时代近卫家熙等的旧藏为基础形成的典籍文库。此本原系近卫家保存的自中世纪时代留存的旧籍。

此本卷一、卷二原刊逸失，今由日本南北朝（1336—1392）刊本配补。宋刊从卷三起，正文卷首题"春秋经传集解庄公第三"。第二行低七格署"杜氏"，下隔二格署"尽三十二年"。各卷卷末题"春秋卷第几"，尾题下有经文与注文字数。封面系日本室町时代（1336—1573）缥色纸，室町时代笔迹"左传（几）之（几）"。

每半叶有界十行，行十六字至十九字不等。注文小字双行，行二十五字或二十六字。白口，单黑鱼尾，左右双边（20.7厘米×13.9厘米）。版心著录"春秋（几）（叶数）"，并有刻工姓名。版心磨损较多，今可辨认者如裘举、金文、裘与、惠珉、惠中、惠道、吴佐、项思中、黄康、周旻、周昳、徐浩、徐友、徐益、卓允、卓显、陈荣、陈宗、陈彦、沈源、沈澄、沈忻、沈汴、沈彬、杜俊、汤荣、李懋、陆靖、陆荣、郎春、刘智等。中缝中又屡见修补纪年及校者姓名，如"乾道辛卯重换""直学葛熙靖监修""直学王锡校正重换"等。

卷中避宋讳，凡"玄、弦、敬、惊、警、儆、弘、泓、殷、匡、筐、竟、恒、贞、徵、树、竖、让、桓、完、构、觏"等字皆缺笔。修补叶有避"慎"字讳。

卷末有宋淳熙丙午（1186）江阴郡守赵不违《修刻跋文》。文曰：

> 是书更岁浸久，点画漫欠，中间虽葺治，旋复磨灭。不违到官之明年，郡事稍暇，□属官僚友与夫里居之彦，互相参考，分帙校雠，重锓诸梓。自春徂秋，始以迄事。告斯亦难矣。后之人苟知其难，不待其□坏而亟修之，□□□纵□□炳然常新，有补于穷经学古之工，亦为政之首务云。时岁在淳熙丙午重阳，郡守赵不违书。

卷九的第十九叶、第二十叶，卷十四的第六叶，卷二十的第十九叶，卷三十的第十六叶皆为室町时代日人所抄补。卷中有"阳明藏""近卫家"等藏书印记。

（2）静嘉堂文库藏宋孝宗年间（1163—1189）刊元明递修刊本《春秋经传集解》三十卷共十六册。此本首有杜预《序》，然首叶缺，卷末《后序》也缺失。本文卷首题"春秋经传集解隐第一"。第二行低四格署"杜氏"，后空二格，署"尽十一年"。每卷尾题"春秋卷第几"，或在题下以双行小字标记经传数字。

每半叶有界八行，行十五字至十七字不等，以十六字居多。注文小字双行，行十七字至二十六字不等。此本宋刻原叶所剩不多，大部分为宋元明修补叶。原版及宋修版为白口，单黑鱼尾。元明修版为线黑口，双黑鱼尾。版心著录"春秋（几）"或"春（几）"。下有叶数。宋元修版上象鼻处有大小字数，原版无此记录。原版及宋元修版有刻工姓名，明修版不记刻工姓名，有"重刊"字样。左右双边（22.0厘米×17.2厘米）。

原版及宋修版避宋讳，凡"玄、弦、悬、县、敬、儆、警、弘、殷、匡、筐、恒、贞、徵、惩、树、让、顼、桓、完、瑗、媾、沟、慎"等字皆缺笔。由此推考，卷中不避宋光宗"惇"字以下讳，则原刻及宋修不晚于宋孝宗年间。

原版刻工姓名有王荣、王珍、朱实、阮于、吴震、雇渊、黄宇、朱琰、徐正、徐杲、章楷、章树、张由、陈明、陈明仲、陈文、丁圭、潘俊、包正、毛陈、毛谅、余永、余集、李昇、李昱、李硕、林俊等。

宋代修版刻工姓名有王恭、王雄、应拱、夏义、吴益、吴亮、吴桩、高異、周成、徐文、章明、章宥、宋琚、沈定、陈寿、丁之才、余敏、姚臻、吕信、芦开三、占庆等。

元代修版刻工姓名有允德裕、袁子宁、王元享、王德明、应秀、何九万、何益、可引、吉甫、弓华、许彦明、许成、倪平山、雇恭佛、高山甫、江惠、亢文、齐明、子成、施仲、士元、朱大成、朱元、朱长二、周鼎、周东山、徐良、蒋七、楚庆一、孙斌、张成、赵良、赵海、陈琇、陈彦昭、陈子成、沈子英、郑埜、屠明道、匋中、匋端、任子敬、潘茂、缪谦、茅山、毛文、熊道琼、余求、杨子明、杨仁、杨十三、杨青之、杨明、杨景仁、羊子明、叶禾、陆永、良恭、芦显等。

卷中有"诗雅之印""廷吹氏""周氏藏书之印""归安陆树声叔桐父印""臣陆树声"等印记。

此本原系清代人陆心源皕宋楼等旧藏。陆心源《仪顾堂集》著录此本，并有文曰："阮氏撰《校刊记》，见宋本《春秋左传集解》凡四，未见蜀大字本。此本虽有缺叶，首尾完具，真稀世秘籍也。"陆氏推定此本刻于蜀地。

傅增湘曾面见此书，《藏园群书经眼录》卷一著录此本，并有文曰："此本刻工草率，多次修补。然字画古劲，有颜平原法，陆氏定为蜀本。今以《周礼》互证，要不诬也。"①

依我观察，据原刊本刻工推考，皆系宋绍兴至乾道年间杭州地区工匠，又依据宋修刊叶刻工推考，则多系宋淳熙至嘉定年间杭州地区工匠，故此本刻刊于南宋临安府无疑。

（3）静嘉堂文库藏宋相台岳氏荆谿家塾刊《春秋经传集解》（残本）十五卷共八册。

是书全本凡三十卷，今存卷十六至卷三十，其中卷十九至卷二十二、卷二十七及卷二十八以明覆岳氏刊本配补。

本文卷首题"春秋经传集解襄公三第十六"。第二行低三格署"杜氏"，隔六格署"尽二十二年"。每半叶有界八行，行十七字。注文双行，行十七字。

---

① 傅增湘撰：《藏园群书经眼录》卷一，中华书局，1983年。

线黑口，双黑鱼尾。四周双边（20.6厘米×13.0厘米）。左栏外有耳，记"某几年"。版心著录"秋（几）（叶数）"，上象鼻处记大小字数、下象鼻处记刻工姓名，如子明、子成、天祐、允忠、王圭、朱子成、供昌等。

卷中避宋讳，凡遇"匡、恒、徵、让、桓、慎"等字皆阙笔，亦间或有个别处不阙笔。

卷中经注文有句读号，此在宋刊中罕见。

现存十五卷中，卷十七、卷二十四、卷二十五、卷二十九各卷末有篆文椭圆刻刊木记：

  相台岳氏刻
  梓荆溪家塾

卷中有"汪士钟""汪士钟印""阆源真赏""平阳汪氏藏书印""宪奎""秋浦""沈士林""沈士林氏""沧浪渔隐""东止阳子孙""吴氏之章""归安陆树声叔桐父印"等印记。此本可审定原收藏者为清人沈士林、汪士钟、黄丕烈、陆心源皕宋楼等。然依据傅增湘考订，称此本"钤有明人印数方，又汪士钟数印。黄丕烈旧藏。书眉上有旧人评注、审其笔势，当是元人。"又称"此书写刻俱精。余尝见嘉定徐氏所藏残本，与此正同，每卷后有岳氏家塾木记，各式不同，亦楮墨明丽。"①

（4）国立国会图书馆藏南宋建安刊巾箱本《春秋经传集解》三十卷。详见本书"在国会图书馆访'国宝'"章。

（5）京都大学附属图书馆藏藏宋刊本《春秋经传集解》残本二十卷二十册。

此本今阙卷第一至卷第十，存卷第十一至卷第三十。其中卷第十一至卷第十四、卷第二十二凡五卷，系日人清原氏写补。

---

① 傅增湘撰：《藏园群书经眼录》卷一，中华书局，1983年。

2. 唐人文集宋刊本《寒山子诗集》二卷《丰干拾得诗》一卷

唐僧寒山，拾得，以僧侣之身而吟诗作文，于唐诗中开一流派。11世纪时，日本僧人成寻于1072年赴中国学道，有《参天台五台山记》一书，其中"宋熙宁六年（1073年）正月二十三日"记录所得汉文典籍中有《寒山子诗》一卷。这大概是日本知识分子关于《寒山诗》的最早之记载。

12世纪日人藤原信西编纂《通宪入道藏书目录》，其中第八柜有《寒山诗》一帖。这是日本目录著作中第一次确证日本已经收藏有《寒山诗》了。

五山时代著名诗僧天岸慧广（1273—1335）《东归集》中有《国清寺》一首，其中有句曰："荒落天台寺，国清压废墟。丘干何处去，寒拾不相逢。"此处"丘干"系指闾丘和丰干，"寒拾"系指寒山和拾得。它表明在13世纪，唐僧寒山的诗作已经融入日本五山文学之中。

日本北朝后光严天皇文和二年（1353），京都东福寺主持大道一以为其开山祖圆尔辨圆1241年从中国携归之文献编著《普门院经论章疏语录儒书等目录》，其"闰部"著录《寒山诗》一册。从中可以窥见《寒山诗》在日本文化史上流传的痕迹。

宫内厅书陵部今藏南宋刊本《寒山子诗集》二卷《丰干拾得诗》一卷共一帖，为国内所不见。中国国家图书馆收藏有宋刊本《寒山子诗》一卷《丰干拾得诗》一卷，未见有二卷本。今浙江天一阁文物保管所收藏有明人刻本《寒山子诗集》二卷《丰干拾得诗》一卷，未见有宋刊本。

此本收载寒山诗二百七十三首，三字诗七首，丰干禅师诗二首，拾得诗四十四首。书名题《寒山诗集》，大字占两行，下分注"丰干拾得诗附"。后有"淳熙十六年（1189）岁次己酉孟春十月九日住山禹穴沙门志南撰"的《天台山国清寺三隐记》，并有"屠维赤奋若（己丑）陬月上浣华山除谨男可明"的《跋》。

前有七古一首（每半页有界六行，行十二字）。后有题记二行，文曰："曩阅东皋寺《寒山诗》，缺此一篇，适获圣制右文，命工刊梓以全其璧。观音比丘无我慧身敬书。"次有《寒山子诗集序》，题"朝议大夫使持节台州诸军事守刺史上柱国赐绯鱼袋间丘胤撰"。（每半页有界九行，行十五字）。《序》后有四言赞语。次有《朱熹与南老帖》《陆游与明老帖》，此二帖系从真迹摹入，行书书法殊佳。

卷尾有"按三隐诗，山中旧本如此，不复校正，博古君子，两眼如月，政要观雪中芭蕉尽耳"三行题记。

此本每半页有界八行，行十四字。白口，左右双边（22.5厘米×16.5厘米）。版心上记数字。卷中避宋讳，凡遇"胤、恒、殷、朗、贞、玄"等，皆阙末画，为字不成。

别附日本孝明天皇安政四年（1857）日人墨书手识一则，其文曰：

> 桂屋老屋所弃宋板《寒山诗》一卷，卷首间丘允序外，有比邱慧身序、朱晦翁与南老帖、陆放翁与明老帖，及志南、可明二跋。二翁笔势固佳，而辞意谆谆，有令字稍大便于观览之语。陆所寄《楚辞集》中所载多九字，盖未得帖之前已刻者耶？视二帖亦足以见古人于事物一一致意之概也。余以万历间释普文刻本及《全唐诗》雠照之，其篇数编次无有相同者。序中所云于竹木石壁文句三百馀首纂集成卷，既已成卷矣，不知何缘动摇摇如此者。又篇中有都来六百首，一例书岩石，则今存者仅其半耳。余把《寒山》反覆诵咏，可明所谓渊才雅思，且其诗篇必多是壮岁萤雪余业矣。其辞采富腴赡缛，绝无寒乞相，似非其风狂子冲口而成篇书诸竹木者，不特其至理明性喃喃呵呵为警世顿袪之言而已。留院累日，书此以质老兄。丁巳之立秋节　苞。

外匣有日本校明天皇文久壬戌（1862）池内奉时题识。

此本原系河合元升等旧藏卷中有"霞亭珍赏""庆福院""植村书屋""无范""畅春堂图书翰"等印记。

民国初年，董康和傅增湘在日本访书，都曾面见过此书，《书舶庸谭》卷三和《藏园群书经眼录》卷十二皆有著录，惟过于简单，未能窥见真面目。

《寒山诗》在日本，特别是在江户时代，很受识字阶层的青睐。今东京大学总合图书馆存有江户时代《寒山诗》五言一卷日人写本一种。此外有六个系统的刻印本问世。

（1）日本明正天皇宽永十年（1633）中野市右卫门刊印《寒山子诗集》一卷，并附《丰干禅师录》《拾得录》《拾得诗》。其后，此本有小川多左卫门后印本。

（2）灵元天皇宽文七年（1667），江户松村十兵卫刊《寒山诗集钞》，共五册。

（3）桃园天皇宝历七年（1757）有和刊本《寒山子诗集》一卷，并附《丰干禅师录》《拾得录》《拾得诗》。

（4）光格天皇文化十二年（1815），刊《寒山诗索赜》三卷，此本由日僧慧然注释。

（5）孝明天皇安政三年（1856），京都小川太左卫门刊《原本重校寒山诗》一卷，并附《丰干拾得诗》一卷。

（6）京都天王寺屋市郎兵卫刊《寒山诗》一卷。

3. 宋端平年间初刊初印本《诚斋集》一百三十三卷
宋初刊初印本《诚斋先生南海集》八卷

宫内厅书陵部特藏汉籍的"文集"中，珍本不少，首推大概是要算宋端平年间（1234—1236）刊本宋人杨万里《诚斋集》一百三十三卷并《目录》四卷。此为《诚斋集》的最初的刊本。

杨万里作为南宋的诗文大家，生前已经编了九部集子，然皆分散。宋嘉定元年（1208）即杨万里去世后的第三年，由其长子杨长孺合并先前各集，并搜集散却遗漏，编成杨万里全集，定名为《诚斋集》一百三十三卷，并编定《目录》四卷。但当时未能付梓印行。1234年（宋端平元年）杨长孺的门生罗茂良再校《诚斋集》，并锓木刻版，于翌年完工。现今宫内厅书陵部所藏《诚斋集》，即此南宋端平年间刊本，此为杨万里全集的初刻初印本。因为国内外已经没有第二本了，故此藏本便为天壤间的孤本了。

此本《诚斋集》每半叶十行，每行十六字。白口，左右双边。版匡纵 20.8

厘米，横14.5厘米。卷头书名题署"诚斋集卷第一"，次行题署"庐陵杨万里廷秀"。每卷末录有编校人员名录两行"嘉定元年春三月　男长孺编定""端平元年夏五月门人罗茂良校正"。卷末有《跋》，文曰："以卷计一百三十又三；以字计八十万七千一百有八……锓木于端平初元六月一日，毕工于次年乙未六月之既望。"此本笔画端雅，刊印精审。惟卷中有缺叶，卷五十三至卷五十九、卷六十六至卷六十八，共十卷为元与明初人所写补。此一百三十三卷内容的分割，与国内通行的明人写本和清刊本，略有差异。

卷首有《目录》四卷。第一卷第一页钞补，第四卷每一页有火伤痕迹。其内容如次：分"诗"四十三卷，"赋"二卷，"辞藻"一卷，"表"二卷，"笺"一卷，"启"十三卷，"书"七卷，"奏状札子"二卷，"记"六卷，"序"七卷，"心学论"三卷，"千虑策"三卷，"程式论"一卷，"庸言"四卷，"解"一卷，"杂著"八卷，"尺牍"八卷，"东宫劝读录"一卷，"淳熙荐士录"一卷，"诗话"一卷，"传"三卷，"行状"二卷，"碑"二卷，"表"一卷，"墓志铭"十卷，附"历官告词诏书谥告"一卷。

是书为《诚斋集》最足之本，惜卷五十三至卷五十九，卷六十六至卷六十八，凡十卷系钞配，然获五百年前之旧钞，亦弥足珍贵。

卷末有跋文一篇，剥蚀错落，录之于后：

天以诚而覆，地以诚而载，日月以诚而久照，江河以诚而昼夜。混混不息，诚之一字，非圣人畴克尽此？文节杨公，以诚名斋，要亦自明。而诚苟有为，皆若是也。人皆知先生之孤标劲节，可以薄秋霜，可以沮金石，而始终不挠，不知始终之所以不挠，先生之诚也。人皆知先生之文如瓮茧综丝，璀璨夺目，取而不竭，不知文以气为主，充浩然之气，见诸文而老益壮者，先生之诚也。负天下之望，如诚斋真所谓一代不数人，而复有东山为之子。是父是子，前后一辙，非家学以诚能如是乎。东山先生曩师广东炜叔，贰令南海，辱置门墙，益深敬慕。乃今假手通德之乡，诚斋文集独缺未传。尊先生之道义，以倡儒学；表先生之志节，以激士习；发先生之词藻，以振文……（下缺半叶）锓木于端平初元六月一日，毕工于次年乙未六月之既望。炜叔屡被朝旨，搜讨遗书，遂获……（下有脱文）气昌，兹承乏政，敦先此东山首从所请且获，手为是正，以卷计一百三十有三，以字计

八十万七千一百有八……（下脱文）

此本原为日本京都建仁寺旧藏。据日本西村兼文《好古漫录》记，此本原为洛东（京都）建仁寺天章禅师所有。日人西村兼文在《好古漫录》中记此本事说："宋版《杨诚斋全集》，原系洛东建仁寺所有。全部百三十三卷，《目录》四册。……所有双边，每半面十行十六字，书法绝妙……乃日本一种之珍籍也。明治廿年（1887）五月五日，此书随旧所有主福聚院主梧庵师赴大阪，让与外务官古泽滋氏，遂携往东京。此实珍书中之珍籍，梧庵师亦深感惋惜。"

与所藏此本《诚斋集》同时，宫内厅书陵部还特藏杨万里《诚斋先生南海集》八卷宋刊本一部。此本亦系初刻初印，亦为海内孤本，可与《诚斋集》相引证。

《南海集》是杨万里自己编定的第四个诗集，所收诗作起自宋孝宗淳熙七年（1180），迄于淳熙九年（1182）。其时杨万里正在广东任提举常平茶盐使者及提点刑狱。此《南海集》共收诗四百首，卷末有淳熙十三年（1186）刘唤《跋》，其文曰："先生之诗，既与昌黎并驾，则知比诸刘梦得者，亦未为确论。唤幸出于先生之门，今得《南海》一集，总四百篇，不敢掩为家藏，刊而传之。"《跋》文末题署"淳熙丙午朔门生承事郎新权通判肇庆军府兼管内劝农事刘唤"，据此，则知杨万里在编定《南海集》后，就交付门生刘唤了。刘唤于1186年将《南海集》刊印流世。此本即是初刻的单行本。

此本首题"诚斋先生南海集卷一"，次行题"庐陵杨万里廷秀"。卷末有淳熙丙午（1186）门生承事郎新权通判肇庆军府兼管内勤农事刘涣跋文。其文曰：

诗人之作，类皆流于一偏，如乐天之俗，孟郊之寒，贾岛之穷苦。是岂不欲变而通之，去其偏而蹈于全？由其技之所局，不能改耳。至如韩昌黎，则无施而不可，其发谈笑、助谐谑，叙人情、状物态，一寓于诗，而曲尽其妙，初不见其诸子之偏，盖其所禀之高，所蕴之富，则形之吟咏者，自然日光玉洁，周情孔思，千态万貌，岂一偏之所能围哉！侍读诚斋先生乃今日之昌黎公也，为诗之多至于一千八百馀首，分为五集，而其风雅之变有三焉。世之论文者尝谓自汉至魏四百馀年文体三变。史臣亦谓唐有天下三百年，文体无虑三变。文之在天下，其变也如此之艰，而先生自绍兴壬午以迄于今，方历二纪,抑何变之之易?常非胸中涵蓄者渊泓澄深,无以异于昌黎,则词源之溢,横流逆折,纡徐迅激,新奇百出。宜夫变之之亟,而非一体之可定也。先生之诗既与昌黎并驾,则知比诸刘梦得者亦未为确论。涣幸出于先生之门,今得南海一集,总四百篇,不敢掩为家藏,刊而传之,以为骚人之规范。余四集将继以请,则又当与学者共之。淳熙丙午十二月朔门生承事郎新权通判肇庆军府兼管内劝农事刘涣谨跋。

此本系刘氏家刻本,收录杨万里诗凡三百九十二首。刘涣在《跋》中说:"总四百篇",学界目前一般亦如此言之。实际上,此本《诚斋先生南海集》所收诗作,凡三百九十二首,"四百篇"之说,乃概言之数,不可用于统计。

此本《南海集》每半叶十行,每行十八字,注文双行。白口,左右双边。版匡纵17.8厘米,横12厘米。卷中有"佐伯侯毛利高标字培松藏书画之印"的印记,则此本原系丰后藩主毛利氏家旧藏,后献赠幕府,入枫山官库。明治维新之初,1884年(明治十七年)1月,据太政官第十一号命令,将各官厅所藏图书集中于新组建的"太政官文库"——太政大臣乃当时最高的行政长官。原江户幕府德川大将军家藏图书当然亦转入其中。1885年(明治十八年)12月,日本实行新的政府组织法,废除了太政官而创设内阁制度,原"太政官文库"便改名为"内阁文库"。杨万里的著作便成为"内阁文库"的收藏了。1891年(明治二十四年),内阁文库将本库所藏最贵重书籍3万余册移交皇宫,作为永世保存。杨万里著作从此便成为皇室御物了。

日本15世纪室町时期有《诚斋集》写本一册。每半页十三行,行十五字左右。题签左肩书"诚斋集拔尤"。东山天皇元禄时期(1688—1704)有摹宋端平刻《诚斋集》写本一百三十三卷,并《目录》四卷。有朱墨校点。卷中有"岛田重礼""敬甫""篁村岛田氏""岛田翰读书记"等印记,则此本在明治初期属于著名汉学家岛田重礼所有。江户时代又有宋人杨万里《诚斋集》写本一百三十三卷。原系林氏沟东精舍旧藏。此本今存残本九十一卷(卷四十三至卷一百三十三),现存大阪天满宫御文库。

依据现有的材料,日本本土刻印杨万里的作品大约始于日本光格天皇文化二年(1805)大阪泉本八兵卫等刊印杨万里的《江湖诗钞》三卷。其后,文化五年(1808)江户若林清兵卫等刊印《杨诚斋诗钞》五卷。同年,大阪嵩山堂亦刊印

《杨诚斋诗钞》五卷。

上述泉本八兵卫，若林清兵卫和嵩山堂，皆为当时的书商，他们先后刊印杨万里作品，印证了社会的需求。仁孝天皇文政五年（1822）东都书林须原屋茂兵卫等刊印《诚斋题跋》一卷。孝明天皇庆应四年（1868）大原氏两白堂刊印宋人杨万里《东宫劝读录》一卷，并《附》一卷。

依据光格天皇文化元年（1804）《书籍直组帐》记载，是年中国商船"丑五番"载《杨诚斋全集》十六部运抵日本，每部售价十五目。仁孝天皇天保十二年（1841）中国商船"子二番"（船主王云）载《杨诚斋全集》一部二帙运抵日本，售价十目。

据仁孝天皇天保十四年（1843）《会所请込物（输入品）见账》记载，是年《杨诚斋诗集》一部二帙四册（原注文曰，书中纸张较好，然茶色封纸为虫咬蚀）进行价格投标，三家书商分别出价为藤屋二十目、村户二十二目六分、三支三十二目六分。

仁孝天皇弘化四年（1847）中国商船"午一番"载《杨诚斋全集》二部各四帙运抵日本，每部售价三十目。第二年中国商船"未二番"也载《杨诚斋全集》一部四帙运抵日本，售价仍为三十目。反映了当时汉籍市场上书价较为稳定。

4. 宋刊本《崔舍人玉堂类稿》二十卷并 《崔舍人附录》一卷 《崔舍人西垣类稿》二卷

宫内厅书陵部有宋人崔敦诗《崔舍人玉堂类稿》二十卷宋刊本一部。此书并附《崔舍人附录》一卷、《崔舍人西垣类稿》二卷。

宋人崔敦诗著作集，大约在明代中期以后失传，后来的《四库全书》亦未能著录，国内学者鲜有知其人者，更不用说知其文了。现今宫内厅书陵部所藏此本《崔舍人玉堂类稿》及其附录，卷内避宋讳，"敦、廓"等字皆缺笔，约为南宋后期刊本。此本刊印精善，卷后有《柴栗山鉴定宋刊玉堂类稿记》一帖，系日本光格天皇享和三年（1803）所记，详述此书诸事。其文曰：

> 右宋刊《玉堂类稿》二十卷、《西垣类稿》二卷，南宋崔敦诗所著。《附录》一卷，乃其历官制诰及祭文挽词也。按《宋史》，敦诗无传。据《万姓谱》及《墓铭》，崔字大雅，常熟人，绍兴（年间）进士，官中书舍人。性谨厚知大体，所陈剀切，为孝宗所器许。有《文集》二十卷、《奏议》五卷、《制稿》二十二卷，又著《制海》《盐韵》等书。就司马《通鉴》，举论每代得失正邪，成《要览》六十卷以奏，帝命更定吕东莱《文鉴》，其增损去留，率有意义云。又按，《艺文志》所载周必大《玉堂》《西垣》二稿二十二卷，即崔此稿矣。脱误认为周，盖疏脱也。他陈（此为和式汉文，"他"即其他的意思。——笔者注）《直斋（书录）解题》以下，诸家书目皆不著录，独叶盛列之《绿（此为原字——笔者注）竹堂目录》，则明氏（季）中叶其书犹存也。尔后《四库》《敏求（记）》等录皆不复及，则或者已亡矣。此本古色郁然，其为当初原版，不可疑焉。首有"金泽文库"印记，上杉氏旧藏也。流转近归于市玩月堂小仓氏。凡宋刻传者，唐人犹（尤）为罕遘（觏），况于万里之外，其可不宝爱乎！借观数十日，详其编纂，仅止所识之文、制诰、口宣、批答及青词、致语等之，无一文及别题，盖所谓《制稿》二十二卷矣。其他奏议、文集、知大体而剀切者皆不可见，为可惜已。小仓名祐利，以鬻书为业。皇享和三年癸亥九月　东赞柴邦彦记。

柴邦彦此《记》，已大体介绍了《玉堂类稿》的著者及其内容。日人森立之《经籍访古志》著录此本，所记柴邦彦手识文与原文略有出入，并注明此本为"求古楼藏"，则知此本在19世纪时已从小仓氏处流出。

此本格式每半叶十行，每行十九字或二十字不等。白口，左右双边。版匡纵21.2厘米，横15.0厘米，版心上鱼尾上记字数，下记"玉堂类稿卷第几"，或"崔舍人玉堂类稿卷第几"。下鱼尾下记叶数、并刻工名姓，如王信、李忠、李珍、吴琪等。分装七册，并附日人柴邦彦《手识文》一帖。

宋人崔敦诗文稿，世间仅此一部，实为珍本秘籍。此本刊印精善，惟版心下方损伤较多。江户时代林氏《佚存丛书》影写此本，其后，国内各本皆从《佚存丛书》中钞出。

5. 宋刊本《景文宋公集》（残本）三十二卷

宫内厅书陵部另有一部宋人文集，亦为海内孤本，此即北宋初年著名学者宋祁《景文宋公集》宋刊残本一部。

宋祁与欧阳修共撰《新唐书》，主修《列传》，官至工部尚书、翰林学士承旨等。其诗文集名《景文宋公集》，然此书国内早已经逸失。乾隆时代编撰《四库全书》，只能从《永乐大典》中辑出，厘定为六十二卷。然此卷数肯定不确。陈氏《直斋书录解题》、焦氏《国史经籍志》等皆著录为一百卷，《宋史·艺文志》和马端临《文献通考》又都著录为一百五十卷。诸家纷说，莫衷一是。宫内厅书陵部藏此《景文宋公集》原先就是一个残本，只有三十二卷，此即为林氏《佚存丛书》影写之祖本。后因动荡变迁，保存至今，还存十七卷——即卷二十六（缺第一叶至第三叶）至三十一卷，卷八十一至卷八十五（存第一叶至第十七叶），卷一百二十（存第一叶至第十一叶）至卷一百二十五（存第一叶至底十一叶）。仅就这个残本来看，《景文宋公集》超过一百卷是肯定的，当然更不可能如《四库全书》厘定的那样，只有六十二卷了，接近于一百五十卷之数。这是唯一可以确证的实物了，至为可贵。

此本《景文宋公集》每半叶十二行，每行二十字，注文双行。白口，左右双边。版匡纵22.0厘米，横15.7厘米。版刻清明，为蝴蝶装。卷头书名题署"景文宋公集卷第几"。卷中宋讳有缺笔有不缺笔，常见避讳的有"树、让、构、遘、慎、敦、廓"等字，推为南宋后期刊本无疑。卷中有"金泽文库"第一号印记，又有"佐伯侯毛利高标字培松藏书画之印"及"枫山官库"等印记。盖此本在中世纪时代原系关东金泽文库旧物，后归于丰后藩主毛利氏。仁孝天皇文政年间（1818—1829）由出云守毛利高翰献赠幕府，入藏枫山官库。明治初年经由太政官文库而入内阁文库。明治二十四年（1891）又从内阁文库移入宫内省图书寮，世间珍本终归于皇室。

6. 宋明州刊本《六臣注文选》六十卷
宋赣州刊本《六臣注文选》六十卷

中国的《昭明文选》在古代日本的贵族知识阶层中被奉为圭臬。11世纪初日本著名的女作家清少纳言在其名著《枕草子》中记述当时知识界读书情况说："《（昭明）文选》与《（白氏）文集》，乃博士之必读文也。"这里说的《昭明文选》和《白氏文集》这两部中国典籍，对日本文学与文化的发展，影响至大至深，在日本古代文化史上，共为贵族知识分子文学入途之双璧。

依据《续日本纪》记载，日本圣武天皇天平七年（737）唐人袁晋卿随日本"遣唐使团"归国时到达日本，随行带有《尔雅》与《文选》，袁晋卿被授予"大学音博士"[①]。此为《文选》传入日本的最早的文献记录。但是事实上，604年日本圣德太子为整肃朝廷官员的行为而制定《十七条宪法》时，其中第五条文曰"有财之讼，如石投水；乏者之讼，如水投石"。此语出自《文选·李肃远〈命运论〉》中"张良受黄石之符，诵三略之说，以游于群雄，其言也如水投石，莫之受也；及其遭汉祖，其言也如以石投水，莫之逆也。"又第十四条文曰"千载以难待一圣"。此语出自《文选·三国明臣传序》。这些都表明在7世纪初期，《昭明文选》已经进入日本宫廷，成为官方文书的思想材料。又依据日本平城宫遗址出土的文物，其中有《李善注文选》木简残片。平城宫为710年至784年日本古都，此木简残片为日本现存最早的《文选》实物。孝谦女天皇天平胜宝三年（751）日本完成第一部书面文学集《怀风藻》的编纂，其《序》文之文气与文词，皆与《文选序》极类，若前者有"人文未作"，后者有"斯文未作"；前者有"逮乎圣德太子"，后者有"逮乎伏羲氏之王天下"；前者有"心游文囿"，后者有"历观文囿，心游目想"等等。这可能是《文选》影响日本古文学创作的最早的实录了。依据日本《养老令义解·选叙》的规定，自仁明天皇承和

---

① 735年（天平七年），唐人袁晋卿随日本遣唐使多治比广成到达日本。袁氏擅长《尔雅》《文选》的音韵，受封为"大学音博士"，后来，又被任命为"大学头"。766年（天平神护二年）袁氏在宫廷内举行的舍利会上演奏唐乐，轰动一时。第二年起参加朝廷释奠并叙勋位。778年（宝龟九年）敕日本姓氏清村（净）宿弥（日本语发音Sukune）。

元年（834）起执行"凡秀才取博学高才者，明经取学通二经以上者，进士取明娴时务，并读《文选》《尔雅》者。"由此确定了《文选》在日本古代仕途中的地位。其后，在日本古代经典文献《续日本后纪》《三代实录》诸文本中，便屡见《文选》之名。

正因为如此，日本自平安时代（794—1192）以来，有数量不少的《文选》手写本传世。至今还存于世上的，至少有以下几种：

（1）平安时代中期《文选（集注）》手写本一种。题"梁昭明太子撰、唐人诸家集注"。此本今存卷第四十八、卷第五十九、卷第六十八、卷第八十七、卷一百十三，凡五卷。写本用黄染楮纸，卷子本。原系金泽文库等旧藏，后经岛田翰、和田云邨、三菱财团主岩崎氏等家收藏。卷中有中国罗振玉、杨守敬等手识，并有杨守敬印章三枚。此本已被确定为"日本国宝"，现存东洋文库。

（2）平安时代中期《李善注文选》手写本一种，今存残本十九卷凡一卷。此本注中引陆善经注甚多，文中"世、渊、民"等字皆缺笔。此本已被确定为"日本国宝"，现存神奈川县称名寺。

（3）平安时代中期《李善注文选》手写本一种，今存卷第五十六凡一卷。此本每行有界十字左右，注文小字双行，行十三字左右，幅宽30.5厘米，全长1982.6厘米。已被确定为"日本重要文化财"，现存东京都渡边昭氏处。

（4）平安时代中期《李善注文选》手写本一种，今存卷第六十三凡一卷。此本每行有界十字左右，注文小字双行，行十三字左右，幅宽29.4厘米，全长1618.1厘米。已被确定为"日本重要文化财"，现存京都府小川广巳处。

（5）平安时代中期《李善注文选》手写本一种，今存卷第五十六凡一卷。此本每行有界九字左右，注文小字双行，行十四字左右，幅宽 30.5厘米，全长964厘米。此本从松浦家传来，卷中有"养安院藏书"印记，已被确定为"日本重要文化财"，现存天理图书馆。

（6）镰仓时代（1192—1333）有萧统《文选》三十卷手写本一种，今存卷第二十六凡一卷。此本无注，每行十三字左右。幅宽27.9厘米，全长1278.8厘米。此本已被确定为"日本重要文化财"，现存天理图书馆。

（7）镰仓时代有《李善注文选》手写本一种，今存李善《上注表》并卷第一。此本每行有界十三字左右，幅宽18.5厘米，全长2272.7厘米。此本已被确定为"日本重要文化财",现存兵库县上野淳一氏处。

（8）后宇多天皇弘安五年（1282）有《文选》手写本一种,今存卷第一凡一卷。此本每行无界十五字左右,卷一末有"弘安伍年十月廿六日　书□毕"一行。此本已被确定为"日本重要文化财",现存爱知县猿投神社。

（9）后二条天皇正安四年（1302）有《文选》手写本一种,今存卷第一凡一卷。此本每行有界十四字左右,已被指定为"日本重要文化财",现存爱知县猿投神社。

（10）镰仓时代中期有高僧叡尊手写《文选》一种,今存卷三凡二百二十行。每行十四字,有朱笔施"呼古止"点。有识文曰:"文永二年（1265）乙丑五月十二日钞之,偏为正法久住利益有情也,叡尊。文永三年丙寅六月十日书写毕,校点毕愿证自他三聚戒果"。此本原藏狩谷掖斋求古楼,现存大东急纪念文库。

日本收藏的《文选》宋刊本有好几家。今宫内厅书陵部所藏的《文选》刊本,在文献学史上具有重要的价值。

《文选》原本三十卷,李善为之作注而分每卷为二,后又有吕延祚等五人注释本出,据说为不失萧统之旧,仍为三十卷本,此为《文选五臣注》。旧说自南宋以来,世人偶有将"李善注本"与"五臣注本"合刊,名之曰《六臣注文选》,以"取便参证"。然南宋刊本《六臣注文选》留存后世者极少,当年修纂《四库全书》时也只能以明代袁氏刊本为采进本。依据我的调查,《六臣注文选》首次传入日本则系四条天皇仁治二年（1241）。此年日本东福寺开山圣一国师圆尔辨圆自中国归,携回汉籍内外文献数千卷。①日本圣一国师法名圆尔

---

① 圆尔辨圆（1202—1280）,是日本镰仓时代中后期著名的临济宗僧侣,名讳"辨圆"。相传八岁时在园城寺剃发出家,在京畿一带学习佛法与儒学。为提升自己的学说修养,三十三岁时（1235年）赴中国研修,东亚文化史上称为"入宋僧"。他在中国江浙留学六年,在杭州径山承嗣无准师范（1177—1249）之法,被授予"圆尔"法讳。1241年归国,带有典籍数千卷,最终收藏于东福寺。1353年,东福寺第二十八世大道一以（住持）点检藏书,为之编写《普门院经论章疏语录儒书等目录》。根据此目的记载,除去佛典之外,外典汉籍为一百二种,去其重复,共得九十四种:

（调）《周易》二卷　《周易音义》一卷　《易总说》二册
　　　《易集解》一册
（阳）《纂图互注周易》一册　《尚书》一册　《毛诗》二册
　　　《礼记》三册　《春秋》五册　《周礼》二册（转下页）

（接上页）
　　　《孟子》二册　《吕氏诗记》五册　《论语精义》三册
　　　《无垢先生中庸说》二册
（云）《论语直解》一册《直解道德经》三册《晦庵集注孟子》三册
　　　《毛诗句解》二册《尚书正义》一册《胡文定春秋解》四册（转下页）
　　　《毛诗》三册　《晦庵大学》一册　《文公家礼》一册
　　　《小字孝经》一卷　《百家姓》一卷　《黄石公秦书》一册
　　　《王先生语》二册　《九经直音》一册　《晦庵大学或问》三册
　　　《晦庵中庸或问》七册　《三注》三册　《连相注千字文》一册
（腾）《庄子疏》十卷
（致）《六臣注文选》二十一册　《文中子》三册　《韩子》一册
　　　《杨（扬）子》三册
（雨）《事物丛林》十册　《方舆胜览》九册　《汉隽》二册
　　　《帝王年运》三册　《招远图》一册
（露）《东坡词》二册　《东坡长短句》一册　《诗律捷径》二册
　　　《诚斋先生四六》四册　《笔书诀》一册　《万金启宝》二册
　　　《启札矜式》八册　《圣贤事实》二册　《帝王事实》二册
　　　《三历会同》三册　《搜神秘览》三册
　　　《（京本）三历会同》一册　《连珠集》一册
　　　《宾客接诀》一册　《合璧诗学》二册　《四言杂事》二册
　　　《小文字》四册
（结）《说文》十二册
（又）《说文》十二册《尔雅兼义》三册（转下页）
（为）《大字玉篇》五册　《大字广韵》五册　《玉篇》三册
　　　《广韵》五册　《校正韵略》二册　《韵关》二册
　　　《韵略》二册
（霜）《白氏六帖》八册　《历代职源》十册
（金）《白氏文集》十一册
（生）《韩文》十一册（不全）　《柳文》九册（不全）
（丽）《老子经》二卷　《庄子》一部（缺卷一至卷五）
（剑）《太平御览》一部
（果）《毛诗注疏》七册　《合璧诗》八册　《周礼》三册
　　　《积玉》三册　《礼记》五册　《孟子》二册
　　　《周易》二册　《注论语并孝经》一卷　《礼书》三册
　　　《扬子》二册　《注蒙求》一册　《文中子》一册
　　　《荀子》一册　《鲁论》二册　《轩书》三册
　　　《大学》一册　《注千字文》一册　《大明录》三册
　　　《玉篇》四卷　《广韵》四卷　《悟真寺诗》一卷（转下页）

在皇宫书陵部访"国宝"　33

辨圆，1235年（南宋端平二年，日本嘉祯元年）到达中国，在杭州承嗣无准师范之法。归国后，为京都东福寺开山。今东京国立博物馆尚收藏有其师无准师范在1242年（南宋淳祐二年，日本仁治三年）盛夏给他的弟子圣一国师发出的问候简牍。文中云："日本承天堂头长老，维时隆暑，缅惟道体安稳……余宜为大法多多珍爱，是祝。师范和南手白"等语，从中可以看出他们师徒之间的情谊。（此信已经被确定为"日本国宝"）。1353年日本东福寺第二十八世主持大道一以（Taidou Ichii）据圣一国师当年携带归国的藏书编纂成《普门院经论章疏语录儒书等目录》，其中"致部"著录《六臣注文选》二十一册。今日本宫内厅书陵部藏有宋刊本《六臣注文选》两种，一为明州刊本，一为赣州刊本。两本皆为六十卷全本。

宋明州刊本《六臣注文选》，正文首行题书名"文选卷第几"，次行上空五字题"梁昭明太子撰"，第三行上空八字题"五臣并李善注"。每卷《目》连正文，《目》低三字，《总目》低二字，《篇目》亦低二字，撰人低三字。大致五臣注在前，李善注在后，亦间有李善注在前者。此本系宋绍兴二十八年（1158）修本，卷六十后有明州司法参军兼监卢钦《跋》文曰："右《文选》版，岁久漫灭殆甚。绍兴二十八年冬十月，直阁赵公来镇是邦，下车之初，以儒雅饰吏治，首加修正字画，为之一新，俾学者开卷免鲁鱼亥豕之讹，且欲垂斯文于无穷云。右迪功郎明州司法参军兼监卢钦谨书。"据此《跋》文来说，学界一般认为

（接上页）《镡津文集》一部

  （吕）《乐善录》一部

  （阙）《历代地理指掌图》一部

从这一组书目中，可以看出圣一国师作为日本禅宗的一代宗师，他对于中国文献典籍的兴趣，以及这种兴趣的侧重面。其中尤可注意的是，如有《晦庵集注孟子》《晦庵大学或问》《晦庵中庸或问》，以及《吕氏家族读书记》、胡文定《春秋解》等，都显示了宋学新著及宋元学风的传入。圣一国师圆尔辨圆传入的这些汉籍，大部分已经逸失，现今，尚有《吕氏家族读书记》藏于日本宫内厅书陵部；《乐善录》及《历代地理指掌图》藏于东洋文库；《搜神秘览》藏于天理图书馆；《中庸说》与《太平御览》藏于东福寺，其余大部分已经逸失。

圆尔辨圆归国后，曾先后开创了太宰府崇福寺、肥前万寿寺和博多承天寺，最后应当时的权势者前关白九条道家的邀请，在京都开创东福寺，接受执权北条时赖的禅戒，在当时得到公家和武家的多方面的信赖。去世后，由花园天皇敕为"圣一国师"。

今东京国立博物馆保存有在圆尔辨圆归国后翌年盛夏，无准师范给他的弟子发出的问候简牍，已被确定为"日本国宝"（详见"在东京国立博物馆访'国宝'"一章）。

把"李善注本"与"五臣注本"合为《六臣注文选》的时间是南宋年间的论断则恐怕有些问题了。此本每半页十行,行二十字至二十三字不等。注文小字双行,行三十字左右。版心镌刻"文选几",并记刻工姓名,如高、陈才、陈忠、徐彦、徐亮、王因、朱宥、王伸、蔡仲等。重刊之叶题记"李良重刊""朱文贵重刊""宋琳重刊""吴浩重刊""陈文重刊""陈高重刀""洪茂重刀"等。卷首有后人钞补唐显庆三年(658)九月十七日文林郎守太子右内率府参军崇贤馆直学士臣李善《上文选注表》,又有唐开元六年(721)九月十日工部侍郎臣吕延祚《上五臣集注表》,又有高力士口宣《敕》,又有昭明太子《文选序》等。卷中有古代日本读者手识文字,如卷三十四末有日本花园天皇正和二年(1313)墨书一则,其文曰:"正和二年十一月十五日,专以我家秘说授申武州太守而从二位行式部大辅菅原在辅。"卷二十末又有日本正亲町天皇永禄九年(1566)林宗二手识文等。此本《序》文并卷一、卷二缺逸原刊本文,以岩崎文库所藏之同版本书钞补之。卷中有"妙觉寺常住日典"等印记。

日本《古文旧书考》著录此本。傅增湘《藏园群书经眼录》卷十七著录此本,其识文曰:"此明州本《文选》,乃北宋刊版而绍兴修补者。余旧藏一卷,为袁寒雪(克文)所贻,即天禄琳琅著录,有杨慈湖墨笔批点者(天禄琳琅藏本检查尚存五十一卷)。嗣又获残本二十四卷,皆麻纸初印,骎骎有全书之半矣!今来东邦,得觏此帙。后复于东洋文库幸睹全帙,足知此本见存于世者所在多有。然求欲一北宋原刊未经修版者,竟不可得。呜呼,汴京文物经靖康金狄之祸,荡然不复留遗矣,可胜叹哉!"[①]董康《书舶庸谭》卷三、卷八亦著录此本。

宫内厅书陵部又藏宋赣州学刊本《六臣注文选》六十卷。此本版式宽阔,字大悦目。每半页九行,行十五字。注文双行,行二十字,偶用阴文。左右双边(25.8厘米×19.8厘米)。版心镌刻《文选》,并记刻工姓名。有原版刻工如萧廷岗、萧廷纲、上官奇、上官生、上官玲、黄正、王彦、阮明、胡亮、叶正、叶华、方珍、蓝允、李新、刘宗、李早、刘智、邓正、邓感、谭彦、蔡昇、姜文、刘成、刘川、李习、应昌、陈通、邓安、邓全、刘训、蔡宁、蓝俊、翁俊、张明、陈才、余文、余彦、黄彦、方政、方惠、方琢、熊海、应世昌、龚袭、管致

---

① 傅增湘撰:《藏园群书经眼录》卷十七,中华书局,1983年。

远、陈补、蔡昌等。有宋代补刻本刻工如严智、王进、王时、陈达、方中、李宝、刘文、李允、陈浩、陈寿、徐文、胡券、王举、陈德新、高寅、王政、王明、何泽、弓友、孙何、孙春、陈良、大中、陈政、陈新、陈镇、陈良、陈祐、必达、毛祖、杨荣、刘志、刘昭、凌宗、金祖、金嵩、沈秀、沈昌、郑昌、郑春、章宇、丘文、均佐、缪恭等。

我在这里不厌其烦地记录这么多刻工的姓名,是为了向当年创造了如此优秀的中华民族文化的普通劳动者表示他们的后人对自己祖辈的敬意。第一卷首行题"文选卷第一",次行上空五字题"梁昭明太子撰",第三行上空六字题"唐李善注",第四行、第五行与第三行齐题"唐五臣吕延济、刘良、张铣、吕向、李周翰注",第六行题"赋甲",下有"善注"。卷中有"妙觉寺常住日兴""佐伯侯毛利高标字培松藏书画之印"等印记。考此本于日本亲町天皇永禄九年(1566)至后阳成天皇天正十九年(1591)间,为京都妙觉寺僧日兴旧藏。后为江户时代丰后藩主(今日本大分县境内)毛利高标所有。仁孝天皇文政(1818—1829)年间由出云守守高翰献赠予幕府,归于枫山官库。明治初期由太政官文库而入内阁文库,明治二十四年(1891)移送宫内省图书寮。

日本《御书籍来历志》及《古文旧书考》著录此本。森立之《经籍访古志》卷六著录原枫山官库藏宋刊本《文选六臣注》六十卷即系此本。其识文曰:"《六臣文选》,枫山官库藏。……盖赣州州学本也,书中善注居前,五臣注居后。今以袁褧本校之,凡五臣所引书与善注复者则删之;其不复而义意浅者,亦多删之。其善注往往较袁本为备,盖袁本以五臣(注)为主,故于善注多削其繁文;此以善注为主,故于五臣(注)多删其枝叶也。又其中善注之发凡、起例者,皆作阴文白字。如《两都赋序》'福应尤盛'下善注'然文虽出彼'以下十九字作阴文;又'以备制度'下善注'诸释义至类此'二十字,亦作阴文,此当有所承。按善注单行之本久佚,余疑袁氏刊本即从此本录出,若元茶陵陈仁子刊六臣本,及明吴勉学刊六臣本,虽亦善注居前,而又多所删节改窜,更不足据。顾涧滨为鄱阳胡氏重刊袁本,仅据茶陵本勘对,而未得见此本也。"①依据此说,则此本乃《四库全书》采进本的祖本了。董康《书舶庸谭》卷三亦著录

---

① [日]森立之、涩江全善纯等:《经籍访古志》(海保元备序、丹波元坚跋释本)卷六,1885年,京都大学藏本。

此本。

日本一直到17世纪，才有了《文选》的"和刻本"。后阳成天皇庆长十二年（1607）直江兼续在京都要法寺内用木活字版刊印《文选》，此为《文选》最早的"和刊本"，世谓之"直江版"。这部"直江版"的《文选》的祖本，我推测就是13世纪由圣一国师传入日本的《六臣注文选》。此本书名题署"增补六臣注文选"，每半页有界十行，行二十二字，注文双行。卷末有宋绍兴二十八年明州司法参军兼监卢钦《跋》，系据宋明州刊本翻刊者。卷末有刊印刊记曰："庆长丁未沽洗上旬八囊，板行毕"。其后，此本又有后水尾天皇宽永二年（1625）重印本，卷末有刊印刊记曰："宽永二乙丑孟夏上旬日，板行毕"。

京都要法寺位于现在的京都市著名的鸭川三条大桥的北侧，寺门前有巨石雕镌"要法寺"，但寺内关于直江兼续刻印《六臣注文选》似乎已经湮没无闻。我曾有一段时间居住在京都市黑谷光明寺，常在余暇闲散步于平安神宫一带，总要多走几步到要法寺看看，多次造访，凭吊汉籍传布遗址，回想先人业绩，也感慨无限。

后光明天皇庆安五年（1652）佐野治左卫门再次刊印《六臣注文选》六十卷并《序目》一册。其后，此本有京都林权兵卫重印本、后西天皇宽文二年（1662）洛阳（京都）野田庄右卫门·八尾勘兵卫重印本、山本平左卫门重印本、植村藤右卫门重印本等。

东山天皇元禄十五年（1702）弥生吉且《倭版书籍考》卷之七著录《六臣注文选》。其识文曰：

> 《六臣注文选》，六十卷，序目一卷，都计六十一本。梁昭明太子所作，集周秦汉晋宋齐梁七代之名文。昭明乃武帝之太子萧统，字曰德施，以文学显名，太子也。此书原为三十卷。唐高宗显庆年中，崇贤馆直学士李善注本为六十卷，其后，玄宗开元年中，有吕延济、刘良、张铣、吕向、李周翰五臣注本。今本乃李善注本加五臣之注，并传菅家古点倭训。宽文二年，野田重周、矢尾友久转写倭训，错讹甚多。又有元和六、七年间，会津中纳言景胜之家老直江山城守景续，于洛阳要法寺版行之，为六臣之注无点

本。①

江户时代在翻刻《文选》的同时，通过以长崎为中心的中日海上贸易，日本又从中国直接进口了大批量的《文选》文本。现今我能够查证到的，有以下数批：

（1）据《商舶载来书目》记载，中御门天皇正德元年（1711）中国商船"毛字号"载《文选六臣注》一部三十二册抵日本。

（2）据《商舶载来书目》记载，中御门天皇享保九年（1724）中国商船"利字号"载《文选六臣注》一部四帙抵日本。

（3）据《商舶载来书目》记载，光格天皇享和元年（1801）中国商船"曾字号"载《六臣注文选》一部四帙抵日本。

（4）据《赍来书目》记载，中御门天皇正德四年（1714）中国商船第一番南京船（船主费元龄）载《昭明文选》一部二帙十二册抵日本。

（5）据《赍来书目》记载，中御门天皇享保二十年（1735）中国商船第二十五番广东船（船主黄瑞周、杨叔祖）载《文选》四部抵日本。其中二部题《昭明文选》，二部题《六臣注文选》。

（6）据《享保四亥年书物改簿》记载，中御门天皇享保四年（1719）中国商船第二十四番南京船（船主邵又张）载《昭明文选》一部抵日本。

（7）据《寅字番船持渡书改目录写》记载，光格天皇天明六年（1786）中国商船"寅十番船"载《六臣注文选》一部六帙六十册抵日本，并注明"古本，脱纸四叶"。

（8）据《书籍元帐》记载，仁孝天皇天保十二年（1841）中国商船"刃二番船"（船主沈萍）载《朱批文选》一部二帙抵日本。此书一部售价三十五目。

（9）据《书籍元帐》记载，仁孝天皇天保十二年（1841），中国商船"寅一番船"载《朱批文选》二部各一帙抵日本，每部售价亦三十五目。

（10）据《书籍元帐》记载，仁孝天皇弘化二年（1845）中国商船"辰字号"载《六臣注昭明文选》一部四帙抵日本。此书一部开标价二十目，安田屋吉太郎以四十目购入。

---

① [日]弥生吉且编：《倭版书籍考》卷七，木村市郎兵卫刊本，元禄十五年（1702）。

（11）据《书籍元帐》记载，仁孝天皇弘化三年（1846）中国商船"巳字号"载《六臣注昭明文选朱批》一部二帙抵日本。此书一部售价三十五目。

（12）据《书籍元帐》记载，孝明天皇嘉永三年（1850）中国商船"酉五番船"载《文选》（半部）十六册抵日本。此书售价六目。

（13）据《书籍元帐》记载，孝明天皇嘉永三年（1850），中国商船"酉七番船"载《李注文选》一部二十册抵日本。此书售价十三目。

（14）据《书籍元帐》记载，孝明天皇嘉永三年（1850），中国商船"戌一番船"载《李善注文选》一部二帙抵日本。此书售价十五目。

（15）据《书籍元帐》记载，据仁孝天皇弘化二年（1845）《汉籍发卖投标记录》记载，是年《六臣注昭明文选》一部四帙，投标价分别为菱屋三十目，松之屋三十三目五分，安田屋四十目。

7. 宋刊本《诸病源候论》五十卷《序目》一卷

日本宫廷一向重视对汉籍医书的搜储，这当然是因为"汉方医"（中医）自古以来在日本人的生活中具有重要意义的缘故。对于皇家贵胄来说，养生保命更是头等需要。所以，现今宫内厅书陵部"医类"汉籍中，宋元古本就很多，其中有不少是中国国内已经逸失的文献。其中在医药论方面，首推隋人巢元方等奉敕编撰的《诸病源候论》五十卷了。此本系隋太医巢元方受炀帝之命而作。巢氏以仲景《伤寒论》为基础，综合行医之经验，广论诸病之证候。病论之末记载当时运用的针灸汤熨诸事。

此本卷首有宋仁宗（1023—1063）时期宋绶《巢氏诸病源候论序》。次列《巢氏诸病源候论目录》。每卷首又各举其目。此本凡六十七门，一千七百二十论。

卷中避宋讳，缺画至"弦"字。卷四十至卷四十三系日本江户时代人据酌源堂藏本人写补，卷三十七亦有二页写补。

每半页有界十四行，行二十三字。白口，左右双边（21.5厘米×17.2厘米）。版心间有字数。

此本为日本中世时代原金泽文库外流出汉籍之一种。卷中有"金泽文库""养安院藏书""森氏开万册府之记""九折堂山田氏图书之记"等印记。

江户时代森立之《经籍访古志·补遗·医部》著录怀仙阁藏南宋刊本《诸病源候论》五十卷，即系此本。其识文曰：

> （此本）缺第四十、四十一、四十二、四十三，共四卷。酌源堂藏本有之，今补录。盖南宋人从天圣校刊本而重刻者。文字遒劲，用欧法而时带行体。但卷中有补刻。半宋坊间本往往有如此者。然是书在今日莫善于此本，诚可贵重。酌源堂所藏亦系残本，然二本相合，亦足称完璧。又按，此本校《外台医心方》所引，犹有讹缺。说见《医考》中，宜参。又枫山秘府旧抄本，系三四百年外。书本行款与此本同，而文字间异，憾未校过。

杨守敬《日本访书志》卷九著录南宋本《诸病源候论》五十卷《目录》一卷，即系此本，其识文曰：

> 影南宋本《巢氏诸病源候论》五十卷，首题"诸病源候论卷一"，不冠以"巢氏"二字。次题"大业六年太医博士巢元方等奉敕撰"……旧为怀仙格所藏，缺第四十、四十一、四十二、四十三，凡四卷，以酌源堂所藏宋本残本补摹之。首有"金泽文库"印，日本古时官库藏书之地也。此本为小岛学古从宋本影摹者。按，《隋书·经籍志》有《诸病源候论》五卷，《目》一卷，吴景贤撰。《旧唐志》则作五十卷，吴景撰。皆不言巢氏书。《新唐书》则二书并载。《题要》疑当时本属官书，元方、与景，一为监修，一为编撰，故或题景名，或题元方名，实止一书。《隋志》"吴景"作"吴景贤"，"贤"或"监"之误，其作五卷，亦当脱一"十"字。如此五卷，不应《目录》有一卷。按《题要》所云《隋志》五卷，五下脱十字，至确。又称吴与巢同撰此书，今以宋本照之，题为元方等撰，与晁公武《读书志》所称合，足见此书非元方一人之力。吴景贤之名，已见《隋书·麦铁杖传》，《题要》疑"贤"为"监"之误，未免失之。此书有明方鑛、汪济川、吴勉学等刊本，近亦不多见。通行者监庆间胡益谦刊本，以此本校之，吴本之误不下数千字，且有十数条脱漏，即如篇首标题，增"巢氏"二字，"论"

上加"总"字，次删"大业六年等奉敕上"字，每类"诸病"改为"病诸"，下又增"候"字，其为庸妄已可概见。余谓王涛《外台秘要》、王怀隐《太平圣惠方》，每部皆取元方之论冠其首。宋制医以《巢氏论》与《千金翼方》为小经，知此书为证治之津梁。自《素问》《伤寒》以下，未堪比数。顾迩来操岐黄者多未寓目，即胡益谦本，亦视同秘笈，可慨也夫。光绪壬午春三月记。①

日本藏巢元方等编撰的《诸病源候论》五十卷本，除宫内厅的宋刊本外，另有静嘉堂文库藏元刊本《重刊诸病源候论》五十卷一种。

日本明正天皇正保二年（1645）名古屋永乐屋东四郎刊印《重刊巢氏诸病源候总论》五十卷。此本有上村次郎右卫门等印本。元禄十五年（1702）弥生吉旦《倭版书籍考》著录《病源候论》五十卷十一册。

又据《会所书籍输入见帐》记载，仁孝天皇天保十四年（1843）中国商船输入日本《巢氏病源候论》五部。投标标价为三枝三十一目四分，大阪屋三十六目三分，安田屋四十一目八分。

据《书籍元帐》记载，仁孝天皇弘化四年（1847）中国商船"午一番"载《巢氏病源候论》四部抵日本。此书每部售价七目。

8. 宋刊本《太平圣惠方》（残本）四卷

宫内厅书陵部在汉籍"医类"的收藏中，若以"方论"而言，宋刊本《太平圣惠方》《魏氏家藏方》《严氏济生方》《增广校正和剂局方》等，都有极重要的价值。

宋人王怀隐等编撰《太平圣惠方》一百卷，为我国宋代以来医方之渊薮。但是，此书在海内外不仅失却了初刊本，就是元明刊本亦已经失传，我国国内现今只存清代的写本传世。19世纪前期，据日人森立之《经籍访古志》记载，当时日

---

① 杨守敬撰：《日本访书志》卷九，光绪三十三年（1907）。

本尚存有《太平圣惠方》宋刊本残卷三部。一藏聿修堂，一藏尾张藩主家，一藏崇兰馆。时至今日，后两部也已经失没，唯聿修堂所藏之残卷归入了宫内厅书陵部，成为此书在人世间的唯一的一部宋刊本，也许也是唯一的一部刊本了。

此本《太平圣惠方》今存四卷二册，皆系妇科用方：

卷七十三（妇人病），凡十六门，病源十六首，方一百九十二道；

卷七十四（妊娠），凡十七门，病源十七首，方一百九十一道；

卷七十九（产后），凡十六门，病源十六首，方三百零一道；

卷八十（产后），凡十门，病源九首，方一百六十一道。

仅此妇科四卷残叶，记载医方八百四十五道，可见其医方积累之富。

据《经籍访古志》记载，原尾张藩主（今名古屋境内）家藏本是从江户幕府处借来的。此本卷第一百末有官刊牌记，其文曰：

> 福建路转运司今将国子监《太平圣惠方》一部一百卷二十六册计三千五百三十九版对证，内有用药分量及脱漏差误，共有一万馀字，各已修改开版，并无讹舛，于本司公使库印行。绍兴十七年四月日。①

据此则知道这个宋刊本是宋绍兴年间福建官刊本。现今宫内厅书陵部所藏《太平圣惠方》即与此为同一刊本。每半叶十三行，每行二十五字或二十六字，注文双行。白口，左右双边。版匡纵22.4厘米，横14.4厘米。密行细字，字画遒劲。卷中有"金泽文库"墨印，又有"多纪氏藏书印""江户医学藏书之印"等印记，则此本流入日本后，原为金泽文库旧藏，金泽文库衰败之后，珍本流出，归于聿修堂，后为多纪氏收藏。多纪氏为名医丹波家康之后，他们的先祖丹波康赖，于10世纪曾编著《医心方》三十卷，其中汇编了大量的中国医书，故而丹波氏世代为江户幕府医官，后改姓多纪，创立医学馆。此本正是由多纪氏医学馆转入宫内的。

---

① [日]森立之、涩江全善纯等：《经籍访古志》（海保元备序、丹波元坚跋本），1885年，京都大学藏本。

9. 宋刊本《魏氏家藏方》十卷

宫内厅所藏的汉籍医方中，又有宋人魏岘编撰的《魏氏家藏方》宋刊本十卷。此书系魏岘综合他的祖父、父亲和他本人三代的医方所编撰而成，故名《魏氏家藏方》。共收入医药成方一千零五十一种，分四十一门，厘定为十卷。《魏氏家藏方》一书，无论是刊本或是写本，中国国内皆已逸失不存。此本《魏氏家藏方》每半叶十行，每行十九字，小字双行。白口，左右双边。版匡纵22.7厘米，横16.0厘米。大版大字，书法端正。卷首有宋宝庆丁亥（1227）魏岘《自序》。此本《魏氏家藏方》在汉籍流布史上具有典型的意义。卷内有"普门院印"，此普门院为中世时代京都东福寺开山之祖圣一国师从中国求法归来后所居之处。今卷一末尚有手写和歌一首，意谓"时已秋暮，六十至矣；譬如夕阳，自矜自爱"。此首和歌的作者知家，为藤原显家之子，著名的歌人。重要的是，此首和歌书写的笔迹，经鉴定与普门院宝什库中圣一国师数通真迹一致，可推为圣一国师亲笔，则此本《魏氏家藏方》当为圣一国师入宋问法之时，从中国直接赍归，并藏于普门院的。卷中又有"多纪氏藏书印"及"江户医学藏书之印"等印记，则此本于江户时代归于丹波氏家族，再转入江户医学馆，最后入藏皇室宫内。

10. 宋刊本《严氏济生方》十卷

与《魏氏家藏方》同属于私家医方而公开刊印的，宫内厅书陵部还藏有宋人严用和编撰的《严氏济生方》十卷宋刊本。此书自明代以来，传本极少。《四库全书》是从《永乐大典》中辑出的，厘定为八卷。目前，中国国内仅存清代贞节堂手写本一种，亦为八卷本，即从《四库全书》本中钞出，不见有其他刊本或写本行世。宫内厅书陵部藏《严氏济生方》为十卷本，并有《序》一卷。此本每半叶十行，每行二十字。小黑口，四周双边。版匡纵18.5厘米，横12.2厘米。卷首有宋宝祐癸丑（1253）上巳严用和《自序》，后有无名氏《序》一篇。卷头与卷末皆题署"严氏济生方",然卷一、卷六、卷十凡此三卷后的书名,题署"增修严氏济生方",此系后人补入。此本《严氏济生方》曾收入《经籍访古志·补遗》中,题署"枫山秘府藏",盖当时此书藏于德川幕府的"枫山官库"中。明治六年(1873),此本随"枫山官库"转为国家所有,明治二十四年(1891),此书移交皇宫,作为"永世保存"。

11. 宋刊本《增广校正和剂局方》(残本)三卷

宫内厅书陵部另藏宋人陈师文等编撰的《增广校正和剂局方》宋刊本残本一种。有人把此《和剂局方》与以后的《太平惠民和剂局方》混为一种,实在是误解。原来,北宋徽宗大观年间(1107—1110),陈师文等奉敕命整理以往官家的药房(即和剂局的药方)。此次整理以宋神宗元丰年间(1078—1085)的局方为基础,共著录药方二百九十七道,汇编为五卷,这就是《和剂局方》。至南宋绍兴十八年(1148),原"熟药所"改名为"太平惠民局",并于1151年敕命对原陈师文等编撰的《和剂局方》进行增删修订,以"监本药方"之名颁行全国诸路,定此方集名为《太平惠民和剂局方》,增为十卷,并有《附录》。自《太平惠民和剂局方》一出,陈师文等原著便湮没无闻了。目前,中国国内所保存的"和剂局方",全部是南宋年间被增删过的《太平惠民和剂局方》,原本陈师文等的《和剂局方》逸失久矣。而《太平惠民和剂局方》也只有元刊本传世,已经不见宋代刊本的面貌了。

宫内厅书陵部现今所存的《增广校正和剂局方》,为宋刊本残本三卷——即卷二(从"一切气"到"瘤疥")、卷三(从"积热"到"疮肿折伤")、卷四(妇科)。每半叶十一行,每行二十一字。白口,左右双边。版匡纵20.1厘米,横13.4厘米。墨色精洁,实为南宋初年所开雕者。卷中所记诸方,与后来的《太平惠民和剂局方》时有差异者,如"牛黄清心丸"的配伍,两部书的方子有八味药不同,这对于研究中国医学史、药物学史都是很有意义的。卷中有"多纪氏藏书印""江户医学藏书之印"等印记,此皆与前述诸本医方书相同,原皆系多纪氏家族的旧藏。

12. 宋代建安励贤堂初刊初印本《新编类要图注本草》四十二卷《序例》五卷《目录》一卷

"本草"一词为我国传统药物学的总称，此概念最先大约见于《汉书·平帝纪》。平帝五年有诏"征天下通知逸经，古记，天文，历算，钟律，小学，史篇，方术，本草及以'五经'，《论语》《孝经》《尔雅》教授者"，以集合天下学有专长的人才，为濒临危亡的皇室出谋划策。历代不少的注释家以为这里的"本草"，特指的是《神农本草经》。此说是有点问题的，因为《汉书·艺文志》不见《神农本草经》之名，直至梁朝阮孝绪撰著《七录》，始著录《神农本草经》一书。考其内容，这部《本草经》所记载的地名，多为东汉时代的建制，盖乃东汉时人之所作，托渺远古代之名而已。此则为我国药物学之起始。唐宋时代，本草著作，续有所出，皆以为《神农本草经》增补之法，阐述作者之创见。至北宋政和年间（1111—1117）有承直郎澧州司户进书寇宗奭，奉命转直通郎添差充收买药材所办验，专事药材的收购检验，以其专业经验，撰有专门著作两种，一曰《图注本草》四十二卷，一曰《本草衍义》二十卷，无疑为我国传统药物学史上之重大建树。然元人脱脱主编《宋史》时，其《艺文志》却未曾著录寇氏著作，清人《四库全书》于宋人之《本草》著作，仅著录唐慎微撰《证类本草》一种，而我国近代以来治本草之学者，也大多只言梁代陶弘景之《名医别录》，唐人苏恭之《唐本草》，陈藏器之《本草拾遗》，宋人掌禹锡之《嘉祐补注本草》，曹孝忠之《政和重修经史证类本草》，以及明人李时珍之《本草纲目》等，而不言宋人寇宗奭此两大巨著。近现代和当代数种医学史因袭相传，常常是言人之所云，不言人之所不云，不知是何道理。其实，在宋代当时，寇宗奭的《新编类要图注本草》等，还是一种流传很普遍的本草书。1241年日僧圆尔辨圆自中国回国的时候，赍回的书籍中就有寇氏之书。想来连日本留学生都能弄到手的书，不会是非常偏僻的。就在脱脱领衔主编《宋史》时，《新编证类图注本草》四十二卷《序例》五卷《目录》一卷仍然有元刊本问世。今日本静嘉堂文库收藏有此书的元刊本一部，题署"许洪等校正"，共十五册，为原中国徐一泉之旧物，后归幕末大儒竹添井井收藏。1353年（元至正十三年），与元人编撰《宋史》差不多的时候，日本京都东福寺第二十八世持主大道一以整理圆尔辨圆从中国带归的书籍，编撰《普门院经论章疏语录儒书等目录》，其中"出部"就著录《图注本草》九册，此即为一百十二年前赍归之汉籍。也不知道脱脱等为何对此视而不见？

宫内省书陵部今存寇宗奭《新编类要图注本草》四十二卷《序例》五卷《目录》一卷，与《本草衍义》二十卷，凡此两种著作的宋刊本三部，实为寇氏著作的宝库了。

目前我国国家图书馆和中国中医科学院各收存有《新编类要图注本草》的元刊本的残本，合为共十一卷，而日本宫内厅书陵部收藏有宋代建安余氏励贤堂刻刊初印本《新编类要图注本草》四十二卷《序例》五卷《目录》一卷，凡两部，皆为全本。

此书每半页有界十行，行大小皆十九字。细黑口，四周双边（21.2厘米×14.9厘米）。鱼尾下标"本草（几）"或"本（几）"。

首为《总目》，目次如下（每半页五行）：

> 卷一、玉石部上，　卷二、玉石部上，
> 卷三、玉石部中，　卷四、玉石部中，
> 卷五、玉石部下，　卷六、玉石部下，
> 卷七、草部上之上，卷八、草部上之上，　卷九、草部上之上，
> 卷十、草部上之下，卷十一、草部上之下
> 卷十二、草部中之上，卷十三、草部中之上，
> 卷十四、草部中之下，卷十五、草部中之下，
> 卷十六、草部下之上，卷十七、草部下之上，
> 卷十八、草部下之下，卷十九、草部下之下，
> 卷二十、木部上，　卷二十一、木部上，
> 卷二十二、木部中，　卷二十三、木部中，
> 卷二十四、木部下，　卷二十五、木部下，

卷二十六、人部，

卷二十七、兽部上，

卷二十八、兽部中，

卷二十九、兽部下，

卷三十、禽部上中，

卷三十一、虫鱼部上，

卷三十二、虫鱼部中，

卷三十三、虫鱼部下，　卷三十四、虫鱼部下，

卷三十五、果部上中下，卷三十六、果部上中下，

卷三十七、米谷部上，

卷三十八、米谷部中，

卷三十九、米谷部下

卷四十、　菜部上，

卷四十一、菜部中，

卷四十二、菜部下。

《总目》后空一行低七字题"姚溪儒医刘信甫校正"。次有书肆刊印识语阴文七行，每行十八字。文字有匡，其文曰：

> 本草之书最为备急，世不可阙。旧有版皆漫灭，大则浩博而难阅，小则疏略而不备，图相雕刻而不真，舛误者多。今将是书鼎新刊行，方以类聚，物以群分，附入衍义、草木、鱼虫。图相真楷，药性畏恶，炮炙制度，标列纲领，了然在目，易于检阅，色色详俱。三复参校，并无毫发之差，庶使用者无疑，岂曰小补哉，伏幸详鉴！

此识语后有刊印木记曰："建安余彦国刊于励贤堂"。

正文著录之本草，每品绘图，并注所产之地。药品用阴文标示，本经作大字。此本所引书目甚众，如《抱朴子》《神仙传》《雷公衍义》《药性论》《青霞子》《子母秘录》《外台秘要》《千金方》《千金翼方》《孙真人食忌方》《斗门方》《十全传救方》《圣惠方》《经效方》《刘禹锡传信方》。《崔氏方》《肘后方》《王氏博济方》《简要济众方》《孙用和方》《御药院方》《灵

苑方》《百一方》等。此外，凡经、史、子、集中有相关者，大抵甄录。

此本《序例》五卷，乃系《补注总诀》《本草图经序》《开宝重定序》《唐本序》《亮陶隐居序》《序例》《重广补注神农本草并图经序》《雷公炮炙论序》《衍义总序》《序例》《序例》等。

宫内厅书陵部藏此宋刊本两部。

一部原为江户时代丰后佐伯藩主毛利高标旧藏，共二十册。卷中有"佐伯侯毛利高标字培藏书画之印"。每册首又有"道山""专熟"两印记。此本于仁孝天皇文政年间（1818—1829）由出云守毛利高翰献于江户幕府。董康《书舶庸谭》卷三著录此本，称其"镌刻精美，笔法刀法类建阳诸刻"[①]。

一部原为中世纪时期金泽文库旧藏，共二十二册。此本乃为金泽文库外流出汉籍之一种。江户时代藏于名医多纪氏家，后转入医学馆，也曾为帝国博物馆旧藏。卷中有"金泽文库"墨印，又有"多纪氏藏书印""江户医学藏书之记""帝国博物馆图书"等印记。

13. 宋庆元年间江南西路传运司刊本《本草衍义》二十卷

宫内厅书陵部又收藏有《本草衍义》二十卷，此为宋庆元乙卯（1195）江南西路传运司刊本，共三册。题署"寇宗奭撰　寇约校"。此书纸质精美，字格严整，系南宋版中上乘者。

此本每半页有界十一行，行二十一字。小字双行，行同正文。白口，左右双边（25.4厘米×20.1厘米）。版心记字数，并有刻工姓名，如王惠、余光、王礼、周中、吴良、高中、吴元、卞、周、忠、黄、蔡、彭卞、刘一新、刘仁、刘明、邓安等。

首题"通直郎添差充收买药材所辨验药材寇宗奭编撰"。次题"宣和元年本宅镂版印造，侄宣教郎知解州解县丞寇约校勘"。前有宋政和六年（1116）十二月廿八日《付寇宗奭札子》。

---

① 董康：《书舶庸谭》卷三，文禄堂，1936年（1946年重校刻印）。

卷末有宋庆元乙卯（1195）《跋文》。文曰：

> 右《证类本草》计版一千六百二十有二，岁月屡更，版字漫漶者十之七八，观者难之。鸠工刊补，今复成全书矣。时庆元乙卯秋八月癸丑识。

《跋文》隔行有"儒林郎江南路转运使主管帐司□杲"等五人列衔。次有"朝奉郎权江南西路转运判官吴猎"一行。

江户时代森立之《经籍访古志·补遗·医部》著录枫山秘府藏宋刊本《本草衍义》二十卷《目录》一卷，即系此本。

杨守敬《日本访书志》卷九著录宋刊本《本草衍义》二十卷《目录》一卷，亦即此本。其识文曰：

> 首载政和六年十二月廿八日付寇宗奭札子，又题宣和元年月本宅镂版印造，宣教郎知解州县丞寇约校勘。目录及第一卷之首，题通直郎添差充收药材所辨验药材寇宗奭编撰。赵希弁《读书后志》作《本□（原缺字，疑此字即为"草"字——笔者注）广义》，与其序例不相应，当误也。自序称重定本草及图经有执用已私失于商较，并考诸家之说，参之事实，覆其情理，证其误脱，以为此书。盖为掌禹锡等补注《神农本草》、苏颂等《本草图经》而作也。余按大观二年唐慎微之《本草》已刻于漕司，至政和六年曹孝忠又奉命校刊慎微之书，何以寇氏一不议及？余意大观、政和，年岁相近，漕司之本或流传未广，至曹氏校《证类》而宗奭之书已成。尝以质之森立之，立之云，此书通编药名、次第全与唐苏敬《新修本草》相符（日本现存苏敬《本草》十卷，余已得其影钞本），寇氏盖以《证类本草》分门增药为非，是因就《新修》而作《衍义》也。又云寇氏辨正药品凡四百七十二种，发明良多，盖翻性味之说，而立气味之论，东垣、丹溪之徒多尊信之。本草之学自此一变。然则寇氏本非为慎微之书而作《衍义》，张存惠刊《证类本草》，以寇氏书入之，已失其旨。有明一代，遂无刊本，而《四库》不得著录，此当急为流布者也。①

《本草衍义》也有元代刊本。今日本静嘉堂文库，尊经阁文库和天理图书

---

① 杨守敬撰：《日本访书志》卷九，光绪三十三年（1907）。

馆各藏有一部。此《本草衍义》二十卷元代宗文书院刊本，乃是上述宋庆元乙卯（1195）江南西路传运司刊本的翻刊本。每半页有界十二行，行二十一字。注文小字双行，行同正文。细黑口，三黑鱼尾，四周双边（20.5厘米×14.2厘米）。首题"宋通直郎添差充收买药材所辨验药材寇宗奭编撰"。前有宋政和六年十二月十八日（1116）十二月廿八日《付寇宗奭札付》。后有"宣和元年本宅镂版印造，侄宣教郎知解州解县丞寇约校勘"两行。

静嘉堂文库藏本，原系陆心源皕宋楼的旧物。共四册，其中卷四、卷十八有后人写补。陆心源本人把他收藏的元刊本误以为"宋本"了。《仪顾堂续跋》卷六著录此本，陆心源并作识文曰：

> 宋刊宋印本。宗奭莱公曾孙，著有《莱公勋烈》一卷，见《郡斋读书后志》。以《衍义》《札付》《通鉴长编》二百八十三证之，知其曾官杭州、顺安军、永耀等处。熙宁十年为思州武城县主簿。政和六年由承直郎澧州司户进书，转通直郎添差充收买药材所辨验而已。宗奭以《嘉祐》《证类》二部失于商较，因考诸家之说，参以事实，有未尽者衍之以臻其理，如"东壁土倒流水冬亥"之类；隐避不端者伸之以见其情，如"水自菊下过而水香鼹鼠溺精坠地而生子"之类；文简脱误者证之以明其义，如"玉泉石蜜"之类；避讳而易名者原之以存其名，如"山药"避宋朝讳及唐避代宗讳之类。《郡斋读书志》《直斋书录解题》《文献通考》，皆著于录。金泰和刊，散附唐慎微《证类本草》，明刊仍之。此则犹宋时单行本也。①

卷中有"凌淦字丽生　一字砺生""吴江凌氏藏书""刘柄""叔鼎""曹嘉犹印""小泉""归安陆树声所见金石书画记""臣陆树声""归安陆树声叔桐父印"等印记。

尊经阁文库藏本，为原江户时代加贺藩主前田纲纪等旧藏，共六册。

天理图书馆藏本，共三册。卷中有"怡府世宝""明善堂览书画印记""安乐堂藏书记"等印记。

此外，依据日本江户时代长崎海关的记录《商舶载来书目》记载，中御门天皇享保十二年（1727）中国商船"浦字号"载《本草衍义》一部十册抵日本。

---

① 陆心源撰：《仪顾堂续跋》（影印本）卷六，中华书局，1990年。

江户时代又有寇宗奭《本草衍义》二十卷的写本一种，此本原系写字台文库等旧藏，今存龙谷大学大宫图书馆。日本仁孝天皇文政六年（1823年）又有和刊本《本草衍义》二十卷问世。此本系当时日本著名的医学家族中人丹波元胤校。

宫内厅书陵部所收储的汉籍医学文献，不仅在文献学史上，而且更在医学史上具有重要的价值。从文本的立场上推测，盖寇宗奭的著作，在国内被淹没良久，已经不为后人所知晓，乃至20世纪的学术界也茫茫然如此。

记得十余年前，有朋友介绍北京一所很有名望的中医学高等学府的科学研究的负责人造访寒舍，向我询问在日本发现了什么医书。我把记录上述内容的卡片毫无保留地给他们几位阅读。先生们翻阅后，把卡片在我的书桌上一放，其中一位对我说："很一般，没有什么意思！"那种傲慢和不经意的态度，真使我大吃一惊。这倒不是在于他们对我奔波海外追踪祖国遗籍的不恭，而是感觉他们在如此丰厚的医学宝库面前表现得十足地无知，暗地里不禁怀疑起这些教授究竟是"李逵"还是"李鬼"来了。使人心寒的是，这些所谓中国中医学最高学府的学术人士（介绍给我的时候还说其中有"××大家"之类哩！）实在有点对不起那些长眠在异国他乡的我国杰出的著作珍本和他们的作者了，其中也包括寇宗奭这位八百年前的药物学家了。八百年前他们是如此地辛劳，而八百年后他们却遭遇到如此浅薄而又这般狂妄的后继者！直到1994年，北京中医药大学梁蓉教授到达日本文部省国际日本文化研究中心，与山田庆儿教授一起，从事日本龙谷大学收藏的汉籍古医书的整理，并从事"舌苔"研究，日夜操劳。她与我在一个研究中心工作。我从她那里，学习了许多中医学知识和中医书知识，并体会到她对祖国文化遗产的崇敬与孜孜不倦的品德。梁蓉教授的人品与学问，皆可称出类拔萃者，这才使我改变了对我国中医学研究者的学术认知能力和研究能力的判断。

14. 宋绍兴年间东阳崇川余四十三郎宅刊本《初学记》三十卷

在宫内厅书陵部所藏汉籍类书珍本中，按成书的年代排列，则唐人徐坚等编纂的《初学记》当为"类书"之首。有唐一代，以欧阳询等编纂《艺文类聚》为起始，不少学人相继以编纂类书为务，继次有虞世南《北堂书钞》，张楫《龙筋凤髓判》，徐坚《初学记》，林宝《元和姓纂》，白居易《白氏六贴》，陆龟蒙《小名录》等问世。大凡学术愈益发展，读书人对类书的要求也就愈益迫切。在唐人类书中，《初学记》一书若与一百卷的《艺文类聚》，一百六十卷的《北唐书钞》和一百卷的《白氏六贴》相比较，它的规模只有三十卷，算不上"大型"；但若与四卷的《龙筋凤髓判》，十八卷的《元和姓纂》和二卷的《小名录》相比较，规模又不算太小。当然，更主要的是它著录的内容，《初学记》全书立二十三部分三百一十三子目，所采录的内容，皆来源于隋代之前的古书，不少当今已经失传，而诗文的采录，又兼及初唐。在唐人类书中，其博虽不及百余卷的大型编纂，而去取谨严，多可应用。《初学记》东传日本，当在8世纪中期之前。日本孝谦天皇天平胜宝三年（751）编纂成日本第一部书面汉诗集《怀风藻》，其收入作品多处征引《初学记》中的典故，如第二十五首大学博士从五位下美努连净麻吕《临水观鱼》一首，几乎全部从六朝张正见《钓竿篇》翻作，此诗即从《初学记·渔部》录出。9世纪后期，日本当时的大学头（大学校长）藤原佐世编撰《本朝见在书目录》，其中第三十"杂家"类中著录《初学记》三卷（疑为三十卷之误——笔者注），题"唐徐坚撰"。此为《初学记》传入日本最早之目录学记录。

目前国内所存《初学记》的文本，最早为明代嘉靖十年（1531）安国柱坡馆刊本。宫内厅书陵部所藏宋刊本《初学记》三十卷，当为宋绍兴十七年（1147）东阳崇川余四十三郎宅刊本，共十册。此本每半页有界十二行或十三行，行二十二字至二十六字不等。注文双行，行二十八字至三十二字不等。白口，左右双边（21.2厘米×15.2厘米）。版心标"记（几）"，并记页数。

前有宋绍兴四年（1134）岁次甲寅正月上元日福唐刘本《序》。此《序》文每半页九行，行十四字。次有《重雕初学记目录》。《序》后有刊印识文四行。其文曰：

> 东阳崇川余四十三郎宅，今将监本写作大字，校正雕开，并无讹谬，收书贤士幸详鉴焉。绍兴丁卯季冬日谨题。

每卷首题"《初学记》卷第（几）"，下空二字题"（某）部"，并记"上、下"字。次行署"光禄大夫右散骑常侍集贤院学士副知院事东海郡开国公徐坚等奉敕撰"。目录低一字，接续正文，篇目冠于上，用阴文。卷中凡遇事对及所引诗文等亦用阴文。

此本卷一、卷三、卷四、卷五、卷六、卷八、卷九、卷十三、卷二十一、卷二十八、卷二十九，共十一卷文中有后人写补。

此本系日本中世时代金泽文库外流出汉籍之一种。卷一、卷二十一、卷二十六，凡三卷中有"金泽文库"墨楷长方印记。何时收藏于丰后佐伯侯毛利氏家，则不得而知。仁孝天皇文政年间（1818—1829）出云守毛利高翰将此本献于幕府。明治初期，归内阁文库。明治二十四年（1891）移送宫内省图书寮。卷中有"佐伯侯毛利高标字培松藏书画之印""龙兰""土屋守楷之印""复古堂""虎五郎文库"等印记。

森立之《经籍访古志》卷五著录枫山官库藏宋刊本《初学记》三十卷，即此本。

傅增湘《藏园群书经眼录》卷十著录此本。其识文曰：

> 此书刊工精湛，笔迹瘦劲，与余藏百衲本《通鉴》中十四五行本相类，盖南宋初建本也。《初学记》一书，余昔年见严铁桥校宋本，曾传录于安国桂坡馆本，始知明本脱失闳多。如卷二十五"火类"一叶，卷二十六"冠类""弁类"一叶，卷二十八"李、柰、桃、樱、枣、甘、梅"各类八叶，卷二十九"狗类"一叶有半，卷三十"鸡类"后半叶，"鹰类"前半叶，宋本与明本文字大相径庭，至改不胜改，余咸手写以补正之。严氏称依青浦王述庵所藏宋刊大字本校于孙氏冶城山馆，而不言宋本之行款若何。然考平津馆记，言元本新刊《初学记》十行二十字，疑孙氏所见即严氏所校也。余又疑严氏所校不独非宋本，亦非元本，当即明嘉靖时所刻之宗文堂本也。近时见临清徐司业家遗书，有题宋版元修本者，索观之，则正为十行二十字，序后有"谨依古本荥阳郑氏重勘印行"一行，当为出于宋本之一证。以严校比勘之，目后题"重刊大字初学记"，卷首题"新刊初学记"正同。取卷中考订之处参之，亦无不同。然后知徐氏所藏，正宗文堂本，严氏所校即此本也。特以其镌刊尚精，文字佳胜，远出它明本上，真宋本既不可得见，故皆误认此为宋本耳。今获观此帙，宋刊初印，行款既密，标题复异，益信余说之不谬。独惜岛田翰所称元至正庚子初夏翠岩精舍新刊本，余目所未睹，不

审其异同奚若也。①

董康《书舶庸谭》卷三、卷六两处著录此本。

此宋刊本在明代由安国重新校合后于明嘉靖十年（1531）翻刊，此所谓"安国桂坡馆覆宋绍兴十七年东阳余氏刊本"。今日本静嘉堂文库、东洋文库、京都大学人文科学研究所东洋学文献中心、天理图书馆、京都阳明文库都有藏本。

依据江户时代日本《长崎官府贸易外船赍来书目》记载桃园天皇宝历九年（1759），中国商船"一番船"载《初学记》一部抵日本。又据《商舶载来书目》记载，桃园天皇宝历十一年（1762）中国商船"志字号"载《初学记》一部一帙抵日本。又据《外船书籍元帐》记载，仁孝天皇弘化五年（1848）中国商船"未四番"载《初学记》一部二帙抵日本。此本当时候标出售价八匁（读作もんめ，罗马音monme，江户时代银币单位，1两黄金等于50～80匁，也写作"文目"）。

15. 宋刊本《画一元龟》（残本）八十九卷

在宫内厅书陵部所藏汉籍类书中，还有宋刊本《画一元龟》残本一部，引用经史子集各类文献典籍宏富，然此书编撰者不详，宋刊本在中国国内也已经失逸，而书中所引用的经史子集成为逸书者更是为数不少。宫内厅书陵部藏此书八十九卷，从残本来考察，此书的体例则按"甲、乙、丙、丁"分为四部，每部再以"门"分目。今本留存的"部"与"门"如次：

乙部（卷十六至卷二十、卷七十六至卷八十）计有操履门、刚柔门、宽简门、器用门；

丙部（卷三至卷六、卷十一至卷二十、卷三十一至卷四十、卷四十六至卷五十、卷六十一至卷六十五、卷八十一至卷八十五）计有列国门、两汉门、古贤圣门、汉臣门、三国臣门、唐臣门、天文门、人君门、君德门、势位门、

---

① 傅增湘撰：《藏园群书经眼录》卷十，中华书局，1983年。

人臣门、百官门、治效门、恩德门、选任门、功勋门、人品门、人民门、形体门、言行门、诗门、周礼门、子史门；

　　丁部（卷七至卷十、卷二十一至卷三十五、卷四十一至卷四十五、卷五十一至卷六十六）地理门、乐门、歌舞门、祭祀门、祭器门、金玉门、坛壝门、衣服门、冠冕门、车舆门、易门、诗门、周礼门、百官门（此三门与丙部重复——笔者注）、治要门、会计门、税赋门、刑罚门、科目门、兵制门、农门、工门、权衡门、器用门（与乙部重复——笔者注）、饮食门、燕飨门、宾客门、卜筮门、身体门、祥瑞门、鸟兽门、草木门、拾遗门。

此本各部题名与版式稍有差异。乙部题署"类编秘府图书画一元龟"，每半叶十五行，行二十五字，细黑口，版匡纵18.5厘米，横13.0厘米。丙部题署"太学新编画一元龟"。丁部题署"类编群书画一元龟"。"丙、丁"二部每半叶十三字，每行二十五字。细黑口，版匡纵19.5厘米，横13.0厘米。丙部各卷卷末，有"仁仲校正讫""仁仲比校讫""国学进士余仁仲校正"等印记，据此推测，则此本可能是建安余仁仲万卷堂刊本。此本卷中有"金泽文库""仁正侯长昭黄雪书屋鉴藏图书之印""昌平坂学问所""浅草文库"等印记。则知此本《画一元龟》传入日本之后，首藏于金泽文库，后归于近江西大路藩主市桥长昭。日本文化五年（1808）市桥长昭将三十种宋元刊本献赠汤岛圣堂，此本为其中之一，卷末有"献书书跋"一篇。市桥献书后，此本即藏于昌平坂学问所。明治维新后成为内阁文库藏本，1891年，归为宫内所有。

目前，残存的《画一元龟》宋刊本在日本还有两处储藏，一为东洋文库，一为大东急纪念文库。前者存甲部卷七至卷十三等，后者存甲部卷二十一至卷六十一、卷七十四至卷一百等，与宫内厅书陵部藏本为同一刊本，若这三个残本合为一本，则基本上可以恢复南宋建安余仁仲万卷堂刊《画一元龟》的面貌。

16. 宋刊本《天台陈先生类编花果卉木全芳备祖》五十八卷

　　宫内厅书陵部又藏有宋人陈景沂编撰的类书《天台陈先生类编花果卉木全芳

备祖》的宋刊本，这是一部关于植物学的百科全书。此书在中国国内不仅没有宋刊本，就是元代与明代的刊本也全无了，仅靠清人的手写本行世。上海辞书出版社图书馆现今收藏的清初毛氏汲古阁写本，则是诸写本中最早期的文本了。

是书全《前集》二十七卷，《后集》三十一卷，共五十八卷。每半页有界十三行，行二十四字。细黑口，左右双边（18.3厘米×11.7厘米）。卷目如次：

《前集》卷一至卷二十七，花部。
《后集》卷一至卷九，果部；
　　　　卷十至卷十一，卉部；
　　　　卷十二至卷十三，草部；
　　　　卷十四至卷十九，木部；
　　　　卷二十至卷二十二，农桑部；
　　　　卷二十三至卷二十二十七，蔬部；
　　　　卷二十八至卷三十一，药部。

原分前后两集，前集全为二十七卷，宫内厅书陵部现今存《前集》卷十四至卷二十七；存《后集》卷一至卷十三、卷十八至卷三十。前后集合计今存四十一卷，则可见全书百分之七十的面貌。

卷前题"江淮肥遁愚一子陈景沂编辑"，又一行题"建安祝穆订正"。《后集》书题下有椭圆阴文"后集"二字。《后集》卷一前有《新编花果卉木全芳备祖总目》，次有《目录》。

各部著录的每一种植物，皆分为"事实祖"与"赋咏祖"两大类。所谓"事实祖"，即是阐述此"物"之本，分为"碎录""纪要""杂著"三子目；所谓"赋咏祖"，即是记录关于此"物"之文学表现，分为"五言散句""七言散句"等十子目。书中征引资料极为丰富，尤详宋代诸书，而著录每一物之"赋咏祖"，常为文学史家所忽略。该书可为治"全宋诗"和"全宋文"者，提供诸多的辑佚的贵重史料。

关于此本的版本认定，傅增湘《藏园群书经眼录》卷十曾著录日本帝室图书寮藏元刊本《天台陈先生类编花果卉木全芳备祖》即系此本。其识文曰："此书中国藏书家向无著录元本者，此虽残帙，胜于习见宋刊多矣。"①董康《书舶庸谭》卷二著录元刊本《天台陈先生类编花果卉木全芳备祖》十四卷《后集》二十七卷，即系此本。其识文曰："此书吾国藏书家未见刻本。昔年余得劳氏校钞本，今归大仓图书馆，校亦不全，未识所据，即此本耶？"②此二位先生的论断，也可备一说。

此本卷中有"佐伯侯毛利高标字培松藏书画之印"等印记，原系江户时代丰后佐伯藩主毛利高标旧藏。仁孝天皇文政年间（1818—1829）出云守毛利高翰献与幕府。明治初期，归内阁文库。明治二十四年（1891）移送宫内省图书寮（即今宫内厅书陵部）。

此外。据我所知，日本大仓文化财团藏本目前另收藏有《天台陈先生类编花果卉木全芳备祖前集》二十七卷、《后集》三十一卷明人写本一种，全本二十四册。此本原为叶树廉等旧藏。天头地边有朱墨识语，曰"丁氏钞"，曰"曝书亭钞"，曰"昌绥手注"等。卷中有"子宣""重光""叶树廉""石君"等印记。

17. 宋刊本《论衡》（残本）二十五卷

9世纪末日人藤原佐世《本朝见在书目录》第三十"杂家"著录《论衡》三十卷，并题"后汉徵士王充撰"。这是《论衡》传入日本的最早的文献记录。后来在12世纪藤原信西的《通宪入道藏书目录》第三十三匮中又著录《论衡》一帙十卷，又著录《论衡》二匮十卷。现在不明白的是，所谓"二匮十卷"指的是"第二匮"也有十卷，还是另外又有二匮，各个十卷。如果说是前者，则藤原信西所收储的《论衡》之有二十卷，如果是后者，则《论衡》一直以"三十卷本"流传于日本。

宫内厅书陵部藏宋刊本《论衡》今缺卷二十六至卷三十凡五卷，实存二十五

---

① 傅增湘撰：《藏园群书经眼录》卷十，中华书局，1983年。
② 董康：《书舶庸谭》卷二，文禄堂，1936年（1946年重校刻印）。

卷，分装十二册。此本曾经为日人原狩谷掖斋、冈本况斋、木村正辞以及细川十洲等旧藏。

每半页有界十行，行十九字至二十一字不等，小字双行。白口，左右双边（22.0厘米×15.0厘米）。版心标卷数，并记刻工姓名，如刘文、李文、李昌、李宪、陈明、陈俊、高俊、洪悦、洪新、毛奇、毛昌、王存、王永、王林、王政、宋端、朱章、周彦、徐彦、徐亮、徐颜、张谨、许中、赵通、杨昌、梁济、潘亨、卓宥、卓究、王存中、方祐、卓祐、王琜等。

书名题"论衡卷第几"，卷尾亦同。目录二排，与正文连，上排低二字，下排低十一字，亦有作一排者。篇名低四字。卷中避宋讳，凡遇"玄、法、弦、朗、敬、惊、弘、殷、匡、筐、竟、境、胤、恒、贞、徵、树、竖、让、桓、构、购、慎"等字皆缺笔。

卷中有江户时代狩谷掖斋手识文，其文曰：

> 是本第二卷第十三叶脱逸，以昌平官本校合之亦复同，卷摺之时版失而尔，非后来逸者也。

又有明治二十六年（1893）细川十洲（润次郎）手识文二则，其一则文曰：

> 宋版《论衡》十二卷（实为十二册——笔者注）本为狩谷掖斋求古楼藏书，其后归木村正辞所有，终为宫内省所购入。本书止于二十五卷，二十六卷以下全缺。又第一卷之"累害篇"中有错简一页，误入"命禄篇"中。

其另一文则曰：

> 坊本脱此一简，幸有此书可据以订正，担当在"累害篇"中耳。明治癸巳。

森立之《经籍访古志》卷四著录求古楼藏宋刊本《论衡》三十卷，即系此本。森氏识文曰："文字遒劲，笔画端正，绝有颜公笔法。加之镌刻鲜朗，纸质净致，墨光焕发，若法帖然，实宋刊中之绝佳者。"[①]

---

① [日]森立之、涩江全善纯等：《经籍访古志》（海保元备序、丹波元坚跋本），1885年，京都大学藏本。

董康《书舶庸谭》卷三、傅增湘《藏园群书经眼录》卷八亦著录此本。

江户时代日本方面海上贸易，中国进口《论衡》一事，据《商舶载来书目》记载，中御门天皇宝永七年（1710）中国商船"以字号"载《论衡》一部八册抵日本。中御门天皇正德元年（1711）中国商船"和字号"载《论衡》一部八册抵日本。另外也曾经由日本书商至少两次刻刊过《论衡》，此即日本樱町天皇延享五年（1748）平安（京都）弘简堂刊行《论衡》三十卷。桃园天皇宽延三年（1750）皇都（京都）三田三郎兵卫外二轩等刊行《论衡》三十卷，由日人三浦卫兴（石阳）点。此本后有京都若山屋喜右卫门重印本。

18. 宋人手写本《南华真经注疏解经》三十三卷

从版本学的立场上讲，学术界很看重唐人或唐以前人的写本，那当然是无价之宝。自从宋代开始较大规模地推行刻板印刷之后，"宋人写本"已经不为学界所注目，且传世者也已经很少。我没有作过确切的调查统计，但在一般的概念中，好像觉得传世的"宋人写本"可能比传世的"唐人写本"还要少一些吧。或许真是如此，那么，存世的"宋人写本"也就更加显出它的珍贵意义了。宫内厅书陵部藏有宋人写本《南华真经注疏解经》三十三卷，分装十五册。题署"周庄周撰　晋郭象注　唐释玄英解"。此本审其纸墨字画，钞写时日应当在南宋宁宗庆元（1195—1200）之前。行格整齐，字体以行楷为主。每半页有界八行，行十九字或二十字不等。注文单行，疏文双行。界长21.5厘米，幅宽17.2厘米。卷首前有郭象《序》，成玄英《序》，并有宋真宗景德三年（1006）《中书门下牒》。卷中有日本读书人阅读时所做的"返点"和"送假名"。原先为日人松崎明复石经山房等旧藏，卷中有"松崎复""辛卯明复"等印记。

《庄子》著作传入日本，当在8世纪之前。日本孝谦天皇天平胜宝三年（751）日本编纂成第一部书面汉诗集，也是日本第一部书面文学集《怀风藻》。其中有些诗作曾经征引过《庄子》中的典故，例如，第四十九首中有诗曰："昔问濠梁论，今辩游鱼情。"此典取自《庄子·秋水》中"庄子与惠子游于濠梁之上。庄子曰：'鯈鱼出游从容，是鱼之乐也。'"可证当时日本的贵族知识分子已经能够援引《庄子》之论而入诗了。

9世纪末，大学头藤原佐世在皇室的藏书楼失火之后，点检焚后余剩以及中央各机构的藏书，编纂成《本朝见在书目》，其中在"道家类"中著录的关于《庄子》的著作，竟然有十九种：

《庄子》二十卷，梁漆园吏庄周撰，后汉司马启注；
《庄子》三十三卷，郭象注；
《庄子义记》十卷，张议著；
《庄子义疏》二十卷，王穆□撰；
《庄子义疏》九卷，王穆□撰；
《庄子义疏》五卷，贾彦咸撰；
《庄子疏》五卷，渎行佛著；
《庄子讲疏》八卷，周仆射撰；
《庄子私义记》十卷；
《庄子序略》一卷；
《庄子集解》四十卷；
《庄子要难》十八卷；
《庄子字训》一卷；
《庄子疏》十卷，法师成英撰；
《庄子音义》十卷，道士方守一撰；
《庄子音义》二卷；
《庄子音义》三卷；
《庄子音训字义》十卷（冷然院本）；
《南华仙人义类》十二卷。

以上这些是日本古文献关于《庄子》的最早的目录学记载。

11世纪日本一条天皇宽弘八年（1011）日本仿中国《唐文粹》一类的选本而编纂成《本朝文粹》。其中辑录前中书王《兔裘赋》中的所谓佳句"丧马之老，委倚伏于秋草；梦蝶之翁，任是非于春丛"，此处的"梦蝶"典故则取自《庄子·齐物论》等。

12世纪日本权倾一时的左大臣藤原赖长,著有《台记》一书。于"康治二年(1143)九月二十九日"中记录所读书籍凡一千三十卷,其中有《庄子》一种,并注明为"钞本"。

同时代少纳言藤原通宪编辑有《通宪入道藏书目录》,其中"百四柜"著录《庄子》上帙十卷。

日本南北朝时代北朝后光严天皇文和二年(1353)京都东福寺第二十八世持主大道一以,编撰《普门院经论章疏语录儒书等目录》,著录1241年日僧圆尔辨圆从中国赍归之书籍,其中"丽部"著录《庄子》一部,并注明"欠自一至五"。"腾部"又著录《庄子疏》十卷。

以上诸项记录,显示了中日文化关系史上一个重要的事实,此即日本古代的知识阶层一直以很大的兴趣和热情,收藏和阅读《庄子》这样的非儒学类著作。

依据我现在知道的材料,日本人自己刊印《南华真经注疏解经》是在17世纪的中期。日本后西天皇万治四年(1661),书商中野小左卫门刊印《南华真经注疏解经》三十三卷。东山天皇元禄十五年(1702)编著有《倭版书籍考》,著录日本当时的"和刊汉籍"。其卷六"诸子百家之部"著录《庄子》三十三卷,或许指的就是此部《南华真经注疏解经》。其后,樱町天皇宽保元年(1741)江户书商锦山房植村藤三郎刊印中国唐人陆德明《庄子音义》三卷。此本还经过江户汉学家服部元乔校勘过。

有意思的是,目前日本保存的关于《庄子》的宋代文本有三部。此即一部为宋人写本《南华真经注疏解经》三十三卷为宫内厅书陵部收藏;一部为《南华真经注疏》残本五卷(全十卷)宋人刊本,为静嘉堂文库收藏(已被日本文化财保护委员会确认为"日本重要文化财")。关于这两种书的关系,清人黎庶昌于光绪十年(1884)在静嘉堂文库观书时,曾经在文库所藏的《南华真经注疏》上留有"手识文",文中说:"南宋刊本《庄子注疏》十卷,首题南华真经注疏卷第几,次题庄子某篇某名第几,郭象注。次题唐西华法师成玄英疏。分为十卷,与宋《艺文志》同。又于每卷内题某篇某名第几,郭象注。以还子玄之旧。故分言之则三十三卷,合言之则十卷也。"其实,两种《庄子》的注释本是一个源头的文本。目前,日本恰好保存了宋人写本和宋人刊本。这在文献学史和思想史的研究方面,应该说是非常有意义的。此外,天理图书馆保存有唐人陆德明《庄子音义》三卷的宋理宗宝庆三年（1227）刊本，为汉学家清原氏家族的传世之本。此本1741年有日人植村藤三郎的复刻本。

19. 宋绍兴年间绍兴府华严会刊本《大方广佛华严经》八十卷

《大方广佛华严经》习惯上又称为《华严经》。佛教在中国流传的初期，信仰者以此经为基本经典，创立华严宗。

《华严经》在东晋隋唐时代有三种翻译本。一为东晋佛陀跋陀罗所译的六十卷三十四品本；二为唐僧实叉难陀所译的八十卷三十八品本；三为唐僧般若所译的四十卷本。《华严经》的保存与流布，自宋代以来，主要是依靠各个《大藏经》系统的零本散出，罕见有单独的宋刊宋印本传世。

国内存实叉难陀所译的八十卷《大方广佛华严经》的宋刊本虽然有五种，但无一全本。又有宋人写本三种，皆仅存一种。

宫内厅书陵部今藏此本《大方广佛华严经》，为唐僧实叉难陀所译的八十卷三十八品本。此经为宋绍兴九年至十二年（1139—1142）绍兴府华严会刊本，八十卷，折本装，凡二十帖。

前有天册金轮圣神皇帝制《大周新译大方广佛华严经序》。

《序》尾左侧有"校语"曰："此经依绍兴府广教院旧本校勘，传写有阙略差讹处，依清凉国师疏文添入改正。"

经文卷首顶格题"大方广佛华严经卷第一"，次行上空二字题署"于阗国三藏沙门实叉难陀译"。

每半面无界九行，行十九字左右。上下单边，栏高14.1厘米，幅宽8.6厘米，折本全高19.4厘米。

各卷卷末列开卷者官衔并姓名，如：

卷一末记：

> 右朝奉大夫新差权知处州军州事王然
> 左朝请大夫主管台州崇道观褚唐举共此一卷

右朝请大夫直秘阁新知严州军州事陆宰

卷十三末记：

华严都会首保义郎姚景纯，谨施财开此经一卷，用报四恩，三有法界有情俱霑利乐，绍兴十年六月一日谨愿。

卷十六末记：

大宋国绍兴府第二厢郑敦，谨施净财，入华严会，开此经一卷，计十一版，所将功德并用追荐考郑三郎、妣陈氏五娘子，伏愿乘兹妙果，早超净界，誓同法界，群生俱悟华严性海。绍兴十年仲夏廿五日男敦谨愿。

卷十八末记：

大宋国常州晋陵县万安坊杞实里（简体）居住张驾部安人吕氏，舍钱开此一卷，所集功德，用酬意愿，仍冀普同一切，俱成正果。绍兴九年十二月廿三日。

卷末有乌荼国王致大唐国王的《献经文》，及大宋绍兴壬午二月七日佛子清了《大方广佛华严经后序》。又有绍兴府华严会会首普证大师《发愿文》，叙述《大方广佛华严经》首雕之由，其文曰：

绍兴府华严会谨书写是经，偏（遍）请公卿贵人士大夫道俗善友，结缘开版，以广流通，所集功勋，并用迴施法界虚空界，具舍佛性，一切众生，普愿各各离苦获安，见佛闻法，悟华严妙旨，证法界唯心，乘文殊智舟，游普贤愿海，次冀在会道俗，不昧正音，劫劫生生，同归佛会。寿圣院住持传贤首祖教主华严会普证大师择交谨愿。

此本原为拇尾高山寺等旧藏，后归宫内厅书陵部。

除此本之外，早稻田大学图书馆另藏有宋刊本《大方广佛华严经》（残本）一卷凡一帖，为全本八十卷中的卷第四十二。

20. 宋开元寺刊本《毗庐大藏》六千二百六十二卷《字音帖》五百三十卷

宋代刻刊佛经集成，始于宋开宝四年（971），至太平兴国八年（983）完成《开宝藏》凡五千四十八卷。续后契丹族在燕京刻刊佛经集成，称《契丹藏》，凡五千四十八卷，可惜至今传世者仅十八卷而已。至宋元丰三年到政和二年，福州东禅寺等觉院刻刊《万寿大藏》，凡六千四百三十四卷。宋政和四年至乾道八年福州开元寺再次刻刊《毗庐大藏》，凡六千一百十七卷。继后又有多次集成出版，如宋湖州思溪圆觉寺刊《思溪圆觉藏》，宋思溪法宝资福禅寺刊《思溪资福藏》，宋元间平江府碛砂延圣院刊《碛砂藏》，金代解州天宁寺刊《金藏》，元代杭州路余杭大普宁寺刊《普宁藏》，元代建阳后山报恩万寿堂陈觉琳刊《毗庐大藏》，入明之后，又有《南藏》《北藏》和《径山藏》等。每一次开版皆在五千卷以上，实为我国古代文化史上彪炳千古的大业。然终因时代变迁，沧海桑田。各《藏》失落破损，早期《大藏》已所存无几。如开元寺《毗庐大藏》，国内虽尚有九处存其残本，然总数也不过五百卷之数。

宫内厅书陵部藏《毗庐大藏》六千二百六十二卷《字音帖》五百三十卷，便是以此"开元寺版"为主，又杂入部分"东禅寺版"等而组成。

版式为每半面无界六行，行十七字左右。上下单边，栏高21.8厘米至25厘米不等，幅宽11.2厘米。折本全高30.3厘米。六半折一叶，中央记函名、卷数、叶数，并记刊年，如元丰、元祐、绍圣、建中靖国、崇宁、政和、重和、宣和、靖康、建炎、绍兴、隆兴、乾道、淳熙、淳祐，又有施主名，如"玄字函"卷二十五末题"比丘弥清普为恩有命工刊版"，"黄字函"卷三十七末题"都劝首住持传法慧空大师冲真　请主参事元绛"，"天字函"卷五末题"广东运使曾寺正舍"，卷三百二十五、卷四百五十六、卷四百八十八、卷五百六十一，皆题"日本国僧庆政舍"等，并记刻工姓名等。

各函版式特殊者如次：

"阿字函"中《楞伽经纂》，每半面无界五行，行十四字。字体稍大。

"衡字函"中《大方广圆觉略疏注经》，每半面无界五行，行十三字。注文双行，行二十字。

"时字函"中《注大乘入楞伽经》，每半面无界八行，行十二字。卷中《大般若波罗蜜多经》卷一有宋崇宁二年（1103）十一月二十二日《牒》。其文如次：

敕赐福州东禅等觉禅寺、天宁万寿大藏
旸　窃见　朝廷近降指挥
天宁节　天下州军　各许建寺　以崇宁为额　仍
候了日　赐经一藏　有以见
圣朝绍隆佛乘祝延
眘　筭　实
宗庙无疆之福　然　旸　契勘大藏经　唯都下有版　尝患遐方圣教鲜得流通　于　是亲为都大劝首　于　福州东禅院请僧慧荣　冲真　智华　智贤　普明等　募众缘雕造大藏经版及建立藏院一所　至崇宁二年冬方始成就　旸　欲乞
敕赐东禅经藏崇宁万寿大藏为名
祝延　圣寿
取　钧旨
十一月日奉议郎守尚书礼部员外郎充讲议司参详官　陈　旸　劄　子
十一月二十日进　呈三省　同奉圣旨　依所乞已降敕命　讫　二十二日午时付礼部施行　仍关合属去处尚书省牒福州崇宁万寿大藏礼部员外郎　陈　旸　白　劄　子　窃见朝廷近降指挥天宁节　天下州军　各许建寺　以崇宁为额　仍候了日　赐经一藏契勘大藏经　唯都下有版　于是亲为劝首　于福州东禅院劝请僧募众缘雕造大藏经版　及建立藏经院一所　欲乞敕赐东禅经藏　以崇宁万寿大藏为名
候指挥牒奉敕　宜赐崇宁万寿大藏为名　牒至批准敕　故牒
崇宁二年十一月二十二日牒

此《牒》后有"司空兼尚书左仆射门下侍郎上柱国南阳郡嘉国公蔡京"等七人列衔。

卷中别添一帖，系日本北朝时代光明天皇历应五年僧人教觉记自历应元年（1338）至历应五年（1342）益性法亲王在石清水八幡宫三次令僧侣转读此本《一切经》诸事，其墨书曰：

历应元年（1338）十二月晦日，遍照寺宫御参笼于八幡宫，自同二年乙卯（1339）正月一日，仰境内三个寺僧于当山五智轮院，五十个日之间，以每日廿口僧侣，被转读一切经（七千卷，真读），至同二月廿一日御结愿，经卷其千轴，僧施一千人。

廿僧名

善法寺

莲忍　相圆　道智　道贤　良胜　觉如　教觉　显道　道妙

道云　智仙　道惠

大乘院

贤密　信行　禅莲　如密　唯信　贤信

法园寺

琳晓　行琳

同三年庚辰（1340）十月八日，宫又御参笼，任去年之例，以三个寺廿口僧，令转读一切经给，至同十一月廿八日御结愿，首尾五十个日也，施僧满千人。

僧众交名

善法寺

莲忍　道智　道贤　行忍　觉如　教觉　显道　道妙　道云

智仙

大乘院

贤密　信性　如密　惠乘　善戒　贤信　信如　专真　信如

法园寺

圆了　琳晓

同四年辛巳（1341）十一月廿七日重御参笼，自今月晦日，峒日廿口僧侣参集，令转读一切经，至翌年壬午（1342）正月廿日御结愿，千僧供又毕。

僧众交名

善法寺

莲忍　道智　行忍　良胜　觉如　教觉　显道　道宪　道云

道惠　唯觉　觉真　道妙

大乘院

专真　了观　了顺　觉成　圆净

法园寺

琳晓　等禅

历应取年正月廿日　比丘教觉奉　仰记之。

"改字函"中《称扬诸佛功德经》卷上纸背，有墨书曰："日本康正二年丙子（1456）秋重阳前前九日，释真空一切经看读毕"。又有别笔墨书曰："应仁元年丁亥（1467）自六月廿五日至同自恣日，大藏奉转读了"。

"欲字函"中《法华集》卷第一末有墨书曰："时应永三十三年丙午（1426）拾月拾八日书写之毕，正秀"。

"庆字函"中《瑜伽师地论》卷一百内封有墨书曰："宽正二年辛巳（1461）三月六日，宫道亲忠转竟"。

"命字函"中《大乘起信论》下卷纸背，有墨书曰："（前略）为七世父母、六亲眷属皆成佛道，三界万灵一切含识，九州肥前下松（简体）浦住人，由天文二年（1533）再兴白，此经转读，至天文七年（1538）六部纲缘申候，敬白，春圆"。

日本明治二年（1869）此经自石清水八幡宫流出，由宝青庵收藏，其后不久被内务省购入。明治十九年（1886），此经收藏于内阁文库，明治二十四年（1891）三月，交付宫内省收藏至今。

印纸背面，常有"东禅大藏"大方印。

《大藏经》在日本流传的历史，至为悠远。

日本圣武天皇天平七年（735）学问僧玄昉自中国携带《一切经》写本五千零四十八卷回国，此为中国《一切经》首次传入日本。玄昉带回之《一切经》写本，不知是否即是唐开元十八年（730）智升所编次《大藏经》（此经一千二百五十八部，凡五千三百九十卷），待考。

日本自奈良时代初期开始，就组织写经生抄写《一切经》经文。今名古屋七寺藏有奈良时代—平安时代（710—1192）《一切经》写本四千九百五十四卷。此藏经长期以为系从宋刊《大藏经》写定。1990年日本文化厅组织学者重新审定，断此藏经原系日本奈良时代至平安时代后期由写经生依据唐人写经而书写。此藏经收录典籍中有如《本行六波罗蜜经》一卷等三十八部经典，为后世如宋版藏经所不录者。已经被确定为"日本重要文化财"。

据《入宋求法巡礼行并瑞像造立记》记载，日本圆融天皇永观元年（983）日本东大寺名僧奝然搭乘宋商陈仁爽、徐仁满返国之船入宋，面谒宋太宗。被赐予"法济大师"号，并赐新印《大藏经》四百八十函凡五千四十八卷并新译经四十一卷。此经即系"开宝敕版大藏经"的初印本。奝然于花山天皇宽和二年（986）乘中国台州商人郑仁德之商船归日本，纳此经藏于京都法成寺，安置佛像于嵯峨清凉寺。此为宋版《大藏经》进入日本之始。

据《参天台五台山记》的记载，日本延历寺阿阇梨成寻于后三条天皇延久四年（1072）由杭州登陆入宋，巡游汴京、天台、五台等，并谒见宋神宗。成寻将从中国得到的经藏，委托给随行的五位弟子，陆续携带归国，本人于宋神宗元丰四年（1081）卒于汴京开宝寺。宋神宗曾赠送成寻经藏四百十三卷，已被送回日本，目录如次：

> 《大藏经》杜字号至谷字号，共二百七十八卷；
> 宋太宗御制《莲华心轮回文偈颂》一部共二十五卷；
> 《秘藏诠》一部共三十卷；
> 《逍遥咏》一部共十一卷；
> 《缘识》五卷；
> 《景德传灯录》一部共三十三卷；
> 《胎藏教》三册；
> 《天竺字源》七册；
> 《天圣广灯录》三十卷。

此外，尚有经藏目录六十九种亦见于被送回日本之列。

据《泉涌寺不可弃法师传》的记载，京都泉涌寺开山俊芿，于日本土御门天皇正治元年（1199）自中国江阴登陆入宋，在中国留学十三年，修行戒律，学习禅宗，于顺德天皇建历元年（1211）归国，携归经藏一千二百余卷，其中凡"律宗大小部文三百二十七卷；天台教观文字七百一十六卷；华严章疏百七十五卷"等。

据《普门院经论章疏语录儒书目录》的记载，东福寺开山圣一国师圆尔辨圆于四条天皇嘉祯元年（1235）入宋，从无准师范学禅，成为其法嗣，于四条天皇仁治二年（1241）携带佛家及儒学经典章疏二千余卷归国。其后嗣第二十八世大道一以将藏书编撰成《普门院经论章疏语录儒书目录》按《千字文》"天地玄黄宇宙洪荒"排列，其大部分仍存于今东福寺。

日本文化史上第一次刻板刊印《一切经》，则是17世纪日光山轮王寺的主持天海大僧正，他作为天台宗宗门，借助德川家光（德川氏政权第三代）的力量，从明正天皇宽永十四年（1637）三月十七日开版，到后光明天皇庆安元年（1648）三月十日完工，经历了十一年缺七天的时间，刻板刊印六千余卷佛典，世称《天海版一切经》。这是一项伟大的文化工程，其中一部分使用木活字，一部分使用版刻。虽然大藏完工之时，大僧正已经去世，但他所倡导的这一刻经事业，不仅在日本佛教史上，而且在日本文化史上，都是具有划时代的意义的。《天海版一切经》的活字和经文，数百年来已经散落各处，如今日本宽永寺藏有《般若心经》的木活字组版，川越市博物馆今藏有《仁王般若经》经文，已被确认为"日本重要文化财"了。

灵元天皇宽文九年（1669）至延宝九年（1681）宇治黄檗山万福寺僧人铁眼道光依据明代万历版《大藏经》重新刻刊印梓，世称《铁眼大藏经》。其刻版至20世纪90年代本书撰著者访问时仍然保存在万福寺，并每日有两三位工人进行修补印刷，现场有少量印本供应。

一直到18世纪，日本仍然从中国进口《大藏经》。依据当年长崎关口的记录，日本中御门天皇正德三年（1713）中国商船"佐字号"载《藏经》一部三百四十五帙运抵日本。

附：

当今日本保存的汉籍《大藏经》除上述宫内厅书陵部文本外，目前尚有十二套收藏于日本各个机构。其中，宋刊本九种，元刊本二种，明刊本一种。略记于后：

1. 大谷大学附属图书馆藏宋开元寺刊本《毗庐大藏》（残本）

此经本版式与宫内厅书陵部藏同版《大藏经》相同。

细目如次：

《佛说佛名经》（残本）一卷，（元魏）三藏法师菩提流支译。此经今存卷十二，共一帖。柱刻"长十二卷"，有刻工姓名如陈尧、王和、王仲、林乡、程亨、吴浦等，并有"德印造"墨色长方印造记。卷首有宋宣和七年（1125）七月《题记》四行。

《（三千）佛名经》（残本）二卷。此经今存卷上、卷下，凡二帖。

《过去庄严劫千佛名经》（即《集诸佛大功德山》）（残本）一卷。此经今存卷上，凡一帖。柱刻"长庄严佛名卷上"，有刻工姓名如周逐、林立、李完、陈晶、林宋等，并有"陈实印造"墨色长方印记。卷首有宋宣和七年（1125）七月《题记》四行。

《未来星宿劫千佛名经》（残本）一卷。此经今存卷下，凡一帖。柱刻"长星宿佛名经卷下"，有刻工姓名如林添、陈完、官理、陈赐、陈默等，并有"陈实印造"墨色长方印造记。卷首有宋宣和七年（1125）七月《题记》四行。

《大慈恩寺三藏法师传》（残本）四卷，沙门惠立本、释彦悰笺。此本今存卷二、卷六、卷七、卷九，凡四帖。有刻工姓名如杨宗、吴才、林文、陈孚、石老、张昱等。

各卷卷首皆有宋绍兴十八年（1148）闰八月《题记》三行。

卷六末又有宋绍兴二十年（1150）下元日宣州慧海大师日智题识。

卷七末又有捐资者题识二行。

卷九末又有捐资者题识二行。

《法苑珠林》（残本）一卷，（唐）上郡西明寺沙门释道世字玄恽撰。此本今存卷第五十一，折本装，凡一帖。柱刻"书 五十一"，有刻工姓名如张保、高元、林介、孙永、王贤等。卷首有宋宣和六年（1124）八月《题记》四行。

书箱首有昭和时代著名的中国学家神田香巖墨书三行："福州开元寺板藏经零本，北宋宣和六年刊法苑珠林卷第五十一，一帖，首尾有金泽文库印。"

《宗镜录》（残本）一卷，慧日永明寺主智觉禅师延寿撰。此本今存卷第九十九，折本装，凡一帖。柱刻"茂 九十九卷"，有刻工姓名如郑正、王保、孙昂、王士等。卷中有"参舟文库""丰桥市莲泉寺舟桥水哉藏印"等印记。

2. 京都东福寺藏宋开元寺刊本《毗庐大藏》

原来11世纪京都东福寺第五十四世住持刚中玄柔专门派遣弟子十人，前往宋朝寻求《一切经》，所得二《藏》，皆为开元寺版，又以它版补入。日本南北朝时代北朝后圆融天皇永和三年（1377），将此二《藏》中之一《藏》归于东福寺至今。

3. 京都知恩院藏宋开元寺刊本《毗庐大藏》一套

日本京都知恩院藏开元寺刊本《大藏经》。此藏经原系周防（山口）乘福寺等旧藏，后归周防大名毛利氏家所有，由毛利氏家献赠大将军德川家康。庆长年间（1596—1615）作为江户幕府第一代大将军的德川家康将此藏经捐赠知恩院。

4. 大谷大学附属图书馆藏宋东禅寺刊本《万寿大藏》（残本）二十六帖

北宋神宗年间，福州闽县白马山东禅等觉院募集临近僧俗之捐资，开版雕印《大藏经》。各卷首皆有三行或四行"刻造题记"，其中，最早记为宋元丰三年（1080），至崇宁二年（1103）将《开元录》所收经典雕造终结。自大观元年（1107）起，又续雕新译经典，至政和二年（1112）完成全藏凡六千三百三十九卷。

日本大谷大学今存此版《一切经》残本凡二十六帖，折本装。此本原系京都三圣寺等旧藏。每半折六行，行十七字左右。上下单边。

5. 京都东寺藏宋东禅寺刊本《万寿大藏》一套

日本京都东寺藏《大藏经》一套，以宋东禅寺刊本为主，宋开元寺刊本补缺。此藏经原系后白河天皇（1155—1158在位）之女宣阳门院觐子等旧藏，四条天皇仁治三年（1242）捐赠东寺。

6. 京都醍醐寺藏宋东禅寺刊本《万寿大藏》一套

日本京都醍醐寺藏《大藏经》一套。此藏经以宋东禅寺刊本为主，宋开元寺刊本补缺。

此本原系入宋僧俊乗坊重源自宋朝归国时携回日本，于后鸟羽天皇建久六年（1195）十一月施舍给京都醍醐寺。

7. 御茶之水图书馆藏宋湖州刊本《思溪圆觉藏》（残本）共三百十七帖

北宋末年至南宋时代，浙江湖州归安县思溪圆觉禅院开版印制《大藏经》。此经由当时密州观察使王永从一族出资喜舍，前后经历约百年时间，随王氏家族的没落，印经便也停滞。宋淳祐年间（1241—1252）由赵氏宗族的资助而得以复兴，此时圆觉禅院升格为法宝资福禅寺。故此《大藏经》凡在圆觉禅院时代雕造者，称为"前思溪版"，凡在法宝资福寺时代雕造者，称为"后思溪版"。

今御茶之水图书馆藏（思溪版）《一切经》（残本）共三百十七帖，原为德富苏峰成篑堂等旧藏。此本折本装，每半折六行，行十七字左右。上下单边。经题之下依千字文列函号。各纸右端有函号、经题、版数、刻工姓名等。（详见"在御茶之水图书馆藏访'国宝'章"）。

8. 大谷大学附属图书馆藏宋湖州刊本《思溪圆觉藏》（残本）五种

此经今存五种，细目如次：

《中阿含经》（残本）一卷，（东晋）三藏瞿昙僧伽提婆译。此经今存卷第二十二，凡一帖。柱刻"兴　中阿含经二十二"，有刻工姓名如黄元、王迪、杨通、叶印、李羽、李茂、李胡等。卷末有《音释》七行，并有日本后深草天皇建长七年（1255）藤原时朝墨书二行，其文曰："奉渡唐本一切经内，建长七年乙卯十一月九日于鹿岛社随供养常州笠间，前长门守从五位上行藤原朝臣时朝。"卷中有"妙正寺"朱文长方印，纸背又有"全藏经"墨色长方印、"藏司印记口"朱文长方印等。

《增壹阿含经》（残本）一卷，（符秦）三藏昙摩难提译。此经今存卷第四十，凡一帖。柱刻"如　增壹阿含经卷第四十"，有刻工姓名如陈杲等。卷末有《音释》五行。经卷纸背有"法宝藏司印""刻即处"等朱文长方印。

《杂阿含经》（残本）一卷。此经今存卷第六，凡一帖。柱刻"思杂阿含经六"，有刻工姓名如施宏、王昌、洪先、王睿、洪吉、叶由、卢典等。卷末有《音释》十行，并有日本后深草天皇建长七年（1255）藤原时朝墨书二行，其文曰："奉渡唐本一切经内，建长七年乙卯十一月九日于鹿岛社随供养常州笠间，前长门守从五位上行藤原朝臣时朝。"卷中有"佞古书屋"朱文方印、"香岩玩秘"朱文长方印等。

《绍兴重雕大藏音》三卷，（宋）释严寺沙门处观撰。前有宋元祐九年（1094）宣德郎新差在京木炭场柳豫《绍兴重雕大藏音序》。卷中有"佞古书屋"朱文方印、"香岩玩秘"朱文长方印等。

《法苑珠林》（残本）一卷，（唐）上都西明寺沙门释道世字玄恽。

9. 东京大学总合图书馆藏宋刊本《大藏经》（零本）五册

此本原为渡边信青洲文库等旧藏。

10. 京都南禅寺藏元大普宁寺刊本《普宁藏》一套

此藏经系京都南禅寺的分寺，即兵库禅昌寺的开山月光庵宗光的弟子入元朝而求得。后阳成天皇—后水尾天皇庆长年间（1596—1615）移交南禅寺。

藏经以元大普宁寺版为主，以高丽版补充，间有宋版经典。

11. 东京增上寺藏元大普宁寺刊本《普宁藏》一套

此藏经原系伊豆修善寺旧藏，后阳成天皇庆长十年（1605）依据大将军德川家康的命令，将此藏经移交江户增上寺。

12. 东京大学总合图书馆藏明万历年间刊本《大藏经》附《续藏经》一千八百十三册

21. 明万历年间官刊本《道藏经》四千一百十五帖

宫内厅书陵部关于汉籍道家类文献的收藏，最大宗的便是《道藏经》，共有四千一百十五帖。"道家"与"道教"在学理上当然是不同的范畴，但是后世的学人在作文献归类编辑时，却常常把"道家""道教"乃至"方术""阴阳"

等混编在一起。大凡自宋人起，有些道之中人便很喜欢做这样的事，例如无名氏所编《道宗六书》，彭好古所编《道言五类》，董希祖所编《道书五种》，阎鹤洲所编《新刊道书全集》等皆是。但是，最大宗的编纂当然要属《道藏经》了。日本现在大宗保存的《道藏》只有一部，这就是宫内厅书陵部收藏的明万历年间（1573—1620）的官刊本了。据说明代的《道藏》殿刻有二，一是《正统道藏》，有五千三百五卷，国内只有中国国家图书馆有一部收藏；一是《万历道藏》，国内未见记录。现今仅有国家图书馆收藏一种万历三十五年内府刊本，标曰《续道藏》，凡二百三十八卷。《正统道藏》所依据的是宋本，但是又编入了元明两代人所撰著的相关作品。《万历道藏》则依《正统道藏》而出。但"正统本"为线装，而"万历本"则为梵策。"万历本"文字稍小，行间也微密。宫内厅书陵部藏本当属《万历道藏》。分为"三洞""四辅"凡七部，卷中各帙，按照《千字文》之"天，地，玄，黄"排列，在各贴施糨糊缝处，常见有明英宗正统十年（1445）的"题识"。文字如次：

   天地定位 阴阳协和 星辰顺度 日月昭明
   寒暑应候 雨旸以时 山岳靖谧 河海澄清
   草木蕃庑 鱼鳖咸若 家和户宁 衣食充足
   礼让兴行 教化修明 风俗敦厚 刑罚不用
   华夏归仁 四夷宾服 邦国巩固 宗社尊安
   景运隆长 本支万世 正统十年十一月十一日

  这一套《道藏经》原系江户时代佐伯藩主毛利高标旧藏。

  宫内厅书陵部的汉籍藏书中，类似上述举证的这些宋人宋刊本，在文献学与文物学诸方面都极具价值者，书量甚为丰富。其范围也不仅是宋人宋刊，还包括许多宋人之前的著作文稿，其中既有从中国国内传入的，也有日本历代的手写本。像宋刊单疏本《尚书正义》、宋刊兴国军学本《春秋经传集解》、宋刊本《寒山诗集》《欧阳文忠公集》《东坡集》《太平寰宇记》《东都事略》等，又如日本平安时代手写本《文馆词林》、镰仓时代手写本《群书治要》等，都是重大的特藏，有待于方家的深入研讨，使这一大批深藏于东瀛皇宫内的汉籍，在中国文化史、日本文化史与中日文化关系史、东亚文化史上，焕发其不朽的光芒。

日本宫内厅书陵部是一个储量极为丰厚的汉籍宝库，近二十年来，无论是在它警卫森严的时代，或是打出"迎接国际化的时代"而向社会开放以来，每当我步入它的大门，或走出它的玄关，心中总充塞着难以名状的情感：是一种会见祖辈故人的激动，还是一种难以割舍的亲情？是两个国家、两个民族文化连接的喜悦，还是一缕惜别的无奈？归来时，但见大楼外宽阔的走道，湛蓝的天空，清醒的空气，做一个深深的呼吸，神情肃穆，走自己的路。

我最近一次到宫内厅书陵部，是2001年11月。当时，我正在日本文部科学省担任客座教授，我国上海图书馆副馆长王世伟教授，中国国家图书《文献》编辑部主任王菡教授应这一研究所的邀请，前来日本访问。日本文部科学省的企划调整官冈雅彦（Oka Masahiko）教授联系在宫内厅书陵部的新馆内访书半日，我也参加作陪。多日不见，宫内厅书陵部内的设备已经大大地提升，读书之前，先要作两手消毒，这实在是保护文献的好事，国内还未有所闻。

尽管已经多次访问过宫内厅书陵部，但是，初次访问的各种印象总是萦绕脑中，还有一件似乎与宫内厅书陵部无关的事情，也挥之不去。当笔者第一次从日本皇宫访书回到京都大学人文科学研究所不久，即收到了我委托书陵部代为摄制的书影。当我到位于住地附近的银阁寺道的京都银行去汇寄摄制费用时，银行的小姐没有要我的汇费，看着我迷茫不解的样子，小姐莞尔，她说："本银行为学术研究办理小额汇寄，是不收汇费的。"

这件微不足道的小事，或许对我国国内银行事事处处以"国际化"为行事标准的决策者们，提供了一个意想不到的标本，也算是海外访书的另一则体验吧。

附录：正仓院访藏"国宝"

日本皇室的汉籍收藏,除了宫内厅书陵部外，还应该提到的就是位于关西奈良的正仓院了。对于大多数人来说，正仓院是个充满魅力却又如谜团般的神圣之处。

正仓院为日本历代皇室御物的珍藏之处，8世纪初期始建于奈良。因为它收藏有大批华夏和西域的珍品，被称之"丝绸之路的终点"。原来，当时的朝廷为了收纳国家的租税，在一些大寺院和国府中建设了若干仓库，习惯上把一个大仓库称为一个"正仓"。所以，仓库兴建之初，一时间被称为"正仓院"的库房是很多的。日本天平胜宝八年（756），当时的光明皇太后为纪念亡故的丈夫圣武太上天皇，将数百件原圣武天皇珍爱的宝物，敬献于奈良东大寺"庐舍那佛"（即今东大寺大佛），祈求冥福。东大寺将这些皇家宝物收藏于东大寺最北端的一个仓库中，被敕封为"正仓院"的"正仓"。随着时间的推移，东大寺"正仓"的皇家物品收储量增大，其他"正仓院"也相继败落，"正仓院"便成为一个固化了的专门指称皇家御物收藏库的专有名词了。

日本历史上天皇屡次迁移皇都，8世纪末由奈良迁至长冈京，由长冈京迁至京都，19世纪中期明治天皇驻跸江户，改称东京。有趣的是，每一次的迁都，在地理上使得正仓院与皇室朝廷愈来愈远，但在一千二百余年间，皇室的宝物却依然储存在这远离皇室的仓库之中。

在日本文化史上，特别在阐述物质文明发展线索的时候，学者们都会列举正仓院存物为证。但事实上，古往今来，除了典藏官员外，并没有几个人能够真正进入正仓院院内观摩察访。我巡访东大寺有数十回，虽然已经相当的熟悉，但每次都被它散发的强大宗教气息所震慑。这一组宏大的寺院体系，建立于8世纪中期。它是作为镇护国家的官寺而确立其宗教性和政治性的地位。当年建成不久，天平胜宝六年（754），我国唐代僧人鉴真在大佛殿前庭设立戒坛，对日本圣武太上皇、光明皇太后、孝谦天皇（这是一位女性天皇）等四百四十余位皇亲国戚，朝廷群臣施行受戒仪式，成为日本佛教史上辉煌的记录。

从金堂（即大佛殿）往西北方向走去，经过庙宇中的"大佛池"，就离开了拥挤的人群和缭绕的香火，四周是一片静寂。经过一个丁字口和一条东西横道，在树林覆盖苍葱翠绿之中的细沙地上，有三栋东西方向的仓储式建筑，最北端的为"正仓院"，南侧东端的为"东宝库"，南侧西端的为"西宝库"。外墙皆用木料，房基皆采用架空式，即地面与屋基使用20根"校木"(azeki)支撑，通风防潮。据说这是日本远古以来的建筑方法，但我在我国西南和太平洋一些岛屿上见过不少民族的建筑，都采用类似的形式，既可以保持干燥，又可以防止蛇虫毒害。这也可以体味人类先祖生存的智慧吧！

日本已经向国民免费开放了皇官御苑和一些离宫，京都的故宫竟然是敞开放行，以致早晚时间有不少的狗儿与主人一起在宫中散步锻炼脚力。尽管如此，正仓院却是不对外的。据说只有宫内厅的有关部门官员和日本三大国立博物馆，即东京、京都与奈良国立博物馆的馆长可以有条件地进入。传言者还特地说："正仓院这个地方，内阁总理大臣也不能进入，因为这与他的司职没有关系。"这样的禁令与传言，使正仓院及其宝物更显得神秘了。以前在文献上看到，每年秋天，正仓院有把储藏的宝物拿出来晒太阳的做法，届时则常常"观者如堵"。从1946年开始，正仓院把书物晒太阳变成稳定的展览，即每年的10月23日到11月6日的两周时间，在奈良国立博物馆举行"正仓院展观"。

正仓院有五个间隔区，就汉籍文献而论，第一区存隋代写经 22 卷，唐代写经221卷，宋代版刻114卷。此外还有方外之书，如《老子》《白氏文集》《论语》等，凡4960卷。

1. 唐圣历年间（698—700）写本《王勃诗序》一卷

正仓院的汉籍收藏中，已知最著名的珍本，大概要首推唐圣历年间写本《王勃诗序》了。

王勃为初唐四杰之一，他的作品在8世纪前已经传入日本。依据日本平城宫遗址出土报告，其文物中有《王勃集》木简残片三枚。平城宫为710年到784年日本古都。奈良时代孝谦女天皇天平胜宝三年（751）日本完成了第一部书面文学集《怀风藻》的编纂，其中第六十五首大学助教从五位下下毛野朝臣虫麻吕撰《秋日于长王宅宴新罗客·序》中有"飞西伤之华篇，继北梁之芳韵；人探一字，成者先出"文句，其"探一字"一词，语出王勃《春夜桑泉别王少府序》"因探一字，四韵成篇"。这是日本古文献中最早运用王勃诗作的记录。由此可以推测王勃作品当时流布的状况。

王勃虽然名高一时，然其诗文作品在唐宋时代即已散落失逸。《四库全书总目》卷一百四十六《集部·别集类二》著录《王子安文集》十六卷。其"释文"曰："《唐书·文苑传》称其文集三十卷，而《杨炯集序》则谓分为二十卷，具诸篇目；洪迈《容斋随笔》亦称'今存者二十卷'，盖犹旧本。明以来其旧本已佚，原目已不可考。世传《初唐十二家集》，仅载勃诗赋二卷，阙略殊甚。"[1]

---

[1] 永瑢等编撰：《四库全书总目》卷一百四十六，中华书局，1965年。

依据《四库全书》的这一著录和说法，王勃的作品集实际上有过四种文本，即《唐书·文苑传》记载的"三十卷本"，皇甫汸和洪迈提到的"二十卷本"，明崇祯年间张燮编纂的《王子安文集》十六卷本，以及世上所传的《初唐十二家集》中的二卷本。其中，三十卷本已经不再传世了。

但是，即使是十六卷本和二十卷本，王勃作品的真正传世之本也是绝无仅有的了。据《中国古籍善本书目》卷二十三记录，目前国内仅存清人写本《王子安集》十六卷凡一部，存江苏省南京图书馆。至于二十卷本，国内存清人蒋清翊校注稿本《王子安集》二十卷的残本仅仅一卷而已，存中国社会科学院文学研究所。

目前，日本收藏王勃作品有唐人写本三种，实为世上绝无仅有之珍品。一为正仓院藏《王勃诗序》一卷，一为东京国立博物馆藏《王勃集》残本二卷，一为京都国立博物馆藏《王勃集》残本一卷。

正仓院中仓今藏《王勃诗序》一卷，卷子本，为纸本凡三十枚。其中表纸一枚，系白麻纸，外题"诗序一卷"。全卷卷末余白处墨书"庆云四年（707）七月廿六日　用纸贰拾玖张"。此"庆云"为日本文武天皇年号。推测此纪年为日人获得此写本之时日。

本纸二十九枚，由白色、茶色、黄色、红色、绿色、灰色等诸色麻纸组成，此所谓"五采笺"。然有些纸色已退化斑驳。纸宽26厘米，表纸长24.5厘米，正文第一枚纸长37.5厘米，第二十四枚纸长32厘米，第三十枚纸长27.5厘米，其余各纸皆长38.5厘米。

本卷辑集王勃诗赋之序凡四十一篇。其中如《于越州永兴县李明府送萧三还济州序》《秋日楚州郝司户宅遇饯霍使君序》《九月九日采石馆宴序》《卫大宅宴序》等约二十篇，为今本《王勃集》所不见者。

每纸书写十行至二十余行不等。无界。行文中使用唐代"则天文字"，字体近似欧阳询的行草。

据日本学者内藤乾吉考定，文中所见之"人""月"等字体，皆系则天皇帝圣历年间（698—699）使用，题署文武天皇"庆云四年（707）七月廿六日"，此为日本第七次"遣唐使团"从中国携带归国之文献。此为日本现存最早的王勃作品之实物。

后鸟羽天皇建久四年（1193）《宝库开检目录》中著录《诸序书》二卷，推考其中之一卷，即为此本。

2. 唐人写本《一切经音义》（残本）一卷

《一切经音义》系唐释玄应为佛学经论所作的音义辩意和阐释著作。全本凡一百卷。

正仓院藏唐人写本《一切经音义》残本一卷，卷子本共一轴。此卷系卷第六，然卷首、卷尾俱失，起自"目楎莫廉反下臣焉反或言目伽略子者也……"。

此一卷凡十纸，黄麻纸书写。每一纸高约28.4厘米，宽约9.9厘米。行有界，分上下两节。第三纸行间有杂乱行书曰："长元二年维摩会短籍云云"。

卷背有文字，系问答形式，内容不甚明了，似与维摩会有关，并有梵文黑印。

3. 8世纪日本光明皇后亲笔《乐毅论》

《乐毅论》为中国三国时代魏国夏侯玄所作的论述战国武将乐毅的论文，此文以王羲之书法法帖而著名。日本光明皇后于天平十六年依王氏法帖临摹一卷。

4. 8世纪日本光明皇后亲笔《杜家立成》

5. 8世纪日本圣武天皇亲笔《乐毅论》

我国林林先生有《参观正仓院》五绝一首曰：

汉和文化早相通，宝物珍藏厚爱中；
遣使隋唐为振国，风涛冲破几多重？[①]

---

① 林林的诗见《扶桑续记》，百花文艺出版社，1996年，第216页。

在国会图书馆访"国宝"

东京都永田町,一条弥漫着浓烈的日本政客味道的街道!

这里道路宽广,建筑雄伟。尽管一年四季常开的街花不时地向路人透出沁人肺腑的香气,但道路两侧钢筋水泥的建筑群中无时无刻不在进行着令人眼花缭乱的各种政治论争,冲击着道路沿线鲜花的芬芳。其中有不少正在进行着的是以日本民族的根本利益为代价的黑色交易,有时候还夹杂着对东亚和平和国际稳定发出的叫嚣,使人在途经这一街区时常常感到莫名的压抑,有时还感到鄙弃和憎恶。

这里是日本国会和国会议员办公室的所在地。

日本国家唯一的国立图书馆国会图书馆便在这条街上,它与日本国会隔街相对,同样为没有任何外装饰的巨大钢筋水泥建筑群。但它与马路对面日本国会的内容却非常不同,这里储藏的是经历一百余年搜集到的主要以书本为载体的人类文明与文化成果。

我从1985年开始在这里阅读和调查各类文献,近二十年来,出入数十次。国会图书馆作为日本国家图书馆,面对日本全国纳税国民和合法入境日本的世界各地的人士,入馆时填写一张"入馆单",问你的姓名地址电话之类,无需其他证件,当然更不收分文的"阅读费""善本费"以及"取书劳务费""保管费"等钱财。更有趣的是馆外的行李保存箱,存入行李时候需要日元一百元方可以启动,但当你用钥匙开启箱子取出行李时,这一百元钱又会从方才你放钱的小孔中弹出来还给你。这在日本各种国立机构中,几乎都是一样的,例如在国立国家公文书馆,在我工作过的国立日本国家文学研究资料馆,都有这样的寄存行李的箱子,每一个箱子中都有这样的把你放入的钱币反弹给你的装置。这种装置是基于这样的一种观念,即凡是使用国民纳税的税金建设和维持的国家公益机构,对于国民的服务应该是无偿的。

日本国会图书馆,是日本在战后仿照美国国会图书馆而建立起来的一个属于国家的图书储存和阅读系统。从历史渊源上说,现在称之为"国会图书馆"的这个机构,是从明治维新中建立起来的两个图书馆合并调整而成立的。原来,在明治维新初期,国家行政系统(即政府)运行中常常需要查阅图书文献典籍等,适应这一需要,明治五年(1872)由文部省建立了隶属于它管理的帝国图书馆。创立时候的名称为"书籍馆",明治八年(1875)改名为"东京书籍馆",明治十三年(1880)又改名为"东京图书馆",明治二十九年(1896)由第九次帝国议会确认其名称为"帝国图书馆",一直沿用到1945年日本战败。另一个则是在国家立法系统(议会)中,明治二十四年(1891)在当时日本"帝国宪法"公布之后的两年,依据这一宪法,日本帝国议会由贵族院书记官长金子坚太郎和众议院书记官长曾祢荒助共同提案,请求设立"议会图书馆"。这一提案于明治三十二年(1899)通过,在国会中建立了"众议院图书馆"。

1945年下半年开始,在盟军的监督下,日本进行了国家体制的全面改革,其中也包括了对国家收储图书文献系统的改造。昭和二十二年(1947)十二月,驻日盟军最高司令官和总司令部(GHQ \ SCAP)向日本派遣美国图书馆专家,美国国会图书馆副馆长V.W.克拉普(Verner Warren Clapp,1901—1972)和美国图书馆协会远东部部长C.H.布朗(Charles Harvey Brown,1875—1960)到达日本,就建立和发展属于日本国家的现代化国家图书馆的问题教示日本。昭和二十三年(1948)二月九日日本国会通过了《国立国会图书馆法》,作为国家法律第5号文件公布。同年六月五日,在合并战前上述两大图书馆的基础上,正式建立了日本国会图书馆。国会任命金森德次郎先生为首任馆长,馆址设于赤坂离宫。同年八月一日,盟军司令部宣布把依据战争法规没收的日本战争财阀三菱财团的

"东洋文库"和"静嘉堂文库"也一并归入国会图书馆,建立"日本国会图书馆东洋文库支部"和"日本国会图书馆静嘉堂文库支部"。这是日本国会图书馆收藏汉籍最多的时期。

其后,昭和二十四年(1949)六月六日通过了《国立国会图书馆法改正案》,后来,在昭和三十年(1955)一月八日,平成六年(1995)七月一日,平成十一年(1999)四月七日,平成十二年(2000)四月七日以及平成十四年(2002)三月三十一日,又五次对《国立国会图书馆法》进行了改正。

国会图书馆所收藏的汉籍文献,是以满足大多数人的使用为主,所以贵重的文本并不是很多,但也有若干世上罕见的存本。

1. 宋刊本《春秋经传集解》三十卷

国立国会图书馆现藏南宋建安刊本《春秋经传集解》三十卷,(晋)杜预撰(唐)陆德明释文,共十五册。此本每半叶有界九行,行十七字。注文小字双行,行十八字。线黑口,双黑鱼尾。四周双边(9.1厘米×6.1厘米),版心著录"秋(几)(叶数)"。左上栏外有耳格,记"某几年"。杜注末以〇相区隔,列音义注。其后,间有"重言",单行大字墨围阴刻。

卷首有杜预《春秋序》,并由陆德明《音义附注》。卷末有《春秋经传集解后序》。本文卷首"春秋经传集解成第一",第二行至第四行各低一格,小字双行载陆德明释文。第四行"释文"下署"杜氏",后隔四格题"尽十一年"。卷二以下的题署,或在第二行,或在第三行、第四行,低六格始。

卷中避宋讳,凡"玄、弦、县、匡、筐、恒、祯、桓、构、慎"等字皆缺笔。全卷有日人"乎古止"点(前半部多明经点,后半部多纪传式点),眉上间有音义训注。

此本原系仁正寺藩主(孝明天皇文久三年,即1863改称"近江西大路藩主",自称"下总守""黄雪山人"——笔者注)市桥长昭旧藏。光格天皇文化五年(1808)市桥长昭举其所藏之宋元旧刊本三十种与明本数种献诸文庙,此本为其中之一。卷末贴附市桥长昭撰《献书跋文》一篇。《跋》由市河米庵书写：

> 长昭夙从事斯文经十馀年，图籍渐多。意方今藏书家不乏于世，而其所储大抵属挽（晚）近刻书，至宋元椠盖或罕有焉。长昭独积年募求，乃今至累数十种。此非独在我之为艰，而即在西土亦或不易，则长昭之苦心可知矣。然而物聚必散，是理数也，其能保无散委于百年之后乎？孰若举而献之于庙学，获籍圣德以永其传，则长昭之素愿也，虔以宋元椠三十种为献，是其一也。
>
> 文化五年二月 下总守市桥长昭谨志　河三亥书

自《周易》至《山谷集》十四种一函，自《淮海集》至《国朝名臣事略》十六种一函，右二函。文化五年戊辰五月市桥下总守寄藏。

此本由市桥长昭献诸文庙之后，即归昌平坂学问所。卷中有"仁正侯长昭黄雪书屋鉴藏图书之印""昌平坂学问所"等藏书印记。

2. 宋刊本《礼记》

《礼记》一书在日本的流行，最早见于604年日本推古朝圣德太子制定的《十七条宪法》中。其第一条文曰"以和为贵"，此文句则取自《礼记·儒行》。

日本元正天皇养老二年（718）制定《养老令》，仿中国唐代国子监、太学和四门学把儒家经典分为"正经"与"旁经"的规制，定大学课程为"大经""中经"和"小经"。其中《礼记》被定为"大经"。

9世纪日本著名的学者菅原道真（845—903）在《菅家文草》卷五中有《仲秋释奠·听讲礼记·同赋养衰老》一首，其诗曰："秋风瑟瑟养蟠蟠，欲落年花气力多。若不相逢开礼道，何因鲐被荡恩波。"这是日本古文学中关于朝廷《礼记》讲筵的早期记载。

9世纪末藤原佐世编撰《本朝见在书目录》，其第四"礼"类中著录当时日本中央各机构搜储有关《礼记》典籍如次：

《礼记》廿卷，汉九江太守戴圣撰，郑玄注。
《礼记》廿卷，魏□军王肃注。
《礼记抄》一卷，郑□注。
《礼记子本义疏》百卷，梁国子助教皇侃撰。
《礼记正议（义）》七十卷，孔颖达撰。
《御删定礼记月令》一卷，泠然院录云：一卷，第一卷。
《月令图赞》一卷，何楚之撰。
《礼记音》一卷，徐□撰。
《明堂月令论》一卷。
《丧服九族图》一卷。
《古今丧服要记》一卷，泠然院。
《丧服谱》一卷。
《丧服经》一卷。
《丧服要略》一卷。

由此目录可见，《礼记》以及相关著作的收储已有相当规模了。

13世纪日本四条天皇仁治二年（1241）日本东福寺开山圣一国师圆尔辨圆自中国归，携回汉籍内外文献数千卷。1353年东福寺第二十八世大道一以据圣一国师藏书编纂成《普门院经论章疏语录儒书等目录》，其"果部"著录《礼记》五册。

国会图书馆今藏宋建安刊本汉人郑玄注《礼记》（残本）十九卷，凡十九册。

此本本文卷首题"礼记卷第一"，次题"曲礼上第一"。第三行低一格有"陆曰"小字双行注，第四行低二格题"礼记 郑氏注"。

卷中避宋讳，凡"匡、筐、恒、贞、赪、侦、征、桓、慎、惇、敦"字皆缺笔。

每半叶有界九行，行十七字。注文小字双行，行十八字。细黑口，双黑鱼尾。版心著录"己（几）（叶数）"左上栏外有耳格，刻列篇名。注文中"音注"以墨圈围之,"重言"则大字墨围阴刻,四周双边(9.1厘米×6.1厘米)。

是书全本凡二十卷,此本今缺卷十五。全书蠹蚀破损处较严重。

据《书籍元帐》记载,仁孝天皇弘化四年(1847),中国商船"午二番"输入《礼记郑注》两部,各二套函。一部售价拾八匁。"午三番"商船输入《礼记郑注》一部,售价拾三匁。同年八月,"午四番"船又输入《礼记郑注》一部,售价拾八匁。至孝明天皇嘉永元年(1849),中国商船"申四番"又输入《礼记郑注》一部,售价拾八匁。

室町时代有《礼记》二十卷手写本一种,题署"汉郑玄注"。此本原系中世时代为足利学校所有,今藏于足利学校遗迹图书馆。

后柏原天皇永正年间(1504—1521)清原宣贤手写本《礼记郑注》残本十九卷,惟缺卷一。此本以唐本书写之,以累代秘本加朱点。所谓"累代秘本",则指起自崇德天皇保延年间(1135—1141),止于后二条天皇德治年间(1306—1308)的历代《礼记》的写本。此本今为"御物",藏于宫内厅书陵部。

后阳成天皇庆长年间(1596—1615)有活字版《礼记注》二十卷刊行。此本每半叶八行,行十七字。

后阳成天皇庆长年间(1596—1615)及后水尾天皇元和年间(1615—1623),足利学校用铜活字刊印《礼记注》二十卷。每半叶八行,行十八字。

明正天皇宽永五年(1628)安田安田刊《礼记》不分卷,由日人藤原惺窝点。

后光明天皇庆安五年(1652)昆山馆道可处士刊本《礼记》四卷,日人藤原肃校编。

灵元天皇延宝七年(1679)刊行《礼记》(改正音注礼记)。

桃园天皇宽延二年(1749)京都风月庄左卫门刊印《礼记》二十卷,日人贺岛矩直点。

桃园天皇宝历九年(1759)风月庄左卫门再刊《礼记》二十卷。

光格天皇宽政十年(1798)青萝馆刊印《礼记》正文五卷,日人葛山寿、萩原万世点,石川岳、蜂屋维德校。

光格天皇文化八年(1811)弘前稽古馆刊印《礼记》二卷,木活字版。

仁孝天皇天保十二年(1841)胜村治右卫门刊《校定音训礼记》四卷,日人佐藤坦点。

3. 宋刊本《大宋重修广韵》五卷

《大宋重修广韵》五卷，系宋人陈彭年等奉敕对隋人陆法言所著的《切韵》进行的修订本。《广韵》依据唐宋实际语言状态对《切韵》的记录重新进行审核，增字加注，厘定增容。将原《切韵》记录的汉语一百九十三韵，重新审定增容为二百零六韵。其中将平声五十四韵，重新厘定为上平二十八韵，下平二十九韵；将上声五十一韵，厘定为五十五韵；将去声五十六韵，厘定为六十韵；将入声三十二韵，厘定为三十四韵。此书成为汉语中古音韵学的奠基性著作。

目前，国内收藏的《大宋重修广韵》，宋代刊本几已失传，只有中国国家图书馆存有宋绍兴年间残本三卷。然日本却保存《大宋重修广韵》宋刊本全本六种，分藏于国会图书馆、宫内厅书陵部、国家公文书馆第一部（原内阁文库）、名古屋大须观音宝生院、静嘉堂文库和龙谷大学附属图书馆。

国会图书馆藏《大宋重修广韵》五卷，各卷题署（宋）陈彭年等奉敕撰。此本历来被称为"北宋刊本"，然从诸项判断，大约与宫内厅书陵部所藏《大广益会玉篇》相先后，系宋光宗（1190—1194）、宋宁宗（1195—1224）时代临安刊本。

每半叶有界十行，每行小字双行，行二十六字或二十七字。首叶为《牒》。顶格题"大宋重修广韵一部"。第二行上空三字，书"凡二万（原字）六千一百九十四言"。第三行上空四字，书"注一十九万一千六百九十二字"。第四行顶格署"准景德四年十一月十五日"。此《牒》后为"陈州司法孙愐《唐韵序》"。《牒》与《序》皆半叶十行、行二十字。正文首题"广韵上平声卷第一"。以下各卷分别题为"广韵下平声卷第二""广韵上声卷第三""广韵去声卷第四""广韵入声卷第五"。卷一末有《新添类隔今更音和切》，下有"卑、陴、眉、邳、悲、□、频、彬"八字。卷二末有"同上"，下有"□、□、□、平、凡、芝"六字。卷三末有《新添类隔更音和切》，下有"否、□、缥、标、

□"五字。卷四末有"同卷三"，下有"裱、窆"二字。卷五无。卷五之后只有《双声叠韵法》。

卷中有墨笔汉字假名注音。此本原系京都泉涌寺旧藏，后来归榊原氏所有。卷首有"故榊原芳□纳本""泉涌寺别院云韵院常住"等印记，卷末第八、九行之间下方又有"榊原家藏"印记。

此外，还有《广韵》宋刊本四种，分藏于下列机构：

1. 宫内厅书陵部藏《广韵》五卷，为宋宁宗年间浙中覆宋孝宗时刊本，共五册。每半叶有界十行，每行约二十字。注文双行，每行二十五、六字不等。白口，单黑鱼尾。左右双边（21.3厘米×14.7厘米）。版心著录"韵上平（——入）声（叶数）"。上象鼻处记大小数字，下象鼻处有刻工姓名，清晰可读者如王宝、何升、魏奇、何澄、曹荣、张荣、吴益、赵中、陈晃、陈寿、沈思恭、李倍、李倚、宋琚、方坚、王恭、吴志、王玩、方至、秦晖、陆选、沈思忠、余敏、秦显、朱玩、金滋等。

首有宋景德四年（1007）《牒》，宋大中祥符元年（1008）《牒》，隋仁寿元年（601）陆法言《序》，唐仪凤二年（677）郭知玄《序》，唐天宝十年（751）陈州司法孙愐《唐韵序》。卷中避宋讳，凡遇"玄、眩、朗、敬、惊、弘、殷、憨、匡、筐、竟、镜、胤、祯、贞、浈、树、赪、构、遘"等字皆阙笔。每卷首题"广韵□声卷第（几）"，后接韵目，目后连正文。

此本原系江户时代与明治时代初期狩谷掖斋，涩江抽斋，森枳园，高木寿颖等旧藏。卷末有1880年森立之手题识文，其文曰：

右宋板《广韵》五卷，与清张士俊所重刊本全同，而间字体有小异同，《士俊序》所云精加校雠梓之者也。然宋板之误字，改而不可者亦有之，比较而后可自知矣。此本之出，在狩谷望之掖斋殁后，涩江全善籀斋得而藏之。籀斋捐舍后，遂入我架中。此书枫山库中亦未收之，真天下之瑰宝也。己卯春日，七十三翁研园森立之。

森立之"识文"后，有1882年高木寿颖手题"识文"，其文曰：

《玉篇》《广韵》是学者必用之书，犹车之两轮不可存一而缺一也。今二书俱得宋板，真是一双璧玉。可谓小人无罪，怀璧是罪，则非我家所能藏者，因以献焉。明治十五年一月，高木寿颖。

卷中有室町时期（1393—1573）朱点，并有"弘前医官涩江氏藏书记""森氏开万册府之记""高木寿颖藏书之记"等印记。

2. 静嘉堂文库藏本，与宫内厅书陵部藏本同为宋宁宗年间浙中覆宋孝宗时刊本的，卷中版心磨损甚多，有记刻工姓名可辨析者如沈思恭、思恭、王恭、沈思忠、宋琚、曹荣、张荣、王玩、朱玩、何升、何澄、方坚、方至、陈晃、赵中、颜奇、魏奇、金滋、秦晖、秦显、高异、李倍、吴益、余敏、吴志、吴椿、陆选、刘昭等。此本原为陆心源皕宋楼等旧藏。傅增湘《藏园群书经眼录》卷二著录此本。此本已被日本文化财审议委员会确认为"日本重要文化财"。

3. 龙谷大学图书馆藏本，与宫内厅书陵部藏本也同为宋宁宗年间浙中覆宋孝宗时刊本的卷三第四叶，卷四第二十一叶、第四十四叶，卷五第四叶皆后人补写，且有元人补修之叶。此本原写字台文库等旧藏，卷中有"写字台之藏书"等印记。

4. 国家公文书馆第一部所藏宋干道五年黄三八郎《钜宋广韵》五卷，此本已被日本文化财审议委员会确认为"日本重要文化财"。请阅读本书"在国家公文书馆访'国宝'"一章。

5. 名古屋大须观音宝生院藏北宋刊本《广韵》残本一卷，此本已被日本文化财审议委员会确认为"日本重要文化财"。请阅读本书"在真福寺访'国宝'"一章。

4. 宋刊本《姓解》三卷（日本重要文化财）

宋人邵思编撰的《姓解》，实为我国中世纪时期国人姓氏之大全，近人杨守敬对此书虽有微词，但此书毕竟刻刊于北宋仁宗年间（1023—1063），世无匹本。自陈振孙《书录解题》著录之后，无所记载，失传于世。故国会图书馆藏本，为《姓解》存世的唯一刊本，遑论宋刊了。此本由朝鲜半岛原高丽国王府传入日本。国内原为向山黄村等旧藏，却不知何时经何渠道传入高丽的。

卷首有宋景祐二年（1035）上祀圆丘后五日邵思《自序》。《序》后换行题"姓解卷第一，共三卷，一百七十门二千五百六十八氏"，换行署"鹰门邵思纂"。

卷一著录一至四十五门，共二十二页；卷二著录四十六至九十二门，共二十三页；卷三著录四十七至一百七十门，共二十三页。此本文中之"门"，乃系姓氏之部首，诸姓配置于各门之下。如卷一"四十五门"为"人、口、齿、耳、目、手、足、示、见、力、□、□、页、心、言、曰、予、我、□、少、女、子、步、□、走、□、□、工、邑、田、里、井、门、户、宀、穴、山、水、□、风、雨、日、夕"。而"人"部下又著录"任、何、何丘、伏、伏侯、龙、傅、傅馀、侯、侯史、侯莫陈……"等一百个姓。

卷中避宋讳，凡"敬、殷、匡、弘、恒"等字皆缺笔。

每半页有界十行，每"姓"为大字，"解文"为小字，小字四字为大字一字。解文每行二十六字。白口，左右双边。版心标"姓（几）"，下记页数。卷二第三页、第十一页、第十二页、第十五页至第十七页，卷三第二页、第九页至第十一页、第十七页，文字被涂抹难辨。

江户时代森立之《经籍访古志》卷五著录怀仙楼藏北宋刊本《姓解》三卷，即系此本。其识文曰：

（前略）文字端正，纸质古朴……卷数与《宋志》所载合，元明诸家书目并失载，则其逸即久。引用各书如《何氏姓苑》《三辅决录》《山公集》《姓书》《陈留风俗传》《颍川枣氏文士传》《春秋公子谱》《世本》《郭泰传别传》《王僧孺百家谱》《祖氏家传》《吕静韵谱》《孝子传》《贾执英贤传》，皆世久失传，鲜辨其名，知之者亦得赖此存其梗概，洵宋初旧帙也。卷首有经筵印及高丽国十四叶印，即系高丽王旧物，装潢亦为彼国之制。

杨守敬《日本访书志》卷十一亦著录此本，其识文曰：

《姓解》三卷，北宋刊本，刻入《古逸丛书》，宋邵思撰。陈振孙《书录解题》尚著于录，以后遂无及之者。原本为向山黄村旧藏。雕镂之精，罕有伦匹，盖即景祐原刊本也。今按其书详略失当，有经、史著姓而遗之者，有不见经、史第就《姓苑》录出者。其北虏复姓，则连篇累牍，罗列不胜其繁。姓下所引名人，往往朝代凌乱（书中望族皆随手乱填，触目皆是），父子怪错（如以嵇康为稽绍子……今订），分一人为二（如以士会、士季，邢邵、邢子才为二人）；以复为单（如以申屠嘉为姓申之类）；以虏为汉（如云"仇尼，汉复姓"之类）；甚至"邻""郲"不分（如以郲鉴、郲超为邻姓之类）。又好杂采谬说（如"周武王以万姓服天下，故有万氏"之类），几于目不睹书传者之所为，订之者不胜订。非第不可与《元和姓纂》等书絜长较短也。唯其中所引有逸书，又引《风俗通·姓氏篇》之文甚多。或亦好古者之乐观乎！

封面内页及卷二末、卷三首，皆有"宝宋阁珍藏"篆文方印，《序》首有"东京图书馆藏"朱文大方印，下有"向黄邨藏印"朱文长印，每卷皆有"养安院藏书"印记，卷首并有"经筵"印。卷末有朱文长方印，文字依稀可辨者为：

```
高丽国十四□□□
藏书大□□□□□
元年□□□□□
```

5. 宋刊本《山家义苑》（残本）一卷

《山家义苑》二卷为宋代僧人可观的文集，由他的弟子智增编辑。国内已无专刻本留世。

国会图书馆藏此宋嘉熙二年（1238）僧人良阜刊本的残本上卷凡一卷，计十八叶，厘定为一册。

卷首顶格题"山家义苑"。第二行上空六字题署"云间沙门可观述"。第三行上空二字题"卷上"，下空三字题署"山阴法孙智增证"。

第四行起为《目录》。细目如次：

  双游　　金牌义十篇
  惚别　　辨岳师三千书

次接正文。正文末叶空一行顶格题"山家义苑"。下有《刊记》二行，文曰：

  岢皇宋嘉熙戊戌
  比丘良阜刊于白莲

每半页有界八行，行十六字。白口，左右双边（18.3厘米×12厘米）。版心著录"上"，下有叶数。

此本原系向黄邨、养安院、曲直濑氏、伊泽柏轩、小岛素宝等旧藏。

封面正中手写墨书："嘉熙二年刊本　山家义苑"。左侧下方题"考古斋藏本"。内封有手识文，文曰：

  是册先考曾藏之，后伊泽柏轩得之（此？）一书，佸以赠予涩江蒥斋，顷赠曲直濑正健，又赠之于余。展转得再归架中。一の谓奇矣。庚戌初秋十又二日，考古家南轩晒书之时记标……（以下墨迹不清，无法识得）

次叶又有手识文，然墨迹不同。其文曰：

  宋代刊行之书，传存至希。虽释氏之书，犹或为珍焉。展转之际，古香袭人。非口佛之谓固佞，宋（以下数字用墨涂黑）日记。

卷首有"向黄邨珍藏印""弘前医官涩江氏藏书记""养安院藏书""帝国图书馆"等印记，并有满文官府印。卷末又有满文官府印，并有"养安院藏书"印记。

6. 宋刊本《无文印》二十卷《和尚语录》一卷

宋释道璨，自号"无文"，由其弟子释惟康将其文稿编纂成集，为《无文印》二十卷，国内未见存本。

依据现今保存的1353年东福寺第二十八世大道一以据圣一国师藏书编纂成《普门院经论章疏语录儒书等目录》中"成部"的著录，知道日本四条天皇仁治二年（1241）日本东福寺开山圣一国师圆尔辨圆自中国所携回的汉籍内外文献数千卷中有《无文印》三册并《语录》一册。

国会图书馆今藏《无文印》宋刊本全本，厘定为八册，并附《无文和尚语录》手写本一本。此本原系宝宋阁，向黄邨等旧藏。

卷首有李之极《序》（每半页有界六行，行书体，行十六字）。其文曰：

> 道以忘言为妙，以有言为赘。其说似矣而实未也。吾圣人六经，如果日行空，万古洞照。使夫子尽遂其无言之欲，则民到于今，不胥为夷狄禽兽者。伊谁之赐，浮屠之学，虽不若是，然既曰空诸所有，又曰不实诸所无，则泥于有无之间者，皆非也。东湖无文师，方弱冠时，天资颖脱，出语辄惊人坐。白鹿讲下师事晦（或为"晦"字，不确定。——笔者注）静汤先生，雅见赏异。一再战艺不偶，即弃去。从竺乾氏游，异时诸方丛席号大尊宿者，一见辄器之，必以翰墨相位置。无文自是始不能无文矣。……辛未二月示寂后，其徒惟康称遗稿二十卷，请于常所来往之有气力得位者，助而刊之，嘱予为之序。予家番与师游……故曰：言而足，则终日言而尽道；言而不足，则终日言而尽物。语默不论也，多寡不论也，师长于文而自号无文，则世之疑之者浅之为丈夫。癸酉长至日，李之极序。

李《序》之后有《目录》，卷目如次：

卷一 诗；　　　卷二 诗；　　　卷三 记；　　　卷四 行状；

卷五 墓志 塔铭；　卷六 铭；　　卷七 道号序；　卷八 序；

卷九 序；　　　卷十 题跋；　　卷十一 四六；　卷十二 祭文；

卷十三 祭文；　　卷十四 杂著；　卷十五 书札；　卷十六 书札；

卷十七 书札； 卷十八 书札；卷十九 书札； 卷二十 书札。

正文起首顶格题"无文印卷第一"。第二页上空一字，署"诗"一字。第三页上空四字，题诗名《赋张寺丞樗寮》。正文每半页有界十一行，行二十字。左右双边。版心著录卷名，如"诗""记"等，并记刻工姓名，如何牛洪等。

卷首有"东京图书馆"朱文大方印，此印下有"立人印"。卷一下有"向黄邨珍藏印"朱文阴文长印。卷二十末有"宝宋阁珍赏"朱文大方印，又有"向黄邨珍藏"朱文阴文印等。

全书后附有《和尚语录》一卷，手写本。此《语录》手写凡十六叶，每半页十一行，行二十字。

卷首有仲颖《序》，此《序》曰：

无文南游入浙，予初纳交于中川，暨登诸老门，电激雷厉，眼中无佛祖矣。别二十年，先予而逝。阅三会语"庐山之云飞扬，东湖之回漫汗"，无文之舌犹在口中，有不在舌头上，一句子请于是录，着一使眼。癸酉秋，仲颖拜手。

此《序》后半页无文字，有"仲颖"印记。一字一方印。

正文第一叶首题"无文和尚初住饶州荐福寺语录"，第二行题署"小师 惟康编"。

第十七叶首题"无文和尚再住饶州荐福寺语录"，第二行题署"小师 惟康编"。此《语录》手写凡十三叶。

第二十一叶首题"无文和尚语录"，第二行署"小佛事"。此《语录》手写凡三叶。

第二十四叶首题"赞"。第一赞之题为"观音"。此《赞》手写凡一叶。

第二十五叶首题"偈颂"。第一偈题为"佛成道"，文曰："迷是谁兮悟是谁，山僧赢得眼如眉；新糊纸被烘来暖，睡到天明日上时"等。此《偈颂》手写凡四叶。

第二十九叶首题"题跋附"。手写凡十一叶。

全《语录》末有宋咸淳九年（1273）灵隐虚舟《跋》，文曰：

道东无言因主显道无文和尚，不启口，不动舌，三转法轮，言满天下。其嗣康上人，不为父隐而讦露之。此话既行，俾予着语。予曰若谓无文有语，是谤无文；若谓无文无语，口业见在。阅者于斯着眼，则此《录》皆为剩语矣。咸淳九年冬，灵隐虚舟等度跋。

《跋》文后有"虚舟"朱文印记。

7. 宋绍兴年间刊本《古尊宿语录》（残本）五集（不分卷） 宋嘉熙年间刊本《古尊宿语录前集》四策《续集》六策

《古尊宿语录》为宋代僧人编辑的前辈释家的《语录》。目前世上存宋刊本四种，即中国国家图书馆存一种，日本宫内厅书陵部，国会图书馆和御茶之水图书馆各存一种。此外，日本宫内厅书陵部还有14世纪日人依据宋刊本的手写本一种。但这些文本的标题，卷数和编辑者署名，都有些差异。

中国国家图书馆藏本，题曰《古尊宿语录》，厘定为十四种十六卷；

日本宫内厅书陵部藏宋理宗嘉熙二年（1238）福州鼓山寺刊本，题曰《古尊宿语录前集》，厘定为四策，并有《续集》六策；编辑者题署"宋释渭颐编"，《续集》题署"释师明编"。

日本御茶之水图书馆藏宋咸淳丁卯（1267）阿育王山住持嗣祖大观序刊本，题曰《重刊古尊宿语录》，此本不分卷而厘定为二十二册；编辑者题署"宋释渭颐编"。

日本国会图书馆藏宋高宗绍兴九年（1139）刊，宋淳熙五年（1178）、宋嘉熙二年（1238）递修刊本，题曰《古尊宿语录》，不分卷，厘定为六册。编辑者题署"宋释晦室老人编集"。此本残本存五卷。

此本今存五册，缺第三集。一集一册，每册外封皆墨书题识"古尊宿语录"。

每半页十二行，行二十二字。上下单黑边，左右双边。版心有上下象鼻。上象鼻下刻"南院"等和尚法名，下象鼻下刻页数，间有刻工姓名，如时任、付任、昭、傅诏、印、诏等。每一叶后半叶左边框外上方有外耳，题本节语录作者名，如"云门""法昌"等。

第一册内封右侧上角手书"语录"，下书"壹笈"。第一集无目录，起首系为本集所辑诸和尚绍介。其文曰：

南院和尚（亦名宝庆），名慧颙，乡贯姓氏受业不载，得法于兴化蒋和尚。临济第三世，后唐庄宗、明宗时人。

首山和尚，名省念，莱州人，姓狄氏。南禅院受业，得法于风穴昭和尚，寿六十八。临济第五世，本朝太宗淳化中示寂。

叶县和尚，名归省，冀州人，姓贾氏。易州保寿院受业，得法于首山和尚。临济第六世，本朝太宗、真宗时人。

神鼎和尚，名洪䛒，襄水人。姓氏受业不载，得法于首山念和尚，年八十余。临济第六世。与叶县同。

承天和尚，名智嵩（亦云三交嵩，亦云铁佛嵩。三交即唐明嵩，亦承天也。）乡贯、姓氏、受业皆不载，得法于首山念和尚。临济第六世，与叶县同。

石门和尚（亦住谷隐，号慈照），名蕴聪，南海人，姓张氏。受业不载，得法于首山念和尚，寿六十八。临济第六世，本朝仁宗天圣中示寂。

（以上每半页十行，行十五字）

次有《汝州南院颙和尚语要》，题目顶格。下空三字书"嗣兴化蒋和尚"。换行起为正文。《语要》尾题"南院和尚语录终"。全文凡十版。

次有《汝州首山念和尚语录》，版式同前。在"汝州首山语录终"后，有《次住广教语录》及《次住宝应语录》，末后又有"首山念和尚语录终"，并内有施财者《刊语》三行，其文曰："新兴院比丘尼兴觉，舍财一十五贯文足，敬刊《首山念和尚语录》一帙，发明心地，同证菩提。绍兴九年端午日题。"

次有《汝州叶县广教省禅师语录》，第二行上空九字，题署"参学小师智亲重录"，凡二十一版。

次有《潭州神鼎山第一代䛒禅师语录》，尾题"神鼎䛒禅师语要终"。此叶第十二行，上空三字，有施财者《刊语》。其文曰："福州城句女弟子韩八娘，舍钱一十贯刊刻。"转叶换行，续刻"神鼎禅师语录一编，报答恩友同圆种智"，全文凡十五版。

次有《并州承天嵩禅师语录》，版式同前。尾题"唐明嵩禅师语毕"，全文凡二十五版。

次有《石门山慈照禅师凤岩集并序》。此《序》曰："师既露于词锋，禅子常亲于语要，编成二卷，集号凤岩。"然查检行文，未见有卷数之分。全文凡十七版。

第二册即第二集，首题"续刊古尊宿语要第二集目录"，下空五字，有一"地"字。次行起载《目录》如次：

　　法眼益一板；云门偃一十一板；法昌遇五板；雪窦显四板；天衣怀四板；

　　曹山寂五板；投子青八板；芙蓉楷六板；真歇了三板；宏智觉九板；

　　古岩璧八板；天章楚一板；真净文一十四板；隐山□四板；玼妙湛慧二板；金粟智二板。

《目录》后有"施主尊衔"，其文曰：

　　前住府城开元寺比丘惟党，舍杨梅板贰佰元。

　　前住怀安长生寺云屋道济、住台州明因寺立庵道杰，各肆贯肆佰足。住闽清石圳寺比丘尼崇显、台州明因寺比丘尼如湜，各壹贯壹佰足。住神安寺禅鉴大师慧观等，共贰贯贰佰足。乌石山崇福寺比丘尼宝懿募众缘，共捌贯三佰足。府城净业景星诸寺比丘尼善信等二十三人，共陆贯捌佰贰拾足。长邑禅林寺普崇，肆佰肆拾足。已上共施财，刊此乙集，流通报资恩有者。

　　　　　　　　　　　（以上每半页九行，行二十一字）

第三册为第四集，首题"续刊古尊宿语要第四集目录"。下空四字，刻一"月"字。次行起载《目录》如次：

　　佛心才六板；山堂洵九板；别峰珍九板；云盖本六板；虎丘隆二板；

　　应庵华十八板；密庵杰五板；松源岳九板；曹源生四板；铁鞭韶四板；

　　破庵光六板；笑庵悟二板；无示谌三板；心闻贲四板；慈航朴二板。

《目录》之后有"施主尊衔",列名如次:

住宁德支提寺比丘处英,壹拾贯足。住黄江观音寺比丘正定、住桃枝林洋寺祖荣,各贰贯叁伯足。住西鹿寺比丘惠晔贰贯贰佰足。住府城罗山法海寺比丘法义、住补山万岁寺比丘法琪、住九仙文殊寺比丘道方,各贰贯足。住乾元寺比丘师月,玖佰伍拾足。鼓山寺比丘日崇,肆佰陆拾足。万岁寺比丘惟俊,肆佰足。万岁寺比丘绍楠,贰佰足。已上共施财,刊此乙集,流通报资恩有者。

第四册为第五集,首题"续刊古尊宿语要第五集目录",下空四字刻一"星"字。次行起载《目录》如次:

大慧杲七板;晦庵光四板;此庵净九板;懒庵需二十五板;佛照光八板;

谁庵演四板;遁庵演七板;竹原元四板;蒙庵岳三板;石庵玿六板;

退庵先六板;混源密五板;空叟印四板;木庵永五板;柏堂雅五板。

此叶第七行全行涂黑,第八行起有"施主尊衔",列名如次:

住城北安国寺比丘德嘉,肆贯陆佰足。住长邑天王寺比丘兴如,贰贯贰佰足。住怀安五云寺比丘大椿,舍涟水古画观音乙轴,抽拈到壹拾陆贯足。住林洋寺比丘仁清,壹贯足。住清凉寺比丘师瑛、前住幽居寺比丘道逻,各陆佰叁拾足。住江南瑞远寺比丘有守,陆佰陆拾足。长生寺比丘愈明、白鹿寺比丘觉了,各肆佰肆拾足。鼓山寺比丘贰佰贰拾足。已上共施财,刊此乙集,流通报资恩有者。

第五册为第六集,首题"续刊古尊宿语要第六集目录",下空四字刻一"辰"字。次行起载《目录》如次:

雪堂行十一板;竹庵珪八板;晦庵光三板;别峰印一十三板;退庵奇一十板;

东山空七板;广凿瑛九板;水庵一十三板;或庵体七板(下);

别峰云一十六板（上）。

此叶第八行起，有"施主尊衔"，列名如次：

住鼓山晦室比丘师明，伍贯足。住方山寺志通，伍贯足。住翠微寺比丘清玖，贰贯柒拾足，并寿山石佛抽拈钱贰贯足。住百丈比丘祖灯，贰贯壹佰足。闽县董塘方山居士项宗焕，肆贯足。沪屿信士诸以宁，贰贯贰佰足。城南道友林智悟，贰贯叁佰足。信士林日彰、林安宅，各肆佰肆拾足。大义道友陈明智、府城林氏永芳，各肆佰肆拾足。府城道友祖谦、法日、道人达真，各贰佰叁拾足。陈氏七娘贰佰贰拾足。已上共施财，刊此乙集，流通报资恩有者。

此集末又有宋嘉熙二年（1238）比丘宗源《跋》，其文曰：

敬览晦室老人所集前辈诸大尊宿语要，深为丛林之助。宗源募金锓木，分为六策，并假藏主元集四策，合成一部，以广其传。因忆饮光微笑，破颜而吾佛为之敛衽；神光三拜，依立而吾祖为之倒戈。是皆表显心行处灭言语道断者之所作也。苟欲揭示如来正法眼藏捞漉人天，不假筌谛亦难矣。此录乃真筌谛也。其或智过二光，气吞佛祖者，知我罪我，总不离是录。嘉熙戊戌腊月佛成道日，比丘宗源再拜书于卷末。

此"卷末"二字下有花押，微有涂黑，下刻"三山傅韶刊"五字。

此本《语录（语要）》中，偈诵诗作极为本丰富。清人《全唐诗》、今人《全宋诗》未能留意于此，而国内外治唐宋诗者，至今也极少有人顾及于这些诗作。

这里，顺便报告宫内厅书陵部藏宋理宗嘉熙二年福州鼓山寺刊本宋刊本《古尊宿语录前集》四策、《续集》六策。

此本每半页十二行，行二十二字。白口，左右双边（16.6厘米×11.3厘米）。版心记叶数。

《前集》之首有宋淳熙丁卯（宋淳熙无丁卯之年，疑为"丁酉"之讹，即1177年——笔者注）阿育王山住持大观《重刊古尊宿语录序》，又有淳熙戊戌（1178）师明《序》。《续集》末有宋嘉熙戊戌（1238）宗源《跋》。

《前集》列一至四，凡四策，收录二十家《语录》；《后集》列天地日月星辰，凡六策，收录八十家《语录》（与前重出一杨歧家）。

各卷中偶有刊记，如：

《大观序》末，有"奉水章震刊"一行。

《前集》一策《赵州真际禅师语录并行状》末，有"庐山栖贤觉禅院住持传法赐紫沙门澄諲重详定""福州鼓山重刊印行"二行。

《续集》卷末，有"三山传诏刻"一行。

《前集》一策《睦州和尚语录》末，又有"丙申仲夏初七日看过了"墨书一行。

卷中有"金地院"等印记。

御茶之水图书馆藏本，请参见本书"在御茶之水图书馆访'国宝'"一章。

8. 明人纂修明刊本中国方志 79 种

（1）江苏辖区：（7 种）

① （正德）姑苏志六十卷

明人吴宽，王鏊，杜启等纂修。

明正德年间（1506—1521）刊本。

前有明正德元年（1506）王鏊《序》，成化十年（1474）刘昌《姑苏郡邑志序》等。

每半页有界十行。每行二十字。白口，左右双边。版心上记字数，鱼尾下题"苏志一（一六十）"。下记页数。

② （正德）《华亭县志》十六卷

明人聂豹，沈锡等纂修。

明正德年间刊本。

前有明正德十六年（1521）《序》。每半页有界十行，每行二十字。白口，左右双边。

③（嘉靖）《维扬关志》五卷

明人焦希程等纂修。

明嘉靖二十二年（1543）刊明万历年间补刊本。

卷一《奉使志》记载至万历三十四年（1606）。

④（隆庆）《丹阳县志》十二卷

明人马豸，丁一道纂修。

明隆庆年间（1567—1572）刊本。

前有明隆庆三年（1569）《序》。

⑤（万历）《青浦县志》八卷

明人卓佃，王忻等纂修。

明万历年间（1573—1620）刊本。

前有明万历二十五年（1597）《序》。每半页有界九行，每行二十字。小字双行，行同正文。白口，左右双边。

书有修补页，卷第四《官师表》记载至明万历三十一年（1603）。

⑥（万历）《宜兴县志》十卷

明人陈遴玮、王升等纂修。

明万历年间刊本。

前有明万历十八年（1590）《序》。

⑦（万历重修）《靖江县志》十二卷

明人朱家楫等纂修。

明万历年间刊本。

（2）浙江辖区：（13种）

①（成化）《处州府志》十八卷、《首》一卷

明人郭忠、刘宣等纂修。

明成化年间（1465—1487）刊本。

前有成化二十二年（1486）《序》。每半页有界十行，每行二十一字。黑口，四周双边。

②（嘉靖）《宁波府志》四十二卷

明人张时彻等纂修。

明嘉靖年间（1522—1566）刊本。

前有嘉靖三十九年（1560）《序》。每半页有界九行，每行十九字。白口，左右双边。

③（万历）《杭州府志》一百卷、《图》一卷、《外志》一卷

明人刘伯缙，陈善等纂修。

明万历年间刊本。

卷首题署"云南布政使司左布政使致仕郡人陈善纂修"。

前有明万历七年（1579）南京工部尚书前巡抚浙江江西都察院右副都御史姑苏徐栻《序》，又有同年浙江按察司提督学校佥事关中乔因阜《序》，并有陈善《自序》。每半页有界九行，每行二十字。白口，四周单边。

卷四十七《祠庙志》记载至万历三十八年（1610）。

④（万历）《绍兴府志》五十卷、《图》一卷

明人萧良翰，张元忭等纂修。

明万历年间刊本。

前有万历十五年（1587）《序》。每半页有界十行，每行二十字。小字双行，行同正文。白口，左右双边。

⑤（万历）《温州府志》十八卷、《图》一卷

明人汤日照，王光蕴等纂修。

明万历年间刊本。

前有万历三十三年（1605）漳浦陈氏《序》。每半页有界九行，每行十九字。白口，左右双边。

⑥（正德）《兰谿县志》五卷

明人章懋等纂修。

明万历年间刊本。

此《志》纂修于明正德五年（1510），然卷三《人物志》记载只于明嘉靖元年（1522），卷末有《跋》，题署"万历四十二年"（1614）。

每半页有界十行，每行二十字。小字双行，行同正文。白口，左右双边。

⑦（万历）《新昌县志》十三卷、《图》一卷

明人田琯等纂修。

明万历年间刊本。

前有万历七年（1579）《序》。每半页有界十行，每行十九字。白口，左右双边。

⑧（万历新修）《余姚县志》二十四卷、《图》一卷

明人史树德，沈应文等纂修。

明万历年间刊本。

前有万历三十一年（1603）《序》。

⑨（万历新修）《上虞县志》二十卷、《图》一卷

明人徐特聘等纂修。

明万历年间刊本。《千顷堂书目》谓此《志》纂修于万历三十四年（1606）。每半页有界九行，每行十九字。白口，左右双边。

⑩（万历续修）《严州府志》二十四卷、《图》一卷

明人杨守仁等原修，吕昌期等续修。

明万历六年（1578）刊万历四十一年（1613）续刊本。

⑪（天启）《海盐县图经》十六卷

明人樊维城、胡震亨等纂修。

明天启年间（1621—1627）刊本。

前有明天启四年（1624）《序》。每半页有界十行，每行二十字。小字双行，行同正文。白口，左右双边。

（国会图书馆藏同一刊本两部）

⑫（崇祯）《开化县志》十卷、《图》一卷

明人朱朝藩、汪庆百等纂修。

明崇祯年间刊本。

前有崇祯四年（1631）《序》。

⑬（崇祯）《乌程县志》十二卷

明人刘沂春、徐守纲等纂修。

明崇祯年间刊本。

前有崇祯十一年（1638）《序》。

（3）山东辖区（5种）

①（嘉靖）《山东通志》四十卷

明人陆钶，方远宜等纂修。

每半页有界十行，每行二十字。白口，左右双边。

明嘉靖年间刊本。

前有嘉靖癸巳年（1533）方远宜《序》，杨维聪《序》，陈沂《序》和陆钶《序》。

国会图书馆藏此两部。一部为补刊本，卷十《职官志》记载至明嘉靖二十一年（1542）；一部有写补。

②（万历）《莱州府志》八卷。

明人赵耀、董基、龙文明等纂修。

明万历年间刊本。

前有万历癸卯年（1603）刘尚志《序》，万历甲辰（1604）赵耀《序》。卷末有龙文明《跋》，董基《跋》等。每半页有界八行，每行二十二字。白口，左右双边。

③（万历）《恩县志》六卷

明人孙居相，雷金声等纂修。

明万历年间刊本。

前有万历二十七年（1599）《序》。每半页有界十行，每行二十二字。小字双行，行同正文。白口，左右双边。

④（万历）《邹志》四卷、《图》一卷

明人胡继先等纂修。

明万历年间刊本。

前有万历三十九年（1611）《序》。每半页有界九行，每行低一格十九字。小字双行，行同正文。白口，四周双边。

⑤（万历）《安丘县志》二十八卷

明人熊元 马文炜等纂修。

明万历年间刊本。

每半页有界九行，每行十八字。黑口，左右双边。

（4）安徽辖区（6种）

① （万历）《宁国府志》二十卷、《图》一卷

明人沈懋学等纂修。

明万历年间刊本。

前有万历五年（1577）《序》。每半页有界九行，每行十九字。小字双行，行同正文。白口，四周双边。

② （万历）《望江县志》八卷、《续志》一卷

明人罗希益、龙子甲等纂修；《续志》唐守礼等纂修。

明万历年间刊本。

前有万历二十二年（1594）《序》。

③ （万历）《滁阳志》十四卷

明人戴瑞卿等纂修。

明万历年间刊本。

前有万历四十二年（1614）《序》。

④ （万历重修）《六安州志》八卷、《图》一卷

明人刘核、李懋桧、潘子安等纂修。

明万历年间刊本。

前有万历十二年（1584）《序》。

⑤ （万历新修）《广德州志》十卷

明人李得中、李德阳等纂修。

明万历年间刊本。

前有万历四十年（1612）《序》。每半叶九行，每行十九字。小字双行，行同正文。白口，左右双边。

⑥ （天启）《凤书》（《凤阳新书》）八卷

明人袁文新、柯仲炯等纂修。

明天启元年（1621）刊本。

（5）江西辖区（4种）

① （嘉靖）《袁州府志》二十卷、《图》一卷

明人严嵩等纂修、季德甫等续修。

明嘉靖年间刊本。

此《志》为严嵩领衔纂修于明正德九年（1514）。明嘉靖年间重修。每半叶十行，每行二十字。白口，左右双边。

② （万历）《弋阳县志》十二卷

明人程有守等纂修。

明万历年间刊本。

前有万历九年（1581）《序》。

③ （万历续修）《建昌府志》十四卷

明人邬鸣雷等纂修。

明万历年间刊本。

前有万历四十一年（1613）《序》。

④ （天启）《赣州府志》二十卷、《图》一卷

明人余文龙，谢诏等纂修。

明天启年间刊本。

前有天启元年（1621）《序》。

（6）福建辖区（16种）

① （嘉靖）《龙岩县志》二卷

明人汤相等纂修。

明嘉靖年间刊本。

前有明嘉靖三十七年（1558）王凤灵，叶邦荣二《序》。

② （万历）《泉州府志》二十四卷、《图》一卷

明人阳思谦，黄凤翔等纂修。

明万历年间刊本。

前有万历四十年（1612）黄凤翔《序》。末有同年知泉州府事阳思谦《重修泉州府志序》。每半叶十行，每行二十字。白口，四周双边。版心记字数和刻工姓名。

国会图书馆收藏此《志》两套。一为十六册，一为十三册。

③（万历）《福宁州志》十卷、首一卷

明人史起钦，林子燮等纂修。

明万历年间刊本。

前有万历二十一年（1593）《序》。

④（万历）《归化县志》十二卷、《图》一卷、附一卷

明人周宪章，陈廷诰等纂修。

明万历年间刊本。

前有万历四十二年（1614）《序》。

⑤（万历）《将乐县志》十二卷、首一卷

明人黄仕祯，黄元美等纂修。

明万历年间刊本。

前有万历十三年（1585）《序》。

⑥（万历）《建阳县志》八卷、《图》一卷

明人杨德政，魏时应等纂修。

明万历年间刊本。

前有万历四十二年（1614）《序》。

⑦（万历）《大田县志》三十一卷、《图》一卷

明人刘维栋等纂修。

明万历四十年（1612）刊本。

每半叶九行，每行二十字。小字双行，行同正文。白口，四周双边。

⑧（万历）《罗源县志》十二卷、首一卷

明人陈良谏，郑子亭等纂修。

明万历年间刊本。

前有万历四十二年（1614）《序》。

⑨（万历）《永福志》四卷、《图》一卷

明人唐学仁等纂修。

明万历年间刊本。

前有万历四十年（1612）《序》。

⑩（万历）《惠安县续志》四卷、《首》一卷

明人杨国章，黄士绅等纂修。

明万历年间本。

前有万历四十年（1612）骆日升《序》。

⑪（万历）《永安县志》九卷、《图》一卷

明人苏民望，萧时中等纂修。

明万历年间刊本。

前有万历二十二年（1594年）《序》。

⑫（万历）《古田县志》十四卷

明人王继祀，丁朝立等纂修。

明万历年间刊本。

前有万历三十四年（1606）《序》。

⑬（万历）《建阳县志》八卷

明人杨德政等纂修。

明万历年间刊本。

前有万历二十九年（1601）《序》。

⑭（崇祯）《闽书》一百五十四卷

明人何乔远等纂修。

明崇祯年间刊本。

前有明崇祯四年（1631）熊文灿《序》。

⑮（崇祯）《海澄县》二十卷

明人梁兆阳，蔡国祯等纂修。

明崇祯年间刊本。

前有明崇祯六年（1633）熊文灿《序》。

⑯（崇祯）寿宁县二卷

明人冯梦龙等纂修。

明崇祯年间刊本。

前有明崇祯十年（1637）熊文灿《序》。

(7) 河北辖区（5种）

①（嘉靖）《山海关志》八卷

明人詹荣等纂修。

明嘉靖年间葛守礼刊本。

此《志》纂修于明嘉靖十四年（1535），明万历年年间刻刊，时有修补。

②（嘉靖）《河间府志》三十八卷并《图》一卷

明人樊深等纂修。

明嘉靖年间刊本。

前有明嘉靖十九年（1540）《序》。但其中卷十七"宦迹志"记载到明二十三年（1544）。每半叶九行，每行二十一字。白口，四周单边。

③（正德）《涿州县志》十二卷

明人刘坦、郑恢等纂修。

明嘉靖年间刊万历年间补刊本。

此《志》纂修于明正德九年（1514），明嘉靖年间刻刊，万历年间补刊。其中，卷五"守令志"及卷六"科第志"记事至明万历三十七年（1609）。

④（嘉靖）《顺德志》三十五卷

明人孙锦等纂修。

明嘉靖年间刊本。

此本前有明嘉靖十五年（1536）《序》。

其中卷六"职官志"记事至明嘉靖二十八(1549)。

⑤（嘉靖）《宁晋志》十卷

明人万任等纂修。

明嘉靖年间刊清康熙年间补修本。

此本前有明嘉靖四十年（1561）《序》。又有清康熙十九年（1680）《跋》。

(8) 甘肃辖区（3种）

①（万历）《临洮府志》二十六卷

明人懋德等纂修。

明万历年间刊崇祯年间补修本。

此本前有明万历三十三年（1605）《序》。其中卷十二"官师志"记事至明崇祯十三年（1640）。

②（嘉靖）《庆阳府志》二十卷

明人梁明翰，傅学礼等纂修。

明嘉靖年间刊清隆庆年间补修本。

此本前有明嘉靖三十六年（1557）《序》。其中卷十"官师志"记事至明隆庆四年（1570）。

③（万历）《宁夏志》二卷

明人朱栴等纂修。

明万历年间刊本。

此本前有明万历二十九年（1601）《序》。

（9）四川辖区（2种）

①（万历）《四川总志》二十七卷

明人陈大道、杜应芳等纂修。

明万历年间刊天启年间补修本。

此本前有明万历四十七年（1619）《序》。其中卷三"秩官志"记事至明天启三年（1623）。

②（万历）《潼川州志》五十四卷

明人陈时宜，张世雍等纂修。

明万历年间刊天启年间补修本。

此本前有明万历四十七年（1619）《序》。其中卷十二"官师表"记事至明天启三年（1623）。

（10）湖广辖区（4种）

①（正德）《德安府志》十二卷

明人周绍稷等纂修。

明正德年间刊嘉靖年间补修本。

前有明正德十二年（1517）《序》。其中卷三"职制志"记事至明嘉靖三十二年（1553）每半叶十行，行二十字。白口，左右双边。

②（万历）《汉阳府志》十二卷

明人马峪内，秦聚奎等纂修。

明万历年间刊天启年间补修本。

此本前有明万历四十一年（1613）《序》。

③（万历）《荆州志》五卷并《图》一卷

明人涂嘉会，杨景淳等纂修。

明万历年间刊本。

④（万历）襄阳府志五十一卷

明人吴道迩等纂修。

明万历年间刊本。

前有明万历十二年（1584）《序》。每半叶十行，行二十一字。白口，左右双边。

文中有明万历十七年（1589）补修叶。

（11）湖南辖区（5种）

①（嘉靖）《长沙府志》十二卷

明人张存、张治等纂修。

明嘉靖年间刊本。

此本前有明嘉靖十三年（1534）《序》。每半叶九行，每行二十一字。小字双行，行同正文。白口，四周双边。

②（弘治）永州府志十卷

明人姚昻，沈钟等纂修。

明弘治年间（1488—1505）刊本。

此本前有明弘治八年（1495）《序》。每半叶八行，每行十九字。黑口，四周双边。

③（隆庆）《宝庆府志》五卷

明人陆柬等纂修。

明隆庆年间刊本。

此本前有明隆庆元年（1567）《序》。每半叶九行，每行二十字。白口，四周双边。

④（嘉靖）《湘阴县志》二卷

明人张灯，李廷龙等纂修。

明嘉靖年间刊本。

⑤（万历）《衡州府志》十五卷

明人林兆珂、伍让等纂修。

明万历年间刊本。

（12）河南辖区（2种）

①（嘉靖）《淇县志》十卷并《图》一卷

明人方员，刘钜等纂修。

明嘉靖年间刊本。

②（万历）《卫辉府志》十六卷并《图》一卷

明人侯大节等纂修。

明万历年间刊本。

前有明万历三十一年（1603）《序》。每半叶九行，每行二十字。白口，四周单边。

（13）广东辖区（7种）

①（嘉靖）《韶州府志》十卷并《图》一卷

明人符锡，秦志道等纂修。

明嘉靖年间刊本。

前明嘉靖二十一年（1542）《序》。

②（嘉靖）《惠州府志》十卷并《图》一卷

明人李玘、刘梧等纂修。

明嘉靖年间刊本。

前明嘉靖二十一年（1542）《序》。每半叶十行，每行二十字。小字双行，行同正文。白口，四周单边。

③（嘉靖）《香山县志》八卷

明人邓迁、齐启和、黄佐等纂修。

明嘉靖年间刊本。

前明嘉靖二十七年（1548）《序》。

④（万历）琼州府志十二卷并《图》一卷

明人欧阳灿，蔡光前等纂修。

明万历年间刊本。

⑤（万历）《新会县志》七卷并《图》一卷

明人黄淳等纂修。

明万历年间刊本。

前有明万历三十七年（1609）《序》。每半叶八行，每行十八字。白口，四周单边。

⑥（崇祯）《肇庆府志》五十卷并《图》一卷

明人陆鏊等纂修。

明崇祯年间刊本。

前有明崇祯十三年（1640）《序》。

⑦（崇祯）《兴宁县志》六卷

明人刘熙祚，季永茂等纂修。

明崇祯年间刊本。

前有明崇祯十年（1637）《序》。

日本国会图书馆作为日本全国唯一的国家图书馆，在表达对读者的人文关怀方面，似乎具有示范性意义。此种人文关怀最基本的核心，就是一切让读者方便。这种方便不是使用口号或标语来表示的，也不是依靠诸如举办"为读者服务月""向读者献真心"之类的短时间激发的群众运动来显示，而是渗透在读者入馆之后的生存感觉之中。我在入口处自动存好书包，便填写入馆单，自我认定自己是合法居住在日本的外国人，不需要出示任何证件，便领到了有编号的阅读证。在这里，图书馆和读者彼此之间的信用具有第一位的意义。每一个入口处，都可以自由地领取质地不错的A4尺寸的透明塑料袋，供你放入自带的文具纸张等，不至于在手里拿着不方便。进馆之后阅读任何文献书籍，馆方不以任何名目向阅读者收取任何费用，因为作为国家图书馆的全部设备和工作人员的工资，都来源于全体纳税人。我在日本的大学任职，与日本的教授同工同酬，也照章纳税，便取得了在这样的公共图书馆自由阅读的权利。读者可以在全馆的任何阅读室阅读自己所需阅读的文献资料。图书馆还向所有读者免费提供他们编印的多种简报资料，读者从中可以获得许多讯息。在读者用餐方面，当然不可能有像我在尊经阁文库那样的待遇——工作人员替读者代为预定饭菜，这当然只是在一种小型文库才可以办到的（参见"在尊经阁文库访'国宝'"一章）。国会图书馆虽然不能代为读者预定饭食，但在大厦的顶层有明亮的读者餐厅，供应的时间与全馆开闭一致。餐厅中同样质地的定食或拉面，比市面上约便宜日元百元左右。读者到餐厅吃饭时，用不着还书，只要放在阅读桌上即可。我曾经问过工作人员，他笑笑说："还没有听说过因为读者用餐而发生书籍丢失的事吧。"馆内有一个咖啡厅，色调柔和，便于在阅读中需要思考的人和需要休息的人在这里调整自己。使我高兴的是，这里供应各种软饮料，价钱都比外面的便宜。我很喜欢这里的柠檬苏打水，经常在这里喝一杯，能激发思绪联翩。坐在小椅上，环视咖啡厅四周，气氛温馨，有时会有一种无奈袭上心头，想起国内一进公园内，一进机场内，一进车站内，只要一进，因为你已经无法再脱身，各种供应的价格就变得有点面目狰狞，搅得人肝火虚升，心情极坏。其实，"为……服务"的真假虚实，却常常在这些细枝末节中显现本质。假如我们自己国家的图书馆，也能从本质上体现为纳税人服务的观念和措施，例如，进馆之后，在各种阅读中能够体现纳税人已经向国家缴税的意识，如果也有一处这样宽阔干净而不以营利为目的的读者休息室，也许读者从中体验到的，绝对不会只是一杯咖啡或苏打水的味道了。国会图书馆的底层有一间比较宽大的复印室，这里做出的复制品，用肉眼与原件相比较，常无纤毫之差；那些忙碌的工作人员，真是百问而不厌烦，他们用一种显然是经过训练的，虽然是人造统一的但听起来却很柔和的音色，用稳定的语调和语速，回答你的任何问题。1999年10月的一天，我在当天闭馆前十来分钟请求他们把胶卷翻印为A4的纸本，总计152页。第二天下午六点钟，我就收到了国会图书馆寄来的全部影印件。这种敬业干练，真令我十分惊讶。

在日本国家公文书馆访"国宝"

日本国家公文书馆第一部，中国学术界至今一直称之为"内阁文库"。它作为日本国家图书馆之一，是日本收储汉籍古本最大的藏书机构，其储藏量无疑居全日本各公私文库之冠。

这一文库是在日本明治维新的第六年（1873），以当时的最高行政长官，即太政大臣的名义，接管了原江户时代幕府大将军德川氏家的"枫山官库"建立的。初时设于东京赤阪离宫内。1884年（明治十七年）1月，据太政官第11号命令，将各官厅所藏图书集中于斯，更名为"太政官文库"，这便是日本当时的中央图书馆。1885年（明治十八年）12月，日本实行新的政府组织法，废除了太政官而创设内阁制度，原"太政官文库"便也改名为"内阁文库"了。1891年（明治二十四年），内阁文库将本库所藏最贵重书籍30000余册移交皇宫，作为永世保存。这样一来，内阁文库保藏的汉籍在数量上虽然仍然居全日本之首，但它所收藏的宋元古本已不多了。第二次世界大战之后不久，内阁文库兼而作为国会图书馆的一个支部而运营。

1959年，日本学术会议（日本最高的学术机关）会长致函内阁总理大臣，为防止政府公文的失散，并为一般人的利用创造方便，建议创立"国家公文书馆"。经过十数年的调查研究，1971年3月，在日本第六十五届国会上，经过众议院与参议院两院批准，决定设立作为总理府附属机关的"国立公文书馆"。原内阁文库作为公文书馆的第一部，并入公文书馆之中。至此，在我国学术界知名的内阁文库，其正式的大名实为"国立公文书馆第一部"。（本文为叙述方便，依照历史程序，有时仍然使用"内阁文库"之名。）

公文书馆的汉籍藏书，在1945年美军对东京的大轰炸中受到损失。当时，炸弹击中了文库汉籍藏书中的"经部"书。在灭火过程中，消防水龙直接冲击到"经部"中的"礼部"藏书。损失至钜。现今收藏的汉籍古本约为18.5万余册，其中宋刊本20余种，元刊本70余种，大都为明刊本，其数大约为4700余种。我曾将公文书馆第一部所藏明刊本与中国国内编辑的《全国善本书目》作过粗略的对勘，仅从书名而言，则大约有1500余种不见于我国1985年完成调查编辑的《中国古籍善本书目》（上海古籍出版社）中。

近15年间，我曾十数回访问内阁文库，追访停留在这里数目至钜的汉籍文献。在窗明几净的阅览室内，尽情地读书，只是常常叹息于时间短促，未能把自己要做的事情做完，留下无尽的遗憾。

公文书馆的汉籍特藏，大致可以分为"枫山官库"本、"昌平坂学问所"本、"医学馆"本和"释迦文院"本四大系统。

所谓"枫山官库"，德川幕府的第一代大将军德川家康在当时的幕府行辕驻在地江户的富士见亭创设的一个特殊文库，它是幕府大将军的主要藏书库。日本庆长二年（1602），在经历了近400年内战之后，德川家康终于以武力确立了对日本政治的控制。这一年，天皇被迫任命德川家康为"征夷大将军"，行辕驻屯江户（即今东京），从而开启了250年德川氏家族统治的江户时代。德川家康于武功之外，尤喜文瀚，确立了武功文治的基本治国策略。他礼待当时日本宋学大师藤原惺窝、林罗山等人，延请林罗山为幕府大学头，立意采用经过这一批日本儒学家阐发过的中国宋学作为官方的意识形态。他在自己确立对全国行使统治权的当年，即1602年，就在江户的富士见亭设立文库，称为"富士见亭文库"。1639年，这个文库迁徙至江户的红叶山，故名"红叶山文库"，又称"枫山文库"（这两个称呼在日本语文中发音皆称"Momijiyama"，但汉字书写却不同）。由于是幕府大将军的书库，所以又称为"枫山官库"。德川氏探寻古书珍籍，主要是两种方法，一是征收国内已经有的古本，如原金泽文库的一部分藏书，便归入了此库。现今内阁文库藏书中，凡有"金泽文库"印及"称名寺"印的即是。另有一些是命令各地的藩主进献的，《德川实纪》"庆长十九年（1614）七月二十七日"有如下的记载：

> 此日，江户御史成濑丰后守正武，向江（户）城进《周礼》《家礼仪节》《战国策》《楚辞》《淮南子》《晋书》《玉海》《靖节集》《李白集》《陆宣公集》《杜樊川集》《唐音》《二程全书》《朱子大全》《朱子语录》《紫阳文集》《南轩集》《真西山文集》《大学衍义》《东莱博义》《文山集》《文章正宗》《读杜愚得》《自警编》《理学类编》《牧隐集》《湖阴集》《皇华集》《唐书演义》等三十部。

德川幕府探寻古书珍集的另一个方法，便是在长崎通过它的海关，掌握中国商船载来的新本汉籍。当时，德川幕府在全国实行封锁令，唯留长崎一港，准许中国与荷兰的商船进出，并在长崎港设立书物奉行所，这是对进口书籍进行检查的专门性机构。"书物奉行所"为幕府掌握中国刊刻出版典籍的最新消息，并为幕府采购汉籍。通过这一渠道，德川幕府获得的明清史籍、政书、文集、医书、随笔、戏曲、小说等汉籍，至为丰富，不乏天下孤本。

我在公文书馆中查检当年德川幕府枫山官库的特藏，有中国地方志六百余种，堪称富矿。此外，枫山官库对中国小说戏曲文献的收储，亦至为丰富。收藏的明人戏曲，包括杂剧和传奇，有不少的朱墨套印本，印刷精美，在中国印刷史和文化史上，都是宝贵的实物史料。例如高则诚《琵琶记》二卷四十二出，陆采《明珠记》五卷四十三出并附薛调《无双传》一卷，薛近兖《绣襦记》四卷四十一出并附白行简《汧国夫人传》一卷，张凤翼《红拂记》四卷三十四出并附《虬髯客传》一卷，汤显祖《牡丹亭记》四卷五十出并《首》一卷，屠隆《昙花记》四卷三十折，徐复祚《红梨记》四卷三十出并附张寿卿《梨花杂剧》一卷四出等，皆系精美之本。此外，另藏明人明刊通俗话本小说三十七种。

枫山官库极盛时的汉籍藏书，达12万册之多，其中以明刊本最为宏富。明治年间太政官接管时，实存74500余册，保存完好。此为公文书馆汉籍特藏的一个重要的源头。

公文书馆汉籍藏书中另一个重要来源，是江户时代的昌平坂学问所。这一系统的藏本是以江户时代初期幕府的汉学巨擘林罗山及其后裔林氏家族十代的旧藏为基础，包括了近江西大路（今滋贺县辖内）藩主市桥长昭藏本、丰后（今大分县辖内）藩主毛利高标藏本、和大阪庶民学者木村孔恭（蒹葭堂）等的藏本。

昌平坂学问所是日本明正天皇宽永十年（1630）幕府的汉学巨擘林罗山在上野忍冈开设的书院。日本东山天皇元禄三年（1690）迁址于御茶之水附近的汤岛，成为林氏的家塾。汤岛从此成为日本儒学活动与祭孔的中心地，直至20世纪中叶日本在第二次世界大战中战败才告终（1944年举行了最后一次祭孔典礼）[①]。日本光格天皇宽政九年（1797），汤岛林氏家塾改为幕府的官学，称为"学问所"。因此，学问所的藏书，首先便是由林罗山开山传下的经林氏后代数世补益的汉籍。

林罗山，又名林忠、林信胜，字子信，又号三郎、道春等。他是日本汉学史上一位极其重要的学者。他在学术史上最重要的意义，便是把中国儒学文化的作用，在日本思想界从以前汉学家修身齐家的自我修养，扩展到了治国平天下的治理国家的程度，从而把原本是日本汉学中的一个流派——朱子学，在意识形态上提高到德川幕府时代官方哲学的地位，林罗山本人便也成为这一时代日本汉学的象征。史传他自幼具有很高的中国文化修养，十四岁时，便为《长恨歌》和《琵琶行》作注释，撰成《歌行露雪》一稿。此手稿本现存内阁文库。林罗山一生勤奋好学、尚学多能，整理中国典籍文献50余种。今内阁文库所存明弘治十二年（1499）刊宋人章樵注《古文苑》二十一卷、明万历三十五年（1607）刊宋人洪迈编《万首唐人绝句》四十卷、明万历三十六年（1608）赵秀堂刊明人李廷机编纂《新刻注释草堂诗余评林》六卷等，都有林罗山亲笔批点校语。

林罗山的藏书，常用"江云渭树"印记。此见于林罗山的第三子林鹅峰《后丧日录》中"明历三年（1657）三月二十八日"的记载：

> 入文库检藏书，押先考"江云渭树"印蝴蝶洞印，分颁赠士林旧交之人并门生，以为之证也，凡六十部。

[①] 今日的汤岛（Yushima）为江户时代儒学大本营"昌平学"（也称"昌平黉"）原址，是从江户时代到昭和二十年日本战败的近三百年间日本"祭孔"的圣地，明治末期建立起的斯文会所在地。日本儒学文献中记录的东京神田"圣堂"大成殿，即此汤岛大成殿。

林鹅峰在《国史馆日录》的"宽文八年（1668）六月十四日"（曝书之条）中又记载曰：

> 余命贺璋，每书之卷头押印，尾退勤之。自先考所传之书，则押"江云渭树"印，是偶免丁酉之灾者也（此指1657年江户城的大火——笔者注）。余所得之书，则用"弘文学士院"之印。

此外，林罗山的旧藏，还有钤"道春"印记者，又有钤"读畊斋"印记者。其中，"道春"是林罗山于后阳成天皇庆长十二年（1607）"祝发"时用的道名，此印乃直径为2厘米的古朴圆印，今内阁文库藏日人古写本《棠阴比事》，卷头钤有"江云渭树"朱文长印与"道春"朱文圆印者即是。所谓"读畊斋"则是林罗山的斋号，此印高3.6厘米，单廓厚重。林家有一件有趣的事，原来林罗山的第四子亦号"读耕斋"，但只是此"耕"不是那"畊"，二字不能相混。今内阁文库藏日本元和时代古活字本《施氏七书讲义》，有林罗山后水尾天皇元和己未（1619）夏五月的手识文，卷首有"读畊斋"朱文长印即是。

林氏家族藏书中包括了林罗山第二代起的历代子弟所收藏的汉籍。其中，有的是继承祖业，有的是添购增补。如现今公文书馆存明万历十四年（1586）刊本《楚辞》，卷末有林罗山手识文并训点。其后又有《书楚辞后》一首，诗曰：

> 楚辞一部思忡忡，宋玉之徒慕遗风；
> 可叹三闾大夫志，忠贞节操传无穷。

诗后题署"壬午孟春十九日 国子监主 林子恭书"，并钤有"信言"朱文方印。此林子恭，乃系林罗山的曾孙，本名信言，林氏家塾第五代主持人，故自言"国子监主"。由此可以推知"壬午"即日本宝历十二年（1762）。这类汉籍，系林氏祖传之遗产。

另一类藏书则为林罗山后裔自行增益的文献。如现今公文书馆所藏明刊本《遁世编》六册，卷末加纸一页，墨书文曰：

> 《遁世编》一部六册，旧友卜幽叟所藏也。十馀年前，余与亡弟靖会幽叟于野节宅，时书贾赍来此书，幽求得之。靖披阅之，以为奇书也。其所着本朝遁世题名本于此。今兹六月十一日，幽手携此书呈余曰："闻此书未藏

文库，今既老衰丧明，死亦不远，以是为遗物，受之则为幸！"余不能拒其志，置诸座右。七月二十六日，俄幽叟盖棺。呜呼，四十六年旧识，不可再见，对此书则犹逢叟而已！

此"题识"后题署"宽文庚戌仲秋 林学士记"。此"林学士"当为林罗山第三子林鹅峰。原来日本灵元天皇宽文三年（1663）十二月，幕府大将军授林氏家塾"弘文院"称号，其时，林罗山已殁，故林鹅峰便称为"林学士"了。此本《遁世编》六册，为林罗山旧藏增益之本。现今公文书馆汉籍藏本中，常见有"林叙事""弘文学士院林爷"等题签，并用"弘文学士院"印记者，便是属于这一类的。总之，以林罗山的旧藏为中心，加上由林氏后裔增补的汉籍，构成了"林大学头"家本，它们不仅是当年昌平坂学问所藏本的骨干，而且也是现在公文书馆汉籍藏本的主力。

作为昌平坂学问所本的另一个组成部分，是丰后佐伯藩主毛利高标的藏本。毛利高标藏书丰富，又擅长古籍版本的品鉴。日本仁孝天皇文政十一年（1828）他的孙子出云守毛利高翰，将其祖父所珍藏的汉籍1.7万余种，计凡2.7万册，进献给江户幕府。江户幕府将其一分为三，分别储存于枫山官库、昌平坂学问所、医学馆三处。这三个机构在明治维新中，皆归并于内阁文库，分久而又合一，在日本汉籍史上也算是件好事了。

毛利氏的汉籍藏本中，如宋刊本《庐山记》五卷，保存完好，这大概是宋人陈舜俞《庐山记》最早的全本了。此本已被确认为"日本重要文化财"。其次，明代版本书最多，其中如《皇明实录》的明人写本，起自"大明太祖……统天大孝高皇帝"，讫于"大明穆宗……纯德弘孝庄皇帝"，计凡二千二百二十三卷，共五百一册，亦至为珍贵。另有不少高丽刊本。

在毛利氏献书之前，日本光格天皇文化五年（1808），仁正寺藩主市桥长昭，把自己所藏的汉籍的精本三十种，献纳予昌平坂学问所。仁正寺位于今滋贺县境内，与京都毗邻。孝明天皇文久三年（1863），天皇改"仁正寺藩"为"近江西大路藩"，占有今滋贺县的大津、长浜一带。在日本江户时代诸藩阀中，市桥长昭研习文籍，广收文献，自号"黄雪山人"，风雅自持。市桥长昭此次贡献的三十种汉籍的每一种上，都有他撰写的《寄藏文庙宋元刻书跋》一篇，以明其献书的心迹。其文如次：

　　　　长昭夙从事斯文经十馀年，图籍渐多，意方今藏书家不乏于世，而其所储大抵属晚近刻书，至宋元椠盖或罕有焉。长昭独积年募求，乃今至累数十种。此非独在我之为难，而即在西土亦或不易，则长昭之苦心可知矣。然而物聚必散，是理数也，其能保无散委于百年之后乎！孰若举而献之庙学，获籍圣德以永其传，则长昭之素愿也。虔以宋元椠三十种为献。是其一也。
　　　　文化五年二月下总守市桥长昭谨志　　河三亥书
　　　　自《周易》至《山谷集》十四种一函，自《淮海集》至《国朝名臣事略》十六种一函，右二函。文化五年戊辰五月市桥下总守寄藏。

　　这一篇赠书宣言，很具文化气蕴，今人读此也可回味再三。作为镇守一方的诸侯，明白物聚必散的道理，把私藏的汉籍精品贡献于世，在当时真是难能可贵，亦属风雅之举。市桥长昭所贡献的这三十部宋元版典籍上，都有他的藏书印记"仁正侯长昭黄雪书屋鉴藏图书之印"。

　　我在这里多说一句，在日本文化史上，自江户时代以来，称为文人也好，士人也好，知识人也好，他们有一个习惯，即在年老或谢世之后，本人一生所收储的图书，常常捐赠社会，并以个人名姓，命名为"某某文库"等，由公众使用，至当今亦然。

　　此三十种书，自《周易》至《山谷集》十四种一函，自《淮海集》至《国朝名臣事略》十六种一函。卷中皆钤有"仁正侯长昭黄雪书屋鉴藏图书之印"十五字篆书朱文印。现今公文书馆存近三十种中的二十三种，如宋刊宋印本《东坡集》，原系中国鄞江卫氏藏书，此本已被确认为"日本重要文化财"。其余数种已收藏于宫内厅。

　　昌平坂学问所旧藏汉籍的第四个源头，则是大阪学者木村孔恭的特藏。木村氏兼通和汉之学，是江户时代一位著名的汉学家。他以《诗经·蒹葭》之名，定自己的书斋名为"蒹葭堂"。他曾校点清人郑亦邹的《白麓藏书郑成功传》，此本又有日本后桃园天皇安永三年（1774）的日本刊本（公文书馆藏本，书号：290\39），光格天皇文化元年（1804），木村氏家属将他的遗书二千余册，贡献于昌平坂学问所。蒹葭堂本以明代与清初刊本居多，并且有许多江户时代的手写本。如楚辞类书大体有四种，一为明古与堂刊朱熹《楚辞集注》，一为明末刊朱熹《楚辞集注》，一为明刊张正声《广离骚》，一为日本江户时代的手写本吴仁杰《离骚草木疏》，其他大致如此。

公文书馆的汉籍，其他尚有医学馆本和释迦文院本。

所谓"医学馆"，原先称为"跻寿馆"，它是幕府医官多纪氏家族的私塾，后来成为幕府的医学馆。该馆的藏书，是多纪氏家族历代收集和校订的汉籍古医书，保存至今的如宋人刘昉著的《幼幼新书》的宋刊本，这是关于小儿科的极珍贵的文献。多纪氏十分注重收集中国医学新刊，如明代熊氏种德堂所刊的医书，多纪氏收集就有以下六种：

明成化三年刊本《新刊名方类证医书大全》二十四卷并附《医学源流》一卷；

明成化十年刊本《黄帝内经素问》十二卷；

明成化十年刊本《新刊黄帝素问灵枢集注》十二卷；

明成化十年刊本《新刊素问入式运气论奥》三卷；

明嘉靖三十九年刊本《注解伤寒论》十卷；

明万历年间刊本《针灸大成》四卷等。

现今公文书馆保存原医学馆本汉籍医典有医经三十三种，经脉六种，藏象一种，诊法二十一种，运气一种，方论三百三十四种，合计凡四百五十七种。其中方论占绝大多数，因为它们最具实用价值。医学馆与枫山官库的医书合在一起，构成了日本保藏中国明清医学典籍的最大的宝库。

至于释迦文院本，则是日本明治十九年（1886）由内阁文库购入的原高野山释迦文院旧藏的汉籍，共有8700余册，几乎都是明末刊本，大部分是江户时代直接从中国输入，经由日本的长崎港上陆的文献。这批文献在移入内阁文库之前，在日本本土绝少经他人之手，书卷几乎没有日人的批点和其他形式的改装痕迹。

十数年来，我在公文书馆的读书中，当以宋元刊本为调查之首，又常见不少本子上有明清人的题识，亦随手记录，以便日后参考。

公文书馆特藏的汉籍，其中的宋元古版多已移入宫中，目前留存的古本中，有宋人宋刊本九种已被认定为"日本重要文化财"，至为贵重。

1. 宋刊本《周易新讲义》十卷（日本重要文化财）

宋人龚原，字深甫，撰《周易新讲义》十卷，为宋学新著之一。此书于元代时已在国内逸失，宋刊本则流传于日本，保存至今。公文书馆今存此书的宋刊本，系宋绍兴年间（1131—1162）刊本。首有龚原撰《进周易新讲义自序》，每卷首有"周易新讲义卷第（几）"。

序文每半页十行，行十七字。正文每半页十行，行十八字至二十二字不等。白口，单黑鱼尾，版心著录"（几）"。左右双边，版框纵 16.2 厘米，横 11.1 厘米。全卷避宋讳，凡"玄、弦、铉、敬、惊、警、弘、殷、筐、恒、贞"等字皆缺笔，当为北宋后期刊本。此本纸质坚厚，字画遒劲，墨色妍好。

卷一前与卷六前有"兴学亭印"篆字朱文印。封页及全卷末有"昌平坂学问所"墨印并"文化乙丑"朱印。此外，尚有"浅草文库""大学校图书之印""书籍馆印""日本政府图书"等朱印。

森立之《经籍访古志》卷一著录是书，称此本"字画遒劲，墨色妍好，北宋刊中尤佳者也。"又曰"卷首有兴学亭篆字朱印，狩谷望之云宋时物，上杉氏所藏宋刊本《史记》亦有此印记。"此本提到的原米泽上杉氏所藏《史记》宋刊本，现藏日本国立历史民俗博物馆。此本《史记》之卷首，也有"兴学亭印"篆字朱文印，推测似为宋人之印。

此书于元代时在国内佚失，宋刊本则流传于日本。此本于日本文化二年（1805）入藏昌平坂学问所。大学头林述斋据此本翻刻并编入《佚存丛书》中，由此而再传入中国，遂为我国学界所知晓。

此本已被日本文化财审议委员会确定为"日本重要文化财"。

2. 宋刊本《庐山记》五卷（日本重要文化财）

宋人陈舜俞为江西省名胜地庐山撰地志《庐山记》五卷，卷首有"庐山图"一幅。卷中所记，皆陈舜俞实地踏查之所见所闻，抄录的资料事涉名胜历史、名士传略、古碑诗文等，至为翔实。目前国内的收藏，不见有五卷完全的宋刊本传世，仅见清人写本一种，为三卷本。现在传世的关于庐山的记事，更通行的则是明人桑乔撰写的十二卷本《庐山纪事》，明人写本与明清刻本皆备。公文书馆今存此本《庐山记》，卷中名讳至宋钦宗，卷三"桓"字作"犯渊圣御讳"，则知此本当为北宋末年刻刊，至迟不会晚于南宋绍兴初年，系五卷宋刻全本。每半页有界九行，行十八字，左右双边。此本原系日本江户时代丰后佐伯藩主毛利高标旧藏，仁孝天皇文政年间（1818—1829）由出云守毛利高翰献赠幕府大将军，入枫山官库（红叶山文库）。1955年由内阁文库影印刊出。

3. 宋刊本《史略》六卷（日本重要文化财）
宋刊本《子略》三十六卷（日本重要文化财）

宋人高似孙撰《史略》六卷、《子略》三卷。《四库全数总目》只著录《子略》而不载《史略》，则知此书在国内逸失已是很久了。今公文书馆藏《史略》六卷，系南宋宝庆年间（1225—1227）刊本。此本首有宝庆元年《自序》，卷一述《史记》，卷二述两《汉书》《三国志》至《唐书》等，卷三述《东观汉纪》、历代《起居注》《会要》与《玉牒》等，卷四述史典、史表、史钞、史草等，卷五述霸史、杂史等，卷六述《山海经》《世本》《水经》《竹书纪年》等。此书文辞简约，引据精恰，且多载逸书，存典有功。

此本每半页有界十行，行二十字。注文双行，白口，左右双边。版框纵20厘米，横14厘米。卷中有"相国寺梅熟轩""慈照院"等印记，后归江户时代木村蒹葭堂收藏。

森立之《经籍访古志》卷三著录昌平学问所藏宋刊本《史略》六卷即系此本。其释文曰：

《史略》六卷，宋高似孙撰。首有宝庆元年《自序》。卷一述《史记》，卷二述两《汉书》《三国志》至晋、宋、齐、梁、陈、后魏、北齐、后周、隋、唐、五代志，卷三述《东观汉纪》、历代春秋、历代纪、实录、起居注、唐左右螭爱拗书事、延英殿时政记、唐历、会要、玉牒，卷四述史典、史表、史略、史钞、史评、史赞、史草、史例、史目、通史、通鉴参据书，卷五述霸史、杂史、七略、中书、古书、东汉以来书考、历代史官目、刘勰论史，卷六述《山海经》《世本》《三苍》《汉官》《水经》《竹书》。每半板十行，行二十字。界长六寸六分，幅四寸六分。按高氏又著《子略》四卷，《四库全书总目》载之而不言有《史略》之著，盖彼土早已亡逸耳。此书文辞简约而引据精核，多载逸书，实为读史家不可阙之书矣。

杨守敬《日本访书志》卷五著录此本。其释文曰：

> 高似孙《史略》六卷，宋刊原本，今存博物馆。此书世久失传，当为海外孤本。首有蒹葭堂印，木氏永保印。按木世肃，大阪人，以藏书名者也。原本亦多误字，今就其显然者改之，其稍涉疑似者仍存其旧。按史家流别，已详于刘知几《史通》。高氏此书，未能出其范围，况饾饤杂钞，详略失当。其最谬者，如《后汉书》既采《宋书·范蔚宗》本传，又采《南史》及蔚宗《狱中与诸甥书》，大同小异，一事三出，不恤其繁。又如既据《新唐书》录刘陟《齐书》十三卷为齐正史，又据《隋志》录刘陟《齐纪》十三卷为别史；既出范质《晋朝陷蕃记》四卷，又出范质《陷蕃记》四卷，而不知皆为一书。其它书名之误，人名之误，与卷数之误不可胜纪。据其自序，成书于二十七日，宜其罅漏如斯之多也。似孙以博奥名，其《子略》《纬略》两书，颇为精核。此书则远不逮之，久而湮灭，良有由然。唯似孙闻见终博，所载史家体例亦略见于此篇，又时有逸闻，如所采东观汉记，为今《四库》辑本所不载，此则可节取焉。"

日本光格天皇文化元年（1804）此本转藏于昌平坂学问所。清人黎庶昌出使日本，已将此本影写于《古逸丛书》中了。

日本文化财保护委员会已经确认此本为"日本重要文化财"。

日本孝明天皇嘉永五年（1852）有日人冈本保孝手书《史略》六卷和《子略》四卷。此本每半页十行，行二十字。《史略》卷末有朱笔识语曰："癸丑（嘉永六年）夏五月十日校毕"。《子略》卷末有朱笔识语曰："癸丑夏五初二日校毕"，后有花押。又有冈本保校墨笔识文，文曰："昌平学校藏宋本《史略》及《子略》，惜哉《子略》卷四欠，今影钞之，以《百川学海》本补其欠卷，以张氏《学律（津）讨原》本校《子略》全部，但《史略》余未知别本，不能校定。嘉永五月冬十月，况斋冈本保孝识。"冈本保孝，字况斋，德川幕府后期考证学派之学者。此本卷中又有"黑川氏图书记"印记。原系黑川春村旧藏。此本今存筑波大学附属图书馆。

4. 宋刻宋印本《增广司马温公全集》（残本）存九十五卷

宋人司马光文集，《四库全书》仅著录《传家集》八十卷，然国内目前已无《传家集》之宋刊本，所存皆为明代刊本。中国国家图书馆标有《温国文正公文集》八十卷宋刊本一种，然其中卷一至卷四，卷七十七至于卷八十，皆用明代弘治年间手写本配补。今日本国家公文书馆所藏宋刻宋印本《增广司马温公全集》一种，《四库》未收，国内也无存本。书名《增广》，大概是在原来《文集》八十卷的基础上增补的。此本全书凡一百十六卷，今缺卷三至卷九、卷四十八至卷五十三、卷六十一至卷六十八，存凡九十五卷，共十七册。

此本全书目录与八十卷本不同，目次如下：

卷一至卷五	手录	卷六	稽古录
卷七至卷八	论	卷九	策问
卷十至卷廿一	律诗	卷廿二至卷廿四	杂诗
卷廿五至卷廿七	古诗	卷廿八	歌行曲谣致语乐章
卷廿九	古赋古诗	卷卅至卷卅四	章疏
卷卅五至卷八十七	奏议	卷八十八至卷九十四	书
卷九十五	序	卷九十六	序 札子 御状
卷九十七	表启	卷九十八	启状手书
卷九十九	记	卷一百	杂著
卷百一	疑孟史	卷百二	迁叟目录（有序）
卷百三至卷百五	目录	卷百六	诗话

卷百七	传	卷百八	祭文哀词
卷百九	挽词	卷百十	传　墓志
卷百十一至卷百十四	墓志	卷百十五	行状
卷百十六	神道碑		

此本每半页有界十二行，行二十字。版心上记字数，下记页数，并有刻工姓名，如吴永、文立、江青、江清、何中、魏正、文广、右、光、元、才、余表、余益、余才、许和、林选、施光、郭光、孙右、郭章、林、良、陈、詹、余文、余全、郭良、陈通、叶明、詹元、裴慎等。

此本原系近江西大路藩主市桥长昭旧藏。日本光格天皇文化五年（1808）二月，下总守市桥长昭举其所藏之宋元旧刊本三十种与明本数种献诸文庙，此本为其中之一。卷中贴附《献书跋文》一篇。其文已见前述。

此本足可以补充司马光文学研究之不足与缺漏。

5. 宋刊本《东坡集》（残本）二十三卷（日本重要文化财）

宋人苏东坡因其名重，四海传诵。正因为如此，他的诗词文集的源流就十分的复杂与混乱。其中《东坡集》四十卷，系苏轼生前编定，前人称之为"谬误绝少"。此本在北宋末和南宋初都有过刻刊，可惜流传至今日者，世上仅存四本，其中，两本存我国国家图书馆，一本存日本宫内厅书陵部，一本存此日本公文书馆第一部（公文书馆）。日本保存的这个两本子，在18世纪后期，皆为当时近江西大路（今日本滋贺县辖内）藩主市桥长昭所收藏，并于明治维新后的1884年皆被收编入太政官文库。1891年，当公文书馆将30000册宋元古本移交宫内厅时，其中一本残存三十七卷者（原金泽文库旧藏）进入了皇宫，成为皇家御物；另一本残存二十三卷者，则留存于公文书馆，成为"日本重要文化财"。

公文书馆藏《东坡集》残本二十三卷，系南宋年间杭州刊本。此本文字端正，纸刻精善。每半页十行，行二十字。小字双行，白口，左右双边。版框纵23.3厘米，横17.5厘米。版心鱼尾下有"东坡集第几"，下有页数，有刻工姓名，如李宪、李师正、李师顺、李询、李恂、李时、李正、李政、李证、李元、李时、于弥、毛奇、张俊、周彦、王政、王璋、王敷、宋圭、宋昌、叶青、许昌、黄常、蔡中、高彦、徐高、卓允、卓显、陈昌、陈用、陈兴、周宣、朱富、朱贵、朱宥、朱勤、朱明、俞弥、洪坦、徐忠、徐高、施泽、翁彬、张寿、陈先、陈冲先、陈绍先、陈兴、叶允、叶允中、叶茂、叶声、赵通、刘志、蒋晖、严忠等。

序目之首，为宋孝宗所题《文忠苏轼赞并序》。末行后双行无栏，有"乾道九年（1173）闰正月望选德殿书赐苏峤题记"。每半页八行，行十六字。

此书今存卷一、卷二、卷七至卷十、卷十三、卷十四、卷十九、卷二十、卷二十四至卷二十七、卷三十至卷三十五、卷三十八至卷四十。

此本《东坡集》传入日本后，由京都西禅寺，经妙心寺，归于江户时代近江西大路藩主市桥长昭。此本《目录》后有光格天皇文化元年（1804）黄雪山人市桥长昭手识文，文曰："右北宋板《东坡集》四十卷，自卷三至卷六，卷十一，卷十二，自卷十五至卷十八，自卷廿一至卷廿三，卷廿八，卷廿九，卷卅六，卷卅七，共十九卷散逸可惜。此书原藏洛阳西禅寺，其后归于妙心寺大龙院僧懒庵之插架。标上录见几册，失几册，其笔迹非百年以来人所为，盖懒庵手书。懒庵距今垂二百年，其插架之日，即系阙本。以古版难获，不问散逸，当时尚为秘籍也。予获之于都下书肆伏水卯兵。文化新元甲子七月廿二日，黄山雪人识。"此文中的"洛阳"，乃江户时代人对京都的风雅之称；末署"黄山雪人"者，正是市桥长昭的雅号。文中所记"洛阳西禅寺"，我曾经查检日本京都地志多种，未见其所在；"妙心寺大龙院"则创建于后阳成天皇庆长十一年（1606）。书商伏水卯兵，即江户时代在江户浅草新寺町经营古书堂的伏见屋卯兵卫。

光格天皇文化五年（1808），市桥长昭将本藩所藏宋元刊本三十种，献纳于江户汤岛圣堂的昌平坂学问所。宋刊本《东坡集》亦在献纳之列。卷末有市桥长昭《寄藏文庙宋元刻书跋》文，文已见前记。

此本首册副页有长方朱文楷书大木记，乃先辈鄞江卫氏藏书警言，其文曰："《颜氏家训》曰借人典籍皆须爱护，先有缺坏就为补治，此亦士大夫百行之一也。鄞江卫氏谨志。"首页天头有"西禅寺常住"墨书，卷中有"昌平坂学问所"及"仁正侯长昭黄雪书屋鉴藏图书之印"篆书朱文印。另有"浅草文库"楷书朱文印。

> 颜氏家训曰借人典
> 籍皆须爱护先有缺
> 坏就为补治此亦士
> 大夫百行之一也
> 鄞江卫氏谨志

首册副页长方朱文楷书大木记

森立之氏《经籍访古志》卷六、董康《书舶庸谭》卷八皆著录此本。傅增湘《藏园群书经眼录》卷十三著录此本，其识文曰："此本行款版式与余所见宋刊数本皆不同，审其结体方整、雅近率更，自是南渡以后浙杭风度。陈氏《直斋书录解题》述《东坡集》有杭本、蜀本、吉本之别，此断为杭本无疑。"

若以今日我国国家图书馆所藏《东坡集》残本三十卷相比较，则正可以补足其中阙逸十卷中的七卷（此即为卷二十五至卷二十七、卷三十一、卷三十二、卷三十四、卷四十），此外所阙逸的三卷（即卷二十八至卷三十），恰好可以从宫内厅书陵部的皇家御物所存的三十七卷中补齐。而宫内厅书陵部所藏之《东坡集》，则原系为金泽文库旧藏。此本每半页十行，行十八字所有。白口，版式与公文书馆本同。版心有刻工姓名，如丘才、丘文、丘成、吴中、吴山、吴志、吴政、吴智、吴从、周文、余牛、余复、余坚、余惠、阮右、阮才、阮正、张宗、张太、高显、陈石、陈全、黄文、黄归、刘允、刘辛、刘章、刘清、蔡元青、蔡青、蔡万、蔡清、邓仁、魏全等。此本今存卷三十四至卷三十六，《后集》缺逸卷九至二十。卷中有"金泽文库""越国文学""清绚之印""君锦""仁正侯长昭黄雪书屋签藏图书之印""浅草文库""昌平坂学问所"等印章。近人长泽规矩也推测为南宋初年江西某地官版（参见《长泽规矩也著作集》卷三）。这样，中日藏本如果能够合璧，便可以得到《东坡集》四十卷之宋刊全本了。

6. 宋刊本《类编增广颖滨先生大全文集》一百三十七卷（日本重要文化财）

宋人苏辙，与其兄苏轼同样名垂于世，公文书馆藏其宋刊本文集有三种——

即《苏文定公文集》五十卷、《栾城集》九十九卷与《类编增广颍滨先生大全文集》一百三十七卷。这最后一种《文集》于1808年入藏于日本昌平坂学问所，国内外不见它处收藏，恐为海内外孤本。此本每半页十五行，行二十六字至二十九字不等，黑口，左右双边。版心上记字数，下记页数。共十五册。卷中名讳阙画"构、慎"诸字。此本版式与书名题式，与李盛铎旧藏（现藏北京大学图书馆）宋乾道年间（1165—1173）麻沙镇水南刘吉宅刊本《类编增广黄先生大全文集》完全一样，大约可认定为同一刊本。

此本无序目，共诗六十卷，文七十七卷。书题"类编增广颍滨先生大全文集卷第几"。卷尾隔一行题同前。是书分卷与明清诸本不同。每卷次行有分类标目，如"纪行""述怀""风雪""水霜""寒食""端午"等，目甚繁细。然卷中正文有合并之处，如卷十一至卷二十一合而题为"卷十一"，卷二十六至卷三十六合而题为"卷二十六"，卷四十六至卷五十合而题为"卷四十六"，卷六十七至卷八十合而题为"卷六十七"等。

此本于日本光格天皇文化五年（1808）入藏昌平坂学问所。卷中有"昌平坂学问所"篆书朱文印，有"浅草文库"楷书朱文印，有"文化戊辰"隶书朱文印。"文化"系日本光格天皇年号，"戊辰"即1808年。

董康《书舶庸谭》卷八著录此本。傅增湘《藏园群书经眼录》卷十三亦著录此本，惟题记此本为"一百三十卷"。其识文曰：

《栾城集》后有其曾孙诩跋云：栾城公集刊行，建安本颇多缺谬，在麻沙者尤甚。今观此本，版式行格字体劲峭而露锋棱，必为麻沙镇所刊。且余见李椒微师（盛铎）所藏《类篇增广山谷先生大全文集》五十卷，（旧藏海源阁杨氏），其版式字体与此本同。又书名标题咸与颍滨相匹配，必为闽中同时书坊所合刊行世者。惟《山谷大全集》（之）《目》前有牌子数行，题为'乾道端午麻沙镇水南刘仲吉识。兹册逸去首册，无从证明，为足惜耳。

此本也已经由日本国家文化财审议委员会确定为"日本重要文化财"。

7. 宋刊本《豫章先生文集》卷（日本重要文化财）

宋人黄庭坚《豫章先生文集》，日本现存宋刊本两种，一为天理图书馆所藏，一为公文书馆所藏，皆为"日本重要文化财"。对于此书的考察，请见"在天理图书馆访'国宝'"一章的叙述。

8. 宋刊本《平斋文集》三十二卷（日本重要文化财）

宋人洪咨夔曾官至刑部尚书、翰林学士，有《平斋文集》三十二卷存世。然其著作在国内仅以写本传世，刊本仅存1872年（清同治十一年）本。1930年中华学艺社曾用铁琴铜剑楼藏宋写本影印，其中所缺卷第十一至卷第十四、卷第十九至卷第二十二，凡八卷即用当时内阁文库所藏此本补足。此本不见他传。

今公文书馆汉籍特藏《平斋文集》三十二卷、《目》二卷，凡六册，为南宋中期刻本。此本每半页十一行，行十九字。白口，左右双边。此本原系日本江户时代著名汉学家狩谷掖斋旧藏，1855年（日本孝明天皇安政二年）入藏昌平坂学问所。

此本已经被日本文化财审议委员会确定为"日本重要文化财"。

9. 宋乾道年间高邮军学刊本《淮海集》四十卷《淮海居士长短句》三卷《淮海后集》六卷

宋人秦观为文学大家，其所撰《淮海集》四十卷，《淮海居士长短句》三卷，《淮海后集》六卷，留在世间的宋代刊本，只有宋乾道年间（1165—1173）的高邮军学刊本了。目前已知此宋刊世上也只有两套。一本现存我国国家图书馆，一本则存日本公文书馆。

日本公文书馆存本共十册。每半页有界十行，行二十一字。白口，左右双边。《文集》版心上记字数，鱼尾下记"秦卷几"，下记刻工姓名。卷首有《淮海闲居文集序》，次有《舒王答苏内翰荐淮公书》，次有《曾自开答书》，次有后山居士《淮海居士集序》。

每卷首行题"淮海集卷第几"，次行题"秦观少游"。"秦"字上空八格，下空一格。《淮海居士长短句》首行题"长短句上中下"。版心鱼尾下题字同。《淮海后集》撰人题款同上。凡诗四卷，杂文二卷。后有乾道癸巳林机景度撰《淮海居士集序》。

此本系原近江西大路藩主市桥长昭旧藏，为日本光格天皇文化五年（1808）献于文庙三十种宋元椠本之一，卷中有"仁正侯长昭黄雪书屋鉴藏图书之印"及"昌平坂学问所"两篆书长方朱印。又有"浅草文库"楷书朱印。卷末有市桥长昭所撰《寄藏文庙宋元刻书跋》文。此本也已经被确定为"日本重要文化财"。近人董康在《书舶庸谭》卷六中，也著录了此本。

据日本18世纪的《书籍元帐》记载，孝明天皇嘉永四年（1851）曾由中国输入《淮海集》一部。此部书在当时定价为五目。

10. 宋刊本《东莱先生诗集》二十卷

宋人吕本中诗作集，由沈公雅编为《东莱先生诗集》二十卷。此《诗集》之宋刊本，国内惟国家图书馆存宋庆元五年（1199）黄汝嘉刊本残本三卷（卷第十八至卷第二十）。今日本国家公文书馆第一部收藏宋刊本《东莱先生诗集》二十卷一种，为宋乾道年间（1165—1173）刊本。此本实为其后《东莱先生诗集》二十卷各种刊印本之祖本。《四库全书》著录《东莱先生诗集》二十卷，采用的是"两淮马裕家藏本"，言其"庆元二年陆游序，乾道二年曾几后序"，则知此非祖本至多是宋庆元五年黄汝嘉刊本或其他明代刊本而已。

此本前有乾道二年（1166）曾幾序。每卷首行题"东莱先生诗集卷第几"。卷尾隔一行或二行题书名如首行。

每半页十一行,行十九字至二十一字不等。白口,左右双边。版心记刻工名姓,如牛智、李忠、李祥、李宪、金章、惠中、项思、贾琚、蒋成等。

此本原系昌平坂学问所等旧藏,卷中有"昌平坂学问所"篆书长方墨印,又有"文化己巳"隶书无边长方朱印等。

民国初期,董康与傅增湘二位在日本皆曾得见此书。董康《书舶庸谭》卷六与傅增湘《藏园群书经眼录》卷十三皆有记录。傅增湘识文曰:"此本结体方严,当为杭州刊本。……以《四库》本校之,则《外集》之第一卷为《四库》之第十卷,是《四库》本之编次不足据也。查《四库》本为马氏所进钞本,必是估人用残本改窜,以充全帙者。然世上未闻有宋刻全本,此疑案似不能完讞也。昔沈曾植及张宗祥二君跋余藏本皆详严之。今东邦存此宋本,得之忻慰无涯,惜余入库时,适涵芬楼正倩工摄影,取视数页,未经详考,俟异时付印,庶可拨云雾而睹青天矣。"

11. 宋乾道五年黄三八郎《钜宋广韵》五卷(日本重要文化财)

《大宋重修广韵》五卷,为北宋真宗年间陈彭年等奉敕命增补编撰,于大中祥符元年(1008)完成。自此以来,《广韵》便为韵书之首。日本收藏的宋元古本,至为丰富。依据我的查访,已知有宋刊本十种,金刊本一种,元刊本十二种,组成为《广韵》版本宝库。

在至多的收藏中,国家公文书馆藏宋乾道五年黄三八郎《钜宋广韵》五卷,名古屋大须观音宝生院藏北宋刊本《广韵》残本一卷,静嘉堂文库藏宋孝宗年间《广韵》五卷,共计三种文本皆已被确认为"日本重要文化财"。另外宋宁宗时期浙中覆宋孝宗时刊本《广韵》五卷为皇室御物。

国家公文书馆收藏的宋乾道五年黄三八郎《钜宋广韵》五卷,为《广韵》诸本中著名的刊本,周祖谟先生《钜宋广韵·前言》一文中于此辨之甚详,谓此本刊于南宋,中有元代补版,"黄三八郎书铺曾刻《韩非子》,题为'乾道改元中元日印行'。观本书序文刻板的字体笔法和刀刻的棱角,酷似《韩非子》一书,由此足以证明本书为乾道间刊本"云云。

此本卷首无景德四年及大中祥符元年《牒》文，有陆法言《切韵序》，郭知玄《拾遗序》，陈州司法孙愐《唐韵序》。其后末二行，有刊行牌记一行曰："己丑建宁府黄三八郎书铺印行。"本正卷首题"钜宋广韵上平声卷第一"。每卷首行题"钜宋广韵某声（平声则题上下平）卷第几"。次行低一格为"韵目"，目分三排，目后连接正文。每卷尾题后附《新添类隔今更音和切》。卷末载《双声叠韵法》《六书八体辨字五音法》等。

每半页有界十二行，每行约二十一字。注文双行，每行三十四字。白口（一部分为细黑口），双黑鱼尾。左右双边（20厘米×14.5厘米）。版心著录"負（韵）几（或負平几、負去声几等）（页数）"。下象鼻处记大小字数。卷中避宋讳，凡遇"玄、敬、弘、匡、胤、贞"等字皆阙笔，而"桓、构、敦、慎"字皆不避。

此本原系徐乃昌旧藏，后归日人木村孔恭（蒹葭堂）。日本光格天皇文化元年（1804），木村家献于昌平坂学问所。每卷首有"蒹葭堂藏书印"、"蒹葭藏书"篆文印记。卷中并有"徐乃昌读""蒹葭堂秘不许阃外"等印记。

12. 元至治年间建安虞氏所刊《全相平话》五种（日本重要文化财）

日本公文书馆中除却宋刊本令人留恋之外，治中国小说史者几乎都注意于它所收藏的元至治年间（1321—1323）建安虞氏所刊《全相平话》五种，此即《新刊全相平话武王伐纣书》三卷，《新刊全相平话乐毅图齐七国春秋后集》三卷，《新刊全相秦并六国平话》三卷，《新刊全相平话前汉书续集》三卷，《至治新刊全相平话三国志》三卷。原系枫山官库等旧藏，也已经被确定为"日本重要文化财"。

《武王伐纣书》副题作《吕望兴周》，有开首诗曰："三皇五帝夏商周，秦汉三分吴魏刘，晋宋齐梁南北史，隋唐五代宋金收。"则可证此文本成于元代。

《新刊全相平话前汉书续集》副题作《吕后斩韩信》。

《至治新刊全相平话三国志》凡三卷六十九节,以"上、中、下"标卷目。全书以诗结尾曰:"韩君懦弱曹吴霸,昭烈英雄蜀帝都。司马仲达平三国,刘渊兴汉巩皇图。"

关于此本《全相平话》,前辈先生已经多有考察,孙楷第《日本东京所见小说书目》卷一于此本言之甚详。其识文曰:"日本内阁文库藏元至治刊本平话五种,乃天壤间秘籍,早为吾人所知。《三国平话》已由商务印书馆就日本东京帝大影印本缩印,今为易见之书。余为《武王伐纣书》《乐毅图齐七国春秋后集》《秦并六国》《前汉书续集》四种,此土未有流传本,世鲜知其内容。去岁(指1931年——笔者注)闻沪上某社已设法照出,托商务印书馆承印。渴望甚切,久未出书。今更经烽火,该馆图书器物已为敌人摧毁,尽化烟尘,不知此种照片劫灰之余得幸存否?余向东游时,以时间无多,共上海拟印之书初意不复展阅,而欣逢秘本,遽难割弃,亟籀读之。至于今日,愤慨之余,乃以自幸"云云。

13. 明人戴金藏明刊本"集部"自题"识文"九种

公文书馆令研究者特别注目的,其实应该是关于它所收藏的明代刊本。若以明本的收藏而言,它可以称之为中国境外最大的宝库了。目前所收储的明刊本约在4000种左右,若以《中国善本书目录》相比较,则约有1500余种书目不见《中国善本书目录》记载。仅此亦足以见其储藏量之丰富与价值之重要,而且,各种文本在流传过程中,中日名家在文本上多有手识文,亦极为多彩。他们于版本之考订与流变、文献之传递、文本之内容等,多有阐发,心得独到,而世上罕有流传者,故随手摘记,以为文化史研究之用。此地略举数种,以与方家共飨。

公文书馆现收储明人戴金旧藏相当丰富。戴金字纯甫,又字贞砺、中辅。明正德年间进士,官至兵部尚书,极喜藏书。他的旧藏流入日本后,归于高野山释迦文院,明治后则归公文书馆,其中的精品又从公文书馆归入了皇宫,现藏于公文书馆者,如"集部"书则有九种:

明正德元年刊本《分类补注李太白诗》二十五卷；

明嘉靖三十四年刊本《欧阳文忠公集》一百三十五卷；

明嘉靖三十九年刊本《荆临川先生文集》一百卷；

明嘉靖三十九年刊本《象山先生全集》三十六卷；

明嘉靖年间刊本《六家文选》六十卷；

明隆庆年间刊本《文选》六十卷；

明万历三十五年刊本《重编东坡先生外集》八十六卷；

明三色套印刊本《杜子美七言诗》；

明经厂刊本《联新事备诗学大成》三十卷。

在这些文本中，不少有戴金的手识文。兹录《六家文选》为例。

《六家文选》系用大型白绵纸精印而成。《序》文后，有零纸二页，皆为戴金之手识文。第一纸上文曰："余笃嗜《文选》，求之数年，不遇善本。至丁丑入觐，偶于长安书肆中阅之，发函伸纸，乃嘉靖甲午吴郡袁氏重雕宋刻广都县本。精好倍常，粲然满目，购之以归。如蓄非常之宝，熟读涵咏之。令其渐积汪洋，遇有操觚之师，心匠岂不快哉！"此文后有"贞砺识"署名，并有"贞砺""戴金珍秘藏书"两方朱印。第二纸上又有题识曰："梁昭明太子统聚文士刘孝威、庾肩吾、徐防、江伯操、孔敬通、惠子悦、徐陵、王囷、孔烁、鲍至十人，谓之高齐十学士集《文选》。今襄阳有文选楼，池州有文选台，未知何地为的。但十人姓名，人多不知，故特着之。"此文后署"贞砺又识"，并有"中辅""戴金"朱文方印。

由戴金亲手识文的藏本又有如《战国策谭辄》。此本系明万历十五年白绵纸本，《序》文后也有零纸一页，有戴金亲笔文字，大字八行，文曰：

《战国策》战于文者乎，其叙事则化工之肖物。李献吉劝人勿读唐以后书，信然哉！自本年正月初七日点阅，至三月初六日竣事，留此以训儿曹可也。是时日月清朗。隆武二年三月初六日，贞砺识。

此叶上有"戴金私印""贞砺"朱文方印。卷中又有"戴金家藏万卷""戴金图书"等朱文印。

14. 明人徐𤊹藏明刊本自题"识文"三种

现公文书馆所藏明刊本中,还有徐𤊹手识文三种。徐𤊹,字惟起,又字兴公,雅号汗竹斋、绿玉山房等。他一生布衣,积书数万卷。明万历年间曾与曹学佺同主闽中诗坛。有《红雨楼集》《闽南风雅》《笔精》等集,又编书十数种,现公文书馆所藏《宋蔡中惠文集》、《蔡中惠诗集全编》、《鹦栖卓》等,皆系徐𤊹编校。其旧藏入于公文书馆者,有明初刊本《临川王先生荆公文集》百卷等十数种。其中,《古乐府》《金精风月》和《临川王先生荆公文集》,皆有徐𤊹手识文,记录如次。

(1)《古乐府》十卷,系明嘉靖年间有代表性的白绵纸精刻本。此本卷末《刻古乐府序》后余白处,有徐𤊹草书五行,其文曰:

> 《古乐府》余家藏本有三副,皆手自句读。今岁偶过会稽,见肆中《乐府》一部,失首一帙,中有朱笔批评辄作证解之语。字格不俗,问之乃山阴徐渭所点者。徐字文长,号天池,博学善诗,为越东之才士。遂购以归,残欠勿论。

文末署"壬寅春初惟起识"。此"壬寅"者,推考当为明万历三十年(1602)。此本原系徐文长批点旧藏,后归徐𤊹所有,流入日本后,先是藏于丰后佐伯藩主毛利高标处,19世纪初归于昌平坂学问所,明治之后,入藏公文书馆。

(2)《金精风月》二卷,元人苏天一撰,明嘉靖三十年刊本。此本卷首署嘉靖十四年赖曜《序》后空白处,有徐𤊹手识文楷书十行。其文曰:

> 先君向有《金精山志》,藏之箧笥,时取披览。及为茂名学博,在癸酉之岁,时学宪邵某试合郡教官文,又有诗,诗乃《登金精山》为题。诸教官不知金精山何地,茫然不解。先子曾览是志,颇知其中事迹,乃赋诗曰:"踪步遨游江上台,却怜尘世几能来;千层古洞冲云起,百道鸣泉绕涧回。仙子棋声惊白鹤,道人展齿印苍苔。相看已有登临兴,愧乏当年作赋才。"邵见诗大称赏,拔置第一,因为延誉甚力。次年,巡按御史张某,复试《迎

春诗》，先子复拔置第一，丙子遂擢永宁令。（此）皆二诗之力也。杜甫"诗是吾家事"，子孙安可弗知诗哉！

这是一则有趣的故事。识文中徐𤊹的父亲徐㭿的《游金精山》一诗，一向不为世人所知。文尾署"壬子冬至日惟起书"，知为万历四十年（1612）题记。后有"徐兴公"白文方印，卷中又有"晋安徐兴公家藏书""徐𤊹之印""徐𤊹之印""鳌峰清啸"等朱文印。此本与《古乐府》本一起，流入日本后，先藏于丰后佐伯藩主毛利高标处，后归于昌平坂学问所，明治后，入藏公文书馆。

（3）徐𤊹的手识文另见于明初刊本《临川王先生荆公文集》残本六十四卷。此本卷首元人吴澄《序》文后，有徐𤊹楷书三行。其文曰：

天启癸亥夏六月，余至樵川，访刘司理，临别友人李公美贻此集。公美名思让，善丹青，亦工写照。兴公识。

此本卷内的末叶，还有日本江户时代著名的儒学家龟田鹏斋所书行书手识文字九行。其文曰：

元刻《王半山集》十卷，明徐兴公所藏本也，兴公自题于前。按此本吴草庐有《序》而《集》中讳渊圣之名，则翻南宋刊本者无疑矣。往岁我得之书肆而三卷失传为恨耳。呜呼，此《集》兴公缥囊中物，而流落海外归于我，实不胜百六飚回之感也。官医丹波永世见此《集》而恳求焉，因识其事而与之。亡佚三卷永世行问于不知何人之手，则神物岂得不合耶！癸亥之夏鹏斋龟田。

我们如果把上述两段文字联系起来考察，那么，关于此本《临川王先生荆公文集》的流传收藏，便有了比较明确清晰的轨迹。此本原为明代画家李思让旧藏，天启癸亥年间（1623）赠予徐𤊹，后流入海外，为江户时代儒者龟田鹏斋所有。光格天皇享和癸亥（1803），即恰好是徐𤊹得书后两个甲子，此书成为江户时代儒医丹波永世的藏物。丹波永世为名医丹波康赖之后，称"盛方院"。丹波氏家族有华夏族血缘，在日本医学文化史上具有重要的意义。今卷中每册有"盛方院"朱文印记，即丹波永世所钤之印。光格天皇文化十一年（1814），此本收藏于昌平坂学问所，明治年间入藏于内阁文库。惟龟田氏手识文中称此本为"元刻"云云，皆系误断。日人汉文虽有不畅之处，但为文如此，亦难能可贵了。

15. 明人王人鉴藏明刊本《读杜愚得》自题"识文"一种

公文书馆藏本中，尚有明人学者王人鉴手识文，书写于明宣德年间刊本《读杜愚得》之末尾《后序》的前一页上。手识文为楷书三行，文曰：

> 崇祯改元戊辰夏，索居无以遣闷，因再读少陵先生集一过，及至忧愁困苦之居，令人益深悲感。

王人鉴字德操，明万历中吴郡人，好诗，有《知希斋集》二卷。此手识文末有"王人鉴印"白文方印，又有"德操"朱文方印。在王氏识文之后，有另纸二面与《后序》尾连缀，第一页上有日本江户时代光格天皇天明三年（1783）富山藩藩主之儒臣市河宽斋长文手识文，墨笔行书，叙此书流布之颠末。文曰：

> 右《读杜愚得》八本，明王得操故物也。卷首有王人鉴及知希斋二印，卷尾题跋德操手书。字画妍好可爱玩，盖明初刊本也。简策磨灭（处）皆朱书补之，亦系德操手书，其人雅尚可想也。盖明末乱离之际，贾舶转卖入读耕林子家。后百数年转落书肆，又转入余藏，时永安八年也。按东涯先生《盍簪录》载东山茶点购德操墨迹事，初不知为何人，后考列朝诗而详其事迹，殆与余事相类，及岛洪卿获尹嘉宾遗书，并新比书褾帙。因记其颠末于后，定坐于蕉竹书屋第一室阁。癸卯十月，宽斋河世宁识。

此文中提到的"贾舶转卖入读耕林子家"，这指的是江户时代儒学巨擘林罗山家族，此本即系林氏家旧藏，后归市河宽斋，而王人鉴这位明代的"枯禅逸叟"，其文名亦早已闻名于日本江户儒学界。此本尾联第二页上，又有仁孝天皇文政四年（1821）市河宽斋之子市河三亥手识文，系楷书二行，文曰："此先君遗爱书，《王人鉴墓志铭》载《钱虞山集》。文政辛巳冬十月，三亥记。"日本公文书馆的藏本中有市河三亥的手识文多处。例如有日本东山天皇元禄十一年（1697）手写《剑南诗钞》一种，系日本江户时代前期汉学家村上漫甫七十五岁时抄录而成。上有市河三亥手识文曰：

> 此为前哲村上漫甫手写本，先考平日最所钟爱者。有诗云："放翁八十尚能诗，漫甫七旬书亦奇；二老风流今在眼，免教少年自矜持。"文政辛巳冬十月，男三亥谨记。

市河三亥这两篇手识文，题记于同一时间，亦可见其对汉文化与汉籍的挚爱。

日本公文书馆特藏的汉籍，包括诸多的手识文，都是尚待开发和鉴定的中国文献典籍宝库。它内具的历史文化价值意味隽长！

走出公文书馆，外面是环绕着皇宫的通衢大道。接龙般的汽车呼啸着从眼前奔驶而过，行人神色匆匆，各奔东西。每次出大门，我总要回首望望这钢筋水泥铸成的大厦，与来自祖国如此丰厚的典籍惜别，同时也再思这"日本公文书馆"的含义。日本的有识之士把汉籍文献作为日本公文而储藏于书馆，在意义逻辑上似乎有些龃龉，但细想起来，实在是表证了中日文化关系史上一个最基本的事实——即在漫长的文明进程中，中国文献典籍所内具的文化特征与文化品格，已经熔铸在日本社会的各个层面之中，成为日本文明的材料。故而把汉籍文献作为日本公文，上至日本国会，下至黎民百姓，从未有过什么质疑或反对。近十数年来，日本知识界中"国家主义"显得有些猖獗，一种被称为"海洋日本文明论"的论说，在电视、报章杂志和出版物中甚嚣尘上。海洋日本文明论认为，日本作为海洋国家，具有独特的文明与文明形成的轨迹。他们认为两千年来日本的历史就是摆脱中国化的"脱亚"的历史。海洋日本文明论的核心就是彻底否认以中国华夏文化为核心的亚洲大陆文化曾经是日本文明的摇篮之一的根本事实[①]。使人奇怪不解的是，既然日本国家公文书馆是把中国文化的主要载体汉籍作为日本国家的公文来处置和保藏，那么，倡导所谓"两千年来日本的历史就是摆脱中国化

---

① 关于"海洋文明史观"的基本观念，请参见川胜平太（Kawakatsu-Heita）的《从海洋观察历史》，藤原书店，1996年，《文明的海洋史观》，中央公论社，1997年，《海洋联邦论》，东京PHP研究所，2001年。川胜平太与滨下武志（Hamashita-Takeshi）合编的《海洋与资本主义》，东洋经济新报社，2003年。白石隆（Shiraishi-Takashi）《海洋帝国：如何思考亚洲》，中央公论社，2000年等。

到目前为止，中国学者最有价值的回应论说，请参见严绍璗：《日本当代"国家主义"思潮的思想基础》，载于《亚太研究论丛》（第一辑），北京大学出版社，2004年。

的'脱亚'的历史"这种狂妄而无知的论说先生们,将怎样面对我身后这座浑厚的钢筋水泥建筑中储藏的文献所内含的历史文化意义呢?主张海洋日本文明论的先生们,据说都是当今日本学界很有分量的人物,但我怀疑他们恐怕是一次也没有到过这个作为日本国家机构的日本公文书馆第一部来读过书,否则,怎么会臆想出如此荒谬的论说呢!

这些汉籍特藏,它们存在的本身,无言地却又无可辩驳地证明了当代日本国家主义、民族主义、国粹主义所制造的所谓"不存在东亚汉字文化圈"而只有"纯粹的日本文化存在"的论说确实是真正的谎言!

在东京国立博物馆访"国宝"

在东京都东北侧的上野地区,有一座美丽的上野公园。在寸土寸金的东京都,这里绿树伸展,林荫覆盖,形成独特的自然景观。生活在喧嚣都市中的人们,常常到这里做近距离的休息。特别到春日樱花盛开的日子,更是携儿扶老,呼朋唤友,整日在樱花树下席地圈坐,享受大自然对日本民族的特别恩赐,尽情地表达他们独特的美感意识。中国人对于上野公园的认识,更由于鲁迅先生的散文而增添了又一份别样的情感。

沿着上野公园的周侧,有着一栋栋各具风格的大小建筑,成为日本艺术展览的荟萃之地,其中位于东侧,靠近莺谷的宏大建筑群,则是闻名世界的日本东京国立博物馆。这是一座收储着众多艺术珍品的艺术宝库,其中也有着数量巨大的中国文献典籍和艺术珍品。

东京国立博物馆的由来,要从日本明治维新说起。1872年,日本文部省(与我国教育部职责类似)博物局在东京神田圣堂大成殿举行博览会。其后,展览品每月向公众开放,形成博物馆的雏形。1881年,日本内阁决定建设相对固定的博览会展览场所,于是便邀请英国工程师Josiah Conder设计博物馆建筑,在上野公园内动工。博物馆于1882年建成。1886年这个建在上野公园内的博物馆划归宫内省（内阁中设立的直属官房长官的专事管理皇家事务的部）管理，这是因为博物馆的收储物品中兼及不少皇室藏品。1889年被命名为"帝国博物馆"。到了1900年，帝国博物馆改名为"东京帝室博物馆"。当时的藏品分为历史部、美术部、工艺部和自然部四个部门。1923年东京大地震，博物馆的主楼遭到严重破坏。地震之后的修葺复兴一直进行了将近十五年的时间，到1938年修葺工程才算全部完成，重新建造的以本馆为中心的堪称是巍峨的建筑群一直保留到现在。在修建的过程中，博物馆把原来的自然部所收藏的物品和展品全部移交给了东京博物馆（即现在的日本国立科学博物馆）和其他机关。这样，东京帝室博物馆便成为专门收藏历史文物和美术工艺品的机构。战后日本国家实行了全面的机构体制改造，1947年遵循日本公务机关的全面改革，东京帝室博物馆更名为"国立博物馆"，其管辖权经过六十年一个甲子的轮回，由宫内省又重新划归到文部省。1950年依据国会制订的"文化财保护法"，国立博物馆归属国家文化财保护委员会管辖。1952年国立博物馆再次更名，定名为"东京国立博物馆"，一直沿用至今。1968年日本国家文化财保护审议会改组为内阁文化厅。日本著名的三大国家博物馆，即东京国立博物馆、京都国立博物馆和奈良国立博物馆皆划归其管辖。21世纪之初，日本又面临着新一轮的国家行政体制改革风潮。东京国立博物馆与日本其他一些国有机构一样，遵循世界大多数国家的运行规则，从纯粹的国家事业机构改组成为独立行政法人单位。

30年间我数次造访博物馆，承蒙官方的好意，与可能会永远居住于此的11件来自中华故土的国宝面见，综合记录考订于后。

1. 唐人写本《王勃集》（残本）二卷（日本国宝）

东京国立博物馆收藏的堪称无价之宝的中华典籍文档中，大概要以7世纪末唐人写本《王勃集》（残本）二卷最为贵重了。此卷纸本墨书，全卷长447.8厘米，幅宽25.2厘米。卷首顶格墨书"集卷第廿九"，而全卷最后与正文空二行，顶格又有墨书"集卷第卅"。由此可以推断，此卷系《王勃集》卷第二十九、卷第三十之残本。两卷被人从中间割裂，又重新黏结为一卷。毫无疑问，这一唐人手书残卷，便是属于《唐书·文苑传》所记载的"三十卷本"系统，为王勃文集的最早期的文本。全卷行款题式如次：

卷首顶格墨书"集卷第廿九"，次行顶格列篇目，篇目如下：

  行状 张公行状一首
  祭文 祭石提（堤？）山神文一首
     祭石堤女郎神文一首
     祭白鹿山神文一首
     为虔霍王诸官祭故长史一首
     为霍王祭徐王一首
     祭高祖文一首

次换行连正文。

正文首行顶格墨书"行状"，次行顶格墨书《张公行状一首》，次行顶格墨书正文，共67行。

次行顶格墨书《祭石堤山神文》。次行顶格墨书正文，共10行。

次行顶格墨书《祭石堤女郎神文》。次行顶格墨书正文，共11行。

次行顶格墨书《祭白鹿山神文》。次行顶格墨书正文，共18行。

次行顶格墨书《为虔州诸官祭故长史文》。次行顶格墨书正文，共15行。

次行顶格墨书《为霍王祭徐王文》。次行顶格墨书正文，共11行。

次行依"篇目"理应为《祭高祖文》，然此处缺逸此祭文。下接各文却系前卷第二十九"篇目"所未见，疑此处即为卷第二十九与卷第三十之黏结之处。

次行顶格墨书《□没后彭执古血献忠与表弟书》。

次行顶格墨书正文，共11行。次行顶格墨书《族翁承烈旧一首》，下有双行小字，文曰"兼与刘□书论送旧书事"。次行顶格墨书正文，共52行。

次行顶格墨书《族翁承烈致祭文》。次行顶格墨书正文，共23行。

次行顶格墨书《族翁承烈领乾坤注报助书》。次行顶格墨书正文，共3行。

最后与正文空2行，顶格又有墨书"集卷第卅"。

卷中有五处钤有"兴福传法"朱文方印。

文中避武则天祖父之讳，凡"华"字皆缺笔，然全文没有使用"则天文字"。由此推考，此卷约在王勃去世后十余年间内写成。

此卷的背面，有日本平安时代初期手写的"四分成本略"字样。

此卷大约是在奈良时代传入日本，最初保存在兴福寺，最后由著名的汉学家富冈铁斋（1837—1924）收藏。富冈铁斋是19世纪后期和20世纪初期对中国文化艺术极有造诣的学者，他殁后，此本藏于长尾美术馆，最后落户于东京国立博物馆。

1951年（昭和二十六年）6月9日，日本国家文化财保护委员会确定此本《王勃集》（残本）一卷为"日本国宝"。

关于《王勃集》的唐人写本，除了此本之外，国立京都国立博物馆也收藏有残本一卷。京都本从纸质、墨色和字体等考察，几乎与东京国立博物馆藏本相同，也为7世纪末唐人写本。从卷面连缀处考察，正如前述，这一卷《王勃集》是由卷二十九和卷三十经过裁剪而重新拼接的，共22行。此残卷原系原神田香岩（喜一郎）等旧藏。由日本国家文化财保护委员会确定为"日本重要文化财"。

日本正仓院宝物中有《王勃诗序》一部，录王勃撰《序》类作品四十一篇。文中使用"则天文字"。有日本文武天皇年号"庆云四年（707）七月廿六日"墨书，推考当为日本第七次遣唐使团从中国携带归国之文献。此为日本现存最早的王勃作品之实物。

2. 唐人写本《碣石调·幽兰（依兰）》第五（日本国宝）

东京国立博物馆内与收藏唐人手写本《王勃集》组成无价双璧的，则是唐人写本《碣石调·幽兰（依兰）》第五。相传"碣石调"为两晋时代的琴曲，此曲最初所演奏的歌辞，乃为曹操的乐府诗《步出夏门行》。因为歌辞起首句为"东临碣石"，故以辞名曲，称之为"碣石调"。据说此曲由南朝人丘明传曲，一说由丘明编曲。此曲谱自元明以来散逸，故《四库全书》未能著录。今东京国立博物馆收藏《碣石调·幽兰（依兰）》第五，为唐人手写本，乃为世间唯一的唐人写本。观曲谱可知，全曲的记谱方法是采用将指法名称与弦、徽位次相结合采用文字说明。弹奏的手法完全使用文字记录的方式，这与唐宋以来通行的减字谱不同，更遑论现在简谱或五线谱了。这一写本可以说是世间仅存的完全使用文字记录弹奏手法的琴谱了。这不仅在中国音乐史上而且在世界音乐史上也是独一无二的了。

此卷纸本墨书，卷长432.1厘米，宽27.4厘米。卷首有《碣石调幽兰序》。第一行顶格墨书"碣石调幽兰序一名依兰"，第二行墨书"序文"，共四行，文曰：

丘公字明，会稽人也。梁末隐于九嶷山，妙绝楚调于幽兰一曲，尤□精绝，以其声微而志远而不堪授人。以陈祯明三年，授宜都王叔明。随（此为原字）开皇十年于丹阳县卒，□年九十七。无子传之，其声遂简耳。

此《序》后顶格墨书"幽兰第五"，另换行顶格叙琴曲正文。正文共二百五十行，行二十二字左右。正文后空一行顶格墨书"碣石调幽兰第五"，下有双行墨书："此弄宜缓，消息弹之。"

后列调名琴曲，目录如次：

楚　调	千金调	胡笳调	感神调
楚明光	凤归林	白　雪	易　水
幽　兰	游　春	渌　水	幽　居
坐　愁	秋　思	长　青	短　青
长　侧	短　侧	上上舞	下上舞
上间弦	下间弦	登　陇	望　秦
竹吟风	哀松路	悲叹月	辞　汉
跨　鞍	望　乡	奔　云	入　林
华□十游	史明五弄	董楷五弄	凤翅五路
流　波	双　流	三挟流泉	石上流泉
娥　眉	悲风拂陇头	风入松	游　弦
楚客吟秋风	东武太山	招　贤	反　顾

闲居乐	凤游园	蜀侧	古侧
龙　吟	千金清	屈原叹	乌夜啼
瑟　调	广陵心息	楚妃叹	

此卷在1954年（昭和二十九年）3月20日被日本国家文化财保护委员会确定为"日本国宝"。

3. 唐人写本《古文尚书》（残卷）一卷（日本国宝）

日本存唐人写本《古文尚书》有三种。一种藏宫内厅、一种藏东洋文库、一种则藏于东京国立博物馆。此本《古文尚书》为初唐人写本，即系《隶古定本古文尚书》全十三卷中的卷第六。卷子本一卷，已被日本文化财审议委员会确认为"日本国宝"。

全卷料纸七枚，并附跋文一叶。卷长328厘米，卷纵26厘米，纸背为13世纪日本镰仓时代之《元秘钞》（高辻长成撰）写本。每叶二十一行，注文双行。现存《周书》的《泰誓上第一》《泰誓中第二》《泰誓下第三》《牧誓第四》与《武成第五》（未行至"癸亥陈于商郊侍天休命自河"）。

卷中不避唐太宗讳，全文用隶古字。从笔迹考定，此残卷与东洋文库藏《古文尚书》唐写本残卷中的卷第五、卷第十二可能为同本，纸背钞录《元秘钞》笔迹亦很相同。

卷中有朱墨训点。另有附加补纸一叶，系甲支（大正三年）六月罗振玉《跋文》及大正四年（1915）内藤虎次郎《跋文》。此残卷可订正现行本《尚书》谬误处甚多，并对研究日本平安时代博士家学问、汉文训读法及儒学流传史等极有价值。此卷原系神田喜一郎等旧藏，神田氏去世后，其家族把此卷赠送给了国立东京博物馆。

4. 唐人写本《史记集解》卷第二十九（日本重要文化财）

在东京国立博物馆保存的唐人写本中，有司马迁著，刘宋裴骃集解《史记》残本一卷。中国国内已无《史记》的唐人写本，因此，此本应是当今世界上《史记》文本中最古老的存本。

《史记》传入日本，约在8世纪时期。平安时代著名学者管原真道在《续日本纪》"天平宝字元年（757）十一月癸未日"中记载"经生者五经，传史者三史"。此处的"三史"，据平安时代另一著作《拾芥抄》说："《史记》《汉书》《后汉书》谓之'三史'。或曰《史记》《汉书》《东观汉纪》谓之'三史'。吉备大臣'三史柜'入此'三史'。"这里说的吉备真备，曾于717年参加日本第九次遣唐使团到中国留学。750年他又作为第十一次日本遣唐使团的副大使再到中国。《史记》一书当在此期间由他携回日本。

9世纪以来，《史记》成为数代天皇喜欢阅读的典籍。嵯峨天皇弘仁九年(818)敕命编成《文华秀丽集》三卷，其卷中"咏史"类有嵯峨天皇本人撰《史记讲竟斌得张子房》一首。诗曰：

受命师汉祖，英风万古传；沙中义初发，山中感弥玄。
形容类处女，计划挠强权；封敌反谋散，招翁储贰全。
定都是刘说，违宰劝萧贤；适从赤松子，避世独超然。

此诗之后，有平安时代的汉诗人良岑安世诗《赋德季札》一首，又有仲雄王诗《赋得汉高祖》一首，又有菅原清公诗《赋得司马迁》一首。

日本《三代实录》记载："贞观十七年(875)四月廿八日，帝（指清和天皇——笔者注）始读《史记》。"又："天庆二年(939)十一月十四日，主上（指朱雀天皇——笔者注）始读《史记》。"又藤原宗忠著《中古记》"宽治八年(1094)九月六日"记载堀河天皇读《史记》事曰："申时许，新中纳言通俊卿参仗座，被行事，览内文云云。向云《史记》中有乱脱之由，虽承未知何卷如何。被答云，《五帝本纪》三所，《韩世家》一所，委向本书可传者。"

又《冈屋关白》"建长三年(1251)八月十一日"记载"小儿（指后深草天

皇，时六岁——笔者注）初有读书事，前中纳言经光卿授之《五帝本纪》也"。

依据日本9世纪末藤原佐世编纂的《本朝见在书目录》的记载，当时在日本皇室和中央机构中存藏的关于《史记》的文本，有如下六种：

《史记》八十卷，汉中书令司马迁（著）．宋南中郎外兵参军裴骃集解；

《史记音》三卷，梁轻车录事参军邹诞生撰；

《史记音义》廿卷，唐大中大夫刘伯庄撰；

《史记索隐》卅卷，唐朝散大夫司马贞撰；

《史记新论》五卷。

东京博物馆今藏此本唐人写本，卷子本，全卷长165厘米，幅宽26厘米。每行十七字至二十二字不等，以十八字者居多。小字双行，每行大约二十五字左右。

此本为《史记》裴骃《集解》的单行本。存一卷，为卷第二十九《河渠书》，然卷首缺逸。全文起自"山东西岁百余万石更"，以下又脱八字，第二行起自"而亦烦费"。因年代久远，文字蠹蚀之处不少。全卷书法浑厚清劲，甚具唐钞风貌。

此本尾接缝处有"藤"字朱文印记。考之《集古十种·印章类》，当与日本醍醐天皇延喜二十年(920)九月公家牒者同，则系延喜时代朝廷右大臣藤原忠平之旧藏。后归于贯名海屋须静堂，卷末有"须静堂"朱文印记。海屋殁后，由其门人畑古雪收储。近代以来，归于著名的汉学家神田香岩。卷首有"容安轩主"白文印，卷尾又有"香嵒秘玩"朱文印，皆系神田香岩藏书印记。

此本已由日本文化财审议委员会确定为"日本重要文化财"。

这里还要说的是，在我追访《史记》古本的过程中，除此本之外，日本现今还保存着从8世纪到12世纪期间日人《史记》手写本四种，皆已经被确认为"日本国宝"了。

（1）滋贺县大津市石山寺收藏有8世纪日本奈良时代《史记》古写本一种。今存卷第九十六《张丞相列传第卅六》后半部，卷九十七《刘生陆贾列传第卅七》，凡二卷卷子本残本。此本可以说是存世《史记》最古的日人写本了（详情请见本书"在石山寺访'国宝'"一章）。

（2）11世纪日本后三条天皇延久五年(1073)大江家国手写《史记》古写本

一种。此本今存卷第九、卷第十、卷第十一，凡三卷。今分别收藏于三处：

① 山口县防府毛利报公会今藏此本的卷第九。卷末题书"吕后本纪第九 史记第九"。卷子本，全卷凡十三叶黏结。卷长645厘米，幅宽28.5厘米。文字书写有界，每行约十七字至二十字不等。卷末有延久五年大江家国手识二则。一则曰："延五正廿四辰书了，同年同月九日点合了。"又一则曰："延五四一受训了 学生大江家国。"卷中另有后世人识文数则。卷中有日人读汉文时施加的"乎、古、止点"。

② 日本东北大学附属图书馆今藏此本的卷第十。卷子本，全卷凡十五叶黏结。卷长973厘米，幅宽29厘米。文字书写有界，每行约十七字至二十字不等。卷末有延久五年大江家国手识三则。一则曰："延久五年四月四日受训了。"又一则曰："延五二七野于灯下书了。"第三则曰："同年同月九日克点合了。学生大江家国之本。"卷中另有日本堀和天皇康和三年(1101)、后鸟羽天皇建久七年(1196)、土御门天皇建仁二年(1202)等阅读此书者所写的识文。

③ 大东急记念文库今藏此本的卷第十一。卷子本，全卷凡六叶黏结。卷长259厘米，幅宽29.3厘米。文字书写有界，每行约十六字至二十字不等。卷末有延长五年大江家国手识二则。一则曰："同年同月受训了，同年同月灯下合了。"又一则曰："延五暮春十二哺执笔 同克书了 学生大江家国。"卷中另有日本堀和天皇康和三年(1101)、后鸟羽天皇建久七年(1196)等阅读此书者所写的识文。

（3）东洋文库收藏有12世纪日本近卫天皇天养二年(1145)《史记》古写本一种。今存卷第二《夏本纪》一卷。此本卷首题书"夏本纪第二 史记二"。卷子本，全卷凡十六叶黏结。全长779厘米，幅宽28.2厘米。文字书写有界，每行十六字左右。此卷原来收藏于京都高山寺。

（4）东洋文库收藏有12世纪日本近卫天皇天养二年(1145)《史记》古写本又一种。今存《秦本纪》一卷。卷子本，全卷凡二十九叶黏结。全长1423厘米，幅宽28.4厘米。文字书写有界，每行十五至十八字左右。全卷末正文后空四行，有本卷书写者手识文一则，文曰："天养二年八月八日书写就之，八月十二日移点了。"在此"识文"与"尾题"之间，又有日本六条天皇永万元年(1165)和高仓天皇嘉应二年(1170)阅读此卷者的手识文各一则。此卷原来也收藏于京都高山寺。

关于《史记》的文献学研究，日本至今保存的古写本和古刊本，以东京国立博物馆收藏的此本唐人写本为祖本，又有上述数种"国宝级"的日人古写本留存，再加上日本武田科学振兴财团杏雨书屋收藏的宋仁宗年间的刊本（日本国宝），国立历史民俗博物馆收藏的宋宁宗年间的刊本（日本国宝）与武田科学振兴财团杏雨书屋另收藏的宋绍兴年间朱中奉刊本，东京大学东洋文化研究所收藏的宋宁宗年间的刊本（残），以及宫内厅书陵部、天理图书馆、庆应义塾大学附属图书馆等收藏的元代彭寅翁刊本，静嘉堂收藏的蒙古中统年间刊本，还有若干机构所收藏的明代南京国子监刊本、北京国子监刊本、秦藩刊本、广东监察御史刊本、金台汪氏刊本、震泽王延喆刊本、钱塘钟人杰刊本、大来堂刊本、素位堂刊本、慎独斋刊本、毛氏汲古阁刊本等，组成了一个版本极为丰富的《史记》文献学宝库，可以极大地扩展《史记》文献研究的眼光。著者观察于此，心里真有别一番思绪。

5. 唐长寿三年李元惠写本《妙法莲华经》七卷（日本国宝）

《妙法莲华经》也称《法华经》，为中国佛教天台宗和日本佛教日莲宗的基本经典，由南北朝后秦时期著名的僧人鸠摩罗什翻译成汉文，全经凡七卷。现今国内已无宋元本存世。

东京国立博物馆今藏唐人写本《妙法莲华经》七卷，卷子本共一卷轴。原系法隆寺原藏宝物。此经卷首空一行，第二行顶格墨书"妙法莲华经七卷一部成"。次空一行，第四行顶格墨书"妙法莲华经序品第一"，下空五字，再书"卷之一"。

卷尾墨书"妙法莲华经一部"，末有写经人识文，文曰："长寿三年（694）六月一日抄讫，写经人雍州长安县人李元惠于扬州敬告此经。"

每纸五十六行，行细字三十二字左右。一纸幅宽25.7厘米，全卷凡麻纸三十九枚，全长2150厘米。封面原装，为质地较厚之麻纸，幅34.5厘米、卷轴付纸16.7厘米。此经装香木经箱一合。

此经由唐朝人李元惠于694年写定于扬州，留存至今。写经者存姓氏实名，书写的年月日确证而书卷首尾完整，实为稀世珍籍。昭和三十三年（1958）二月日本文化财保护委员会确认为"日本国宝"。

经考订大致可以认定，此经在日本奈良时代经由海路直接经入日本，最初保存于法隆寺。法隆寺古本书目《古今目录钞》著录此经。

与此经相匹配的，我在宫内厅书陵部也见到唐人写本《妙法莲华经》八卷，卷子本共八卷轴。题署姚秦释鸠摩罗什译。书法精美，似开元（713—741）、天宝（742—756）年间名手所写。卷八末有墨书一行曰："永德二年（1382，日本北朝御圆融天皇年号）壬戌四月念五日修复毕。"

此外，在日本御茶之水图书馆也曾面见唐人写本《妙法莲华经》残本一卷，卷子本共一卷轴，为七卷本之卷第七，凡三叶。每叶二十八行，行约十七字，上下单边，每叶界高21.94厘米，天头宽2.16厘米，折本全高25.58厘米。卷末有墨书大题《妙法莲华经卷七》。此卷纸本，纸质稍厚，卷轴红漆，仍系原物。纸背为古维文。原为20世纪上半叶德富苏峰成篑堂等旧藏。

又在大阪府立图书馆面见唐乾元二年（759）唐人写本《妙法莲华经》（残本）一卷，卷子本共一卷轴，为七卷本之卷第三。原为20世纪初期著名的中国学家富冈桃华等旧藏。

以东京国立博物馆藏唐人写本《妙法莲华经》为代表，上述四种唐人写本，可以说构成为一个极为丰富的关于《妙法莲华经》唐人写本的文献学宝库。

相传7世纪初日本圣德太子极重《法华经》，故世上称"法华"为"御同朋经"。《上宫太子菩萨传》称圣德太子为慧恩禅师之后身，遣使将《法华经》传入日本，并为太子所撰《法华义疏》四卷之依据。据日本圣武天皇天平二十年（746）六月一日的《写章疏目录》记载，当时存于"写经所"的汉籍佛典与外典中有《法华疏》十卷、《法华论疏》五卷等。

日本奈良时代有《妙法莲华经》八卷写本一种。卷子本，第一卷全长894.5厘米，第二卷全长1125厘米，第三卷全长1112厘米，第四卷全长923.7厘米，第五卷全长905.9厘米，第六卷全长929.6厘米，第七卷全长865.4厘米，第八卷全长760.9厘米。纸质系麻纸，卷中有当时读经人使用的朱点训点、白点训点和切点训点。此经今存宫内厅书陵部。

中世纪时代，日本佛教界一直致力于在中国寻访《法华经》等经论。四条天皇仁治二年（1241）日本东福寺开山圣一国师圆尔辨圆自中国归，携回汉籍内外文献数千卷。1353年东福寺第二十八世大道一以据圣一国师藏书编纂成《普门院经论章疏语录儒书等目录》，其"天部"著录《法华经》一部七卷、《法华经全部》一卷、《科法华经》一部七卷；"黄部"著录《科法华经》七卷。

日本本土对《妙法莲华经》的刻刊，开始于镰仓时代中期的"春日版"《妙法莲华经》八卷刊卷子本。其后，南北朝末期北朝光严天皇正庆元年（1332）又有《妙法莲华经》八卷和刊本一种，也为卷子本。

6.9世纪日本僧人智证大师园珍访问中国"验关证书"（原件七函）（日本国宝）

东京国立博物馆在被日本国家文化财保护委员会确定为"日本国宝"中，有唐宋时代的官方文件和书简的原件，为东亚文化史、宗教史和国际关系史上罕见之秘籍，殊为珍贵。

日本平安时代"入唐八家"之一的智证大师园珍（814—891）一行七人访华的验关证书，共七函。此为东京国立博物馆所藏唐宋时代的文件和书简中五种"日本国宝"之第一种。

园珍为日本平安时代前期天台宗高僧。就其身世谱系来说，俗姓"和气"，为日本真言宗开山空海和尚的侄子。他出家在延历寺修行，成为当时内供奉十禅师之一。日本文德天皇仁寿三年（唐宣宗大中七年，即853年），园珍一行搭乘中国商人李延孝的商船，从日本越东海抵达福州，问佛法于大陆。先于开元寺学昙，后巡拜天台山佛教圣地，最后在长安青龙寺，大兴善寺等学得密宗。一行人士于唐宣宗大中十二年（日本文德天皇天安元年，即858年）归国。园珍归国后，在当时的近江（今滋贺县大津市）园城寺内创设"唐院"，以收藏从中国携带回的经典441部，并在园城寺内建立园珍系灌顶道场，在天台宗义中倡导"密教优位"，致力于"台密充实"。园珍于清和天皇贞观十年（868）成为日本第五世天台座主。

自园珍抵达福州上岸之时起，日本佛教僧人在中国境内的活动，都必须事前向中国相关衙门提出申请，并由相关衙门验实后颁发允许通行的文书，实为现代入境签证之先驱。

东京国立博物馆保藏的园珍一行访华的验关文书，为福州都督府发出的允许他们一行的登岸公验和他们申请前往天台山时候，请台州、温州等地允许其通行的公验。

福州都督府发出的登岸公验，签发于唐宣宗大中七年（853）九月十四日，为纸本墨书，钤有"福州都督府"朱文方印四枚，判署"任为公验十四日福府录事参军平仲"，斜钤一大"印"字。此"公验"全长133.9厘米，宽33.3厘米。

另外六件皆签发于同年十二月。

以上七函原本随同园珍一行携带归国，收藏于园城寺内。后为北白川宫家所藏，最后归于东京国立博物馆。

昭和三十二年（1957）二月十九日，由日本国家文化财保护委员会确认为"日本国宝"。

7. 北宋禅僧圜悟克勤赠日本僧虎丘绍隆"印可状"一幅（日本国宝）

东京国立博物馆所藏唐宋时代的文件和书简中五种"日本国宝"之第二种，则系北宋禅宗巨匠圜悟克勤和尚（1063—1135）赠予日僧虎丘绍隆和尚的"印可状"残简一幅，并附件一幅。

圜悟克勤为四川彭州人，承嗣五祖法演。禅师法号为宋高宗所赐。

此"印可状"为纸本墨书，全长52.4厘米，宽39.0厘米。全文收录于《圜悟语录》中。

随同此"印可状"一并传世的，则是宋元间临济宗高僧东岩净日（1220—1308）手跋一幅，题为《圜悟克勤墨迹跋》。此《跋文》书写于元武宗至大元年（1308）。纸本墨书，幅长39.0厘米，宽29.3厘米。

此两幅墨书，原收藏于日本祥云寺，后辗转京都大德寺大仙人院、云州松平家等。由松平直亮捐赠东京国立博物馆。

云州松平氏是15世纪以来日本望族，江户幕府的开山大将军德川家康，就是松平氏家族出身。在江户幕府时代，松平氏家族受封诸侯大名的，为数不少。这个家族收藏有中国唐宋文物文献，也就不足为奇了。难能可贵的，显赫家族的后人，把这些珍藏贡献于国家博物馆，这或许是日本文化中的一个传统。东京国立博物馆所藏唐宋时代的文件和书简"日本国宝"五种，皆系松平氏家所捐献，以下不再一一具名了。

昭和二十六年（1951）六月九日，由日本国家文化财保护委员会确认为"日本国宝"。

8. 南宋禅僧大慧宗杲致无相居士书简一函（日本国宝）

东京国立博物馆所藏唐宋时代的文件和书简中五种"日本国宝"之第三种，则系南宋禅宗高僧大慧宗杲（1089—1163）致无相居士书简一函。

大慧宗杲为圜悟克勤的法嗣，字昙晦，此法号为宋孝宗所赐。

书简纸本墨书，其文曰："无相居士不立道义丈室，即日寒冬乍寒，伏惟道体万福……宗杲悚息上状。十月初二日，比有梅州兵士还，千万寄声要知迩来安否之祥也。至祷至祷云云。"

书简全长65.5厘米，宽37.9厘米。

昭和二十六年（1951）六月九日，由日本国家文化财保护委员会确认为"日本国宝"。

9. 南宋禅僧无准师范致日本禅宗名师圣一国师书简一函
（日本国宝）

东京国立博物馆所藏唐宋时代的文件和书简中五种"日本国宝"之第四种，则系南宋禅宗高僧无准师范（1177—1249）致日本禅宗名师圣一国师书简一函。

无准师范出身四川，承嗣破庵祖先。宋理宗赐予"佛鉴禅师"号。日本圣一国师名圆尔辨圆，1235年（南宋端平二年，日本嘉祯元年）到达中国，在杭州承嗣无准师范之法。归国后，为京都东福寺开山。

此函为圣一国师归国后，1242年（南宋淳祐二年，日本仁治三年）盛夏，无准师范给他的弟子圣一国师发出的问候简牍。文曰：

> 日本承天堂头长老，维时隆暑，缅惟道体安稳……余宜为大法多多珍爱，是祝。师范和南手白。

昭和二十七年（1952）三月二十九日，由日本国家文化财保护委员会确认为"日本国宝"。

10. 禅僧虚堂智愚赠日本禅师无象静照"法语"一幅
（日本国宝）

东京国立博物馆所藏唐宋时代的文件和书简中五种"日本国宝"之第五种，则系南宋禅宗高僧虚堂智愚（1185—1269）赠日本禅宗名师无象静照"法语"一幅。

虚堂智愚为浙江四明人，承嗣南宋禅师运庵普岩，为杭州径山万寿寺住持。南宋理宗淳祐十二年（日本后深草天皇建长四年，即1252年），日本僧人无象静照（即法海禅师）来中国学法求圣，登径山承嗣石溪心月之法，留中国十三年。归国后在京都开创佛心寺。

无象静照在径山期间，与虚堂智愚相识。虚堂智愚手书"法语"一幅相赠。

此"法语"曰:

> 世路多蠟险,无思不研穷。平生见诸老,今日自成翁。认字眼犹绽,驻谭耳尚聋。信天行直道,休问马牛风。日本照禅者欲得数字,径以怀述赠之。虚堂智愚书。

此条幅系纸本墨书,幅长70.0厘米,宽28.5厘米。全文后有"智愚""虚堂"等印文。

昭和二十七年(1952)三月二十九日,由日本国家文化财保护委员会确认为"日本国宝"。

11. 元人冯子振题赠日本僧人元隐元晦七言绝句三首亲笔墨函(日本国宝)

东京国立博物馆收藏云州松平氏家族汉籍文物而被确认为"日本国宝"的还有两件元代的文献。一件是元人冯子振(1257—1327)题赠日本僧人元隐元晦七言绝句三首亲笔墨函;一件是元代禅宗僧人了庵清欲(1288—1363)自题"法语"墨函。

冯子振为湖南攸县人氏,字海粟,号怪怪道人。元武宗至大三年(日本花园天皇延庆三年,1310年)日本僧人元隐元晦(即法云普济禅师)入元,在浙江天目山受中峰明本"印可",留华十六年,与冯子振相识。子振手题七言绝句三首以赠。

墨函为纸本,幅长102.4厘米,宽32.7厘米。

其诗曰:

万丈扶桑旭海东,起来绚枕拂枝红;
谁知筏到故苏岸,依旧禅林识祖风。

晦是韬光不露机,木犀香里衲僧衣;
若言此地真无隐,樵径迷踪底处归。

过得东瀛便挂包，如何白日浪滔滔；

曹溪一滴无多子，南海烦师转竹篙。

诗末题署"日本晦上人无隐，一见知其为法器，书三解奉赠"。墨函钤有"子振"朱文方印，"海栗"白文方印，"怪怪道人"朱文方印。

昭和二十八年（1953）三月三十一日，由日本国家文化财保护委员会确认为"日本国宝"。

12. 元代禅僧了庵清欲自题"法语"墨函（日本国宝）

另一件则是元代禅宗名僧了庵清欲在元顺帝至正元年（1341）自题"法语"一幅。

了庵清欲祖籍浙江台州，承嗣古林清茂。元顺帝曾经亲自敕赐其法号和金襕法衣，先后为寿山本觉寺，苏州灵岩寺的住持。1341年，了庵清欲为帮助入元的日本藏主修道佛法，便手书"法语"一幅，以明禅家心机。

此"法语"为纸本墨书，幅长73.9厘米，宽27.9厘米。

"法语"文曰：

> 明明古佛心，的的西来意。日用见行中，还同水投水。……海东的藏主，访道中华，偏依名尊宿，所守确然不可拔，絮包相从，烦归藏习，职满求语为进道之助，因为书此。

昭和二十七年（1952）十一月二十二日，由日本国家文化财保护委员会确认为"日本国宝"。

13. 日本平安时代日人手写唐人魏徵《群书治要》（残本）十三卷（日本国宝）

在东京国立博物馆的汉籍收藏中，还有一件"日本国宝"是日本平安时代日本人手写唐人魏徵编撰的《群书治要》残本十三卷。这是目前世上保存最早的《群书治要》的文本了。

《群书治要》乃魏徵辅弼唐太宗时，从历代典籍文献中摘录为人君者治理天下之道的记载，编辑为五十卷。此书在古代日本为历代天皇必读之书。仁明天皇承和五年（838），天皇命直道广公于朝廷清凉殿开设《群书治要》的讲筵。其后，醍醐天皇昌寿元年（898），天皇命纪长谷雄于朝廷再开《群书治要》的讲筵。9世纪藤原佐世调查朝廷各官厅以及宫内汉籍收藏，编撰为《本朝见在书目录》，在"杂家第卅"中著录"《群书治要》五十卷，魏徵撰。"确证此书当时在日本中枢流传。

此本卷子本，各卷纵26.9厘米，长721厘米至1509厘米不等。每行字数在十二字至十八字之间。今存卷第二十二、卷第二十六、卷第三十一、卷第三十三、卷第三十五、卷第三十六、卷第三十七、卷第四十二、卷第四十三、卷第四十五、卷第四十七、卷第四十八、卷第四十九，共十三卷。

卷中避唐太宗李世民讳，凡遇"民"字皆缺笔。据此推测，此本则是从唐人写本所转写。

各卷所使用的纸张有淡紫色、淡茶色、淡黄色等，中有飞云纹样，并施以金色。原来在室町时代为九条尚经等旧藏，最终归于东京国立博物馆。

日本收藏的《群书治要》手写本另有一珍贵文本，则系日本镰仓时代写本，残缺三卷，共存四十七卷。今存宫内厅书陵部，为皇家御物。现在我国国内所收储的最早的《群书治要》五十卷本，为日本"天明版"，而宫内厅书陵部目前保存的这个文本，便是"天明版"的祖本了。

宫内厅书陵部藏本今缺卷第四、卷第十三、卷第二十一，共三卷。卷第一至卷第十凡十卷有校勘训点，系后深草建长年间（1249—1255）清原教隆受执权北条氏家（北条实时）之委托而作。卷第十一以下系北条实时本人在京都时写成，由藤原茂范、藤原俊国加点，其中，卷第十四、卷第二十八、卷第二十九、卷第三十凡四卷，为北条实时之孙北条贞显以左卫门权佐光之藏本及左大弁三位经雄之藏本重书写点校（此二本现今皆已失逸）。卷三十二至卷第五十凡十九卷则系后深草天皇正元元年（1259）至文应元年（1260）间以京都莲华王院本（现今失逸）校勘施点。

江户幕府建立不久，即后水尾天皇元和二年（1616），幕府大将军德川家康命以镰仓时代写本为底本、以铜活字刊印《群书治要》。此次印书过程，《本光国师日记》中有详细的记载。《日记》"元和二年之纪"条记录，此年正月十九日开排"二人切木、三人雕手、十人植手、五人折手、三人校合"，共享二十三人，历半年而书印成。又据《有德院殿御实纪附录》的记载，元和二年铜活字印本印成之时，德川家康已经去世，故此书未得以受命流布，而幕府家将印本与印书之铜活字分赐其子纪伊家与尾张家。"元和版"《群书治要》刊印165年之后，到了后桃园天皇天明元年（1781），当时尾张藩主家大纳言宗睦，有感于《群书治要》虽刊印百余年而终未得流行，于是，与原写本再相校合，重版梓行，历五年而成书，此谓"天明版"。

光格天皇宽政八年（1796）尾张藩主家有感于《群书治要》在中国国内已经失传，便以印成的"天明版"五部送达长崎职役近藤重藏，托其转送中华。近藤氏以一部存长崎圣堂（孔庙），一部存放诹访神社①，另外三部托唐商馆转交中国国内。

清嘉庆七年（1802）鲍廷博编撰《知不足斋丛书》，于第二十一集《孝经郑注序》中言及《群书治要》，文曰："此书久佚，仅见日本天明刻本。"由此则知道日本尾张藩主家所刻此本已经在中国国内流传，时距尾张藩主家托近藤重藏将印本转中国商人只有六年的时间。稍后，阮元编辑《宛委别藏》，即将《群书治要》编入其中。其题曰："《群书治要》五十卷，原缺卷四、卷十三、卷二十。唐魏徵等撰，日本天明刊本。"由此判断，日本尾张藩主家刊本，此时已经为阮元所得了。后来，《连筠簃丛书》《粤雅堂丛书（三编）》等皆从《宛委

---

① 日本称之为"诹访神社"的神社有数处。著名的如长野县诹访郡诹访市的诹访神社。光格天皇宽政年间尾张藩主家赠书的诹访神社，位于今长崎市内，与当时在长崎港着陆的中国商人的集中居住区只有咫尺的距离，是当时在长崎的中国居民祷神的主要神社。

别藏》中辑入了《群书治要》。它为清人的典籍校刊,起了不小的作用。这实在是中日文化关系史上一段有意思的插曲。

从东京国立博物馆出来,走过宽阔的广场,就步入了美丽的上野公园。原先设计者的意图,是把公园与博物馆互相连接,浑然为文明的景致。近15年来这种文明的景致中出现了愈来愈多的不和谐成分。在上野公园的绿树掩映之中,人们可以窥见其中散布着点点的塑料帐篷,一些流浪者出没其间。近几年来帐篷几乎已经连接成为"居住小区"了,占据了大部分的树丛空地。流浪者们用呆滞的,又带些绝望的,或嫉妒的眼神,注视着过往的行人。他们把空饮料瓶罐随意扔在草坪上,他们赤身在公园为游人准备的水龙头旁擦洗身体。1994年,我太太到上野公园,总是盛赞这里的自然与人工混成的景色,流连忘返;2001年和2002年,我们又居住在东京,她又陪我再访国立东京博物馆,特意建议穿行上野公园,可这一次她被公园中随意卧躺的流浪者和他们的目光所吓退。据说,这些流浪在美丽的上野公园中的无家可归者们,他们中有破产的企业主实行的自我流放,有家庭破裂者的自我出走,有长期失业者的漂无居所,有赖于付出体力养活自己的寄生者……总之,他们是日本现代文明中的一个类型,他们就生活在东京国立博物馆这座展示日本民族文明进程的纪念馆旁边,他们也要向世人展示:日本的历史和现实就在我们这里![1]我站在上野公园宽阔的喷水池边,在宽阔的天空底下,注视着东京博物馆这雄伟的建筑,其中珍藏着我们民族不朽的瑰宝。我侧眼看着离我咫尺之遥坐躺在公园凳子上的百无聊赖的流浪者们,想到他们毫无生路的暗淡日子,心中也真是无奈!

---

[1] 关于日本的城市流浪者,是当今日本社会问题严重化的一个侧面。依据我40年间访问日本的观察,它是当今日本现代社会建设中一个无法解开的死结。近15年来,由于日本经济的持续低迷,在生存绝望中街头流浪者愈来愈多。2002年我居住于东京品川五反田,原先地铁站光洁干净,但现在出口的通道处常常是狼藉一片。虽然日本政府也曾经收容过他们。但是,据说自愿流浪是一种人权,执行者在政权与人权的冲突中,打着表示尊重人权的旗号而听凭其蔓延。

在东洋文库访"国宝"

东洋文库在日本学术界被称为亚洲文献的宝库,实际上是一个把中国和中国文化作为主要研究对象的专门性图书馆兼研究所,创建于1924年。

东洋文库的原有者是中国北洋军阀政府的英国顾问莫理循(George Ernest Morrison,1862—1920),此人于1897年以伦敦《泰晤士报》通讯员身份来华,到1917年的20年间,在中国收集图书文献2.4万余册,地图画卷一千余份。这些文献主要是以英文、法文、德文、意大利文、俄文、日文、西班牙文、葡萄牙文、瑞典文、波兰文、匈牙利文、希腊文和芬兰文等十几种语文撰写的有关中国、西伯利亚及南洋各国的论著。这些论著涉及政治、外交、法制、经济、军事、历史、考古、艺术、地理、地质、动植物等诸多领域,有许多的珍版善本,如马可·波罗的《东方闻见录》,东洋文库保存有15世纪的14种刊本。这些文献中有大量极为重要的中国近代史资料,如中国海关自建立以来的季报、年报、十年报,美国政府的"远东外事汇报",英国政府关于中国问题的蓝皮书,欧洲各国政府驻华大使馆的报告等等。另外有五百余册汉语辞书,大都是在华的传教士们在17—19世纪编纂的中国地方方言与欧洲语言对译的各种手册。此外还有百十种五千余册定期刊物，这些刊物是关于中国及东亚的专门性杂志，以及欧洲各国的亚细亚协会、东洋学会的会报、论丛之类。

上述资料最早藏于中国北京东交民巷。1900年义和团起事时莫理循把它们转移至肃亲王府。以后，莫理循本人在现在的王府井大街租赁新居，这批资料又迁至该处。大约在1916年前后，莫理循私下进行这批文献的交易，曾与美国的耶鲁大学、加利福尼亚大学、荷兰公使馆等洽商。当时，中国学术界曾竭力主张将这批文献留存在国内，却又无能为力。这一消息为日本横滨正金银行总裁井上准之助（Inoue Junnosuke，1869—1932）所知。此人后来于1919年出任日本银行总裁，1923年出任山本权兵卫（Yamamoto-Gonbee，1852—1933）内阁的大藏大臣，1929年出任浜口内阁大藏大臣，1932年被右派组织血盟团暗杀。他与当时日本三菱财阀的巨头岩崎久弥（Iwasaki-Hisaya，1863—1955）相协商，1917年夏天，他们委派正金银行的董事小田切万寿之助（Ocaki-Masunosuke，1868—1934。此人1902年曾经担任日本国驻上海总领事）为代表，携著名的东洋史学家石田干之助①博士（Ishida-Mikinosuke，1891—1974）等来华，与莫理循反复磋商，同年8月29日终于以3.5万英镑成交，北洋政府竟然同意这些极为珍贵的文献于当年秋天从我国天津塘沽出港。之后，这批典籍遂被收藏于日本深川岩崎久弥的别墅中。

岩崎久弥以这批从中国来的文献为基础，拨款355万日元作为基金，聘请日本当时著名的建筑设计家樱井小太郎博士（Sakurai Kotarou，1870—1953）设计督造书库，于1924年11月竣工，正式建立"东洋文库"。由井上准之助首任代理理事长。

---

① 石田干之助，日本的东洋史学家。东京帝国大学文学博士，研究涉及亚洲史的诸多领域，尤其在中国唐代文化史与东西文化关系史方面有相当的造诣。自1934年以来担任东洋文库主事，长期负责这一文库的运行。

1. 西藏藏经《丹珠尔》一部 103 帙
   蒙古藏经《甘珠尔》一部 102 帙
   《母珠尔》一部 225 帙　蒙文佛经 225 种
   满族镶红旗文书 2402 函

　　东洋文库的藏书，从语文种类上说主要分为八类：一、汉文文献，其中收藏的史类书，尤其是地方志、族谱，在国外图书馆中是仅见的；二、藏文文献；三、蒙文文献；四、满文文献；五、欧美语文文献；六、朝鲜文文献；七、越南文文献；八、日文文献。从创建到现在，文献资料的收藏已经扩张了二十余倍，现有藏书60余万册。这些书的来源，在战前主要是依靠以日本对中国和东亚、南亚的武装侵略为后盾，在中国、朝鲜、中南半岛等地进行的掠夺。例如，从1931年到1936年他们雇佣窃手在西藏、蒙古等地窃走西藏藏经《丹珠尔》一部凡103帙、蒙古藏经《甘珠尔》一部凡102帙、蒙文佛经225种、《母珠尔》一部225帙；又如1936年4月，从上海盗走满族镶红旗文书（从雍正到清末的资料）共2402函（册数不详）等。这些文献奠定了东洋文库研究我国东北与西藏的基础（即"满学"和"藏学"）。当时，也有一些受捐赠的书籍，但这些被赠送的资料却是赠送者本人以非常的手段所获得的。如当时日本台北帝国大学文政学部部长藤田丰八[①]（Fujita Toyohachi, 1860—1929。曾任东京帝国大学教授），曾向东洋文库赠送日汉文献1765种计21669册，其中有相当大的部分便是从台湾取走的我国台湾地区的有关高山族、红头屿等的资料；岩崎久弥本人也于1932年把家藏的汉籍5291部凡23777册送交文库；1936年小田切万寿之助去世后，他的私人

---

① 藤田丰八，1909年受清廷邀请，出任中国京师大学堂（北京大学前身）教官。他于这一任上，依据当时罗振玉从法国伯希和处抄录的敦煌文献《慧超往五天国传》为底本，完成了《慧超传笺释》，成为当时正在法国、日本和中国形成中的敦煌学的第一部文本研究著作。1928年出任台湾台北帝国大学学部部长。从事中国文学和历史，特别是南海史的研究。主要著作有：《新体中学汉文教程》（全十卷）（东京大日本图书株式会社，1899年）、《苏东坡》（东京大日本图书株式会社，1897年）、《汤临川》（东京大日本图书株式会社，1898年）、《司马相如》（东京大日本图书株式会社，1900年）、《司马迁》（东京大日本图书株式会社，1900年）、《王渔洋》（东京大日本图书株式会社，1900年）、《支那港湾小史》（东京国史讲习会，1926年）、《剑峰遗草》（东京藤田金之丞，1930年）、《东西交涉史·研究》（东京冈书院，1932—1933年）等。

藏书19481册也归入东洋文库。这些除了一部分为赠送者购买的外，皆属此类性质。战后的情况有了变化，东洋文库主要是通过购买，并派遣专家前往一些国家，鉴定东洋学有关文献，制成副本收藏。例如，在20世纪60年代已经将法国国民图书馆伯希和所藏的敦煌文献的未公开部分拍得照片；东京大学教授榎一雄①（Enoki-Kazuo，1913—1989）先生曾受东洋文库的数度派遣，对西班牙、葡萄牙等所藏19世纪之前的有关中国的没有发表的古文书进行调查，并已经取得相当多的副本。

在东洋文库的特藏中，有五种汉籍被列为"日本国宝"。其中三种，即《春秋经传集解》《史记·夏本纪》《史记·秦本纪》和《文选集注》，皆为平安时代人仿唐写本的手抄本，相当于晚唐和五代时期，至为可贵。在日本汉籍史上，它们属于"准汉籍"。另外两种，即《毛诗》残卷与《古文尚书》残卷，皆为传入日本的中国唐人手写本。

2. 唐人写本《毛诗诂训传》（残卷）卷第六（日本国宝）

《诗经》传入日本，甚为古远。604年，日本推古朝圣德太子制定《十七条宪法》，作为当时朝廷官吏行为准则的标准，其中引用《诗经》文多处。元正天皇养老二年（718）制定《养老令》，仿中国唐代国子监、太学和四门学把儒家经典分为"正经"与"旁经"的规制，定大学课程为"大经""中经"和"小经"。其中，《毛诗》定为"中经"。到9世纪末，大学头藤原佐世奉命清理中央各机关所藏的汉籍文献，编撰成《本朝见在书目录》，其"诗"类中著录有关《毛诗》典籍十一种，其中有"《毛诗》二十卷，汉河间毛苌传、郑氏笺"。

---

① 榎一雄，日本的东洋史学家。1955年起任东京大学教授。长期在白鸟库吉的指导下从事以中西亚为中心的研究，其中关于中国、日本的论著也相当丰富。1974年起出任东洋文库文库长，对于充实文库资料，特别是在收集敦煌文献、中近东本土语文资料等方面，出力尤多。主要论著已经编辑为《榎一雄著作集》（全十二卷）（汲古书院1992—1994年）。此十二卷目为：《中央アジア史》（第1—3卷）、《东西交涉史》（第4—6卷）、《中国史》（第7卷）、《邪马台国》（第8卷）、《东洋学·东洋文库》（第9卷）、《杂纂》（第10卷）、《追想》（第11—12卷）。

日本现今保存的《毛诗》唐人写本有三种，皆为残卷。一种是东京国立博物馆藏本，此卷系《毛诗正义》单疏本之残卷，今存卷第十八《大雅》"荡之什诂训传第二十五"中"韩奕"末尾二句及"江汉"一首。卷子纵29.4厘米，全卷长240.5厘米。卷中避唐太宗名讳，文中改"民"为"人"，书法起笔收笔皆为正楷，接近唐代中期风格。已经被确定为"日本重要文化财"。另一种是京都市藏本，此卷系《毛诗正义》单疏本之残卷，今存卷第六，凡四残叶。内容乃《秦风》"秦车邻诂训传第十一"之中，从"小戎"末尾的"言念君子，载寝载兴，厌厌良人，秩秩德音"之疏至"蒹葭"首部之疏，并"溯游从之，宛在水中央"疏的一部分及其后片断的疏文。四纸内容并不完全连续，然接近《毛诗正义》原本的面貌。也已经被确定为"日本重要文化财"。第三种即今东洋文库的藏本。

东洋文库所藏的《毛诗》唐人写本，为日本现今保存的《毛诗》唐写本中唯一的郑玄笺本。《汉书·艺文志》有"《毛诗》二十九卷"，并有"《毛诗故训传》三十卷"。今东洋文库存本即系《故训传》残卷。国内现今已无《毛诗》的唐人写本传世了，仅有宋刊本两种，保存于国家图书馆中。东洋文库藏《毛诗诂训传》今存卷第六《唐风》"唐蟋蟀诂训传第十"，卷子全长286厘米，由麻纸六页连缀，纵27.2厘米，每行墨书无界十三字至十五字不等，笺注双行，行十九字至二十一字不等。

此本卷首第一行题"诂训传第十"，下隔二字题"毛诗国风"，下隔一字题"郑氏笺"。此卷今存"唐风"八篇：

《蟋蟀》三章，章八句；

《山有枢》三章，章八句；

《扬之水》三章（二章章六句，一章章四句）；

《椒聊》二章，章六句；

《绸缪》三章，章六句；

《杕杜》二章，章九句；

《羔裘》二章，章四句；

《鸨羽》三章，章七句。

卷中有朱笔"乎古止点"及反切，偶有假名批点，此系日本平安时代

（794—1185）博士家所为。纸背为《两部仪轨》手钞断简，其终末有手识文曰："治安元年十二月五日命午正时无□独奉续《两部仪轨》"云云。此"治安"系后一条天皇年号，其"元年"即1021年。则此本传入日本，不能晚于此时。从书法看，其笔力强健，笔锋透出锐气，与唐初古写经类同，约为7世纪前半期作品。文中有日本读者读此书时施加的训点，可以看出平安时代日人阅读和研究《毛诗》的心态。卷中有"洛西鸣泷常乐院"朱印。此处的"洛西"（洛阳西）是当时人对京都的美称。

日本昭和二十七年（1951）三月此本被日本文化财审议委员会确认为"日本国宝"。

日本现存的《毛诗》古写本尚有若干，其中可以与东洋文库本相匹配的《毛诗郑笺》存本，还有平安时代《毛诗郑笺》残卷一卷。此卷今存"周南关雎故（诂）训传第一"的全十一篇及"召南鹊巢诂训传第二"的前九篇。卷子本，纵26.5厘米，全卷长754.5厘米。此本也已经被日本国家文化财审议委员会确定为"日本国宝"，今藏于大阪的大念佛寺。

3. 唐人写本《隶古定本尚书》（残卷）三卷（日本国宝）

《古文尚书》在中国经学史上被称作"伪书"。但这只是与当时通行的《今文尚书》相对而言的。《古文尚书》的文字流传至今，在中国与世界文化史上是极为宝贵的存在。国内关于《古文尚书》的文本，只有国家图书馆和哈尔滨市图书馆各有一部宋刊本的残本，上海图书馆藏有近人杨氏苏邻园钞本一种。而日本关于这一文本的收藏本，尚有唐人写本三种，此即一为官内厅书陵部所藏"御物"，系《古文尚书》卷三、卷四、卷八、卷十和卷十三的残本；一为东京国立博物馆所藏的《古文尚书》卷六的残本；第三种即为东洋文库的藏本。东京国立博物馆藏本和东洋文库藏本，皆已被确定为"日本国宝"。

日本对《古文尚书》的吸纳，最早也是见于推古朝圣德太子所制定的《十七条宪法》中。在元正天皇时代制定的《养老令》中，把《古文尚书》定为大学的

"小经"（大小经是依文字多少而决定的）。在9世纪末藤原佐世编撰的《本朝见在书目录》的"书"类中著录有"《古文尚书》十三卷，汉临淮太守孔安国注"，又著录"《古文尚书》十卷，陆善经注"。陆善经注本在世上大约已经失传，而孔氏注本则依据唐写本而得以存世。

依据9世纪末日本藤原佐世编纂的《本朝见在书目录》记载，当时在皇室与中央各机构中收藏的《尚书》古写本（即在唐人孔颖达《正义》之前的写本）有：

《古文尚书》十三卷，汉临淮太守孔安国注；
《古文尚书》十卷，陆善经注；
《尚书大传》三卷，郑玄注文，或本伏生注；
《尚书鸿（洪）范五行传论》十二卷，汉光禄大夫刘向撰；
《尚书百释》三卷，梁国子监助教巢猗撰；
《尚书述义》廿卷，隋国子监助教刘炫撰。

从这张书单上大致可以推断当时朝廷臣僚阅读中国《尚书》的概貌。

今东洋文库所藏之本即系孔氏《隶古定本尚书》之残卷。是书全本凡十三卷，今存卷第三、卷第五、卷第十二，共三卷凡十四篇。卷中每篇首行题"尚书（篇名）第几"，下空四五字题"夏书"（或"商书""周书"），下空三四字题"孔氏传"。

今卷第三存"禹贡第一"（首尾缺）；卷第五存"盘庚上第九"（首缺）"盘庚中第十""盘庚下第十一""说命上第十二""说命中第十三""说命下第十四""高宗肜日第十五""西伯戡黎第十六""微子第十七"（末数行缺）；卷第十二存"毕命第二十六"（首缺）"君牙第二十七""冏命第二十八""吕刑第二十九"。

各卷文字用古体隶书写就，纸质系薄麻纸，本文每行约十八字或十九字，注文双行，施淡墨界。纸纵26.7厘米，长1138厘米。此卷为现今国内外所存《隶古定本尚书》中最古老的写本。卷中不讳唐太宗之"民"字，当为初唐写得。此与后世刊本相比校，则可是正之处甚多。卷中有朱笔"乎古止点"，系日本古代博士家读时所施。此卷于1951年（昭和二十六年）6月被日本国家文化财审议委会确定为"日本国宝"。

从书迹、墨色与纸质等考察，此三卷残本实系两种写本组成，卷第三为一种，卷第五、卷第十二为一种。后一种笔迹与今东京国立博物馆所藏之残本卷第六与宫内厅书陵部所藏本中的卷第四、卷第十三相一致，卷纸背面为13世纪日本镰仓时代高辻长成所撰《元秘钞》的文字。它们大约原先本为一本，后被分裂数次，而今东洋文库藏本，又由两种写本连缀而成，然皆系唐玄宗之前的写本。

日本昭和二十六年（1951）六月此本被日本文化财审议委员会确认为"日本国宝"。

自《古文尚书》流入日本之后，以朝廷为中心在儒学的教学中，形成了"清原家"和"中原家"两大世袭的《尚书》传递系统，他们在教学与研究中留存至今的写本，于研讨中国典籍在日本的流布，以及深入认识和理解日本和东亚中世纪的汉学诸方面，都是极为贵重的学术存在。在我接触的范围内，我以为下述的这些《古文尚书》写本，极具文献学和思想史的价值。

（1）中世纪时代清原家《尚书》教学与传递系统

① 12世纪清原家《古文尚书》写本。今存残本九卷。自卷首止于《无逸》第十七。卷中有清原氏手识文二则。

第一则：高仓天皇嘉应元年（1169）文曰："嘉应元年六月七日午，克加假字了。于时极暑如烧，汗类勃（渤）背。官围令清原判。"

第二则：安德天皇养和二年（1182）文曰："养和二年孟夏十六日，授讫良别驾之时，反复了　判。"

② 13世纪中期清原家《古文尚书》写本。十三卷卷子本。各卷卷末有当时担任《尚书》讲师的清原教授龟山天皇文永年间（1264—1275）、伏见天皇正应年间（1288—1293）的墨写记事。卷十三末又有清原长隆的手识文，叙述此本抄写其平安时代祖本的经纬。此本今已被日本文化财审议委员会确认为"日本重要文化财"，收藏于三重县伊势市伊势神宫。

③ 15世纪初期清原氏家《古文尚书》写本。今存卷第四，卷第五，卷第六，残本凡三卷。

各卷卷末有清原秀贤手识文一行。其文曰："清原秀贤以家本书写之。"

④ 后柏原天皇永正十一年（1514）清原宣贤《尚书》写本。此本今存卷第

五，卷第六，卷第九，残本三卷。每半叶七行，每行十四字左右。小字双行，四周单边。纸本线装。

卷第六末有清原宣贤手识文一则。文曰："永正十一年三月二日，以唐本书写之加朱墨讫。少纳言清原朝臣。"手识文后有花押。

卷第九末后又有清原宣贤手识文一则。文曰："永正十一年五月十六日，以唐本遂写加朱讫。少纳言清原朝臣。"手识文后有花押。

此本卷第五，现收藏于日本国会图书馆；卷第六，卷第九，收藏于大谷大学附属图书馆。

（2）中世纪时代中原家《尚书》教学与传递系统

① 13世纪初期中原家《古文尚书》写本。今存卷第十一残本，凡一卷。卷中有中原氏家族在一个世纪内校雠与教学《古文尚书》的五则手识文字：

第一则：后堀河天皇贞应三年（1224）中原师弘手识文曰："贞应三年四月廿三日，见合家秘本付勘考并假名等了。少外记兼大舍人权助　中原师弘。"

第二则：四条天皇文历二年（1235）中原师弘手识文曰："文历二年七月十六日，以累家奥说一部十三卷，奉授大宫纳言尊圆家了。正五位下行良酝中原朝（臣）师弘。"

第三则：后宇多天皇弘安五年（1282）中原师种手识文曰："弘安五年九月十八日，以累家之秘说一部十三卷，授愚息师早。助教中原师种。"

第四则：伏见天皇正应元年（1288）中原师种手识文曰："正应元年八月十三日，以传授之秘说，授申前左卫门佐显家讫。兵库头兼助教中原师种。"

第五则：后醍醐天皇元亨三年（1323）中原长赖手识文曰："元亨三年十一月廿一日，以秘本书写之。移点旱弛愚笔了。重校了。长赖。"

此本今已被日本文化财审议委员会确认为"日本重要文化财"，收藏于天理图书馆。

② 后醍醐天皇元德二年（1330）中原家《古文尚书》写本。今存卷第六残本凡一卷。此本系中原康隆为将《尚书》传于其子而缮写的古本。

此本今已被日本文化财审议委员会确认为"日本重要文化财"，收藏于东洋文库。

除了上述"清原系统"和"中原系统"的《古文尚书》的这些写本外，还有几种留存的《古文尚书》的日人写本，也是很有学术价值的。

日本室町时代《古文尚书》写本。十三卷纸本。此本原系中世纪时代足利学校遗存。今存足利学校遗迹图书馆。

17世纪初期"林氏家族"《古文尚书》写本。十三卷纸本。林氏家族是江户时代"儒学官学形态"的主要体现者。后阳成天皇庆长八年（1602）林信胜手书此本。卷末有林鹅峰手识文。此本今存国家公文书馆第一部。

17世纪中期还有《古文尚书》写本一种。十三卷纸本，今不知抄写者姓名。此本有意思的是卷中有清光绪三十一年（1905）中国学者俞樾先生的手识文字，言此本之来龙去脉。其文曰：

> 《尚书》自经卫包狂改，而汉时隶古写定之本不可复见。往年长冈子爵以仿宋刻本寄赠，盖即足利本，阮文达作校勘记所据宋本也。今岛田君又以官内大臣青山子爵所藏钞本见示，乃从沙门素庆根本传钞。其原出于宋吕大防根本，又足利之先河矣。岛田归国当言于青山公，影写刊刻以行于世，庶《古文》真迹不坠于地。大清光绪三十一年十有二月曲园俞樾记，时年八十五。

4. 宋刊本《仪礼》（残本）九卷

日本元正天皇养老二年（718）制定《养老令》，仿中国唐代国子监、太学和四门学分儒家经典为"正经"和"旁经"的规制，定大学课程为"大经""中经"和"小经"。其中《仪礼》被定为"中经"。这是已知关于《仪礼》传入日本的最早的记录。

9世纪末藤原佐世编撰《本朝见在书目录》，其第四"礼"类著录当时日本皇室和中央各机构搜储有关《仪礼》典籍，有《仪礼》郑玄注十七卷和《仪礼疏》唐贾公彦撰五十卷，共两种。12世纪藤原赖长在其《台记》有关自己读书的记录中，于"久安元年（1145）"的"所读书目"中有《仪礼》八卷、《仪礼疏》三十卷，在"久安二年（1146）"的"所读书目"中又有《仪礼》六卷、

《仪礼疏》三十卷。足证当时朝廷权势者对《仪礼》的看重了。

《仪礼》一书，国内已无宋刊本了，留存的《仪礼》郑玄注十七卷只有明代的本子。东洋文库今藏宋刊本《仪礼》郑玄注残本九卷，厘定为二册。是书全本凡十七卷，此本今存卷第一至卷第九，凡九卷。每半叶有界十行，行二十字，左右双边（19.9厘米×13.3厘米）。

此本《仪礼》，是目前已知存世的唯一宋刊本。

5. 唐人写本《礼记正义》（残卷）第五（日本重要文化财）

《礼记》一书在7世纪之前已经进入日本，有日本圣德太子制定的《十七条宪法》为证明。至于《礼记正义》的东传，则在12世纪日本藤原赖长的《台记》中能够见到踪迹。《台记》在"康治二年（1143）十月"的"所读书目"中记《礼记正义》廿卷。在"天养元年（1144）"的"所读书目"中再记《礼记正义》五十卷。在"久安元年（1145）"的"所读书目"中又有《礼记正义》三十一卷。而在藤原赖长的另一著作《宇槐记抄》的"仁平元年（1151）九月二十四日"条中，又记录当日藤原氏向中国宋代商人出示"求书目录"中有《礼记正义》一种。这样频繁的记录向我们传达的信息已经相当清晰，《礼记正义》一书，在当时已经为朝廷的权臣所相当重视，以至连年苦读了。

同时代即12世纪藤原通宪在编纂《通宪入道藏书目录》时，其"第四柜"著录《礼记正义》第一帙（欠一、九、十，见七卷）。这里所谓的"见"，就是"现"即"保存"的意思（下同）。又记《礼记正义》第二帙（十卷）、同三帙（欠第三，见九卷）、同四帙（十卷）、同七帙（欠十七，见九卷）。

东洋文库今藏《礼记正义》唐人写本（残卷）一卷。《礼记正义》全本凡七十卷，此本今存卷五"曲礼"上下，惜首尾皆缺佚。卷子本，纵28.1厘米，全卷长873厘米。每行二十五字至三十四五字不等。"注""正义"与本经之间空一字。全部单行书写。此卷首尾皆缺。起自"曲礼上第一逮事父母讳王父母'言在者案论语云'"迄于"曲礼下第二去国三世'正义曰……今得任新国者'"。全卷十七叶纸，先后相继。牙轴，无点。

此卷字体较古，书法亦属初唐风格。卷本用黄褐色麻纸，与现存敦煌佛经卷相似，有淡墨行界。卷背抄录《贤圣略问答》卷一，其末尾书"宽弘五年四月二日于龙川南院书写毕沙门如庆本"，则知缮写于1008年。《贤圣略问答》注释兴福寺仲算《大乘法苑义林》章二十七"宝圣章"，亦为稀觏之本。由此推断，此卷在10世纪已传入日本。

此唐人写本《礼记正义》是以"正义"为主的单疏本，为世间所藏《礼记正义》最古的本子。若与宋本相较，则此本更接近于"正义"原本的面貌。

目前已知的《礼记正义》存世的宋刊本有两个版本。一个版本是宋绍兴（1131—1162）、乾道（1165—1173）年间刊本，目前仅日本存一部；另一个版本是宋绍熙三年（1192）两浙东路茶盐司刊元修本，目前中日两国各存有三部。

宋绍兴乾道年间刊本《礼记正义》，残本八卷，收藏于日本甲斐身延山久远寺，是存世《礼记正义》宋刊本中最古老的文本，已被日本文化财审议委员会确认为"日本重要文化财"。

全书凡七十卷，今仅存卷六十三至卷七十。书面题签系日本室町时代墨书"礼记正义"。本文卷首题"礼记正义卷第六十三"，次行低三格署"唐国子祭酒上护军曲阜县开国子臣孔颖达等奉"，第三行低三格题"敕撰"。

卷七十尾用后，空二行列衔名如次：

  秘阁写御书臣王文懿　臣孟佑　书
  将仕郎守泽州阳城县主簿臣刘文蔚　校
  将仕郎守开封府阳武县主簿臣董拙　校
  将仕郎守郓州司法参军臣隋亿　校
  文林郎守光州固始县令臣轩辕节　校
  文林郎守坊州军事判官臣王用和　校
  承奉郎守殿中丞臣胡迪　校
  将仕郎守蒙州司户参军臣袁柄　再校
  文林郎守福州福清县令臣步藻　再校
  文林郎守戎州□道县令臣李坦　再校
  将仕郎守大理评事臣孙奭　再校
  登仕郎守大理寺丞臣田瑕　再校

承奉郎守大理寺丞武骑尉臣王晓　再校

徵事郎守殿中丞臣纪自成　再校

朝奉郎守国子博士崇文院检讨兼秘阁校理上骑都尉赐绯鱼袋臣杜镐

推诚同德佐理功臣银青光禄大夫行尚书吏部侍郎兼秘书监修国史判国子监上柱国陇西郡开国候食邑一千二百户臣李至淳化五年五月　日

朝散大夫右谏议大夫参知政事柱国东平县开国男食邑三百户赐紫金鱼袋臣吕端等　进

正奉大夫给事中参知政事上柱国天水县开国男食邑三百户赐紫金鱼换臣赵昌言

朝请大夫吏部给事中参知政事上柱国武功县开国男食邑三百户赐紫金鱼袋臣苏易简

推忠协谋佐理功臣光禄大夫□部尚书同中书门下平章事上柱国东平郡开国公食邑二千三百户合实封六百户臣吕蒙正

据《玉海》记载，"端拱元年三月，司业孔维等奉敕校勘颖达《五经正义》百八十卷，诏国子监镂版行之"，并记"《礼记》则胡迪等五人校勘，纪自成等七人再校，李至等详定，淳化五年五月以献"。此则记事与此本上列名衔相比较，略有出入之处。

卷中避宋讳，凡"玄、弦、敬、殷、匡、竟、让"等字皆缺笔。此本不避南宋"慎、敦"等庙讳，故有误以为北宋刊者，实则系绍兴乾道年间北宋监本的再刊本。卷六十五之末与卷六十六之首，有"金泽文库"印，为金泽文库外流出汉籍之一种。各册首有"身延文库"墨印。

此本今虽仅存八卷，然作为《礼记》单疏本，与东洋文库藏平安时代写本卷五残本（日本重要文化财），共为天壤间孤宝。

南宋绍熙年间（1190—1194）两浙东路茶盐司刊印的《礼记正义》，国内共有三部，分藏于中国国家图书馆、上海图书馆和北京大学图书馆，后两本为残本。日本则收藏有三部，分别简单报告于后：

（1）足利学校遗迹图书馆藏本，全本七十卷。此本已被日本文化财审议委员会确认为"日本国宝"。关于此本的详细的材料，请参见本书"在足利学校遗迹图书馆访'国宝'"一章。

（2）东京大学东洋文化研究所藏本，唯存卷六十三凡一卷。内有人元之后的补修叶，中缝见元人刻工熊道琼之名。封面系新补，蓝色绢纸。全书纵27.8厘米，横20厘米。此本大约系民国初年由清内库大库中流出之零本。

（3）京都大学附属图书馆谷村文库藏本，唯存卷六十四。卷中有元人修补，修补叶版心见元人刻工姓名俞荣、茅文庞、茅化等。本版木板于入明之后移存南京国子监，卷中间有明代修补。封面系新补，蓝色绢纸，全书纵32.5厘米，横20厘米。此本大约系民国初年由清内库大库中流出之零本。

6. 宋绍定年间刊本《乐善录》十卷（圆尔辨圆携带回国本）

日本四条天皇仁治二年（1241），日本僧人圆尔辨圆在自中国留学归国的时候，携回汉籍内外文献数千卷。归国后不久，即被当时的摄政大臣九条道家（藤原道家）招为东福寺开山（事见"在东福寺访'国宝'"一章）。这些被携带归日本的汉籍文献也因此而留存在东福寺了。

现今东洋文库所藏的宋人李昌龄编纂宋刊本《乐善录》十卷，为宋绍定年间（1228—1233）会稽郡斋刊本。此本即是日本人宋僧圆尔辨圆自中国带回的文本。保存至今的1353年东福寺第二十八世大道一据圣一国师藏书编纂成《普门院经论章疏语录儒书等目录》，其"吕部"著录《乐善录》一部，即系此本。

此本前有宋孝宗隆兴甲申（1164）七夕日蒙埜何荣孙《序》，又有隆兴二年（1164）十月日陈郡胡晋臣《跋》和宋淳熙二年（1175）正月初三日李石诗，宋绍定二年（1229）三月望日郡人赵汝谿的《识语》。

每卷首行题"乐善录卷（几）"，尾同。次行题"李昌龄编"，姓及名下俱空格。每半叶有界九行，行十八字。版心记书名。

卷中有补钞，如下：

卷一，十四叶；卷二，十五叶；

卷三，十四叶；卷四，十八叶；

卷五，十六叶；卷六，二十三叶；

卷七，十七叶；卷八，二十七叶；

卷九，十八叶；卷十，二十二叶。

卷中有日本东福寺开山圆尔辨圆署名，并有"普门院""鹿王院"等印记。

此本一度是日本三菱财团岩崎氏家的旧藏物，由岩崎氏家赠送东洋文库收藏。

此外，东洋文库和日本岛根县立图书馆分别还藏有明刊本《乐善录》二卷本各一套。

7. 明人写本《永乐大典》（残本）六十三卷

《永乐大典》的编辑，为明初最浩大的文献工程。始于永乐元年（1403），成于永乐五年（1407）。由于部帙浩繁，关于《永乐大典》总卷数的统计，说法始终不一。《永乐大典·目录》著录为22937卷，《明实录》作22211卷，《明史·艺文志》著录为22900卷，而《四库全书》以翰林院藏本著录则为22877卷，另外《目录》60卷。

《永乐大典》原有稿本一部，录副一部。明嘉靖三十六年（1557）宫中大火，危及诸物。为防止《永乐大典》在再次火事中损毁，明世宗于嘉靖四十一年（1562）敕命重新录副《永乐大典》正副两套，至隆庆元年（1567）告成。除原本存于南京外，正本存于文渊阁，副本存于皇史宬。然经由明末农民起义与清人入关的大动乱，到编纂《四库全书》时，《永乐大典》仅存文渊阁的一部，由翰林院接管。所以，事实上到清乾隆年间，存世的《永乐大典》仅有明嘉靖年间的重新誊写本一部了。此后150年间，内贼外盗，特别是在1900年的八国联军侵华中，文物被大量劫夺，《永乐大典》失散于世界各地。如我曾经任职的日本国立京都大学人文科学研究所，它所属的东洋文献学中心有《永乐大典》明嘉靖写本卷六百六十五，卷六百六十六，凡残本二卷。此二卷即是八国联军中的日本部队1900年从北京劫夺的。劫后余物也散出宫苑，流落于王公大臣直至商贾市井之中。如杏雨书屋所藏《永乐大典》嘉靖写本卷二千六百八（御史台三元宪台通纪）与卷二千六百九（御史台四元宪台通纪续集），凡残本二卷，即是清末民初，董康在北京书肆购得，到日本京都时送给内藤湖南的。

日本现存《永乐大典》明嘉靖年间重新誊录本中,东洋文库有大宗的收藏,共计六十三卷,凡一千四百零二叶。

东洋文库所藏《永乐大典》存卷卷目如次:

  卷五百五十四 / 一东 / 二十一叶 / 庸（中庸十三）

  卷五百五十五 / 一东 / 十八叶 / 庸（中庸十四）

  卷五百五十六 / 一东 / 二十三叶 / 庸（中庸十五）

  卷八百四十九 / 一支 / 十三叶 / 诗（诗帖十八·王状元八诗六帖）

  卷八百五十 / 一支 / 二十六叶 / 诗（诗帖十九·王状元八诗六帖）

  卷八百五十一 / 一支 / 二十四叶 / 诗（诗帖二十·王状元八诗六帖）

  卷一千〇五十六 / 二支 / 二十四叶 / 池（池名。第三叶、第四叶后叶、第八叶前叶、第十八叶前叶、第二十二叶、第二十三叶前叶缺）

  卷一千一百八十八 / 二支 / 三十叶 / 辞（易系辞四十二。第十七叶缺）

  卷一千一百九十二 / 二支 / 三十四叶 / 辞（易系辞四十六。今存第五至十八叶、第二十二至二十三叶、第二十五至三十二叶,另有半叶叶数不明）

  卷一千二百 / 二支 / 二十三叶 / 辞（易系辞五十四。第十四叶前缺）

  卷二千二百五十四 / 六模（五九） / 十八叶 / 壶（壶图一。第五叶缺）

  卷二千二百五十五 / 六模（五九） / 十九叶 / 壶（壶图二）

  卷二千二百八十二 / 六模 / 十四叶 / 湖（湖州府八）

  卷二千二百八十三 / 六模 / 十四叶 / 湖（湖州府九）

  卷二千六百一十 / 七皆（六五） / 二十九叶 / 台（御史台五·元南台备要）

  卷二千六百一十一 / 七皆（六五） / 二十三叶 / 台（御史台六·元南台备要乌台笔补）

  卷五千一百九十九 / 十二先（三八九） / 三十叶 / 原（太原府一）

  卷五千二百 / 十二先（三九〇） / 二十八叶 / 原（太原府二）

  卷五千二百〇一 / 十二先（三九〇） / 二十二叶 / 原（太原府三）

  卷五千二百〇二 / 十二先（三九一） / 二十叶 / 原（太原府四）

  卷五千二百〇三 / 十二先（三九一） / 二十六叶 / 原（太原府五）

  卷五千二百〇四 / 十二先（三九二） / 二十一叶 / 原（太原府六）

卷五千二百〇五／十二先（三九二）／二十七叶／原（太原府七·镇原县·平原县·三原县·姓氏）

卷五千二百六十八／十三萧／三十八叶／祺袄杸天（事韵·诗周南桃篇）

卷六千八百二十六／十八阳（四四五）／十六叶／王（姓氏十一·王湛乃至王敦）

卷六千八百二十七／十八阳（四四五）／十八叶／王（姓氏十二·王敦乃至王卓）

卷七千二百三十七／十八阳／二十叶／堂（堂名二十三）

卷七千二百三十八／十八阳／三十六叶／堂（堂名二十四）

卷七千五百一十一／十八阳（七五五）／十六叶／仓（京诸仓一）

卷七千五百一十二／十八阳（七五五）／二十四叶／仓（诸州仓二）

卷九千五百六十一／二十二覃（一三）／三十六叶／南（河南布政司）

卷一万〇五百三十九／四济／二二十三叶／启（谢启四）

卷一万〇五百四十／四济／二十叶／启（贺启一）

卷一万〇八百一十二／六姥／一九叶／母（事韵三）

卷一万〇八百一十三／六姥／二十一叶／母（事韵四）

卷一万〇八百一十四／六姥／十八叶／母（事韵五）

卷一万一千四百一十二／十一产／三十二叶／眼（眼目证治十八）

卷一万一千四百一十三／十一产／十九叶／眼（眼目证治十九）

卷一万一千五百九十八／十四巧／十九叶／草（市籴粮草三）

卷一万一千五百九十九／十四巧／二十二叶／草（本草）

卷一万一千六百〇二／十四巧／二十五叶／藻（事韵一）

卷一万一千六百〇三／十四巧／二十叶／藻（事韵二）

卷一万一千六百一十五／十四巧／十六叶／老（养老一）

卷一万一千六百一十六／十四巧／二十叶／老（养老二）

卷一万一千八百四十八／十八养／二十四叶／享（燕享一）

卷一万一千八百四十九／十八养／十六叶／享（燕享二）

卷一万三千二百一十九／一送（三八九）／后二十叶宋（宗室二十）

（此卷共四十三叶，前二十三叶藏北京图书馆）

卷一万三千一百三十九 / 一送（四五〇）/ 二十六叶 / 梦（事韵七）

卷一万三千一百四十 / 一送（四五〇）/ 二十六叶 / 梦（事韵八）

卷一万四千九百四十七 / 六暮 / 二十叶 / 妇（妇人证治二十三）

卷一万五千九百四十八 / 九震（二一六）/ 二十二叶/运（宋漕运六）

卷一万五千九百四十九 / 九震（二一六）/ 二十二叶 / 运

（金漕运·元漕运一·经世大典）

卷一万九千四百一十六 / 二十二勘（一〇）/ 十四叶　蘸霪站（站赤一·元史兵志·经世大典一）

卷一万九千四百一十七 / 二十二勘（一〇）/ 十六叶　站（站赤二·经世大典二）

卷一万九千四百一十八 / 二十二勘（十一）/ 十六叶　站（站赤三·经世大典三）

卷一万九千四百一十九 / 二十二勘（十一）/ 十八叶　站（站赤四·经世大典四）

卷一万九千四百二十 / 二十二勘（十二）/ 十七叶　站（站赤五·经世大典五）

卷一万九千四百二十一 / 二十二勘（十二）/ 十九叶　站（站赤六·经世大典六）

卷一万九千四百二十二 / 二十二勘（十三）/ 二十一叶　站（站赤七·经世大典七）

卷一万九千四百二十三 / 二十二勘（十三）/ 二十六叶　站（站赤八·经世大典八）

卷一万九千四百二十四 / 二十二勘（十四）/ 二十三叶　站（站赤九·元朝典章）

卷一万九千四百二十五 / 二十二勘（十四）/ 二十九叶　站（驿站一·成宪纲要）

卷一万九千四百二十六 / 二十二勘（十四）/ 十八叶　站（驿站二·析津志·诗·斩等字）

这里，我将所调查到的日本其他各处现在收藏的明嘉靖年间（1522—1566）重新誊录本《永乐大典》的状况，简单叙述于后。

（1）天理图书馆藏十六卷，共三百七十四叶。今存卷目如次：

卷九百〇八（诗·诸家诗目四）；

卷九百〇九（诗·诸家诗目五）；

卷二千三百九十八（苏·姓氏九·苏辙）；

卷二千三百九十九（苏·姓氏十·苏颖滨年表）；

卷二千七百三十七（崔·姓氏）；

卷二千七百三十八（崔·姓氏）；

卷五千四百五十五（郊·郊祀配侑）；

卷五千四百五十六（郊·郊祀配侑）；

卷七千三百〇三（郎·户部侍郎一）；

卷七千三百〇四（郎·户部侍郎二）；

卷一万三千四百五十一（士·事类）；

卷一万三千四百五十二（士·学士·处士·博士）；

卷一万四千一百二十四（嚔·柢·氏等字）；

卷一万四千一百二十五（剃·梯·涕·禘）；

卷一万四千六百二十八（部·吏部·吏部条法）；

卷一万四千六百二十九（部·吏部·吏部条法）。

以上十六卷，已被日本文化财审议委员会确认为"日本重要美术财"。

（2）静嘉堂文库藏十五卷，共三百五十七叶。今存卷目如次：

卷二千二百五十六（壶·壶图三）；

卷二千三百三十七（梧·事韵·诗文·梧州府一）；

卷二千三百三十八（梧·梧州府二）；

卷二千三百三十九（梧·梧州府三）；

卷二千八百六十（卑·鄣·神·鲜卑国·占卑国）；

卷三千五百八十二（樽·尊·尊名一）；

卷三千五百八十三（尊·尊名二）；

卷六千六百九十七（江·九江府九）；

卷六千六百九十八（江·九江府十）；

卷六千六百九十九（江·九江府十一）；

卷六千八百二十八（王·姓氏十三）；

卷六千八百二十九（王·姓氏十四）；

卷六千八百三十（王·姓氏十五）；

卷一万七千〇八十四（庙·国朝宗庙）；

卷一万七千〇八十五（庙·历代原庙·寝庙·亲庙）。

（3）大阪府立图书馆藏二卷，共三十六叶。今存卷目如次：

卷八千六百四十七（衡·衡州府九）；

卷八千六百四十八（衡·衡州府十）。

（4）京都大学附属图书馆藏五卷，共九十九叶。今存卷目如次：

卷九百一十（尸·总叙）；

卷九百一十一（尸·洞玄灵宝灭度五炼生尸经、太帝制鬼伏尸法）；

卷九百一十二（尸·二尸中经·治三尸法）；

卷一万二千九百二十九（宋·高宗百七十一·中兴圣政草）；

卷一万二千九百二十九（宋·高宗百七十二·西垂笔略）。

（5）京都大学人文科学研究所藏二卷，共四十二叶。今存卷目如次：

卷六百六十五（雄·南州府二·山川）；

卷六百六十六（雄·南州府三·人物）。

（6）武田科学财团杏雨书屋藏二卷，共四十三叶。今存卷目如次：

卷二千六百〇八（台·御史台三·元宪台通纪）；

卷二千六百〇九（台·御史台四·元宪台通纪续集）。

（7）石黑传六氏二卷，共三十六叶。今存卷目如次：

卷九千七百六十五（巌·巌名三）；

卷九千七百六十六（巌·巌名四）。

（8）小川广己氏藏二卷，共四十五叶。今存卷目如次：

卷二千二百三十六（奴·匈奴四·东汉书·晋书·南齐书）；

卷二千二百三十七（奴·匈奴五·通鉴纪事本末）。

（9）国会图书馆藏残本三卷。今存卷目如次：

卷二千二百七十九；卷二千二百八十；卷二千二百八十一。

（10）黑川古文化研究所藏二卷。今存卷目如次：

卷八千五百六十九；卷八千五百七十。

（11）庆应大学斯道文库藏零叶，共一叶：

卷八千〇九十四，系第十一叶前半叶。

8. 关于东洋文库的研究部

　　事实上东洋文库创建之初，除图书部收储文献典籍外，由当时东京帝国大学教授、著名的东洋学家白鸟库吉（Shiratori Kurakichi，1865—1942）建立了研究部系统，这是它与日本其他文库最大的不同之点，也是以后东洋文库在日本学术界享有盛名的一个重要原因。

　　研究部以"东洋"为其研究对象，中心议题则是关于中国的历史社会文化的研讨。战后美国资本渗入日本学术界。1953年，洛克菲勒基金会首次拨款给东洋文库，在研究部中建立了"中国近代史研究委员会"。20世纪60年代，美国亚洲基金会和福特基金会共向东洋文库拨款32.7万美元，当时折合为1175万日元，这在当时是一笔巨额投资，计划把东洋文库变成美国在日本的"中国研究中心"。这一规划在日本知识界引起了很大的冲突和争斗。当时，有相当多的人文学者要求东洋文库拒绝接受这样的"美援",以捍卫日本学术的独立和尊严。这场持续多年的争辩,其实是当时日本国民进行的反对"日美安保条约",争取日本民族独立自主的社会斗争的一个侧面。今天学术界的许多人恐怕难以想象当年日本社会发生和存在过的这样一场广泛的群众运动。后来,争辩双方达成了妥协的方案,即东洋文库不以这笔"美援"直接投入文库研究部的运行,而是委派日本自己的学者,利用这些美国资金,前往欧洲,主要是到葡萄牙、西班牙等南欧各国,摄制由早期在中国的传教士们带归的而日本缺逸的相关文献典籍,供日后研究之用。现今东洋文库所收藏的数量丰富的关于中国的地方志资料,关于15世纪以来的中国的经济史材料,例如地契、卖身契、典当行票等等的原始凭证,正是使用这笔资金获得的成果。

  1974年我第一次访问日本的时候,曾经向邀请方日本国立京都大学人文科学研究所提出想看看"东洋文库",接待我们的井上清(Inoue Kiyoshi)教授很为难地说:"这是一个为美元所控制的机构,不去也罢了。"①十年后的1985年,我当时正在京都大学人文科学研究所日本学部担任客座教授。当时,井上清教授的一位挚友,也是京都大学的教授,到我的寓所聊天,我从冰柜中拿出一瓶可口可乐给他,他正色问我:"先生喜欢喝这个?"我说:"一般说来并不喜欢,只

---

① 井上清(1913—2001),著名的日本史学家,日本国立京都大学名誉教授。曾任京都日中学术交流座谈会理事长等。他对美国政策部门在战后试图控制和影响日本的人文社会学术研究,持严厉的批判立场。在日本史的研究方面,具有独特的观察视角,把握事实并尊重事实,作风谨严,高风亮节,著作丰厚。井上清教授是20世纪终身为日本民族独立、和平和民主的前途而奋斗的具有国际威望的令一切有良知的人尊敬的学者。主要著作有:《日本政治腐败史》(京都三一书房,1948年)、《日本女性史》(東京三一書房,1949年)、《天皇制絕對主義の發展》(東京中央公論社,1951年)、《明治維新》(東京東京大學出版會,1951年)、《天皇制》(東京東京大學出版會,1953年)、《日本の軍國主義》(全二卷)(東京東京大學出版會,1953年)(第1卷:天皇制軍隊と軍部;第2卷:軍國主義と帝國主義)、《米騷動の研究》(東京有斐閣,1959—1962年)、《現代日本女性史》(東京三一書房,1962年)、《日本帝國主義の形成》(東京岩波書店,1968年)、《大正期の政治と社會》(東京岩波書店,1969年)、《"尖閣"列島-釣魚諸島の史的解明》(東京現代評論社,1972年,東京第三書館,1996年)、《天皇の戰爭責任》(東京現代評論社,1975年,東京岩波書店,1991年)、《日本の軍國主義》(全四卷)(東京現代評論社,1975年)(第1卷:天皇制軍の形成;第2卷:軍國主義と帝國主義;第3卷:軍國主義と開展の沒落;第4卷:再軍備と軍國主義の復活)、《不屈のマルクス主義者河上肇》(東京現代評論社,1980年)、《昭和の終焉と天皇制の現在天皇の戰爭責任を追及し》(東京新泉社,1988年)、《昭和天皇の戰爭責任》(東京明石書店,1989年)等。

是你来了，没有什么饮料，才请你喝这个。"他说："这个东西是美国人用来腐蚀我们亚洲人的，它的毒素是从精神到肉体的，我喜欢喝茶，这是最舒服的。"于是我们便改用饮茶。谈话间说到东洋文库，他又对我说："那里关于中国的地方志的资料相当齐全，先生可以充分地利用。我本人不去那个地方，从来不去的。过去我反对过他们接受美援。美国人出钱参加研究是可以的，但是不能指使我们为他们的利益服务。东洋文库后来变相地接受了美援，所以我不去那个地方。我假如需要他们收藏的材料，我会直接向他们所拍摄原件的国家申请。"至今想起他的话，我仍然十分地感慨。我想现今的人们，一定会觉得这位先生十分地迂腐，甚至不可理解。但是，我的内心，至今一直对日本学术界中执着于这样的信念，坚持着这样的理想的各位同仁，抱着十分敬重的心情。也许正是这位教授提出的这样的警示性的作用，自从1985年的谈话以来，近20年来，我和我的家人也拒绝喝可口可乐，看到它，我就想到"它的毒素是从……"①

东洋文库的研究系统设立有五个部十数个研究委员会。大致配置如下：

第一部　中国研究部

东亚考古委员会：整理与研究有关中国、朝鲜等东亚考古资料。

古代史研究委员会：通过对中国上古文献和金文的解读，从事上古历史、语言和文献的综合研究。

敦煌文献研究委员会：关于敦煌材料的收集、整理和研究，汇编材料，提供学术动向，进行专题研究。

宋代史研究委员会：编纂、审定和出版关于宋代史的资料、目录和索引，并出版《宋代研究文献速报》等。

明代史研究委员会：调查和收集明代的各种契约文书，并给予解读和专题研究。

近代史研究委员会：对近代中国政治外交和社会经济诸领域的专题和综合

---

①　对美国可口可乐的指责，真是无独有偶。在1985年那位好心的日本教授告诫我："（可口可乐）这个东西是美国人用来腐蚀我们亚洲人的，它的毒素是从精神到肉体的……"之后18年，据2003年8月7日上海《新民晚报》"国际新闻版"报道：印度科学和环境中心（8月）5日宣布，根据他们的检测，（美国）百事可乐中杀虫剂残余物平均含量比欧盟规定的标准高出36倍，（美国）可口可乐则高出30倍。印度议会6日呼吁在印度国内禁止销售可口可乐和百事可乐。历史与现实的相互映会，竟是这样的有趣和深刻！

研究。

第二部　日本研究部

考察世界各国（欧美和亚洲）近代化的进程，并且和日本的近代化过程进行比较研究。

第三部　东北亚研究部

满洲蒙古研究委员会：把对中国北方和东北地区的民族和社会经济历史的研究，从"中国研究部"中独立出来，把它们单独列入"东北亚研究"中，这是切割中国学的整体含义，继续日本在战前和战争中的所谓的满学和"蒙古学"观念的表现。20世纪80年代以来，这一观念不仅没有得到纠正，而且中国国内知识界有些人士，或者是因为无知，或者是因为私欲（我不愿意从民族的和国家的价值观上评判他们），对于腐朽的满学和"蒙古学"也在那里推波助澜，使人深感痛心。

朝鲜研究委员会：调查与收集关于朝鲜的民政资料、地方志等，进行朝鲜民族历史形态的研究。

第四部　中亚伊斯兰西藏研究部

中亚伊斯兰研究委员会：研究中西亚历史与伊斯兰民族、宗教的诸种关系，调查相关的资料，编纂工具书等。20世纪90年代以来，该委员会加强了对中国的回民和他们的伊斯兰教信仰的调查和研究。自2001年以来，更与中国国内的某些研究者合作，有计划地对我国新疆、云南、四川等地区和北京的回民的状态、情绪动向和他们的伊斯兰教信仰进行定点调查，在此基础上组织多种研究和国际性的研讨会。

西藏研究委员会：该委员会自称它拥有世界上空前规模的藏语文献，发行藏学书籍，运用计算机进行藏语处理等等。但是，把对中国西藏的研究，从"中国研究部"中切割出来，与"中亚伊斯兰"合为一部，并且与"中国学"并行，建立所谓的"藏学"，表现了东洋文库某些决策人在学术上的荒谬和政治上的别有用心。这个委员会的研究，一直得到文库之外的资金的支持。

第五部　印度东南亚研究部

南方史研究委员会：从事南亚印度资料的收集、交流和研究。

在足利学校遗迹图书馆访"国宝"

我国人文学界关于日本足利学校的记载并不很多,对于这座中世纪时代的建筑中储藏着我国典籍的"国宝",更是知者甚少。明代以来,大约只有两个文献中提到了日本这一汉籍藏书处。一是明人郑舜功(不是郑成功)于嘉靖三十四年(1555)奉浙江总督杨宜之命,为倭寇之事东渡日本,著有《日本一鉴》。该书卷四记曰:"中国书籍流彼多珍藏山城,大和下野文库及相模金泽文库,以为聚书之渊薮。"文中的"下野文库",推考即指足利学校。二是当年编纂《四库全书》时,其"经部·五经总义"类中著录了一部《七经孟子考文补遗》,其识文称:"原本题西条掌书记山井鼎撰,东都讲官物观校勘。……二人皆不知何许人也。验其版式纸色,盖日本国所刊。"又说:"前有凡例,称其国足利学校有宋版《五经正义》一通,又有古文《周易》三通、《略例》一通……又有足利本《礼记》一通"等等。《四库全书》的编纂者一方面对《七经孟子考文补遗》中大量征引的中国经典与古本相合感到震惊,一方面面对它的时代性又有些怀疑,尽管如此,编纂者还是认定,由足利学校所提供的这些中国经典所作成的"七经孟子考文",在校勘学上"是亦足释千古之疑也"。

这里所说的足利学校是日本历史上时代极为悠久的一所汉学学校，位于东京都北部的栃木县，地处足尾山地的南端，其北侧则是著名的日光风景区。关于足利学校的最初的发端传说不一。一说缘起于奈良时代的"国学"。所谓"国学"，则是依据"律令"在每一个"国"设立的以郡司的子弟为主要对象进行儒学教育的学校[①]；一说此学校为平安时代著名的汉学家小野篁（Ono-no-Takamura）所创立[②]；一说此为镰仓时代关东藩阀上杉氏家所建立。但是不管怎么说，足利学校在学界的隆盛则是始于15世纪上半叶。当时的将军上杉宪实（Kamisugi-Norizane，1409—1466），也称藤原宪实（Fujiwara-Norizane），出任关东总管，他于1439年（日本永享十一年）聘请镰仓圆觉寺僧人快元为学校庠主（校长），拨田赐书，重建足利学校，于今已经五百余年了。据说当年极盛时，来自日本各地的莘莘学子，曾达三千余人，其中主要是武士和僧人。他们在这里研读"五经""四书"《老子》《列子》《史记》《文选》及"三注"——《千字文集注》《古注蒙求》《胡曾诗注》等，以后还增加了医书等的学习。

上杉（藤原）宪实在学校中建立了庠主制度，即确立了整个学校的教育由庠主负责，并允许庠主本人对学生进行个别的教育（此即学问的秘传）。此种建制类似于中国的书院制度，一直到近代学校出现之前，可以说对日本的教育事业贡

---

① 这里说的"国学"的"国"，是地区的概念，所谓"国学"，就是"地区学校"的意思，它与江户时代中期日本知识界形成的与汉学相对峙的国学，是完全不同的两个学术范畴。

依据7—8世纪律令的规定，作为全国地方行政区划的"国"，每国必须设立一所学校，从本地区或邻近地区聘请"国博士"和"国医博士"各一人作为教师。依据"国"的人口多少（大、上、中、下四等级），确定招国学生的数量，分别为50人、40人、30人、20人，国医学生的招生分别为10人、8人、6人和4人。学生的实际来源大部分是地方郡司的子弟。9世纪以后，由于缺少国博士担任教官，有许多非业博士混杂其间，作为地方学校的"国学"便日见衰落。

江户时代的国学，指的是在汉学向日本社会各个阶层的渗透日渐深化的进程中，一部分江户时代的知识人，以日本古文献《古事记》和《万叶集》为基本文本，提倡研究日本精神的学问，在与汉学的抗争中，提升民族自觉意识。但是，在这个时代出现的所谓国学家，无一例外都具备相当深厚的汉文化教养，这是日本前近代文化史上的重大特征。

在日本语中，"国学"一词，无论是指称前者还是后者，都读若"こくがく（kokugaku）"。有人为了防止混淆，便把作为地方学校的"国学"读若"くにがっこう（kunigakkou）"。

② 小野篁（802—852），日本平安时代初期著名的学者，汉文学家。嵯峨天皇的近臣。曾经教委任为遣唐使团的副使，因拒绝出行而被流放隐岐。汉文文学作品收录于《经国集》，和文文学作品收录于《古今和歌集》中。

献甚大。

今遗迹旧址，过"入德"（大门）、"学校"（中门）、"杏坛"（内门），尚有一座庄严的圣庙大成殿。大成殿的原建筑已经失火烧毁，现在的殿宇重建于灵元天皇宽文八年（1668）。大殿正面五间，侧面六间，四周有庇荫，称为"裳阶"。庙殿中央正面有木雕孔子坐像一尊，右侧安置着平安时期嵯峨天皇时代的"学圣"小野篁。当年的学子们就在这座圣殿里举行极其神圣的祭孔大典，同时受祭的还有颜子、曾子、子思子和孟子。庭院中松柏成行，银杏参天，有"降字松"一棵，高十余丈，此系第七代庠主上杉九华所命名，以表示读破汉字书卷的意思。

大约在19世纪初期，足利学校改建为"足利藩学求道馆"，成为江户时代末期遍布各地的藩学之一。明治时代初期在维新的浪潮中，一度出现了历史古籍被任意抛掷在街头的极端场面。1872年（明治五年）足利学校终于被废止而改建为市民会馆。但自1890年明治天皇发布《教育敕语》之后，皇权强化了利用传统为其服务的机能，足利学校也成为日本国家主义者和民族主义者，乃至军国主义分子的活动场所。明治三十九年（1906）十二月，日本现役军人的高层在这里举行集会，以向中国孔子致意的形式，誓言夺取日俄战争的最后胜利，并推进日本在中国东北地区的利益。当时的日本陆军元帅兼海军大将伊东佑亨（Itou-Yuukou）的手迹碑，至今依然竖立在庭院中，保存完好，题署"明治三十九年十二月二十三日"。同一天集合在足利学校并竖立纪念碑的，还有日本海军大将、不久升任海军元帅的东乡平八郎（Togou Heihachirou），以及由他们率领的一批日本陆海军将级军官①我徘徊在这些碑前，仰望庙殿中央的孔子坐像，真是唏嘘不已！贪得无厌的欲望，变异的思想，在时代的冲突中，历史竟然让一位中国的思想家在异国的土地上变成了一具进攻他自己国家的政治玩偶！

---

① 伊东佑亨（1843—1914），萨摩藩士。日本陆军元帅、海军大将。中日甲午战争时期，任日本联合舰队司令官，在黄海战役中，直接指挥日本海军进击我国威海卫。日俄战争中任大本营参谋长。爵封侯爵。

东乡平八郎（1848—1934），与伊东佑亨同为萨摩藩士出身。日本海军大将、元帅。中日甲午战争期间，任日本战舰"浪速号"舰长，在黄海海域丰岛冲击沉清朝海军"高升号"，打响了近代史上日本侵略中国的第一仗。1905年5月在日本海域的对马冲，作为日本联合舰队司令，指挥击垮俄罗斯海军舰队，确立了日本在日俄战争中的胜利。后任日本军令部部长、东宫御学问所总裁。爵封侯爵。

1998年7月上旬，我重返足利学校拜访，恰逢早稻田大学文学部教授村山吉广（Murayama Yoshihiro）先生在足利学校举办的"夏季学术讲座"上开讲《论语》，为时三日。但见宽大的讲堂中，端坐着五十余位听众，年龄从二十余岁到七十余岁皆有，以五十岁以上者居多。人人正襟危坐，挺胸提气，目不斜视。先生以日语讲释文章内容，以汉语领大家诵读，一人吟之，众人和之，朗朗之声，发震屋宇。我旁听了约四十分钟，内心深为之动。回想五百年前的足利学校，讲学的气势可能就是如此非凡。

上杉宪实本人极好书籍，广收古本，用"松竹清风"藏书印。他的藏书几乎全部捐赠给了足利学校，如宋刊本《周易注疏》《尚书正义》《春秋左氏传注疏》等。根据他的遗嘱，其后，上杉氏三代皆向足利学校捐赠图书，如宋嘉祐刊本《唐书》等皆是。足利学校藏书的第二个来源，则是室町时代僧人们的捐赠，如宋巾箱本《周礼》、日本应安五年（1372）手写本《周易传》等皆是。它的第三个来源是历代庠主的私人藏书，如宋明州刊《六家文选》、宋江公亮《春秋经传集解》等皆是。此外，尚有德川家康的捐赠本，如明正德年间慎独斋刊本《史记索隐》、明嘉靖年间刊本《律吕解注》《唐诗正声》等，不一而足。

上杉宪实在世时，于足利学校藏书管理极严。永享十一年（1439）闰正月初，他亲自立下图书规则五条——《足利学校置五经疏本条目》。此《条目》颇有意味，其文如下：

> 收蓄时固其扃鍼，滕勿浪与。人若有志批阅者，就舍内看一册，可辄送还，不许将携出闑外。
>
> 主事者临进退时，预先将交割，与新旧人相对金，定每部卷数，而后可交代。
>
> 借读者勿以丹墨妄句投杂糅，勿令纸背生毛，勿触寒具手。
>
> 至夏月梅润，则令湖柜不蒸（原文如此）；至风凉，则令曝不瓦；至漏时，则令不湿腐；至冬月，则严火禁，早设其备。
>
> 或质于库，或鬻于市肆，或为穿窬所获，罪莫大焉！罪莫大焉！

除此规则之外，不少书卷上都有上杉宪实亲笔墨书"足利学校公用也，此书不许出校门外"等等，亦可见其用心之良苦。笔者15年间5次访问足利学校，目睹汉籍珍本，流连忘返，感慨系之。

1. 宋刊本《周易注疏》十三卷（日本国宝）

足利学校所收藏的汉籍，当以宋刊本《周易注疏》为首选镇库之宝。此本十三卷，原系宋代大文豪陆游家所藏。今每卷末仍保全有宋理宗端平年间（1234—1236）陆放翁第六子陆子遹亲笔所题的"识语"，字体行楷，笔力遒劲，墨色亦精。识文短长不一，分录如次：

> 第一册末题"七月二十一日，陆子遹三山东窗传标"。
> 第二册末题"端平改元冬十二月廿三日，陆子遹三山写易东窗标阅"。
> 第三册末题"廿四日，子遹标阅于三山写易东窗"。
> 第四册末题"甲午岁末冬五日，子遹东窗标阅"。
> 第五册末题"甲午十二月癸巳，子遹三山东窗阅标"。
> 第六册末题"端平甲午岁除日，三山东窗子遹标阅"。
> 第七册末题"乙未天基节，三山东窗子遹标阅"。
> 第八册末题"乙未开岁五日，子遹三山东窗标阅"。
> 第九册末题"端平乙未正月六日，陆子遹阅且标于三山之东窗"。
> 第十册末题"乙未八日，子遹标于三山东窗"。
> 第十一册末题"乙未正月八日，子遹三山东窗标阅"。
> 第十二册末题"乙未立春，子遹三山东窗标阅"。
> 第十三册末题"端平二年正月十日，镜阳嗣隐陆子遹，遵先君手标，以朱点传之，时大雪始晴，谨记"。

此即在1234年到1235年的一年间，陆游第六子遵其父亲遗命，用陆游亲手标记的《周易》而读完了本书。陆子遹在"识语"中说的所谓"三山"，在山阴县镜湖中，系陆游中年后卜居之所。陆放翁诗中屡有"东偏得山多"者即是。此本卷中句读及段落批点，皆用朱笔，其涂抹文字，则用雌黄，亦具见陆氏治学之谨严。

此本《周易》每半叶有界八行，每行十六字至二十一字不等，注文双行，每行十八字或十九字。白口，左右双边。版心题"易注疏（几）"，下方记刻工姓名，如丁珪、毛昌、王弥、丁璋、朱明、李秀、孙冲、徐亮、李棠、徐茂、李硕、张祥、梁文、许明、陈明、梁齐、顾忠等，共十八人。卷中避宋讳，缺画至宋高宗"构"字。由此推为南宋初期刊本。

此本每册卷首上栏有墨笔横书"足利学校公用"。第一卷末第七行界内，有"上杉右京亮藤原宪忠奇进"墨书十一字，并有花押。

我们现在还不知道此本《周易注疏》何时从陆氏家中传出。今卷一末第七行界内，有上杉宪实之子上杉宪忠向足利学校赠书的"题识"，其文曰："上杉右京亮藤原宪忠寄进"，下有花押，并有亲笔墨书"足利学校公用"六字。盖陆游此书先为上杉宪忠所得，后上杉宪忠遵其父嘱，将家藏之书赠送足利学校，与学子共用，陆游的旧藏也就归足利学校了。

足利学校第一代庠主快元，曾在他的老师喜禅处受业《易》学，所以，该校有研讨汉唐《易》学的传统。快元的讲课笔记，由他的学生弟子整理而成《周易钞》，现存日本国会图书馆。今此本《周易注疏》卷十三末第七行界内，又有足利学校第七代庠主九华的手识文，记其讲授《易》学事，文曰："□化大隅产九华叟，《周易》传授之徒百人，百日讲席十有六度，行年六十一书之。加朱墨点。三要。"这位六十一岁的九华人于百日之内讲《易》学十六堂，类似今日每周一课，授徒百余人，由此亦可窥见当年《易》学传授之风貌。然九华老人主持足利学校时，据说学生逾千人，此"传授之徒百人"，不知是属于学子们自选的课程，抑或如现今的讲习班？则不得而知了。

此卷的卷十三末第四行界内有墨书"永禄庚申（1560）六月七日平氏政朝□"一行。以墨迹而言，此为第七代庠主九华所写，此处署定之年月日，恰与当年上杉九华在相州（今神奈川县）向北条氏讲授《周易》的时间相合，则陆游旧藏当年一定是九华讲授《易》学的教本无疑了。

关于经书的"注疏本"的刻刊，原来在北宋时期，"经注"与"正义"（即"疏"）都是分开别行的。自南宋初年以降，为了方便读者的使用，刻家方始把"正义"配于"经注"本的相当的部位。此本《周易注疏》实在是最初的"注疏"合刻本的一种，目前不仅日本无第二本收藏，就是国内原先铁琴铜剑楼藏本，亦只是后来的印本，并非原刊，故此本于汉籍史上实在是至为贵重的。

森立之《经籍访古志》卷一著录本书，并曰：

> 字体行楷，笔力遒劲。句读及段落批点皆用朱笔，其涂抹文字则用雌黄，亦具见谨严。考陆子遹乃放翁第六子，"先君"指放翁也。近藤守重云："三山在山阴县境湖中，放翁中年卜居地。'东窗'，翁诗中数见，所谓'东偏得山多'者是也。"盖此本以宋刊经宋人手校，最可贵重者矣。

江户时代日人山井鼎据此本而著《七经孟子考文》中《周易考文》，清人阮元又据此《考文》而校《十三经注疏》中《周易正义》。《周易注疏》《周易正义》《周易兼义》，则异名而同书也。《四库》著录本系十卷。《唐志》作"十八卷"，而《书录解题》曰"十三卷"，恰与此本相合。此本于1955年（昭和三十年）6月被指定为"日本国宝"。

从日本文献学史上说，9世纪藤原佐世《本朝见在书目录》著录《周易正义》十四卷，题署"唐国子祭酒孔颖达撰"。这是目前见到的最早的日本古文献的著录，但是，《周易注疏》传入日本列岛的实际年代，肯定会远远早于文献记载。12世纪藤原通宪《通宪入道藏书目录》亦著录有《周易注疏》。《周易注疏》和《周易正义》在古代日本，主要是依靠手写本流传。仅依我检阅到的保存至今的文本有：

日本现存《周易正义》古写本十种：

（1）镰仓时代十四卷单疏本。此本原藏金泽文库，后外流出归彰考馆文库收藏。现存卷五至卷九，凡五卷。

（2）室町时代十行写本。此本每半叶十行，行二十字，有界。首有《周易正义序》。卷中有训点。

（3）室町时代十三行写本。此本每半叶十三行，行约二十三字，无界，略有旁注。

（4）室町时代九行写本。此本每半叶九行，行二十字。有界，卷中用朱墨两笔加点。

（5）后小松天皇应永年间（1394—1428）写本。每半叶九行，行二十一字。首载《周易正义序》。"经文"大书，"正义"小字双行。

（6）后奈良天皇—正亲町天皇弘治年间（1555—1558）写本。每半叶八行，行二十一字。其余体式与应永年间写本同。《序》及卷一以他本补钞。

（7）正亲町天皇永禄年间（1558—1570）写本。每半叶十二行，行二十字。"正义"大书，与"经文"同。

（8）正亲町天皇元龟年间（1570—1573）至天平年间（1573—1592）写本。每半叶十三行，行二十字。此本亦"正义"与"经文"同，大书。

（9）正亲町天皇元龟年间（1570—1573）至天平年间（1573—1592）写本。每半叶十七行，行二十五字。卷首有长孙无忌等《五经正义表》，后按有孔颖达《正义序》，后按有正文。"正义"亦大书。

（10）正亲町天皇天正十年（1582）写本。每半叶十一行，行二十字。卷末有"大明王氏月轩谨书　天正十年壬午孟冬吉月吉日在武州川越郡抄书也"。此"王氏月轩"，系明人入于日本者。另有《类要图注本草》及《责盲脸穴法》，亦为王月轩在日本时所手写。

日本现《周易注疏》古写本二种：

（1）后奈良天皇天文年间（1532—1555）有惠洪手写十三卷本。今卷十以下缺。每半叶八行，行十九字。

（2）正亲町天皇弘治（1555—1558）永禄（1558—1570）年间，有手写本十三卷本行世。行款同天文本，卷中避宋讳，凡"殷、匡、恒、胤、敬、贞"等字皆缺画。傍有朱点，古色斑然。

2. 宋刊本《尚书正义》二十卷（日本国宝）

《尚书》一书，唐代孔颖达为之作"疏"，其文本在唐宋两代称为《尚书正义》，为官学必读教本。南宋末金元开始，世人又把陆德明的"释文"加入其中而称为《尚书注疏》。《尚书正义》的宋刊本，国内仅有中国国家图书馆收藏的宋两浙东路茶盐司刊本的残本十六卷，其间又用日本影写宋刻本的写本配齐。

《尚书正义》在9世纪时期已经传入日本。今存9世纪藤原佐世撰《本朝见在书目录》中已见著录"《尚书正义》廿卷，唐国子祭酒孔颖达撰"。后来，四条天皇仁治二年（1241）日本东福寺开山圣一国师圆尔辨圆自中国归，携回汉籍内外文献数千卷。1353年东福寺第二十八世大道一以据圣一国师藏书编纂成《普门院经论章疏语录儒书等目录》，其"云部"又有著录《尚书正义》一种。

现在日本收藏《尚书正义》二十卷宋刊本全本二种，分别存于宫内厅书陵部和足利学校遗迹图书馆。依据资料判断，这两种《尚书正义》都是在中世纪前期传入日本的。

足利学校遗迹图书馆藏本，全本二十卷，共八册，为宋孝宗年间（1163—1189）三山黄唐刊本。此本在文献学上的价值与前述《周易注疏》相似，为《五经注疏》最早的合刊本之一，已被日本文化财审议委员会在1955年（昭和三十年）6月确认为"日本国宝"。

此本前有宋端拱元年（988）三月孔维等《序》，列衔凡八人。次为唐永徽四年（653）二月二十四日太尉扬州都督上柱国起国公臣（长孙）无忌等《上五经正义表》，次为国子祭酒上护军曲阜县开国子孔颖达《奉敕撰尚书正义序》。卷首题"尚书正义卷第一"，下题"国子祭酒上护军曲阜县开国子臣孔颖达等奉敕撰"。自卷二以下，则题"尚书注疏卷第（几）"。

每半叶有界八行，行十六字至二十二字不等。小字双行，行十七字或十八字。白口，单黑鱼尾。版心著录"尚（几）（叶数）"。卷中之"疏"，单行大字墨围阴刻。左右双边（21.4厘米×15.7厘米）。版心下方记刻工姓名，有洪乘、丁之才、丁章、才坚、方坚、毛昌、王圭、王政、王在、米明、吴益、宋通、李忠、李昌、徐文、张升、陈浩、顾佑、严贺、钱宗、甘鼎、洪乘、沈茂、金组、梁文、陆选等凡八十八人。

卷中避宋讳至宋高宗"构"字。卷一及卷十有元人修补处。

卷末有刻书者三山黄唐识文，其文曰：

> 六经疏义自京监蜀本皆省正文及注，又篇章散乱，览者病焉。本司旧刊《易》《书》《周礼》正经注疏萃见一书，便于披绎，它经独阙。绍兴辛亥仲冬，唐备员司庾，遂取《毛诗》《礼记》疏义如前三经编汇，精加雠正，用锓诸木，庶广前人之所未备。乃若《春秋》一经，顾力未暇，姑以贻同志之。壬子秋八月，三山黄唐谨识。

此本卷首部分天头处，有墨书"此书不许出学校阃外　宪实（花押）"。卷三第一叶天头处，又有同笔迹墨书"足利学校公用"。卷一首叶第三行及卷二十末叶倒第二行，皆有墨书"上杉安房守藤原宪实寄进（并花押）存"。

卷中每册有"松竹清风"朱印。

官内厅书陵部所藏的《尚书正义》二十卷，为宋光宗年间（1190—1194）单疏刊本。此本系由日本人宋僧圆种于14世纪初期从中国携归。卷中有圆种手识文，如卷三末有"嘉元二年（1304）暮春廿王朝　□句读了　圆种（朱书）"，卷四末有"嘉元元年（1303）岁次癸卯十月廿一日　加朱点了　圆种（朱书）"，卷六末有"嘉元二年甲辰卯月廿二日拭老服　粗加□点了　佛子圆种流年六旬"等。圆种是为金泽称名寺改铸钟铭的入宋僧。所以，他把此书就存放在称名寺中，成为中世纪金泽文库的藏本。今卷二、卷四、卷十、卷十四、卷十六皆有"金泽文库"墨楷书长方印。

此本于16世纪从金泽文库外流出散逸。卷一归于贾人伊势屋源七之所，余存镰仓圆觉寺归源庵。光格天皇宽政八年（1796），德川幕府医官多纪丹波（元简）得其零本，献于将军德川家齐处，并察访余卷所在。光格天皇享和三年（1803），经大学头林述斋建言，此本为枫山官文库所收藏。明治初年，归内阁文库所藏，今每册首有"秘阁图书之章"印记。明治天皇二十四年（1891）三月，此本由内阁文库移交宫内省图书寮（即今宫内厅书陵部），保藏至今。此本《尚书正义》系现存唯一的《尚书正义》宋刊单疏本，字划端雅，镌刻精绝，纸墨俱古，与今杏雨书屋藏宋刊《毛诗正义》单疏本，俱海内孤本。

另外，日本天理图书馆还藏有金人刊本《尚书注疏》残本二卷，为传世的唯一金人刻本。此本原为中国傅增湘赠送给日本人平冈武夫，卷十八有傅增湘以此书赠平冈武夫的"识文"八行。此本已被日本文化财审议委员会确认为"日本重要美术财"了。

3. 宋建安刊本《周礼》（郑氏注）十二卷（日本重要文化财）

《周礼》一书，最晚大约是在7世纪末8世纪初期传入日本的。在日本元正天皇养老二年（718）制定的《养老令》中，仿中国唐代国子监、太学和四门学把儒学经典氛围"正经"和"旁经"的规制，在"大学"中设立"大经""中经"和"小经"三大类课程。这里对"经"的分类仅仅是依据其字数的多少而确定的。其中把《周礼》列为"中经"。

9世纪末藤原佐世编撰《本朝见在书目录》，其第四"礼"类著录当时日本中央各机构搜储有关《周礼》典籍如次：

《周官礼》十二卷，郑玄注。
《周礼义疏》十四卷。
《周官礼抄》二卷。
《周礼义疏》六卷　泠然院（存本）。
《周官礼义疏》四十卷，汴重撰。
《周官礼义疏》十卷。
《周官礼义疏》十九卷。
《周官礼义疏》九卷。
《周礼疏》五十卷，唐贾公彦撰。
《周礼音》一卷。
《周礼音》一卷。
《周礼图》十五卷。
《周礼图》十卷。

12世纪中期的藤原赖长，是当时日本政权中的实权者。他在《台记》中记载自己的活动，其中在"久安二年"（1146）的"所读书目"中有《周礼》十卷；在"久安三年"（1147）的"所读书目"中又有《周礼》二卷，《周礼》三卷合疏，《周礼疏》十三卷；在"久安四年"（1148）的"所读书目"中又有《周礼》三卷，《周礼疏》十三卷。

这是一个很有文化史意义的记录，它表明了古代日本最高统治层的实权者，在儒学方面的追求和修养的目标。

《周礼》古本传世者，当以郑玄注本为最。今国内所存宋刊《周礼郑注》有二种三套，即一为宋婺州市门巷唐宅刻本，有两套；一为不知刊处的宋刊本，尚存一套。上述古本存中国国家图书馆、上海图书馆和北京大学图书馆。我见到的至今保存在日本的《周礼郑注》宋刊本有四种四套，此即为宋建安九行十五字巾箱本一种（今存足利学校遗迹图书馆），宋婺州刊十二行二十三字本一种，宋建安九行二十一字"纂图互注"本一种，宋蜀刊大字本一种（此三种皆存静嘉堂文库）。

今足利学校遗迹图书馆所收藏的宋建安刊本《周礼》（郑氏注）十二卷，最晚是从中世纪时代一直承传至今的典籍。

此本卷首原《序文》缺逸，卷一的第一行已经败损。卷二首题"周礼卷第二"，次行题"天官冢宰下　周礼　郑氏注"，尾题"周礼卷第二"。

此本每半叶有界九行，每行十五字至十七字不等。小字双行，每行十八字。细黑口，双黑鱼尾，乌丝栏，左右单边，间或有双边（9厘米×6厘米）。卷中避宋讳。凡"匡、恒、贞、桓、慎"等皆缺笔，光宗以下皆不讳。

此本释音重言重意本，被释字用圆围，又用圆围白文大字标"重言"，附"重言重意"。左上栏外有耳格，刻写小题。

此本文献学上称之为"巾箱本"，与当今日本流传的"文库本"极为相似。

卷末有日本光格天皇文化十三年（1816）著名的日本汉文学家狩谷掖斋（望之）和近藤正斋（守重）的手识文各一则。分录于后。

狩谷掖斋（望之）的识文曰：

> 宋刊《附音重言周礼》十二卷，其卷数与《隋书·经籍志》及唐《开（成）石经》、宋岳珂本同。《唐书·艺文志》云"玄注十三卷"，恐非。马融所注又为十二卷。后王肃、干宝、伊说之注，傅玄、陈邵之论评皆仿此卷数。如今行注疏本永怀堂注本，妄意分析，终令旧时面貌不可复见矣。是本较之今行诸本，讹谬皆当从改正。余恐日久为败朽，作筐以护之。文化丙子七月七日汤岛狩谷望之。

近藤正斋（守重）的识文曰：

> 万秀山正宗寺，在常州久慈郡增井村。梦窗弟子月山所开基也。其寺所藏，有古本数种，如《左传正义》单本。其一也。此《周礼》意是本系正宗寺所藏，后转致之野库者也。予所见昌平黉有宋版《周礼》，御库有元版，韩版《周礼》，狩谷氏有岳珂本。狩谷氏将作《周礼考文》，予借之厍主，以使对校之，聊登记其本所自来云。文化丙子秋九月，御书物奉行近藤守重识。（末有印文二枚）

近藤守重担任的是一个文化要职。江户幕府为管理典籍的流通和印书诸事，设立了专门的管理机构，称为"御书物奉行所"。"御书物奉行所"的"奉行"，即是这一政府职能部门的首脑。近藤守重本人不仅为自己喜欢的典籍做题跋，而且还编著过存书目录著作。

此本已经被日本文化财审议委员会确认为"日本重要文化财"了。

此外，自17世纪中叶到19世纪初，日本本土曾经有四次刊印《周礼》此书。

（1）日本明正天皇宽永九年（1632）书林松氏刊印《周礼》（此本与《仪礼》十七卷合刊），此刊本由日人周哲（愚斋）点，林罗山校。《倭板书籍考》卷二著录《周礼》此刊本并曰"儒士愚斋周哲始加训点，有罗山跋"。其后，此本有明正天皇宽永十三年（1636）、灵元天皇宽文九年（1669）等重印本。

（2）桃园天皇宽延二年（1749）正月江户前州六左卫门等刊《周礼》。

（3）光格天皇文化六年（1809）十月丹霞楼刊《周礼》正文三卷。此本由日人重点保光（东成）点。

（4）江户时代尚有褂川德造书院刻《周礼》十二卷。此本由日人松崎明复审定。

4. 宋刊本《礼记正义》七十卷（日本国宝）

足利学校遗迹图书馆所藏《礼记正义》七十卷，为宋绍熙三年（1192）两浙东路茶盐司刊本。

卷首有孔颖达《礼记正义序》。本文卷首题"礼记正义卷第一",次行低二格署"国子祭酒上护军曲阜县开国子臣孔颖达等奉",转行低三题署"敕撰"。

次隔二行有衔名八人如下:

> 进士傅伯庸;
> 进士陈克己;
> 应贤良方正直言极谏科庄冶;
> 修职郎绍兴府会稽县主簿高似孙;
> 修职郎监绍兴府三江钱清曹娥盐场管押袋盐李日严;
> 迪功郎充绍兴府府学教授陈自强;
> 文林郎前台州州学教授张泽;
> 从事郎两浙东路安抚司干办公事留骏。

次隔一行,又有衔名三人如下:

> 宣教郎两浙东路提举常平司干办公事李深;
> 通直郎两浙东路提举茶盐司干办公事王汾;
> 朝请郎提攀两浙东路常平茶盐公事黄唐。

卷末有绍熙三年三山黄堂刊行"跋文"。文曰:

> 六经疏义自京监蜀本皆省正文及注,又篇章散乱,览者病焉。本司旧刊《易》《书》《用礼》正经注疏萃见一书,便于披绎,它经独阙。绍熙辛亥仲冬,唐备员司庾,遂取《毛诗》《礼记》疏义如前三经编汇,精加雠正,用锓诸木,庶广前人之所未备。乃若《春秋》一经,顾力未暇,姑以贻同志云。壬子秋八月三山黄唐谨识。

每半叶有界八行,行十六字至十九字。注文小字双行,行二十三字左右。白口,单黑鱼尾。版心著录"礼记义(几)(叶数)"。左右双边(21.3厘米×15.9厘米)。补刊的上象鼻处记大小字数(修刊全在宋代,补版叶数较少)。下象鼻处有刻工姓名,如王恭、王佐、王允、王宗、王茂、王桩、王祐、王寿、翁祥、翁祐、应俊、魏奇、葛昌、葛昇、许咏、许富、许贵、许才、姜仲、金昇、金彦、阮祐、严信、吴志、吴宗、吴宝、高政、高彦、施俊、施弥、朱周、朱弥、周泉、周彦、徐仁、徐宥、徐进、徐通、蒋伸、蒋信、宋瑜、朱琳、宋春、张枢、张晖、赵通、陈又、陈文、陈显、陈真、丁拱、郑彬、郑复、陶彦、童志、马春、马松、马祐、马昇、方伯祐、方坚、包端、濮宣、毛俊、毛端、余政、杨昌、李用、李良、李宪、李光祖、李师正、李信、李涓、李仁、李倚、李俊、李忠、陆训、刘昭等。补刊叶刻工姓名有如王涣、王禧、求裕、许忠、贾祚、顾永、顾澄、高文、高昇、朱涣、朱春、邵亨、蒋荣、章东、徐殉、徐琪、孙春、张昇、张谦、张荣、沈珍、马祖、毛祖、余敬、杨润、李成等。

卷中避宋讳，凡"玄、眩、县、弦、主、敬、惊、警、弘、殷、匡、筐、镜、竟、胤、恒、贞、徵、侦、桢、赪、树、让、顼、勗、桓、完、构、媾、沟、惇、敦"等字皆缺笔。

此本全卷有日本室町时代的墨笔训点，并有江户时代的朱墨校字。卷二十六的末叶缺佚。卷三十三至卷四十（共四册），卷四十七的末叶系室町时代僧人补写。日本光格天皇宽政九年（1797）新乐定编录《足利学校藏书目录》，引近藤正斋关于此本八卷补写诸事的考定文曰：

> 《礼记正义》七十卷，《藏书目录》中第一卷封面内侧，题志郊特牲、内则、玉藻三编缺欠，本经自八至九，正义自三十三至四十，此乃上杉宪实手书也。押"松竹清风"篆印。（上杉氏）赠送之时，此四本实缺。补本四册，乃钞本也。首题"紫府丰后僧一华学士于武州胜沼，以印本令书写赠送，一次校舍毕"。补本系据世间南宋所刻《附释音》本。一华乃丰后万寿寺僧，文明永禄间（1469—1570）人。当时因世无《正义》本，故以《附释音》本补之。

卷首天头也有"此书不许出学校阃外宪实"等题识，署名后有花押。每册首有"足利学校之公用也""足利学校公用"墨笔横书，第一册首有"此书不许出学校阃外"墨笔横书，署名"宪实"，并有花押。每册尾墨笔题署"上杉宪实寄进"，并有花押。

此本《礼记正义》已于1955年（昭和三十年）二月被"日本文化财审议委员

会"确认为"日本国宝"。

5. 宋明州刊本《文选》三十卷（六家注本）（日本国宝）

足利学校藏本中，还有宋刊本《文选》一种被确认为"日本国宝"。原来，足利学校的第七代庠主上杉九华擅长《易》学。他于1560年（即上记永禄三年）返回故里大隅（今鹿儿岛辖内）省亲，途中在相州为当地城主北条氏康、北条氏政父子相邀约，讲授《周易》与《三略》。北条氏家当时把金泽文库的旧藏宋刊本《文选》作为礼赀，赠送给上杉九华。

卷中有九华手识文五则。

（1）卷二十四末文曰："能化九华六十一岁，百日之《周易》之讲一十六度，时书之。"

（2）卷三十末文曰："隅州产九华，行年六十一之时，欲赴于乡里，过相州，太守氏康、氏政父子听《三略》，讲后话柄之次赐之。又请再住于讲堂矣。"

（3）卷三十九末文曰："能化九华六十一岁，百日之《周易》之讲一十六度，时书之。"（与卷二十四同）

（4）卷五十七末文曰："能化九华叟，行年六十一岁，《羲易》之讲，百日而毕十又六度，而欲赴旧里，过相州……"（以下文字磨灭）。

（5）卷六十末文曰："能化大隅产九华叟，《周易》传授之徒百人，百日讲席十有六度也。行年六十一书之。"（此手识文与足利学校遗迹图书馆藏宋刊本《周易注疏》卷十三手识文全同，盖同时书写也。）

《目录》末有"司业九华叟"一行，并加花押。旁有"加朱墨点三要"一行。

各册皆有"学校寄进　永禄三年（庚申）六月七日　平氏政朝臣"墨书一行，其中在"平氏政朝臣"旁，有题书"司业九华叟"者，有题书"大隅产能化九华"者，有题书"加朱墨点　三要"者等。

关于《昭明文选》的注本，历来有唐李善注、唐五臣注、六臣注诸本。此本系宋明州刊本，卷一题署"梁昭明太子撰五臣并李善注"，是谓"六家本"。

此本卷首有《李善上文选注表》，又有《集注文选表》《文选序》。每半叶有界十行，每行二十三字。注记双行，每行三十字。白口，左右双边。版心记刻工姓名，如方成、王因、江政、宋道、俞忠、黄晖、张谨、叶达等凡三十一人。《目录》末有"司业九华叟"墨书，下有花押。旁边又有"加朱墨点　三要"墨书一行——此"三要"者，即足利学校第九代庠主三要野衲。另起一行的上方有"北条氏"朱印，印文下墨书题署"永禄三年庚申　平氏政朝臣"。此墨书题署，亦见于卷三十末。

森立之《经籍访古志》卷六著录原足利学校藏宋刊本《文选六臣注》。其识文曰：

> 首有李善《上表》，卷首题"文选卷第一"，下记五臣并李善注。每半版十行，行廿一字，注三十馀字，疏密不整。界长七寸三分，幅五寸一分。左右双边。字画精严，镌刻鲜明，宋刻中尤精妙者。签题篆书"李善五臣文选"六字，下为界格夹书卷数，乃为当时装潢之旧。每卷首尾有"金泽文库"印记。第三、第六、第十二、第十五、第三十、第三十九诸卷末，有九华叟《跋》，记"永禄三年学庠寄进平氏政朝臣"，捺福寿应隐朱印。末又有三要加朱点墨记，卷中点校甚密。

此本已由日本国家文化财审议委员会确认为"日本国宝"。

6. 宋一经堂刊本《附释音春秋左传注疏》六十卷
（日本重要文化财）

足利学校的藏本中，尚有宋建安刘叔刚刊十行初印本《附释音毛诗注疏》二十卷三十册。原来，自南宋初年"注疏本"合刊之后，坊间更把唐人陆德明所撰的《经典释文》依据经文的注疏加以分合，此称之为"附释音"本。后代传世之明正德年间十行本，即为此种"附释音"本。有人以此十行本作为宋刊元修本，实在是不妥当的。足利学校所藏的这一宋刊本，才是《附释音毛诗注疏》的祖本。清人阮元据以校《十三经注疏》的"附释音"本，是元人覆刻明人补修的本子，非为原本。足利学校另外所藏的宋刘叔刚刊《附释音春秋左传注疏》六十卷，当也是属于这一系统的。

《附释音春秋左传注疏》六十卷，题署（晋）杜预注、（唐）孔颖达等疏、陆德明释文。此本系宋建安刘叔刚一经堂刊本。每半叶有界十行，行十七字。注疏文小字双行，行约二十三字。细黑口，双黑鱼尾。左右双边（19.2厘米×12.4厘米）。版心著录"秋（几）（叶数）"。上象鼻处偶有记大小字数。其中卷二十一的第十五叶至第十八叶，第二十三叶的上象鼻处，刻有一"文"字。卷三十五的第十二叶至第十四叶，第十九叶至第二十二叶，第二十五叶的上象鼻处，刻有一"先"字。卷三十六的第一叶，第二叶和第四叶的上象鼻处，刻有一"目"字。此处的"文""先""目"等字不知是否为刻工名字。左上栏外有耳格，记"某几（或几年）"。注文后以"○"为标识作音释。音释后"疏"字为一大字，下置疏文。

首有《春秋正义序》。《序》后有刊本木记曰："刘氏文府叔刚桂轩　弌经堂。"

"木记"后有鼎形印记"桂轩""藏书"，爵形印记"建安刘叔刚父锓梓""敬斋"，琴形印记"高山流水"。

本文卷首题"附释音春秋左传注疏卷第一"。第二行至第四行各低二格署"国子祭酒上护军曲阜县开国子臣孔颖达等奉敕撰国子博士兼太子中允赠齐州刺史吴县开国男臣陆德明释文"。卷二以下各在题后次行低三格或四格署"杜氏"，再隔四至五格署"孔颖达疏"。

卷中避宋讳"慎、敦、郭"等字，但缺笔并不十分严格。

每卷首有"足利学校公用"，或"足利学校之公用也"的横书墨迹。卷一首有"此书不许出学校间外阇宪实（花押）"。卷一、卷三、卷二十四、卷三十六与卷五十九之首及各册末皆有"上杉安房守藤原宪实寄进"墨书。各册末在"藤原宪实"名下有花押。每卷首又有"松竹清风"印记。

森立之《经籍访古志》卷二著录此本。

此本已被确定为"日本重要文化财"。

足利学校收藏有如此贵重的中华文献典籍，在长久的岁月中几乎无人知晓。

当年江户时代的儒学家山井鼎在编撰《七经孟子考文》时，把这些藏本作为校本而加以征引，成就了他在汉籍校勘学上的重大贡献。清人阮元又据山井鼎氏《考文》而校《十三经注疏》。这些典籍，原先都是中土之瑰宝，现今则复藏之于东瀛足利，它们在漫长的东亚文化关系史上，作为中国文化的主要载体，向日本列岛传达了中华文化。至今，它们仍然安静地生存于东京都北部栃木县足尾山地的南端，日复一日，年复一年，以它们无比的养分，滋润着这一方土地。

在金泽文库访"国宝"

在日本作为中世纪时代创建的汉籍收藏机构中，可以与足利学校相提并称的，要算是金泽文库了。所有现存的"金泽本"汉籍，全都可以归属善本类。但是与足利学校不同的是，"金泽本"汉籍大部分已经流失于日本各地。其中最多的则是已经归属于官内厅的御物了，此外，在各处被确定为"日本国宝"和"日本重要文化财"的汉籍中有一些原来也是金泽文库的旧藏。

金泽文库原是日本中世纪时代武家北条氏政权的文教设施，创建的确切年代已经不可考知。13世纪北条氏二代执政北条义时（Houjou Yoshitoki，1163—1224）的第五子北条实泰，受封为武藏国六浦庄领主（今横滨市金泽区辖内），在此地建立居馆。1258年（日本正泰二年），北条实泰的独生子北条实时（此即金泽时，Kanazawa Sanetoki，1224—1276）在六浦庄内建立"称名寺"，并以僧人妙性房审海为开山，他与元代赴日本的名僧一山一宁交谊厚笃。北条实时本人在称名寺中行传法灌顶仪式，出家为僧。1275年（日本建治元年），北条实时从镰仓迁居六浦庄，并在称名寺内建立一个"文库"，收储他所藏的日汉文献，这可能便是"金泽文库"的起始。如是，金泽文库的建立，比足利学校大约要早上二百年左右。

北条实时在青年时代曾经师事儒学家清原教隆（Kiyohara-Noritaka，1199—1265），学习《春秋经传集解》与《群书治要》等经籍，对于学问和政道，均甚关注。当时，金泽文库所藏的汉籍，分为"儒书"与"佛典"两大部类，皆钤"金泽文库"印记。不过，印记的颜色则以朱墨加以区别——儒学著作为墨色"金泽文库"印，按《千字文》次序分类排列；佛学著作为红色"金泽文库"印，各宗按经论章疏排列。今存"金泽文库本"中，尚可见"武藏国仓城郡六浦庄内金泽村　越后守平实时堂廊"等题识，乃系当时所收藏者。

金泽文库藏书的功能，与足利学校不同，它并不公用。金泽文库是中世纪武家的私人文库，仅供当时北条氏一门及称名寺僧人所利用，所以，一般的僧俗人士亦难窥其底蕴。15世纪时五山僧人万里集九，曾于1486年游学金泽文库。他在《梅花无尽藏》中记其事曰："文明十八年二月有七己亥，棨桓濑户六浦之滨。遗庙之前挂昔时诸老所作之诗板，边旁点划不泯，如新镌也。渐进人称名律寺间，西湖梅以未开放为遗恨矣。珠帘、猫儿、支竺、群书之目录、称名寺水晶、唐猫儿之孙，一大时教及群书，盖先代储焉。无介者而不能触目。对案书卷，遂不扬面。吁！律缚之传，但守法而已云云。"此文中的"文明十八年"，即1486年。万里集九这一趟金泽之游看来比较扫兴，因为没有介绍人或介绍信，所以"对案书卷，遂不扬面"，心情甚为无奈。但由此也说明，在金泽文库建立的百余年后，于管理上仍然秉承旧规，制度相当严格。

其实，当万里集九游学金泽文库之前，镰仓幕府已在1333年（日本弘元三年）崩溃，北条氏势力已经消退，金泽文库也已移交称名寺的住持管理。15世纪初，上杉宪实出任关东管领，他不但重振了足利学校，而且也倾力于金泽文库的经营。在上杉氏管理期间，金泽文库曾一度改名为"金泽学校"，这大约是为了与足利学校齐平之故。

日本《古艺馀香》第六册著录有当时金泽文库所藏之书行款格式：

《绝海和尚初主甲州府乾德山惠林寺语录》三册，左右双边。半板长七寸，巾（幅）四寸九分。十行二十字。

有永乐元年道联之序、永乐二年心泰之跋。

藏典印，单格，朱文篆字。

八分 　金泽学校　在每册初叶

二寸五厘

笔者曾在东京前田育德会尊经阁文库（江户时代加贺藩主前田纲纪等遗存）中阅读南宋刊本《世说新语》。此本正文首叶第一行在"世说新语上"之下，有"金泽文库"墨印，而边框右侧上方，则钤有"金泽学校"印记一枚，此二印皆清晰可读。此可确证"金泽学校"就是"金泽文库"了。

据此，金泽文库则经历了北条氏、称名寺住持和上杉宪实等三个经营时期。所以，今日若要论说"金泽文库本"的概念，实际上应该包括下列诸种收藏：

第一，钤有"金泽文库"印记的所有典籍；

第二，北条氏一系（由北条实时起，包括其子孙北条显时、北条贞显等）的手识文本及手写本；

第三，钤有"称名寺"印记的典籍；

第四，称名寺开山妙性房审海以及其后历代住持的手识文本和手写本；

第五，钤有"金泽学校"印记的典籍；

第六，有证据出自13世纪至16世纪称名寺的典籍。

金泽文库由于它本身存在的时代，决定了"金泽文库本"主要是宋元刊本和明代初期的刊本与同时代的手写本，以及与这一时期相一致的日本自己的"和刊本"与"和写本"，其中有不少是国内已经逸失，于当今被称为"国宝"的典籍。

古代日本进入战国时代（1467—1573）之后，群雄割据，争霸关东，在战争的摧残中，金泽文库的库务日趋式微。笔者在"在足利学校访'国宝'"一章中曾提到当年足利学校的第七代庠主上杉九华，经过相州地方时为北条氏康父子讲授《易》学，北条氏以金泽文库所珍藏之宋刊本《文选》作为谈资相赠，即可窥见其藏书散出之一斑。

1592年（日本文禄元年）僧人铁山造访金泽文库，与百年前万里集九所见已面目全非。有诗为证：

不见图书三万堆，秋风荒野独堪哀。

秦坑千岁非应恨，帙杂红尘轴绿苔。（见《铁山集》卷中）

其后，1616年（日本元和二年）江户时代汉学的魁首林罗山过金泽，叹其藏书之散失，亦作诗曰：

怀古泪痕羁旅情，腐儒早晚起苍生。
人亡书泯几回首，境致空留金泽名。（见《罗山诗集》卷一）

金泽文库旧藏散出者，首先为江户时代幕府大将军德川家康所收藏。德川家康有私人藏书处，称"富士见亭文库"。1633年（日本宽永十年）德川家康的后裔将文库迁至红叶山，故又更名为"红叶山文库"，又称"枫山文库"或"枫山官库"。无论是在"富士见亭文库"时期，还是在"枫山官库"时期，德川幕府收储的"金泽文库本"数量甚多，并刊布流世。例如，唐代魏徵等编撰的《群书治要》五十卷，却不见《宋史·艺文志》等记载，大概在那个时代便已经失逸了，而金泽文库却藏有镰仓时代日本僧人手写此书的全帙。此写本每一叶十二行，行间八分，一行约十七字。卷中有日本后深草天皇建长年间（1249—1255）至花园天皇延庆年间（1308—1310）之间日本清原教隆、藤原敦周、藤原敦纲、藤原经雄、北条实时和金泽贞显等学问大家的手识文。德川家康在得到这个本子后，曾于日本元和二年（1616）正月命令将这个写本用活字排印。但此时此本《群书治要》已经缺失卷第四、卷第十三和卷第二十，残存四十七卷了。今存《本光国师日记》"元和二年"条中，记录了当时江户幕府重印《群书治要》的全过程，《日记》中对于活字排印工序中的"切木""雕手""植手""摺手""校合"等，皆记载详密。此书经半年后印成五十一部，每部凡四十七册。然此时德川家康已经去世，所以印本未能流布，只是把它们分赠给了德川家康的后裔尾张、纪伊两家藩主。日本天明元年（1781）尾张藩主家的大纳言宗睦，有感于《群书治要》虽然已经印刷百余年，却始终未能流布，即从枫山官库中借得原"金泽文库本"《群书治要》，复加校刊，再版梓行。日本天明六年（1786）重印本告成，分予诸藩主并各位亲臣。这就是流传于世的有名的"天明版"《群书治要》。日本宽政八年（1796）尾张藩主家得知《群书治要》在中国国内已经失逸，于是，以五部移送当时掌管长崎海关的近藤重藏，托其转达中华。近藤氏以一部存长崎圣堂，一部赠诹访神社，三部赠唐商馆，托中国商人携回本土——当时，江户幕府实行全国封锁令，惟准中国与荷兰的商人，得以长崎为唯一的进出口岸。

清嘉庆七年（1802），鲍廷博编撰《知不足斋丛书》，他在第二十一集《孝经郑注序》中言及《群书治要》，并曰："此书久佚，仅见日本天明刻本"，由此可知日本尾张藩主家所刻此本已经在中国国内流传，时距尾张藩主家托近藤重藏将"天明印本"转送中国商人只有六年的时间。

稍后，阮元编辑《宛委别藏》，即将《群书治要》编入其中。其题曰："《群书治要》五十卷，原缺卷四、卷十三、卷二十。唐魏徵等撰，日本天明刊本。"至此，日本尾张藩主家刊本已经为阮元所得了。后来，《连筠簃丛书》《粤雅堂丛书（三编）》等皆从《宛委别藏》中辑入了《群书治要》，此为清人的校刊典籍，起了不小的作用。这是"金泽文库本"的一段趣事。

有据可证，当年德川幕府从金泽文库中取走了宋元刊本二十四种。日本明治时代废藩之后，枫山官库的珍本大部分入了官内省图书寮（即今官内厅书陵部）。原金泽文库所藏的宋刊本，如《尚书正义》《春秋经传集解》《论语注疏》《集韵》《太平寰宇记》《诸病源候论》《外台秘要方》《杨氏家藏方》《太平圣惠方》《新编类要图注本草》《初学记》《太平御览》《王文公文集》《景文宋公集》《东坡集》《崔舍人玉堂类稿附西垣类稿》《画一元龟》《世说新语》等，皆已悉为皇室御物。其余的典籍在当时便归于"太政官文库"，后变名为"内阁文库"（今"国家公文书馆第一部"）。除德川幕府之外，江户时代的各家藩主也收储"金泽文库本"。当时，德川光圀（Tokugawa Mitsukuni，1628—1700）编撰《大日本史》，曾令其史官赴金泽取书，如《周易正义》《施氏问对》等，后藏于彰考馆；加贺藩主前田纲纪（Maeda Tsunanori，1643—1724）也移"金泽文库本"于本藩，如《春秋左氏音义》《孔子家语》《列子》《世说新语》等，后藏于前田育德会尊经阁文库；尾张藩主家也有"金泽文库本"，如《齐民要术》《太平圣惠方》等，后藏于蓬左文库。此外，有的典籍流出金泽文库后，作为文物为诸家争夺，终被分割分藏，如宋刊本《锦绣万花谷》（残本）六卷，四卷移藏于万松山龙潭寺（今静冈县境内），二卷为松方家所得，又转辗归于汉学家竹添光鸿，现存于静嘉堂文库。南宋初年刊本《礼记正义》（残本）八卷，移藏于身延山久远寺（今山梨县境内）。直到20世纪50年代初，天理教创设之"天理图书馆"，以其雄厚的财力，还收集到流传于世上的

"金泽文库本"，如宋刊本《欧阳文忠公集》一百五十三卷并《附录》五卷。是书为宋神宗熙宁五年（1072）由欧阳修之子欧阳发编定，于宋宁宗庆元至嘉泰年间在吉州刊印。卷中钤有"金泽文库"第一号墨印，系从金泽文库散出无疑。此本已在昭和二十七年（1952）被确认为"日本国宝"。

金泽文库衰败之后，到明治年间，伊藤博文曾加修葺。1930年日本大桥新太郎曾出资复兴这一中世纪时代的文教设施，金泽文库便作为图书馆而开始运行。1955年，日本政府最终确定了把"金泽文库"建设成为中世纪历史博物馆的方针，一直贯彻至今。

目前，金泽文库的汉籍善本的收藏，计有宋刊本如《南史》《文苑英华》《嘉定十一年具注历》等典籍四十五种。此外尚有宋刊本《大藏经》一部，凡七百四十五种，共计三千四百九十卷。这部《大藏经》属于东禅寺版和开元寺版的混编本，但全为宋刊本，亦至为名贵。

1. 宋嘉定十年刊《（大宋）嘉定十一年具注历》（残本）一叶

在四十五种汉籍珍本中，有《（大宋）嘉定十一年具注历》（残本）一叶，系宋嘉定十年（1217）刊印。国内外现存的汉籍文献中，关于宋代历本，只有《大宋宝祐四年丙辰岁会天满年具注历》的写本流行于世，未曾听说有宋刊本传世。此本《（大宋）嘉定十一年具注历》把每一天分为八个部分加以表述，第一格记日期、甲子和五行，如"（六月）二十一日　辛酉　木满"；第二格记当日星相，如"房（星）"；第三格记节气、月弦、被禊和八卦，如"大暑 六月中　沐浴　离九三"；第四格记当日自然征候，如"腐草化为萤"；第五格记当日可行事与当日不可行事，如"吉日岁对……兵吉……宜临政举官"等；第六格记漏刻及太阳运行，如（二十二日）"昼五十八刻　夜四十二刻日出卯初初刻……"；第七格记当日人体征候，如"人神在胸"，又"血忌　人神在手指"，又"血支　人神在股内"等；第八格记人体行事，如"日游在房内中"

等。此书所透露出的如此丰富的文化讯息，对理解13世纪初期汉民族对自然科学、社会人事与生命运动的认知能力与认知水平，具有很大的价值。

2. 宋刊本《元氏长庆集》（残本）一卷

唐代诗人元稹，与白居易交好，在诗文坛上曾以"元白"之名并称一时。但其文集在清代编纂《四库全书》时已仅见残本而已。《四库全书总目》卷一百五十一曰："（《元氏长庆集》）不知为何人所重编。前有麟序，称稹文虽盛传一时，厥后浸以不显，唯嗜书者时时传录。某先人尝手自抄写，谨募工刻行云云。则麟及其父均未尝有所增益。盖在北宋即仅有此残本尔。"而今国内连《元氏长庆集》的宋刊残本也已经不存了，令人扼腕。日本今存《元氏长庆集》宋刊本九卷，分藏于静嘉堂文库、东京大学总合图书馆和金泽文库，从纸张、墨色、字体以及行款等判断，此三处所藏，实为同一刊本。金泽文库存《元氏长庆集》第三十七卷的残本，左右双边，匡郭高23.1厘米，宽16.17厘米。每半叶十三行，每行二十三字。如果将这三处的藏本综合起来，或许能够看到元稹文集宋刊本的概貌。

3. 10世纪写本《文选集注》（残本）十八卷（日本国宝）

金泽文库收藏有一批具有重大价值的古写本。例如8—9世纪的《卜筮书》一种，10世纪左右的《文选集注》一种、12世纪《周易注疏》一种、《集七十二家相书》一种等。这些写本到底是由中国传入的唐宋人所手书，还是自平安时代至镰仓时代由日本人所手书，学界尚有些不同的看法。如《卜筮书》一种，日本著名的版本学家长泽规矩也先生判定为日本平安时代写本，但依我的判断，则很可能是中国唐人写本。

在这些写本中，10世纪左右的古写本《文选集注》是非常重要的典籍，此本既非"五臣注本",亦非李善注与五臣注合璧的"六臣注本"。其集注征引之文,除"李善注""五臣注"外,尚有《文选钞》《文选音诀》,并有"陆善经注文"等。《文选钞》与《文选音诀》,为《唐书·艺文志》所著录,题署"公孙罗撰"。而尤可注目者,则陆善经之"文选注文"。据早期"经籍志"及9世纪日本人藤原佐世《本朝见在书目录》的记载,陆善经乃堪称经学大师,却世不见其传。今由此本注文中又可窥见其学问,是极可贵的。

昭明太子编纂《文选》,原本三十卷。后来李善为之作注,分析为六十卷,世上流行者皆本于斯。金泽文库藏此本《文选》,既非三十卷,又非六十卷。从今残本考稽,实为一百二十卷本,亦为罕见。

"金泽文库本"的《文选集注》残存十八卷,即卷四十七、卷六十一(上、下)、卷六十二、卷六十六、卷七十一、卷七十三(上、下)、卷七十九、卷八十五(上、下)、卷九十一(上、下)、卷九十四(上、中、下)、卷百二、卷百十六。与此写本为同一本的另外六卷的残本,现今存于东洋文库,即卷四十八、卷五十九(上、下)、卷八十八、卷百十三(上、下)。两处收藏共存二十六卷。我曾将从金泽文库携回之《文选集注》书影,请友人王春茂先生(任北京大学出版社副社长)与《四部丛刊》本作一校雠,发现异文甚多。以此本卷六十六《宋玉招魂一首》为例,仅开首"招魂一首"之释文,异文就有七处。有价值的是,"丛刊本"全无"陆善经曰"云云,而此本则著录"陆善经曰:叙曰招者召也,以手曰招,以言曰□"。文化史上曾传陆氏当年亦奉敕注《文选》而未就,此《集注》所征引,是否为陆善经当年的"未完稿",则不得而知。然不管如何,此本《文选集注》在《文选》的研究史上无疑是极有意义的。1955年(昭和三十年),金泽文库所藏《文选集注》被确认为"日本国宝"。同年,东洋文库藏本亦被确认为"日本国宝"。

自1985年以来,我有机会六次访问了金泽文库,最近的一次,则是在1998年的7月与张哲俊博士同往。日本称之为"金泽"的地名甚多,东西皆有。此处说的"金泽文库",则位于东京都之南端神奈川县的横滨市内。如果从东京出发,则在东京的品川乘坐"京滨特快",过横滨车站,在"金泽文库站"下车,转乘第13号公共汽车,十分钟后在"称名寺站"下车即是。文库北临东京湾,西南背衬日向、稻荷、金泽三山,景色十分旖旎。当年北条氏家族占此风水之地,先设佛寺后建文库，多少表现了武人政权的崇文志向。中世纪流入日本的汉籍以此为契机也得以保存传世。但物换星移，当年的"金泽本"而今仍然存于金泽文库者已经不多，"文库"本身也已经移出"称名寺"而属于一独立之钢筋水泥建筑中了。

在静嘉堂文库访"国宝"

在中日两国近代文化史上,"静嘉堂"这一名称,向为学者所瞩目。它在日本是除宫内厅书陵部储藏的汉籍"御物"之外,收藏汉籍宋元古本最为丰富的一个文库。在它现今所储藏的1180余种汉籍善本中,有宋刊本120余种,元刊本150余种,明刊本550余种,明人写本70余种,此外,还有清代名家如朱彝尊、顾广圻、黄丕烈诸人的手写本和手识文本260余种,实为汉籍版本的无价之宝。

静嘉堂文库是日本在明治时代中期,由当时的大资产阶级建立起来,用以宣扬东方文化传统,稳定社会秩序的一个文化设施。它作为日本三菱公司的一个文化机构,由当时三菱财阀的"灵魂"岩崎弥之助(Iwasaki Yanosuke,三菱二代主)开始筹建,至岩崎小弥太(三菱四代主)时才得以最后完成。

19世纪中期,日本近代文化运动发展,西学东渐日本列岛,1885年日本福泽谕吉（Fukuzawa Yukichi）发表"脱亚论"①，一时之间，古典汉籍被任意抛掷，东方本位文化的地位日见下降。岩崎氏家族有感于斯，便开始了对传统文化典籍的收储。自1892年至1907年的十五年间，投资数十万两银子，终于在东京建成了一个收藏日汉古代典籍珍本的首屈一指的文库。这一文库取《诗经·大雅·既醉》中"其告维何，笾豆静嘉。朋友攸摄，摄以威仪"中的"静嘉"一词为名，此为"静嘉堂文库"。

文库创建之初，岩崎弥之助曾委托他的老师、著名的汉学遗老重野安绎（Shigeno Yasutsugu）主持其事。重野氏曾参与《大日本史》的编纂，以"静嘉"命其藏书之处，正是重野氏的主意。静嘉堂文库建立之初的最早藏书，是明治二十七年（1894）得到了青木信寅（Aoki Nobutora）的一批藏书凡1033册，但全部是和文文献（日本文献）。它的最早汉籍收藏起自明治二十九年（1896）在中国上海购入的古书82部凡4473册。自此以来到1907年（明治四十年）套购我国陆心源旧藏的十年间，静嘉堂文库先后九次（批）从日本文化人处购买或获赠的典籍达到37890册，其中汉籍有1328种凡14529册，约占全部藏书的一半（有稍许误差——笔者）。在日本近代文化设施建设中，已经显现了它将作为保存汉文文典文库的倾向。

静嘉堂初建于东京骏河台岩崎氏的宅邸内，它是作为岩崎家的个人事业经营的。1924年，岩崎小弥太（Iwasaki Koyata）为了纪念他的父亲而把文库迁到岩崎弥之助的"纳骨堂"（骨灰冢）之侧。这是一座英国式的建筑，保存至今。1940年，岩崎氏把文库交三菱财团经营，获法人资格。战后远东军事法庭在清理战争罪行时，鉴于三菱财团在战争中与日本军部的关系至为密切，是日本最重要的军事物资的供货商之一，静嘉堂文库被视为"战犯财产"而予以没收，被充作国有财产。同时被没收的还有岩崎氏家族的另一个文化设施东洋文库。1948年静嘉堂文库被确定为国立国会图书馆的一个支部，成为公家的图书馆。1970年，三

---

① 学术界对福泽谕吉的评价存在着很大的争议。日本学者一般把他称为"日本近代国民思想的启蒙之父"。他的头像被印制在当代日本通用钱币的最高面值1万元的钞票上。中国学者与朝鲜半岛学者中有一些研究者称他为"日本法西斯主义的先驱"。如果从日本与东亚文明史的进程来看，福泽谕吉的关于改造日本国民陈旧意识，建立日本近代国民思想的意愿和实践，在东亚文明史上具有积极的意义。随着日本社会内在的各种因素的变化和发展，福泽谕吉的"脱亚论"逐渐地被国家主义化，发展成为一种极端民族主义的形态。

菱财团再次确认了它对该文库的权益，同年4月，静嘉堂文库脱离国会图书馆，复归三菱财团经营。三菱财团组成"静嘉堂文库理事会"为其决策机构，文库长主持日常事务。

在静嘉堂文库的历史上，真正使该文库成为收藏中国宋元古本最富的宝库的，则是清光绪三十三年，日本明治四十年（1907）岩崎氏家族在中国购得归安陆心源的"皕宋楼""十万卷楼"和"守先阁"的旧藏珍本4146种，合计43218册。这批汉籍的东移，在中日两国的近代史上，是一件引人注目的大事。

陆心源字刚甫，号存斋，浙江归安人。因为读顾亭林书，仰慕其为人，故而把自己的书堂题名为"仪顾堂"。清咸丰同治年间，陆心源宦游江南，正值太平天国战争，江南藏书纷纷散出，他广为收购，仅从上海的郁松年处，便购得48000余册，精帙巨编，琳琅满目。陆心源藏书最盛时约在15万册左右，以皕宋楼储宋元旧刊，以十万卷楼收明代及明之后的秘刻并名人手写本等，以守先阁藏寻常刊本。陆氏藏书，一时名噪大江南北，与杨氏海源阁、丁氏八千卷楼、瞿氏铁琴铜剑楼齐名，为清末四大藏书家之一。

1905年，日本汉籍目录学家岛田翰（Shimada-Kan）游于江南，数登陆氏"皕宋楼"，悉发其藏本而读之。岛田氏在后来的《皕宋楼藏书源流考》中，记述他当时的观察与感受的心态说：

> 乙巳丙午之交，予因江南之游，始破例数登陆氏皕宋楼，悉发其藏，读之太息。尘封之余，继以狼藉。举凡曩日之部居类汇者，永以饱蠹鱼。又叹我邦藏书家未有能及之者，顾使此书在我邦，其补益文献非鲜少。遂怂恿其子纯伯观察树藩，必欲致之我邦。

岛田翰在数次参观陆氏家藏书后，心起异志，而陆心源之子陆树藩，坐吃山空，败家倾产，亟欲出售家传秘籍，即以50万元标价，与日本人开始了讨价还价。岛田翰回国，谋于巨富岩崎氏家。岩崎氏获讯，即委派重野成斋在赴欧洲途中，于上海和陆树藩会面洽购。重野成斋大杀其价，从50万元杀至35万元，经25万元，最后竟然以10万元成交。陆心源的不肖子孙陆树藩，不仅是他祖上的败家子，而且，也是中华民族文化的罪人。1907年6月，中国清末收藏文献典籍的宝库皕宋楼、十万卷楼与守先阁之旧藏，全部舶载渡海以归日本三菱财团魁首岩崎氏之静嘉堂。此为20世纪中国文献典籍被外人劫掠之重大惨事。

我第一次访问静嘉堂文库,则是1985年的夏天。当时我正在日本国立京都大学人文科学研究所担任客座教授。是年7月赴东京做追踪调查,便欲一睹陆氏"皕宋楼"等珍藏。静嘉堂文库接待读者,可以电话预定书目,读者到达时,工作人员已将典籍取出,虚位以待,如此数十次而无怨言。但书库深奥,镇库之宝甚丰,当然也不会让人随意涉足的。我的好友东京外国语大学教授高桥均先生,与静嘉堂文库长米山寅太郎先生相识,便由高桥教授牵线引荐。于是,便约定吉日,作访问静嘉堂文库之行。

静嘉堂文库坐落在多摩川旁的一块台地上。汽车行走在铺满细石的小路上,发出细碎的沙沙声,两旁树木翠绿,寂静安谧。文库是一座英国式的建筑,红墙绿瓦,斗栱式的入口,细木条地板。阅览室内高悬"静嘉堂"匾额,而会客室却属欧洲古典式,东西文化合璧于一炉,倒也天然协调。米山寅太郎文库长在会客室热情接待了笔者,详细地介绍了文库的历史,喝过咖啡,便引领我走进了书库。

当工作人员燃明书库的灯光时,我们便身处当年归安陆氏的旧藏中了。文库对典籍的保藏,至为讲究,书架皆配以对开式的玻璃门,室内能够控制湿度,并能通风换气,但不装空调,也不用电风扇。我从书架上随手捡取一部朱熹的《诗集传》,系南宋宁宗、理宗时刊本,翻阅数卷,但见天头宽大,笔力遒劲,虽有后人写补,然墨光如漆。"诗卷第一"叶上,可以辨认者有"袁又恺藏书""五砚主人"等印章,则此本为袁廷祷之旧藏。卷首尚有清道光年间吴之瑗手识文,行草体,题署"戊申",当为1848年。此真可谓满室皆是珍本秘籍,我这时忽然顿悟,似乎明白了80年前日本人岛田翰登上皕宋楼,何缘会产生那样一种惊羡和觊觎之心了。

1. 北宋刊本《白氏六帖事类集》三十卷(日本重要文化财)

静嘉堂文库收储的原皕宋楼的旧藏,号称宋刊古本二百种,故以"皕宋"名之。现在从实际看来，大约在120种左右，而北宋刊本最为稀见。如原明内廷藏本《白氏六帖事类集》三十卷，此本题署白居易撰，分十二册。每半叶十三行，每行大字约在二十四字至二十七字之间。小字双行，每行三十二字至三十五字不等。卷中文字避宋讳，如"匡、敬、恒"等皆为字不成，而"贞"字不阙笔。卷首有陆心源手识文，文曰：

> ……匡、敬、恒皆阙笔，贞字不阙，盖仁宗时刊本也。……版心有"帖一"至"帖十二"等字。余尝见常熟瞿氏北宋本《史记》，分三十册，版心亦如此，盖北宋时旧式，至南宋而无此式矣。

陆氏所说的常熟瞿氏家的北宋本《史记》，即十四行本《史记集解》单刊本，此本版心记"第（几）册本纪（几）"，今存我国国家图书馆。若再证之以高丽仿汴刻杜氏《通典》本，则可以断定此本《白氏六帖事类集》为北宋仁宗年间（1023—1063）刊本了。

白居易所编撰的《白氏六帖事类集》，原名《经史事类》，又名《事类集要》等。《旧唐书·白居易传》关于白居易文稿记载曰："有《文集》七十五卷，《经史事类》三十卷，并行于世。"《新唐书·艺文志》著录中，把《经史事类》称为《白氏经史事类》，下有注曰："又名《六帖》。"陈振孙《直斋书录解题》曰："《醉吟先生墓志》云：又著《事类》三十卷，时人目为《白氏六帖》，行于世。"此书流传至唐末，书名已经三变。至于宋，有晁仲衍为之作注。入于南宋，则宋人孔传所撰《孔氏六帖》出，时人合二书于一，合称《白孔六帖》。自此以后，《白氏六帖》就没有再刊行单行本了。

静嘉堂文库藏本《白氏六帖事类集》，是一个白居易原著与晁仲衍所作《注》的合刊本，系北宋仁宗年间刊本，刊印的年代最晚大约不会晚于1063年（即仁宗嘉祐八年）。此本无疑是《白氏六帖》的初刊本。每半页有界十行，行十六字或十七字。小字双行，行二十三字至二十五字。细黑口，左右双边（20.1厘米×13.3厘米）。匡格左侧外有耳，题记篇名。

是书全一百卷。此本今存卷一至卷三十八，凡三十八卷。其中卷一、卷二、卷十三、卷十四、卷十七、卷十八、卷二十三、卷二十四、卷二十五、卷二十六、卷三十三、卷三十四、卷三十七、卷三十八，共十四卷系写补。卷中避宋讳，凡遇

"玄、朗、匡、筐、贞、徵、树、让、桓、慎、敦"等字皆缺笔。

卷中有"宋本""东海""传是楼""徐仲子""别号自强""章仲""徐氏章仲""壬戌""臣炯""花馣""徐章仲所读书""徐炯珍藏秘笈""陈氏秋鸿""汪士钟印""阆源真宝""友菊轩""雅庭""骏昌""士勋""祖庭""臣陆树声"等记。

陆心源《仪顾堂题跋》卷八著录此本。其识文曰：

（前略）按是书原名《白氏经史事类》，见《新唐书·艺文志》。六帖者，时人以为括帖之用而名之，见《书录解题》引《醉吟先生墓志》。衢本《郡斋读书志》："六帖，白居易撰。凡天地事物分门类为对偶，而不载所出书。曾祖父秘阁公为之注。"是唐本无注，而注乃公武曾祖秘阁所为矣。按，王珪《华阳集》（载）《提点东京诸路刑狱公事……夫行尚书祠部员外郎充秘阁校理上轻车都尉借紫晁君仲衍墓志铭》称："仲衍以唐白傅所撰事类集，传者锓舛，乃参考经史，一以刊之。仍据旧目，补考撅新，别为《后集》三十卷，曰《类事后集》。即此书也。宋经注皆别行，故北宋本经传有单注单疏本。仲衍注《六帖》时，本与原书别行，故曰《后集》。至刊版时乃合为一。然自宋至今，无人知为仲衍注者，可慨也。"按，仲衍，字子长，家开封之昭德坊。祖迥，父宗悫，《宋史》皆有传。初以祖任将作监主簿，召试西掖，赐进士第七，迁至祠部员外郎，召试禁林，充秘阁校理。乞补外，知怀州。专厉风节，诛锄豪强，众不敢犯法，就除东京提点刑狱。皇祐五年。为人端粹，嗜学未尝一日去书。工文章。丞相章得象、晏殊笺记，皆出其手。为《汴阳杂说》一卷，其言切于规谕。《两晋文规》五十卷、《史论》三卷、《文集》二十卷。端方、端禀、端彦，其子也。见《墓志》。悦之、咏之、微之、载之、冲之、觉之、贯之，其孙也。公寿、公耄、公逸、公留、公休、公武、公遯，其曾孙也。第一册、第六册、第八册、第十册，有"文渊阁印"四字方印。

每册有"臣筠"二字朱文方印，"三晋提刑"朱文方印。明永乐十九年，取南京书，储左顺门北廊。正统十八年，移于文渊阁。杨士奇等编为《文渊阁书目》。盈字第二厨有《白氏六帖》四部。内一部注云"四十册"。此本四册，有印。明初必订四册。所云"四十册"，疑即此本。

"十"字乃衍文耳。不然，此书通计不过五百馀页，安得有四十册之多耶！其流入民间也，或为分宜所窃，或由甲申之变，则不可考矣。宋筠，商邱人，荦之子也。官山西按察使。所藏尚有《孔帖》三十卷。今归内府。汪氏《艺芸书舍宋刊书目》，有南宋麻沙本《白氏六帖》，题曰"新雕添注白氏事类出经六帖"。当是宋季麻沙坊刻。后归乌程蒋氏。余曾借校一过。妄删妄改，讹谬夺落，指不胜屈。以视此本，盖有霄壤之别矣。

此本在文献学与版本学上的价值，至为宝贵。此本原藏明代皇室内廷，卷中有"文渊阁印"等。后来从宫中溢出，为宋筠收储，有"臣筠"之印。

此本于昭和二十五年（1950）由日本文化财审议委员会确定为"重要文化财"。

与静嘉堂文库所藏的这一《白氏六帖事类集》相匹比，我在日本天理图书馆还见到了两种分别已经被日本国家文化财审议委员会确定为"日本重要文化财"和"日本重要美术财"的宋刻《白氏六帖事类集》文本。一并记载于此，以飨读者。

天理图书馆藏《白氏六帖事类集》三十卷，十八册，宋刊本。每半页有界十三行，行二十六字或二十七字。小字双行，行三十字至三十五字。白口，左右双边（22.5厘米×15厘米）。版心标记"帖册一（一六）"，记页数，并有刻工姓名，如陈忠、陈珍、陈高、刘正、刘忠、刘举、王时、王珍、朱因、方成、施俊、蒋晖、毛谅、丁珪、徐侃、徐定、徐颜、余正、余坦、胡正、梁济、李德、洪先、洪新、洪茂、方师颜等。此本第一册首有补纸，系莫棠等手识文。其文曰：

> 藏园主人南游吴。会顷，自天平看红叶还，出视新收宋刊《白帖事类集》。……昔陆氏丽采楼所藏北宋本题曰《类聚》，行款颇似。疑是书当时词赋取资，故代有编刻，名异而实质同。然《提要》据《渔隐丛话》谓，白氏之书南渡初，尚无传本。则此本在当时流传即鲜，今日安得不称希世之宝哉矣。亥十月，莫棠读记。

卷中又有樊增祥手识文，并附七言诗一首。其文曰：

余陈县陕西时，得宋刻《白帖》，寄献张督部师。师得书喜甚，亲笔致谢。阅二十馀年，此书为沅斋尚书所得。顷间出示，感喟交并。太傅碎金，曾过门生之眼；故人得宝，何伤楚客之弓。聊缀短言，挥诸邺架。甲子樊卷增祥跋。纸有馀幅，更附一诗。

三月二十一日，沅叔招同春余少朴铁梅味云南孙鉴秋子安芝饭。即席赋赠：

软红尘里独萧闲，藏筐欣窥豹一般。
自有草堂超秀野，人言风格似樊山。
学宗从汉先口老，身上千元百宋间。
口眼今宵同一饱，鱼蔬风味出乡关。

沅斋仁兄正和馆愚弟樊增祥

卷中又有袁克文手识文二款。

其一曰：

癸亥十二月初十日，观于京师。洹上袁克文。

其二曰：

癸亥岁，莫重来都下。杨味云丈与陈仲骞、闵保之、陆彤士三子，邀集云在山房。座上，藏园主人出示此册，欢喜赞叹，莫能自已，兹年来无此乐也。吾□藏北宋刊《周礼》及《北山录》行格略似，阙刊工，尤相类近。睹今思往，亦乐亦感，而云烟过眼，世事都如是耶！主人癖宋刊若性命，所藏精本，不忍或失，今得此重宝，当益珍视爱护矣。克文又记。

又有附识一款，文曰：

同观者，仁和吴用威、昊县孙润宇、无锡侯毅侯、赣县陈任中、江都闵尔昌、太仓陆增婕、无锡杨寿枏。

卷中有"玉兰堂""竹坞""赵氏家塾藏书""沧苇""古吴王氏""季振宜藏书""中南山人""双鉴楼所藏宋本""翼之珍藏""藏园秘笈""龙龛精舍"等印记。原季振宜、徐建庵、傅增湘等旧藏。今由日本文化财审议委员会确定为"日本重要文化财"。

天理图书馆藏本又藏有宋绍兴年间（1131—1162）刊《白氏六帖事类集》（残本）六卷一册，已被确定为"日本重要美术财"。此本每半页有界十五行，行二十六字至二十九字。小字双行，行三十二字或三十五字。白口，左右双边（22.1厘米×15厘米）。版心标记"帖十"与"帖十一"，并记大小数字、页数，有刻工姓名，如余才、余全、文立、陈通、魏正、何中、郑林、宋琳、和、徐、益等。是书全三十卷。此本今存卷二十二至卷二十七，即帖十至帖十一，凡六卷计五十八页（卷二十七仅存第一页）。卷中避宋讳，凡"敬、殷、弘、玄、恒"等字皆缺笔。书箱题"宋版 白氏六帖事类集零本六卷一册崇兰馆藏"。森立之《经籍访古志》卷五著录京师伊良子某藏北宋刊本《白氏六帖事类集》零本六卷，即系此本。其识文曰：

> 现存二十二至二十七（凡）六卷。……卷首有"金泽文库"印及"子子孙孙其永宝之印"，印文典雅可赏，疑宋时物。又有"船桥藏书"印，知为明经清原氏旧物。按，今世所传并宋孔传续帖为一，题"白孔六帖"者。此本虽仅仅数卷，然白氏之面目特赖此而存，则不以零残为痛也。

此本卷中有"金泽文库"墨印，并有"船桥藏书""子子孙孙其永宝之印"等印记。则知此本系日本中世时代金泽文库外流出汉籍之一种。原系金泽文库、崇兰馆等旧藏之物。

日本藏宋刊本《白氏六帖事类集》尚有一种八卷残本，此即大阪府立图书馆所藏明治时代著名中国学家富冈铁斋的旧物。此本系宋刊元明修补本，共一册。

2. 北宋刊本《李太白文集》三十卷（日本重要文化财）

静嘉堂文库的北宋本中还有蜀刻本《李太白文集》三十卷，共十二册，也为绝代珍品。目前国内有一《李太白文集》宋刊本，可惜其中卷十五至卷二十四共十卷是以清康熙五十六年（1717）缪氏双泉草堂刊本配补。依据《中国古籍善本书目》（上海古籍出版社，1996年）记叙，此外的《李太白文集》皆是清代的刊本了。此本曾为王杲、徐乾学、黄丕烈、汪士钟、钱应庚、蔡廷桢、陆心源皕宋楼等旧藏。

一般说来，中国唐代诗人中对日本文学乃至对当时皇室和贵族知识分子的心理产生重大影响者，恐怕要首推白居易了。从时间上说，李白文学影响日本文学创作层面，大约要晚于刘梦得、元稹、白居易等。明显的征候是从日本的五山时代（1192—1573）禅宗寺庙的汉文学开始的。当时著名的学僧中岩圆月在致五山禅宗魁首虎关师炼的信中，在描述虎关师炼博览汉籍，精通中国文化学术时说：

> 微达圣域，度越古人，强记精知，且善昔述。凡吾西方经籍取千馀轴，莫不究达其奥，置之勿论。其余上从虞夏商周，下达汉魏唐宋，乃究其典籍、训诂、天命之书，通其风、赋、比、兴、雅、颂之诗。以一字之褒贬，考百王之通典；就六爻贞卦，参三才之玄根。明堂之说，封禅之仪，移风易俗之乐，应答接问之论，以至子思、孟轲、荀卿、杨（扬）雄、王通之编，旁入老、列、庄、骚、班固、范晔、太史纪传，入三国及南北八代之史，隋唐以降五代，赵宋之纪传，乃复曹、谢、李、杜、韩、柳、欧阳、三苏、司马光、黄、陈、晁、张、江西之宗、伊洛之学……可谓座下于斯文，不羞古矣。（见中岩圆月《东海一沤集》卷三《与虎关和尚》）

这封信函中，中岩圆月已经是把"李、杜、韩、柳"四家并称，作为唐代文学的代表。此时，在日本的汉文学中，白居易文学的影响开始衰退而李白杜甫辈开始升温。例如，五山诗人别源圆旨（1294—1364）有汉诗集《东归集》。其中有《夜坐》一首，有诗句曰："心中游遍旧山川，秋风白发三千丈。"此句当取李白《秋浦歌》第十五首之意象而成诗。别源圆旨的《夜坐》是14世纪的作品，这或许是我们见到的日本五山文学与李白文学相连接的较早记录了。

15世纪，日本相国寺鹿苑院荫凉轩历代轩主有公用日记《荫凉轩日录》，其中"长享三年（1489）正月二十八日"记载的典籍中有《李白诗》一种。16世纪日本僧人策彦周良有《初渡集》和《再渡集》，其中有记其在中国搜集汉籍文献之事，"嘉靖十八年（1539）七月二十七日"条曰："（获）《李白集》四册，张古岩所赠。"这些都是日本中世纪时代的僧侣收集李白文学的记录。

江户时代（1603—1867），李白文学的传播在日本从寺庙走向世俗。17世纪上半叶著名的学者堀杏庵（1584—1642）有《杏阴集》，其中有《月前捣衣》一首，有诗句曰："凉天今夜有月光，万户捣衣裁又缝。"此联系取李白《子夜吴歌》中"长安一片月，万户捣衣声"之意象而成诗。又有著名学者田西元高（刘琴溪）（1751—1824），其《静文馆诗集》中有《三五七言》一首，诗曰："晨鸡鸣，晓月倾。昨日非今日，新盟代旧盟。百岁若无离与会，悲欢何必在人生。"此诗系取李白《三五七言》之诗体而成。李诗曰："秋风清，秋月明。落叶聚还散，寒鸦栖复惊。相思相见知何日，此时此夜难为情。"田西元高诗中有"昨日非今日，新盟代旧盟"一联，系取李白《携妓登梁王栖霞山孟氏桃园中》"谢公自有东山妓，金屏笑坐花如人。今日非昨日，明日还复来"之意象而成诗。江户时代中期杰出的汉文学家祇园南海（1676—1751）则推崇李白，并有自比之意。他在汉诗《秋日游明光浦》中说："东南山水美，未有若明光；惜乎数千岁，奇语无一章。吾今傲明月，斗酒搜枯肠；安得李太白，百篇共商量。"李白当年曾经叹息道："苦笑我夸诞，知音安在哉！"（《赠王判官时余归隐庐山屏风叠》）千年之后，东瀛祇园与之呼应，引为知己。从中大致可以窥见李白文学在日本列岛传播的大致路径。

　　这一时期世俗知识分子对李白文学的青睐，造成中日书籍贸易中"李白文集"多少也成为热门的商品。例如桃园天皇宝历八年（1758），中国商船"利字号"载《李太白集》一部一帙抵日本。宝历十年（1760），"利字号"又载《李太白集辑注》抵日本（以上据《商舶载来书目》记载）。又宝历九年（1759），中国商船又有十五部三十五帙《李太白集》运抵日本（以上据《长崎官府贸易外船赍来书目》记载）。孝明天皇弘化三年（1846），中国商船载《李白诗文集》一部一帙抵日本。嘉永二年（1849），中国商船"西三番船"又载《李太白集》二部抵日本。嘉永六年（1853），"子二番船"又载《李太白集》一部一帙抵日本（以上据当时海关《书籍元帐》记录）。

　　静嘉堂文库藏北宋蜀刻本《李太白文集》三十卷，每半叶有界十一行，行二十字，间有二十一字。小字双行，约二格作三字不等。白口，左右双边（18厘米×11厘米）。版心记刻工姓名，如大七、方、王、旦、民、吴、吕、袁、知等。

首行顶格题"李太白文集卷第（几）"，各卷后隔一行题款同此。有目录，目低三字。鱼尾作"李（几）"，目作"李"。

卷一首为宣州当涂县令李阳冰《草堂集序》，次有前进士魏颢《李翰林集序》，次有朝散大夫行尚书职方员外郎直史馆上柱国乐史《李翰林别集序》，次有李华《翰林学士李君墓志》，次有刘全白《翰林学士李君碣记》，次有范傅正《翰林学士李公新墓碑》，次有裴敬《翰林学士李公墓碑》。卷三十末有常山宋敏求题《李太白文集后序》，并南丰曾巩《后序》，又有宋元丰三年（1080）夏四月毛渐《后序》等。

卷二至卷二十四为歌诗，卷二十五以下为文。

卷中避宋讳，凡遇"玄、弦、敬、警、惊、弘、殷、匡、镜、竟、胤、贞、桢、徵、树、让、桓"等，皆为字不成。

此本卷第一《草堂集序》页有藏书印十五枚，其中可辨认者有王昊、徐乾学、黄丕烈、汪士钟、王文琛、钱应庚、蔡廷桢等名家，殊属珍贵。卷中有"宋本""王昊私印""王昊之印""王氏敬美""王彦惇印""王君复印""崑山徐氏家藏""乾学之印""健庵""丕烈""荛夫""百宋一廛""黄丕烈""士札居""士钟""阆源父""卓如真赏""三十五峰园主人""王文琛印""镜汀书画记""钱氏南金""钱应庚印""金匮蔡氏醉经轩考藏印""蔡廷桢印""济阳蔡氏""翰墨缘""廷相""存斋读过""陆心源四十五岁小像戊寅二月某石并刊""子刚父""三品风宪一品天民""湖州陆氏所藏""陆氏伯子""十万卷楼""归安陆树声叔桐父印"等印记。

董康《书舶庸谭》卷八著录此本。静嘉堂文库另藏清康熙年间（1662—1722）覆此宋刊本者两部。一部原系陆心源旧藏，一部原系日人中村敬宇旧藏。

此本已经由日本文化财审议委员会确定为"日本重要文化财"。

3. 南宋刊本《王右丞文集》十卷（日本重要文化财）

唐诗大家王维，8世纪时便已名盖东瀛。日本空海和尚（弘法大师，774—835）著《文镜秘府论》六卷，为日本早期文艺学之巨擘，他在"地卷·十七势"中引王维《哭殷遥》诗曰"泱漭寒郊外,萧条闻哭声;浮云为苍茫,飞鸟不能鸣"以证其"感兴势"之说。这是日本古文献中最早的关于王维诗作的记载。9世纪末日本藤原佐世调查中央政府各机构所藏之汉籍,撰成《本朝见在书目录》,其中著录"《王维集》十卷"。这是日本古代目录学著作中第一次记载王维的作品。10世纪末日人藤原公仁(966—1041)编纂《和汉朗咏集》二卷,为日本人作诗吟歌提供范本,其卷上"春部·三月三日"引"春来遍是桃花水,不辨仙源何处寻",此二句出自王维《桃源行》。这是日本古文献中关于王维文学的早期记录。一直到江户时代,著名学者谷麋山(1700—1773)的《美蓉诗集》中有《僧院》一首,有诗句曰"老僧礼佛烧香处,岭上白云无尽时"。后句系取王维《送别》中"但去莫复问,白云无尽时"之意象而成诗。王维的诗文创作对日本古代文学的影响历近千年而不衰。

今静嘉堂文库所藏宋刊本《王右丞文集》十卷,刻工古朴。每半叶十一行,行十七字至二十二字不等。注文双行。白口,左右双边(15.9厘米×9.8厘米)。版心上记字数。上鱼尾下记"王"字,下鱼尾下记叶数。最下记刻工姓名,如江陵、余兆、山、仁、王、永、先、兆、余彦、江、吴正、成信、杜明、阮光、官先、俊、信、洪、茂、祥、黄石、刘光等。卷中避宋讳,凡遇"敬、惊、殷、恒、浈、树、源"等,皆为字不成。

前有《目录》十二页。每卷首行顶格题"王右丞文集卷第(几)",卷尾隔一行题署相同。卷一及卷二、卷三、卷四次行题衔名"尚书右丞赠秘书监王维"。"王"下空一格,"维"下空一、二格或四格不等。卷三以下俱连接,卷四、卷五直接正文,尾及首行题字并衔名俱略。

此《王右丞文集》源自唐本,刻刊古远,而且在清代经历了许多著名学者之手,卷中有"徐乾学""乾学之印""健庵""季振宜""季振宜字诜兮号沧苇""振宜之印""季振宜藏书""黄丕烈""百宋一廛""黄丕烈印""复翁""荛圃过眼""士礼居""荛圃卅年精力所聚""汪士钟""平阳汪氏藏书印""汪士钟印""阆源真赏""秋浦""宪奎""张钦私印""李铭私印""谦牧堂藏书记""省莫""赏奇阁阅""顾千里经眼记""有竹君""归安陆树声所见金石书画记""归安陆树声藏书枝记"等近三十方藏书或经眼的印章,并有"袁聚曾观""泰兴季振宜沧苇氏珍藏"等墨书。

卷中又有顾千里手识文二则：

（1）卷一识文曰：

此麻沙宋刻王右丞诗文全集十卷。道光丙戌岁从艺芸主人借出影写一部，复遍取他本勘其得失，虽宋刻亦有误，而不似以后之妄改，究为第一也。遂题数语于帙端，馀文繁不具出。思适居士顾千里。

文后有"顾千里以字行"白文长方印记。

（2）卷六后识语四行，评王右丞与韦苏州之高低。其文曰：

韦苏州诗，韵高而气清；王右丞诗，格老而味长。虽皆五言之宗匠，然互有得失，不无优劣。以标韵观之，右丞远不逮苏州；至其词不迫切而味甚长，虽苏州亦不及也。

卷中又有黄丕烈手识文三则：

（1）卷六末手识文三行，其文曰：

第六卷第二首《出塞作》脱一行计二十一字。今据时刻补焉："秋日平原好射雕；护羌校尉朝乘障，破虏将军夜渡此（疑为"辽"字）。"宋刻之误不可掩者。辛酉秋孟，荛圃氏丕烈识。

（2）卷十末又有副页，上有黄丕烈手识文二则。其一曰：

此宋刻《王右丞文集》十卷二册，顷余友陶蕴辉从都中寄来而得之者也。先是蕴辉在苏时，余与商榷古书，谓《读书敏求记》中物，须为我购之；今兹八月中旬，有人自北来者，寄我三种书。此本而外，尚有元刻《许丁卯集》，及宋刻小字夺《说文》。来札云《王右丞文集》即所谓山中一半雨本；《许丁卯集》即所谓较宋板多诗，几大半本可见。口口留心搜访，竟熟读也，是翁书以为左券而不负余托。惜以物主居奇，必与《说文》并售，索值白金百二，而余又以《说文》已置一部，不复重出，作书复之，许以二十六金得此两书。札往返再三，竟能如愿，不特幸余得书之福，亦重感余友购书之力也。此书作"山中一半雨"本，尚见刘须溪评点元刻，止诗六卷，见藏周香严岩家。香岩又藏何义门校宋本，亦止诗无文，虽同出传是楼而叙次紊乱，字句不同，非一本矣。十月十三日，毛二榕坪过访士礼居，余知其能识古书，出此相质，榕坪并为余言，向见桐乡金氏本，板刻差大。诗中亦作"山中一半雨"，文则无有也，与此更非一本。益见此刻最善，而余所藏抑何幸欤。客去携书插架，即跋数语于尾。荛圃黄丕烈识。

（3）其二曰：

嘉庆癸酉中秋后八日，偶过五柳居，知新从无锡人买得元刻《刘须溪评点王右丞诗》，即借归与宋刻对其序次，悉同。拟购之，未知许否也。十四日复翁记。

所有这些都显示了此本《文集》不平凡的传递经历，在学术史上具有重大的价值。

先辈董康也曾目睹此书，他在《书舶庸谭》卷八中便断言此本"盖从唐卷子本出也"。目前国内已无宋刻《王右丞文集》十卷本，而仅存17世纪后的手写本两种了。一种为明崇祯三年（1630）冯氏写本，一种为清代初期钱氏写本。

此本已被日本文化财审议委员会确认为"日本重要文化财"。

4. 南宋刊本《唐百家诗选》（残本）十卷（日本重要文化财）

静嘉堂文库中还藏有一部极具价值的珍本，此即署名为宋人王安石编纂的南宋初年刊本《唐百家诗选》（残本）十卷，共五册。

此书全本为二十卷，今存卷一至卷五，卷十一至卷十五。宋人为唐诗文编集，为当时学界之风气，如周弼编纂《唐贤三体诗法》，洪迈编纂《万首唐人绝句》，谢枋得编纂《唐诗合选》，姚铉编纂《唐文粹》，还有不署名的宋人编纂的《唐人杂诗》《唐十子诗》等等。此本《唐百家诗》署名王安石，前人对此疑窦丛生，论争不息。

今静嘉堂文库另藏有一种古本《唐百家诗选》，卷中有清代大家何义门手识文三则，其中第三则曰：

晁氏《读书记》云：《唐百家诗选》二十卷。宋敏求次道尝取其家所藏唐人一百八家诗，选择其佳者，凡一千二百四十六首为一编。王介甫观之，因再有所去取，且题云"欲观唐诗者，观此足矣"。遂以为介甫所纂。余按，《玉海》载《唐百家诗选》二十卷，不言介甫撰录。得晁氏之说，乃涣然无疑。今为诗一千二百六十首。

　　据此说则知此本《唐诗百家选》乃是宋敏求所编，王安石删补而成。但不管何人所编纂，这是一部宋代人编纂的唐人诗集，则不应该有疑问。由于目前国内关于宋人所编纂的唐人诗文集，已经没有一个宋刻本，所以此本便是天壤间的孤本。此书原为明人毛晋汲古阁所有，后归清人汪士钟收藏，经陆心源皕宋楼而终归于静嘉堂。

　　此本每半叶有界九行，行二十字，注文双行。白口，双黑鱼尾或单黑鱼尾，四周双边（23.5厘米×12厘米）。版心上部镌刻"唐诗选卷（几）"，下部有刻工姓名，如王景、王仲、王华、陈祐、陈彦、谢兴、徐岳等。

　　前有王安石《唐百家诗选序》。此《序》文系宋元符戊寅（1098）七月望日章安杨蟠书。

　　卷中避宋讳，凡遇"玄、悬、县、朗、擎、惊、竟、镜、弘、泓、匡、眶、筐、徵、贞、树、署、属、项、煦、吉"等，皆为字不成。

　　卷中有"子晋""汲古主人""休文后人""北山艸堂珍藏""北山艸堂""麟湖沈氏世家""洪湾沈氏""杨灏之印""继梁""汪士钟曾读""士钟""宋本""阆源父""归安陆树声叔桐父印"等印记。

　　陆心源《仪顾堂续跋》卷十四著录此本，断为"北宋元符年间"刊本。其识文曰：

　　　　《唐百家诗选》，存卷一至卷五，卷十一至卷十五。前有王荆公《序》，元符戊寅杨蟠《序》。每叶十八行，每行二十字，版心有刻工姓名，宋讳……（略）皆为字不成。卷六河流暗与沟池合之"沟"字，卷十三慎莫厌清贫之"慎"，皆不缺避，而非南宋刊，其为元符刊无疑。卷一日、月、雨、雪、云五类；卷二四时、晨昏、节序、泉石四类；卷三花木、茶果、虫鱼三类；卷四京关、省禁、屋室、田园四类；卷五栖隐、归休二类；

卷十一音乐、书画、亲族、坟庙、城驿、杂咏六类；卷十二古京宫榭、古室、古方国、昔人遗赏、昔人居处五类；卷十三、卷十四，遥上、送下；卷十五别意、有怀二类。即《百宋一廛赋》所谓小读书堆分类本也。分类出自后人则不可知，选则未必伪选，或非尽出荆公诗则不伪。宋荦仲必以此本为伪，亦一偏之见耳。书贾欲充完本，自（卷）十一以后，首行末行卷字下及版心数目字皆挖改，聿有挖之朱净者，原书卷第，细审尚可辨。

傅增湘《藏园群书经眼录》卷十八著录此本。其识文曰：

此为分类本，与商邱宋氏所翻宋本不同。余亦藏残本八卷，为卷九至十六。字抚欧体，朴厚方整，南宋讳不避，当是北宋末年锓梓。第其中有补修之叶及挖补一二行、及一二字者，则已入南渡矣。如卷十五储光羲《诒余处士》诗："市亭忽云构"，"构"字注御名，其结体纤率，气息薄靡，与原镌迥异。

此本已被日本文化财审议委员会确认为"日本重要文化财"。

5. 南宋刊本《三苏先生文粹》七十卷（日本重要文化财）

静嘉堂文库所藏汉籍中有18种被日本文化财审议委员会确定为"日本重要文化财"。其中《三苏先生文粹》七十卷，共三十二册，为世间独一无二之珍本。此书国内所见，为婺州刊小字巾箱本，我国国家图书馆现藏明嘉靖年代刊本《三苏先生文粹》，也是从婺州本翻刻而来。婺州本系每半叶十四行，每行二十六字，每叶七百二十八字。静嘉堂文库所藏的这一部《三苏先生文粹》却是国内没有的宋刊大字本。每半叶十行，每行十八字，每页三百六十字。白口，单黑鱼尾，左右双边（25厘米×17.5厘米）。版心有刻工姓名，如田彦直、吴志、吴宝、吕拱、孝文、宋昊、宋瑜、李士通、狄永、狄杞、林杞、马祥、张珪、陈孝友、黄企、蒋祖等。

全书目次分布如下：

卷一至卷十一，苏老泉先生文；

卷十二至卷四十三，苏东坡先生文；

卷四十四至卷七十，苏颍滨先生文。

卷中语涉宋帝皆空格，避宋讳，凡"玄、弦、惊、弘、殷、匡、筐、恒、贞、徵、让、完、购、桓、慎、郭、廓"等，皆为字不成。卷中避宋讳"桓、遘"等字。其中卷十一至卷十八，卷二十二至卷二十四，卷二十九至卷三十五，卷四十八至卷五十，卷五十三至卷五十九，卷七十皆后人钞补。

《目录》后有清道光七年（1827）李兆洛手识文，其文曰：

> 此书有宋刊密字本，绝精美。此本疏朗，乃宋刊之别体，明时东雅堂奇字斋所依仿也。补写诸卷雅洁，足以相称。珍赏家之于古书，如君子善成人之美如此。李兆洛过眼因识。

又有同年邵渊耀手识文，其文曰：

> 宋刻《三苏文粹》多小字，大字本虽非完帙，而钩画清劲，纸墨古足，乃宋刊宋印者，尤不易得。芙川表兄出以见示，谛玩不能去手。昔尧友表姑翁以名翰林改官都省，出监大藩，韵豁仲美两丈，俱以文辞嗣其家声，将与眉山先后辉映矣。芙川昆季又复才俊而好古，其迈、过之流欤，则是书也当世宝之已。道光七年小春月，充有邵渊耀谨跋于隐几山房。

卷三后又有清道光戊子（1828）孙原湘手识文，文曰：

> 宋板大字本《三苏文粹》七十卷，不著编辑者名氏。共老泉十一卷，东坡三十二卷，颍滨二十七卷。阙卷十一至十八，廿二至廿四，廿九至三十五，四十八至五十，五十三至五十九，七十。共钞补者廿九卷，存者五十一卷。点画严整，楮墨间古香浮动逼真，宋槧宋印。惟老泉文后附诗廿二首，东坡、颍滨诗皆不录。文章与近时诸刊本微有异同处，惜未得宋刊小字本一校耳。嵇瑞楼有宋刊《增广分门三苏先生文粹》残本四册，想又别是一本，则知是书在南宋时已盛行矣。张生芙川得之爱日精庐，属为之跋。道光八年二月心青居士孙原湘识。

傅增湘在日本面见此书，其《藏园群书经眼录》卷十八著录此傅氏识文曰：

《三苏文粹》余生平所见者三本，皆密行小字巾箱本。此本版式宽展，大字精严，纸墨莹洁，殊为罕觏。且老泉文后附诗二十二首，为明刊十四行本所无，尤为足珍。陆氏定为蜀本，余审其字画方严峻整，恐仍是浙本耳！南渡以后，苏文解禁，上自九重，下迄士庶，咸嗜其文，风行一世。留都为士大夫所萃止，或此时别开大版以供诵习，非如短书小帙徒备怀挟之用也。

此本藏书印章甚多，如卷中有"季振宜藏书""张金吾藏""月霄""虞山张蓉镜芙川信印""虞山张蓉镜鉴定宋刻善本""蓉镜珍藏""虞山张蓉镜鉴藏""张伯年别字芙川""张蓉镜印""郁松年印""田耕堂藏""小琅嬛福地""小琅嬛清閟张氏收藏""芙初女史""姚氏畹真""子孙宝之""徐立善印""韩世能印""飞雨楼""文凤堂""渊耀""鹤坞""淑冻观察使章""邵氏充有""心青居士""田居放雪曾观""玉金吉士书省郎官""足吾所好玩而老焉""在处有神物护持""宋刊奇书""真宋刊""宋本""秘笈""得者须爱护""宝锲""陆树声印""归安陆树声叔桐父印"等。认其印章，可查考此书插架流传的历史脉络。此本卷一"老泉先生·论"的首叶，钤有藏书章九枚。其中有"季振宜藏书"朱文印记一枚，则是书在清康熙年间（1662—1722）为季振宜所有。《延令宋板书目》所记"《三苏先生文粹》七十卷，十本"者即是。惟此七十卷本装订成十册，未免过厚。清道光年间（1821—1850）上海郁松年穷搜典籍，此书为郁氏"宜稼堂"所藏。藏书印章中又有"张金吾藏书"白文印记一枚、"月霄"朱文印记一枚，则清嘉庆年间（1796—1820）此书又归张金吾"爱日精庐"收储。《爱日精庐藏书志》卷三十五著录是书。1826年（清道光六年）张氏破产，藏书散出，此书又为同里张芙川所得。张芙川的藏书楼名曰"双芙楼"，盖其妻婉真号"芙初女史"也。此书在近二百年间由季振宜家归于郁松年氏；由郁松年家归于张金吾氏；由张金吾家归于张芙川夫妇。1862年（清同治元年）此书则归于归安陆心源氏。二百余年间，此本《三苏先生文粹》五易藏主，皆当世名家，于文献学史上，诚可志也。

此本与国内各本的差异不仅是版式的不同，更重要的是内容上的不一致。此本在"苏洵"文后还有苏洵存诗二十首，为今明刊各本所无。《四库全书总目提要》将《三苏先生文粹》列入"集部存目"之中，与明人所编总集相并列。《四库全书》的编辑者不明此书的来历，且怀疑为明人之所作。对此，前人已有驳论。现今静嘉堂文库所藏此宋宁宗时代刊本《三苏先生文粹》，可以证实《四库全书》著录之误。

此本已被日本文化财审议委员会确认为"日本重要文化财"。

6. 宋蜀刊大字本《周礼郑注》（残本）二卷（日本重要文化财）

今静嘉堂文库藏宋蜀刊大字本《周礼郑注》（残本）二卷。此本已被日本文化财审议委员会确认为"日本重要文化财"。

《周礼郑注》全本十二卷，此本今存卷九、卷十"秋官"二卷。卷首题"周礼卷第九"，次行题"秋官司寇第五"，下空三字"郑氏注"。卷九第四叶系后人写补。此本《周礼》单注本，不附释文。《百宋一廛赋》所谓"周礼一官"者，即谓此本也。

每半叶有界八行，每行十六字。注文小字双行，每行二十一字或二十二字。左右双边（23.8厘米×16厘米），白口。版心著录"周礼（几）"，并有叶数。上象鼻处记大小字数，下象鼻处有刻工姓名，例如，王厅、子言、子林、程换、老厅等。还有一些是姓名中的单字，例如，换、丙、元、梁、介、张、眉、杨、泉、南、隆、单、袁等。卷中避宋讳至"慎"，凡"玄、弦、殷、敬、桓、徵、让、贞、构、慎"等，皆为字不成。

卷末有黄丕烈手识文两则。

其一：清嘉庆十九年（1814）文曰：

依树吟轩杨氏，余幼时读书处也。其主人延名师课诸子。有伯子才而夭。余就读时，与仲氏偕时同笔砚，情意殊投合也。其家有残宋蜀大字本《周礼·秋官》二册。盖书友诡称样本，持十金以取全书，久而未至，亦遂置之。余稍长，喜讲求古书，从偕时乞得，登诸《百宋一廛赋》中。偕时亦不以余为豪夺也。客岁，偕时病殁，年才五十有四，从此失一良友，甚可伤也。余今春耳目之力渐衰，偶有小恙，即畏风恶寒，久不至外堂。日于楼下西厢静坐养疴，检点群书，偶及此书，因记曩事如此。人往风微，睹此赠物，增益伤感，而此残鳞片甲，犹见蜀本规模，胜似后来诸宋刻。余所见有纂图互注本，有点校京本，有余氏万卷楼本，有残岳本。幸叨良友之赠，物以人重，人又以物重也。甲戌闰二月一日，复斋黄丕烈识。时积雪盈庭，春寒透骨，窗外又飘飘来止也，奈何奈何！偕时。

其二：清嘉庆二十年（1815）文曰：

余来年家事日增，精神日减，校书一事久废。然由博返约，尚喜手校经籍。此《周礼》蜀本残帙，向未校出，令秋新收残岳本《地》《春》二官，手校于嘉靖本上。因复校此《秋官》以俪之，《周礼》善本六官有半矣。岂不幸哉！乙亥冬孟二十有五日，复翁。

我读此两则文字，心头唏嘘再三。一代典籍大家黄丕烈，暮年晚景畏风恶寒中，于文献整理依然孜孜不倦，钟情有加。在寒冬雪天，他终于为"《周礼》善本六官有半矣"而告慰自己。180年后，他的后人为追寻祖国文献典籍，确立更加广阔的文化视野而踯躅海外，理应继承先辈的精神更加努力啊。

清末人陆心源在《仪顾堂续跋》卷二中评价此本时有文曰：

（前略）当为宋孝宗时蜀中刊本，《百宋一廛赋》所谓"《周礼》一官"者也。《周礼》单注不附释文者，今以嘉靖覆宋八行十七字奉为最善。阮氏谓胜于余仁仲本、岳倦翁本。此本又足订嘉靖本之误（下举十数例校勘得失，略）。此皆胜嘉靖本处。若监、闽、毛正义诸刊，则更有霄壤之别。惜乎仅存二卷，未闻有全本耳。黄氏校刊《周礼》，所据即此二卷，阮文达未见原本，仅据臧庸堂校本采入校勘记。庸堂所见，亦即此二卷，恐世无第二本矣！……（此本）盖元代官书，入国朝，为苏州依树吟轩杨偕时所得，复归黄氏百宋一廛。嘉庆甲戌，荛圃孝廉书得书缘起于后。乙亥，孝廉校于嘉靖本上，又跋于后。荛圃身前，其书已归汪阆源，故有汪士钟印。汪氏之书，道光末散出，其精品多归杨至堂河帅。其奇零有归上海郁氏者。余从上海郁氏得之。

此本每卷有蒙古文官印。卷中又有"黄丕烈印""复翁""士礼居藏""百宋一廛""汪士钟印""阆源真赏""宋本""存斋四十五岁小像戊寅二月某石并刊""臣陆书声"和"归安陆书声叔桐父印"等印记。

静嘉堂文库另外还存有《周礼》宋刊本两种。一为宋宁宗时婺州刊本的残本三卷，为原陆心源皕宋楼等的旧藏。一为宋建安坊刊本《纂图互注周礼》十二卷、《图说篇目》一卷，也为原陆心源皕宋楼等的旧藏。

7. 宋刊本《说文解字》十五卷（日本重要文化财）

世上所存《说文解字》的古本已是凤毛麟角了。目前仅知中国国家图书馆、北京大学图书馆和湖南省图书馆分别收藏有同种宋刊元修《说文解字》三套，国家图书馆另外珍藏有宋刊元修清人丁晏跋文本《说文解字》十五卷。此外皆是清人刊本了。著者追踪在日本的《说文解字》古刊本，辨明日本收藏有《说文解字》唐人写本（残叶）一种，宋人刊本两种，明人写本一种，明人刊本两种。《新雕入篆说文正字》宋人刊本一种，《说文解字篆韵谱》元人刊本两种，《说文解字五音韵谱》明人刊本十一种，从而构成一个珍贵的《说文解字》版刻系统。

今静嘉堂文库所藏宋刊本《说文解字》十五卷、《标目》一卷，共八册。

此本题署（汉）许慎撰，（宋）徐铉等奉敕核定。原为清人阮元、王昶、汪士钟、蔡廷桢等旧藏物，最后归于陆心源皕宋楼。

卷中每半叶有界十行，每行十六字至二十字不等。小字双行，行二十五字至三十字。白口，单黑鱼尾。左右双边（18厘米×12.5厘米）。版心著"说（几）（叶数）"。上象鼻处记大小字数，下象鼻处有刻工姓名。因为中缝有漫漶之处，可辨认者宋代刻工有何临昇、何泽、许忠、顾达、顾澄、吴祐、吴中、蔡邠、周明、蒋宋、詹世荣、陈方、朱祖、沈茂、陈寿、丁松年、余敏、刘昭、方中、范允等。又有元代刻工徐泳、王桂、徐文、吴玉、何浩、徐恰祖、金大明、汪亮、史伯恭重刊、曹荣、金文荣、胡胜、曹德新、陈新、郑垫、范坚、弓华、平山、茅化、陈宁、陈秀、陈琇、杨十三、杨春、李德瑛、李宝、李祥、良寓、重刊柳、重刊费、董、因等。卷中避宋讳，常见"玄、弦、铉、敬、惊、泓、殷、贞、桓、慎"等字缺笔，但并不谨严。

关于此本的刊刻年代，学界尚有不同的见解。原来陆心源把它定为"北宋刊本"，但从刻工与避讳推考，此本大约刊于南宋初年，亦弥足珍贵。南宋朝与元代皆有修补。

卷首署"说文解字标目（隔三格）汉太尉祭酒许慎记（以下低二格，小字）银青光禄大夫守右散骑常侍上柱国东海县开国子食邑五百户臣徐铉等奉"，次行连接"敕校定"。正文卷首题"说文解字第一（'上'系小字，隔三格）汉太尉祭酒许慎记"，次行低二格，小字"银青光禄大夫守右散骑常侍上柱国东海县开国子食邑五百户臣徐铉等奉"，次行连接"敕校定"。然卷一下，卷六上下，卷七下，卷十二下的首行标题中，"许慎"皆作"许氏"。

卷末有宋雍熙三年（986）徐铉等的《进表》《中书门下牒》，并附辛仲甫、吕蒙正、李昉等领衔官名三行：

  给事中参知政事　辛仲甫
  给事中参知政事　吕蒙正
  中书侍郎兼工部尚书平章事　李昉

其中，《中书门下牒》文曰：

  书成上奏，克副朕心，宜遗雕镌，用广流布。自我朝之重范，俾永世以作程。其书宜付史馆，仍令国子馆雕为印板。依九经书例，许人纳低墨价钱收赎。兼委徐铉等检点书写雕造，无令差错，致误后人。

卷三下，卷九上，卷十等皆有补写。宋刊之叶，不少印面漫漶。卷末又有清嘉庆二年（1797）阮元手识文：

  嘉庆二年夏五月，阮无用此校汲古阁本于杭州学署（此处有"阮元私印"印文）。毛晋所刻印据此本，凡有舛异，皆毛扆妄改。

此文后有"阮""元"二印文。阮元"识语"后，又有钱侗手识一行："乙丑闰四月，钱侗借观。"文后有"吴城""敦夏"二印文。卷中尚有墨笔句点声点，并有朱墨校文。又有"王昶""青浦王昶字曰德甫""一字述庵别号兰泉""汪氏兰泉""大理寺卿""经训堂王氏之印""士钟""汪士钟印""宋本""阆源父""阆源审定""平阳汪氏藏书印""汪振勋印""汪文琛印""蔡廷桢印""金匮蔡氏醉经轩考藏章""廷相""伯卿甫""吴城""敦夏""济阳蔡氏""卓如真赏""修汲轩""翰墨缘""孙峰审定""归安陆树声叔桐父印"等三十余印文。

此本封面为后人装潢。水玉花纹纸，金镶玉装。全本纵27.3厘米，横16.7厘米。

静嘉堂文库所藏的这部北宋刊《说文解字》，即黄丕烈《百宋一廛赋》中所称的"宋刊小字本"，为"王司寇极加宝贵者"，故而喧传宇内。陆心源《仪顾堂续跋》卷四著录此本，并有识文曰：

> 愚谓平津馆所刊，即祖此本，行款匡格皆同。孙渊如作序，谓毛刊祖大字本，与阮说不同。以今证之，似以孙说为是。……段懋堂大令作汲古阁说文订，亦以此本为据，其善处已详言之矣。

傅增湘《藏园群书经眼录》卷二亦著录此本。

此本已被日本文化财审议委员会确认为"日本重要文化财"。

18世纪初期至19世纪中期日本江户时代后期，中日商人在日本长崎港的书籍贸易中，《说文解字》是相当畅销的货品。依据保存至今的长崎港当年的海关记录《商舶载来书目》记载，中御门天皇享保十二年（1727），中国商舶"世字号"载《说文解字》一部凡八册抵日本。该商船于后樱町天皇明和二年（1765），又载《说文（真本）》一部抵日本。又据《书籍元帐》记载，光格天皇文化元年（1804），中国商船"亥十番"载《说文（真本）》二部，中国商船"子字八号"载十部抵日本，定价每部十五匁。仁孝天皇天保十二年（1841）从中国输入《说文解字》二部，每部价五匁。仁孝天皇弘化四年（1847），中国商船"午一番"载《许氏说文》一部抵日本，定价六匁。"午四番"载《说文解字》二部抵日本，每部分十匁。孝明天皇嘉永元年（1848）又从中国输入《说文》一部，定价七匁。嘉永二年（1849）中国商船"申三番"载《说文解字》二部抵日本，每部价十五匁。嘉永三年（1850）"戍一番"又载《许氏说文》一部（八册）抵日本，定价六匁。

仁孝天皇文政九年（1826）昌平学刊印《说文解字》三十卷。此本为江户时代《官版书籍解题略》卷上所著录。此外，孝明天皇弘化四年（1847）小畑氏诗山堂刊印《说文解字》。此本由日人小畑行简（诗山）点。

8. 南宋刊本《尔雅疏》三卷（日本重要文化财）

当年陆心源皕宋楼所藏连柜宋本中，有一些被鉴定为"北宋本"的典籍，其实是南宋刊本。其中像《尔雅疏》一种，很具有典型性。确认它们的时代，可以更加科学地评价它们在学术史上的价值和意义。

《尔雅》一书传入日本的时间当为很早。715年，日本元明天皇定年号为"灵龟"；继而724年，元正天皇定年号为"神龟"；770年，称德天皇定年号为"宝龟"。此三者年号以"龟"命名，皆取材于《尔雅》释"龟"："一曰神龟，二曰灵龟，三曰摄龟，四曰宝龟……"据此则可以证明在公元8世纪初期，《尔雅》已经传入日本宫廷。

9世纪末日人藤原佐世在大学头任上编撰了《本朝见在书目录》。其第八"论语"类著录当时日本中央各机构搜储有关《尔雅》的典籍，目录如次：

《尔雅》三卷，郭璞注；
《尔雅》三卷，孙氏注；
《尔雅集注》十卷，沈旋撰；
《尔雅图》十卷，郭璞撰；
《尔雅图赞》二卷；
《尔雅音》二卷；
《尔雅诀》三卷，天智骞撰。

静嘉堂文库藏《尔雅疏》十卷，共五册。陆心源定此本为"北宋咸平初刊祖本"。首册副纸有海翁（明人偶桓）手识文。文曰：

> 《尔雅疏》一册，乃的真宋板，元致和元年册纸所印也。考致和为元文宗年号，当时去宋未远，其铿铄犹有存者，可喜也。封面为宋白麻纸，此亦稀世之物，较宋板书更不可得。海翁。

文后有印文"海翁"。

此本每半叶有界十五行，行约三十字。经文、注文、疏文各自空一格单行。白口，单黑鱼尾。左右双边（20.5厘米×14.4厘米）。版心著录"雅疏（几）（叶数）"。注文标记起至，疏文以"释曰"表示。原刻叶版心漫漶者甚多，宋元修补叶上象鼻处记大小字数，下象鼻处有宋修补叶刻工姓名可辨者如吴佑、王恭、王涣、施昌、徐荣、章忠、陈浩、陈斌、张明、张坚、郑春、刘廷、沈文、范坚、杨昌、方中吴、李仲等。元修补叶姓名可辨者如俞声、李祥、谢成、王正、李庚、孙开一、徐友山、李宝、陈邦卿、陶崧等。

首题《尔雅疏序》，第二行与第三行各低二格，小字署"翰林侍讲学士朝请大夫守国子祭酒上柱国赐紫金鱼袋臣邢昺等奉敕校定"。末后直接连续本文。本文卷首题"尔雅疏卷第一"，换行题"尔雅序"。卷二以下皆题"尔雅疏卷第（几）"。卷中避宋讳，凡"玄、眩、弦、铉、炫、敬、警、斑、弘、殷、匡、胤、恒、桢、徵"等字间有缺笔。"慎"字几乎不缺笔，仅宋修叶缺画，为字不成。

关于此本刊印的年代，王国维《观堂集林》卷二十一有《宋刊本尔雅疏跋》一文，力主此为南宋初期刻本，论证甚详。文曰：

> 乌程蒋氏藏宋刊《尔雅疏》十卷，每半叶十五行，行三十字。明文渊阁旧藏，即吾乡陈仲鱼先生经籍文中所著录者也。案宋刊诸经单疏存于今日者，临清徐氏有《周易正义》，日本枫山官库有《尚书正义》，竹添氏有《毛诗正义》，近藤氏有景钞《左传正义》，前吴门黄氏有《仪礼疏》，蒋氏复有残《公羊疏》；并此《尔雅疏》而七。《尔雅疏》旧又有吴门黄氏、归安陆氏二本。今黄本已佚，陆本又流出海外，惟此为硕果矣。诸疏行款，除《易疏》未见外，《书疏》每行二十四字，《诗疏》与《左传疏》每行二十五字，《仪礼疏》二十七字，《公羊疏》二十五、六、七字，《尔雅

疏》三十字。其每叶十五行，则诸疏皆同此，亦六朝以来义疏旧式。考日本早稻田大学所藏六朝人书《礼记子本疏义》，每行二十八九字至三十字不等，富冈君所藏唐人书《毛诗疏》残卷，每行自二十二字至二十六字不等，狩谷望之藏古钞《礼记》单疏残卷，每行二十六七字，巴黎国民图书馆藏唐人书《老子道德经义疏》，亦每行二十四五字至三十字不等，其馀唐人所书佛经疏，亦无不然是。五代刊九经用大字，宋初刊经疏用小字，皆仍唐人卷子旧式也。宋初刊《五经正义》成于淳化五年，《七经正义》成于成平四年。此本犹是成平旧式，然于钦宗嫌名恒字，高宗嫌名媾字，皆阙一笔，乃南渡后重刊北宋监本，又经元明修补者也。考北宋监本，靖康中为金人辇之西北，故南渡后即有重刊经疏者，如竹添氏所藏《诗疏》，乃绍兴九年九月十九日绍兴府重雕。又《玉海》载绍兴十五年，博士王之望请群经义疏未有板者，令临安府雕造。则高宗末年群经义疏当已尽有印板矣。此种州郡刊板，当时即入监中，故魏华父岳倦翁并请南渡监本，尽取诸江南诸州。盖南渡初，监中不自刊板，令临安府及他州郡刻之而以其板入监，此即南宋监本也。明黄佐《南雍经籍考》所载旧板，有《周易注疏》十三卷、《仪礼注疏》五十卷、《春秋正义》三十六卷、《春秋公羊传疏》三十卷、《春秋穀梁传疏》十二卷、《尔雅注疏》十卷。其书或称"正义"，或称"疏"，或称"注疏"，而其卷数无不与宋单疏本合，而与南雍之十行本注疏不合，当即南宋所刊单疏旧板也。以其板久阙不印，又明人但知有注疏，不知有单疏，故即以"注疏"目之。此本用洪武中公牍纸印，又有明初补板，乃明南雍印本可知。《南雍志》之《尔雅注疏》十卷，即是此本。而其他《周易》《仪礼》《三传》诸疏，卷数同于单疏本而不同于南雍注疏本者，其为南宋单疏旧板，盖可识矣。南雍十行本注疏，向无《仪礼》《尔雅》，故元明间尚补缀单疏本以弥十三经之阙。是二疏后世犹有传本，馀疏自元以后，殆已不多印行矣。

此本卷中有"何氏藏书""崆峒化城""鹪安校勘秘籍""溪柴""溪柴襄""嘉兴新丰乡人唐翰题收藏印""海翁襄""存斋四十五岁小像戊寅二月某石并刊""归安陆树声叔桐父印"等印记。

此本已被日本文化财审议委员会确认为"日本重要文化财"。

9. 南宋刊本《大宋重修广韵》五卷（日本重要文化财）

此本乃宋孝宗年间（1163—1189）刊本。

此本卷中有"黄省曾""黄叔子""翠雪轩"等印记，原系明人黄省曾旧藏。大约在室町时代传入日本。卷二末有15世纪时"强圉氏文房"的手识文。卷四末又有明治时代岛田翰的手识文，文曰："明治庚子（1900）正月廿四日读过。岛田翰于双桂精舍东窗之下，廿二。"

卷中又有日人藏书印章如"胁板安元""胁板氏淡路守""八云轩""炎城霞气""易东後人""文华私印""孔章""岛田翰读书记""松方文库"等。

杨守敬《日本访书志》卷三，董康《书舶庸谭》卷六，傅增湘《藏园群书经眼录》卷二皆著录此本。傅氏称"此帙乃岩崎氏购于本国者，非皕宋楼也。与余藏本正同，为《广韵》中最早之刊本"。

此本《大宋重修广韵》每半叶有界十行，行二十字。小字双行，行二十六或二十七字。白口，单黑鱼尾。左右双边（21.2厘米×14.9厘米）。版心题录"韵上平（下平、上声、去声、人声）（叶数）"。下象鼻处有刻工姓名，如徐杲、余永、余竑、姚臻、徐颜、王珍、丁珪、魏奇、包正、阮于、朱琰、毛谅、吴亮、陈明、陈忠、顾忠、孙勉、梁济、陈询、徐英、陈锡、徐高、徐昇、徐政、毛谏等。

卷首有宋景德四年（1007）十一月十五日《牒》，宋大中祥符元年（1008）六月五日《牒》，隋仁寿二年（602）陆法言《切韵序》，唐仪凤二年（677）郭知玄《拾遗序》，唐天宝十年（751）孙愐《唐韵序》等。本文卷首题"广韵　上平声卷第一"。每卷首次行低二格列目录，连接正文。每卷尾题后附有《新添类隔今更音和切》及《补字》。卷五题"广韵人声卷第五"。末又别载《双声叠韵法》、《六书八体辨字五音法》、《辨十四声例法》、《辨四声轻清重浊法》等。卷中避宋讳，凡"玄、眩、朗、敬、警、惊、弘、泓、殷、慇、匡、筐、框、胤、炅、桓、贞、侦、桢、祯、徵、树、滇、赪、构、沟、睿"等字皆缺笔。亦可证为宋孝宗朝初期刊本。

静嘉堂文库又藏有原陆心源皕宋楼旧物宋版《大宋重修广韵》五卷一部。此本系宋宁宗朝（1195—1224）据前述宋孝宗朝本重刊。版式全同。卷中有"归安陆树声叔桐父印""归安陆树声所见金石书画记"等印记。

此本已被日本文化财审议委员会确认为"日本重要文化财"。

10. 南宋初绍兴年间湖北提举茶盐司刊本《汉书》一百卷（日本重要文化财）

自日本奈良时代（8世纪初）起，《汉书》被列为"三史"之一，为皇家与贵族知识分子必读的典籍。日本现在珍藏的《汉书》刊本，有唐人写本（残本）一种，宋庆元年间刘元起、黄善夫刊本一种，此二种皆已经被日本文化财审议委员会确认为"日本国宝"。静嘉堂文库收藏的宋本《汉书》有三种，一种为宋绍兴年间湖北提举茶盐司刊本一百二十卷，一种为南宋监本一百卷，一种为南宋前期两淮江东转运司刊本，今存残本五卷。其中，宋绍兴年间湖北提举茶盐司刊本已经被日本文化财审议委员会确认为"日本重要文化财"。此外，有宫内厅书陵部收藏《汉书》宋刊本同一刊本两套，天理图书馆收藏南宋前期两淮江东转运司刊本（残本）一种，小如舟屋收藏南宋刊本一种等。

静嘉堂文库藏此本宋高宗绍兴年间（1131—1162）湖北提举茶盐司刊本，卷中有宋孝宗淳熙二年（1175）、宋光宗绍熙四年（1193）及宋宁宗庆元五年（1199）修补。共四十册。

每半叶有界十四行，行二十六至二十九字不等。小字双行，行三十一字至四十字不等。白口，左右双边（29.3厘米×18厘米）。版心记大小字数，并有刻工姓名。我将名字抄录如下，以资永远的纪念！

周贵、李祖训、杜彦、宋宏、汪世安、杜林、吕荣、余舜、向叙、张慎行、王亢、王厚、余中、吴成、杜良贤、杜良、蔡伯达、王元、王元一、余光祖、吴轸、宋超、李格、周贡、余光、吴振、李建、周士贵、沈明、周逢、李棣、周震、蔡伯道、周礼、秦逸、陈仪、杨宪、刘钧、萧年人、谢海、龚成、魏真、张政、陈仲、陈彦、陈通、陈庆、黄执、廖安、黄善、陈伴、张善、张贵、张振、胡遵、陈景通、刘丙、刘定、蔡中、萧宁、刘真、谭柄、龚行成、谢汝楫、蔡伯适、邹禹成、张彦振、魏真、阮明、谢德、谢海、沈明、陈肇、陈瑾、张行、张政、刘钧等。

此本前有《汉书叙例》，次有《湖北提举茶盐司新刊前汉书目录》。正文卷首题"高帝纪第一上"，接续双行小字注文："师古曰，纪，理也。统举众事而系之于年月者也。"下署"班固"。又隔开半字，题书"汉书一"。第二行上空四字，题书"正议大夫行秘书少监琅琊县开国子颜师古注"。第三行起正文。

卷中避宋讳，凡"玄、眩、铉、敬、警、惊、竟、境、弘、殷、匡、恒、贞、祯、徵、署、树、让、桓、完、构、慎"等，皆为字不成。可以佐证为南宋初年刊本。

卷末有修补《跋文》三则。

第一则：宋绍熙癸丑（1193）张孝曾《跋文》曰：

  湖北庾司旧刊《西汉史》，今五六十年。壬辰岁，前提举官梅公尝修治，今又二十馀年矣。锓木既久，板缺字脱，观者病之。余将命于兹职事，暇日取其朽腐漫漶者几百二百有七板，命工重刊，或加修剔，俾稍如旧，以便阅览。然版刻岁深，劳于梭墨，则损坏日增，此理必然。随时缮治，诚有待于来者。因志其后以告。绍熙癸丑二月望日溧阳张孝曾题。（此跋文每半叶有界九行，行十九字）

第二则：宋淳熙二年（1175）黄杲、沈纶二人共撰《跋文》曰：

  右孟坚所书，二百二十年间列辟之迭道，名臣大范，贤能之志业，黔黎之风美具焉。柳柳州尝评其文云"商周之前，其文简而野，魏晋以降，则荡而靡，得至中者汉氏。"抑至言乎！湖北外台尝镂诸版。岁月穷深，字画漫漶，且注误脱落，背理善文，学者病焉。外府丞姑苏梅公为部刺使，自公之暇，倾谓杲辈，雠而正之。于是，集诸校本，参订非是，凡改窜者数百字，泯灭则复书。郡太守番易张公，以治辨称，寔尸厥事，乃庀工修锓为成书。时淳熙二载季夏十日，宪幕三山黄杲升卿，宜兴沈纶季演叙。（此跋文每半叶有界九行，行二十字）

此《跋文》后有列衔名录四行，其名曰：

迪功郎荆湖北路提点刑狱司　干办公事　沈纶校正
从事郎荆湖北路提点刑狱司　检法官　黄杲校正
朝请大夫知常德军府事　提举常德府澧辰沅靖州兵马盗贼公事　张琦
朝奉大夫提举荆湖北路常平茶盐公事　梅世昌

第三则：宋庆元戊午（1198）梁季珌《跋文》曰：

本司旧有《西汉史》，岁久益漫，因命工堪整，计一百七板。仍委常德法曹庐陵郭询直是正讹舛二千五百五十八字，庶几复为全书云。庆元中戊午中元括苍梁季珌题。（此跋文每半叶有界九行，行十二字）

此外，卷首副页上还有明代正德二年（1507）孙道静的手识文。文曰："余见宋版《汉史》不下五六部，未有若此之全妙者，子孙永保之。正德二年三月，丹阳孙道静重装两套，题系旧人笔，不敢易也。"

此本原系明人文徵明、孙道静，清人汪士钟等旧物，后归陆心源。卷中有"赵宋本""文徵明印""衡山""汪士钟印""恩海私印""臣恩海""陈淳私印""陈氏宗穆""似道复印""筠生""飞云阁""翠雨堂图书印""山阴谢执黄季用甫观""鹏阳""曹昭般氏""归安陆树声叔桐父印"等印记。

民国初，傅增湘在日本见到此本，他在《藏园群书经眼录》中说："此为庆元修后初印本，古雅精湛，纸墨焕发，光彩照目，使人爱不释手。"

此本已被日本文化财审议委员会确认为"日本重要文化财"。

11. 南宋初期浙中刊本《吴书》（专刻本）二十卷（日本重要文化财）

晋人陈寿撰《三国志》而裴松之为之注，分《魏志》《蜀志》《吴志》合六十五卷流传于世。在后世的刊印中，《魏志》《蜀志》《吴志》三志有时也称为《魏书》《蜀书》《吴书》。《三国志》的宋刊本已不多见，保存于今的主要是衢州州学刊本，存者大多也是后世补叶本了。今静嘉堂文库藏有南宋初年浙中《吴书》专刊本二十卷，此本以宋咸平六年（1003）《三国志》校本为圭臬而专刊《吴书》二十卷，为我国"正史"刊本系统中仅见之史籍珍本。

此本每半叶有界十四行，行二十五字。注文与正文字体无分大小，以低于正文一字表示。白口，亦偶见黑口。左右双边（19.8厘米×15.5厘米）。书名题署"吴书"而版心镌刻"吴志（几）"。下象鼻处记叶数，有刻工姓名，如：林申、周琳、宋贵、吴圭、吴浦、江受、何生、吴先、周中、周泗、李保、付立、高宣、孙受、孙光、付才、范亮、丘迪、青保、林茂、王敏、王椿、王文、郭康、韩通、王太、丁保、郑勤、潘元、杨顺、蒋深、郭喜、陈兵、陈庆、陈归、陈章、张佐等。

卷前有刘宋元嘉六年（429）七月二十四日裴松之上《三国志注表》。此《表》框廓为23.1厘米×15.5厘米。《表》后连接《目录》，题"吴书目录"。此《目》与他本《三国志目》不同，分为上下两帙，前十卷为"上帙"，后十卷"下帙"后有"详校官杜镐"等与"校勘官钱惟演"等衔名。另一叶刻宋咸平六年《中书门下牒》。《牒》文曰：

　　　　中书门下牒

　　　　　牒奉

　　敕　书契已来.简编成备。每详观于淑□，实昭于劝惩。□三国肇分一时所纪，史笔颇彰遗直，乘书用著于不刊。谅载籍之前言，助人文之至化。年祀寝远，鲁误谬居多。爰命学徒，俾其校正，宜从模印式广颁。行牒至准。

　　　　牒　故牒

咸平六年十月二十九日

　　左谏议大夫参知政事

　　工部侍郎参知政事

　　兵部侍郎同中书门下平章事

　　□□侍郎同中书门下平章事

　　左仆射同中书门下平章事

此本卷一首行题式如次：

孙破虏讨逆传第一　　吴书　　国志四十六

此书卷中有避讳，凡"玄、敬、警、弘、殷、匡、竟、胤、恒、贞、祯、浈、徵、让，桓"等，皆为字不成。

卷末有1803年黄丕烈长篇手识文，叙寻访此书之经纬。其文曰：

嘉庆癸亥（1803）九月七日，友人招饮旗亭，至晚始归。大儿玉堂以书友所携书二种首册呈览，曰此山塘萃古斋之伙送来者。余阅之，一为《吴志》，一为《史记》。皆宋镌本，而《吴志》尤胜于《史记》。始犹惜《吴志》为《国志》之一，究是未全之书。及阅其目录、牒文，自一卷至十，分为上帙，十一卷至二十卷，分为下帙，并载《中书门下牒》一通，乃知此书非不全者。因检毛汲古、钱述古两家书目，皆载有《吴志》而是卷本，益信其为专刻本矣。特毛、钱未言专刻，而外间又少流传，故世人不知耳。余获读此未见书，何其幸耶！明日，适访友城西，出金阊门，至海宁陈君仲鱼寓中，出此相赏，并告以欲往山塘书肆买书故，遂借仲鱼舟，并邀仲鱼同往，仲鱼亦欣然，相与登舟。抵其舟，见有一小榜，榜曰"津逮坊"。余谓仲鱼曰："君好书，故所乘舟以是名之。今遏（余）借此访书，则所取之名，若豫知今余有是事而名之也！"我两人不觉掀髯而笑。是日，余又欲往访周丈岩，仲鱼亦素慕香岩名而未识面，爰迤而西。至水月亭晤香岩，香岩识古为吾侪巨擘，亦举以示之。香岩曰："《史记》尚多，未足奇。若《吴志》，真奇书。向第见藏书家书目载其名，犹疑为《国志》中仅留此一种，今目见之，并细审目录、牒文，其为专刻无疑。未见书之必归于读未见书斋，何巧乃尔！"相与谈笑而别。自是进蒋家桥，从冶坊浜直到虎丘，与书友言定价值，益以建文时刻本《元音》，共四十五番，约日送全书来，而余与仲鱼各分路归。夕阳在山，不复涉海涌峰矣。余思虎丘为吾吴胜地，爱山水者，游不倦焉。犹意白堤钱听默开萃古斋，此老素称识古，所见书多异本，故数年前常一再访之。今老且死矣，书肆又不在山塘，余足迹亦弗之及。乃其子因旧业未可废，此地又无它书肆，于春间始设此小摊。主人既未识书，火（伙）伴亦属盲目，而异书之得仍由萃古斋来。余故特著之，以纪其事。至于仲鱼、香岩赏奇析疑，本为朋友乐事，其中委婉曲折，皆足助我生色，孤不惮言之缕缕也。荛翁黄丕烈记。

此书卷末又有当年顾莼手识文。文曰：

癸亥（1803）除夕，荛翁祭书于百宋一廛。时已二鼓，以书招余与鼎香往观，且曰今岁所得书，以此为第一，故列于史部之首。余既为题签，并记数语于卷末。顾莼。

又有嘉庆九年（1804）陈仲鱼手识文。文曰：

去冬偕荛翁泛舟虎丘，访购是书，自谓追随乐事。今春过士礼居，荛翁出示，则装潢已就。适徐君斓云亦在座，相与展玩，并读跋语，叹赏不止。甲子三月陈鳣记。

卷中还有同年徐云路的手识文。文曰：

癸亥九日，瞿木夫招同人泛□石湖。时荛翁甫得是书，携示诸友，咸共咨赏。已而泊舟登陆，寻幽选胜。荛翁独兀坐舱中，披览不释手。为叹当今好古，乃有斯人！甲子三月廿又三日，过士礼居，陈君仲鱼在坐，荛翁复出见示，相与展玩久之，并缀数语。鹿城徐云路。

黄丕烈、顾莼、陈鳣、徐云路四氏的数段记述，读来婉转曲折，字里行间透出19世纪初期中国藏书家对于珍本典籍的执着之情，也提供了当时江南杭州文献学家之间的诸种情感与学术的关系。当我在异国的藏书室中读到这样的文字，如身临其境，体味到先辈学者对于执爱典籍珍本的那种激奋之情，而眼前见到的此本《吴志》，虽然保存完好，却浪迹在异国他乡。我相信伟大的文明成果，应当是属于全人类。但面对这样的现实，心里突然涌起深深的惆怅——我们真是对不起自己的先人啊！

此本原系汪士钟旧藏，后归郁松年，又后为陆心源所有，最后转入静嘉堂。卷中有"黄丕烈""丕烈""荛夫""百宋一廛""士礼居""汪士钟""汪士钟印""阆源真赏""郁松年""泰峰"等印记。

关于此书的刊印年代，先辈学者各有见解。

陆心源《仪顾堂题跋》卷二著录此本曰：

（前略）（此书）当为咸平中国子监刊本，而徽宗时修补者。正文顶格，注低一格，不作双行。明南监冯梦祯本，款式略同，当即从此本出。长夏无事，校对一过，胜于梦祯本、毛子晋本甚多。

董康同意此说，其《书舶庸谭》卷六著录"宋咸平国子监本"《吴志》二十卷，即此本。董氏曰：

余所见《三国志》，一为小字残本，原藏爱日精庐。一为绍兴本，今藏商务印书馆。一为绍熙本，聊城杨氏暨此间图书寮有之。当以此本刊印为最早。曩为翰怡作《三国志》校记，惜未得是书也。旧为菦圃藏书，题跋已见张氏适园刻本。（中略）此书经长泽君介绍影印，已承书库主人许可。

傅增湘在《藏园群书经眼录》中对此略有辨证。其卷三著录此本并曰：

此本陆心源跋定为咸平国子监所刻而徽宗时修补者，余谛观再四，其笔法雕工俱极古厚，第卷中避讳"乙"至"桓"字，则已骎骎入南渡矣。

日本静嘉堂文库当届理事长米山寅太郎在赠送给我的书影中，特地用红笔注明此本为"南宋初年浙中覆刊本"。

此本已被日本文化财审议委员会确认为"日本重要文化财"。

12. 北宋嘉祐刊南宋配补本《唐书》（残本）一百九十七卷（日本重要文化财）

记录有唐一代的"正史"，有五代后晋人刘昫等撰著的《旧唐书》二百卷和宋人欧阳修和宋祁等撰著的《新唐书》二百二十五卷两种。欧阳修等的《唐书》虽然编撰在后，却仍然袭用刘昫等的《唐书》之名，后人为了区分两书，才加上了"旧"和"新"，并非原著所有。从版本价值的立场考察，国内目前所收藏的两种《唐书》最古远的文本，都是南宋时代的刻本。宋绍兴年间两浙东路本《旧唐书》一种，残本六十九卷，今存国家图书馆。《新唐书》的宋刊本，国内现存五种南宋刻本的残本，国家图书馆藏四种，为残本一百三十二卷本，残本八卷本，残本一百二十四卷本和残本二卷本；南京图书馆另藏有《新唐书》宋刻残本一百五十五卷，未能断定宋代具体年代。

今静嘉堂文库所收藏的欧阳修和宋祁等撰著的《新唐书》宋刻残本一百九十七卷，实为北宋嘉祐年间（1056—1063）刊本，有南宋时的配补书叶。卷中有南宋时人李诗安、明代永乐年间人钱塘梁氏与万历年间人充菴居士等的手识文，确系汉籍文献中的无价之宝。

此本今缺卷十二至卷十七，卷一百五十九至卷一百八十，实存一百九十七卷。其中卷六十八、卷六十九、卷一百一、卷一百二、卷一百三十五、卷一百三十六，皆用南宋刊十行十九字左右双边本配补。

每半叶有界十四行，行二十三字至二十六字不等。小字双行，行三十二字或三十三字。白口，左右双边（22.7厘米×15.2厘米）。版心有刻工姓名，如：李敏、李十娘、谢氏、史复、吴绍、朱明、王震、王昌、王介、王成、王益、王瑞、王志、王昇、周志、周富、毛易、陈说、章容、章立、莫允、李谋、李孜、李崧、章字、章彦、张通、华元、董昕、董安、董明、沈章、蒋济、蔡通、施泽、孙容、钱盛、徐用等。

卷首有宋嘉祐五年（1060）六月赠亮公上《进书表》。

此本中下列二十三卷卷面上有南宋人李安诗的手识文：卷四、卷十、卷二十七（上）、卷三十（上）、卷三十五、卷四十二、卷四十七、卷五十四、卷六十、卷八十二、卷九十一、卷一百八、卷一百十五、卷一百二十二、卷一百四十一、卷一百五十、卷一百九十三、卷二百、卷二百七、卷二百十四、卷二百十八、卷二百二十二（下）、卷二百二十五（下），凡二十三卷。这里摘举如下：

卷四末有宋理宗景定五年（1264）手识文："景定甲子（1264）夏五下七点抹终卷。会稽李安诗识于克斋。"

卷二百二十五末有宋度宗咸淳三年（1267）手识文："咸淳丁卯（1267）四月戊寅，句点终抹。但其间或有一二字误，无佳本对证，不敢辄下雌黄，姑俟善本，当更是正。会稽李安诗谨识。是日阴雨，书于六友堂。"

此本卷中还有明代人手识文二则。

一则是明永乐八年（1410）钱塘梁氏（姓氏依据印记判断）手识文。文曰：

> 此书逮今一百四十余年，来自杭之桂翁。桂翁年逾八袠，见鬻于余，余以囊橐暂乏，托之友人宋节赍来。旬日始偿价。书以示吾子孙，当谨保之毋忽。时太时永乐八岁次庚寅夏五月望日。钱塘（下缺）。

另一则是明万历二十一年（1593）充菴居士手识文。文曰：

> 此宋版《唐书》，为钱塘李氏（？）藏本。余其字画无讹，标抹详好，珍收有年。第中多残缺，兹以燕间抄录装缮，俾成完璧，书示子孙，使知先贤之嗜学与予之心，尚其保护无致。时万历癸巳重九，充菴居士识。

据此数则手识文考察，此《唐书》自宋至于明，收藏轨迹来龙去脉十分清晰。卷中有"李安诗伯之克斋藏书""钱塘梁氏珍藏书画记""树德堂子子孙孙保之""子子孙孙永用之""充菴""梅谷图书""在在处处有神物护之""浦充端印""季振宜藏书""汪士钟印""归安陆树声叔桐父印"等。

陆心源在《仪顾堂题跋》卷二中著录此本。其文曰：

> （此本）仁宗以上讳匡、胤、恒、祯，及嫌名殷、敬、镜、贞等字皆缺笔甚谨，不及英宗以下。盖嘉祐进书时刊本也。全书皆经点抹。卷中多有会稽李安诗题语，自景定甲子迄咸淳丁卯点完。景定为理宗年号，咸淳为度宗年号，盖宋季人也。有李安诗伯之克斋藏书朱文印，梅谷藏书、树德堂子子孙孙宝之白文印，及季沧苇、汪士钟印。安诗仕履无考。宋嘉定壬申刊本《大事记》末，有免解进士充府学直学李安诗，同校正衔名。查嘉定壬申（1212）距景定甲子五十二年，当即其人也。

《天禄琳琅》载有宋版《新唐书》，行密字整，结构精严，于仁宗以上讳及嫌名缺笔甚谨，不及英宗以下。卷末有嘉祐五年六月二十四进书衔名，及中书省奉旨下杭州镂版札子，与此本一一皆合。惟佚脱中书省札子及进书衔名耳。盖于天禄本同出一版，其为《唐书》祖本无疑。

傅增湘赞同陆心源的观点，他在《藏园群书经眼录》卷三中著录此本，并曰：

> 此即世所称嘉祐本也。北京图书馆藏有残本，与此正同，均有补版，此宋印本补版差少耳（此处的"北京图书馆"即现在的"国家图书馆"，中国国家图书馆所藏宋本《唐书》四种中，未见有宋嘉祐本——笔者注）。《天禄琳琅书目》所藏亦同出一版，且钤有李安诗印。是李氏当时藏有同式二本欤？余至昭仁殿点查，竟一册不存，不知流落何所，吁，可慨矣！

读到傅增湘氏为《唐书》"不知流落何所"而发出的感叹，引人心碎。作为存世的唯一北宋刊本《唐书》，在国内最后的收藏是存于归安陆心源的皕宋楼。20世纪初期，由于陆树藩贪财心切，以低价转让于日本三菱财团，至今日还沉眠于静嘉堂文库之中。

日本《静嘉堂宋本书影》著录此本，其释文推断此本"实系嘉祐本之覆刊本，非为原刊"。亦可存此一说。

此本已被日本文化财审议委员会确认为"日本重要文化财"。

13. 宋刊本《致堂读史管见》八十卷

《致堂读史管见》作者胡寅，为宋代史学名家胡安国侄，曾官拜礼部侍郎。此书是他在谪居新州时读司马光《资治通鉴》而作的史评。书成于宋绍兴年间，宋淳熙年间（1174—1189）有初刻八十卷本，宋嘉定十一年（1218）衡阳郡斋再刊，此为三十卷本，其后宋宝祐二年（1254）又有三十卷刻本。此后皆以三十卷本传世。

国内目前有四家存有《致堂读史管见》的宋刊本。此即为中国国家图书馆存宋嘉定十一年（1218）衡阳郡斋刊三十卷本的残本八卷，余皆用元刻本配补；北京大学图书馆和上海图书馆分别藏有宋嘉定十一年衡阳郡斋刊本的残本四卷；重庆北碚区图书馆藏有宋宝祐二年（1254）三十卷本一套。

静嘉堂文库藏胡寅《读史管见》八十卷、《目》一卷，为国内所未见，更无存本。

卷首题"宋徽猷阁直学士左朝请郎提举江州太平观保定县开国男食邑七百户赐紫金鱼袋胡寅明仲撰"。前有宋淳熙壬寅（1182）其孙胡大正《序》。《目录》后有刊印木记四行。文曰："淳熙壬寅中夏既望，刊修于州治之中和堂，奉议郎签书平海军节度判官厅公事兼南外宗正簿赐绯鱼袋胡大正敬识。"

每半叶有界十二行，行二十二字或二十三字。版心记字数。卷中避宋讳，凡"殷、匡、贞、恒、桓、构、慎、瑗"等皆缺笔。

此本原系陆心源皕宋楼等旧藏。陆心源在《仪顾堂题跋》卷五中著录此本，并考其经纬。其释文曰：

> 据大正《序》，淳熙以前无刊本，至大正官温陵，始刊于州治之中和堂，乃此书初刊也。其后嘉定十一年，其孙某守衡阳，刊于郡斋，并为三十卷。与《书录解题》合，有犹子大壮《序》，明季有重刊本，即《四库附存其目》之本也。《姚牧庵集》有此书《序》，谓宋时江南宣郡有刊版，入元，版归兴文署，学官刘安重刊之。牧庵尝得致堂手稿数纸，今摹诸卷首。是此书在宋凡三刻，元人又重刊之，其为当时所重可知。惟嘉定本与此本，卷帙悬殊，未知有无删削，架上无三十卷本，无从互校耳。

在此八十卷本《致堂读史管见》随陆氏皕宋楼移居日本之前，中世纪时代日本金泽文库另收藏有《致堂先生读史管见》八十卷本一种。后从文库流出，为福井崇兰馆等所得。今传闻由东京小汀氏家收储。因未见其书，不敢妄言。传告者言，此本前有宋淳熙壬寅胡寅之孙胡大正《序》。《目录》后有胡大正双边木记"刊行语"。卷中多有后人写补。其中卷第四十一至卷第五十为明治时代写补（卷第四十一中有数叶则系原版残叶）。有"金泽文库"印记，抚印清爽端正。

这两部存于日本的八十卷本《致堂读史管见》的宋刊初刊本，为世间绝无仅有之本，堪称双璧，是中国史学史研究极为珍贵的典籍。

14. 宋绍兴年间浙东茶盐司刊本《外台秘要方》四十卷
（日本重要文化财）

唐人王焘撰《外台秘要方》四十卷，与唐人孙思邈撰《孙真人备急千金要方》三十卷，同为历代医界古方渊薮，被奉为处方圭臬。《外台秘要方》采撷起自炎昊迄于唐代的各类群书中的治病处方，汇成六千余方，分归为一千百四门。篇首还选载先贤关于闻疹施药的辨论。宋时经孙兆、林亿等人校正刊布，流布于世。《外台秘要方》现在保存的最早的刊本当是宋绍兴年间（1131—1162）浙东茶盐司刊本。

日本现存此宋刊本二部，一部在静嘉堂文库，一部存于宫内厅书陵部。然宫内厅藏本为缺卷残本，唯静嘉堂藏本卷帙完整，故已被确认为"日本重要文化财"。

17世纪江户时代以来，日本在长崎港的大宗书籍进口贸易中，《外台秘要》一直备受青睐。据《商舶载来书目》记载，日本东山天皇元禄十二年（1699），中国商船"计字号"载《外台秘要》一部二十册抵日本。又据日本桃园天皇宝延四年（1751）《持渡书物备忘录》记载，是年中国商船输入日本《外台秘要》三部，各四帙二十四册。又据桃园天皇宝历四年（1754）《舶来书籍大意书》著录《外台秘要》一部四帙三十二册，记载"无脱纸"。

当时的日本，不仅进口《外台秘要方》，同时还从事该书的抄写和重印。我阅读到的有《外台秘要方》四十卷古写本一部。当是影钞宋本，卷中有"金泽文库"印记。此本现藏宫内厅书陵部。又日本仁孝天皇天保二年（1831）有日人《外台秘要方》四十卷写本一种。此本今存卷十二、卷二十二、卷二十三、卷二十五至卷二十八，凡七卷，又流转于中国，现藏中国医学科学院图书馆。又有孝明天皇弘化四年（1847）日人《唐王焘先生外台秘要方》四十卷写本一种。此本今存卷二十三、卷二十四、卷二十六、卷二十九、卷三十，凡五卷，此本现藏中国北京大学图书馆。

写本之外，日本于樱町天皇延享三年（1746）平安养寿院刊印《唐王焘先生外台秘要方》四十卷。题"王焘著，林亿等上进，程敬通订梓，锡为昭等校"。

前有日人望月三英《序》。此本延享四年（1747）有重印本。

　　静嘉堂文库所藏《外台秘要方》，每半页有界十三行，行二十三字或二十四字。小字双行，行同正文。白口，单黑鱼尾，左右双边（19.7厘米×14厘米）。版心有刻工姓名，如弓成、林俊、王安、王成、王介、吴江、徐升、徐政、阮于、应权、吴邵、江通、时明、施蕴、朱明、周浩、周皓、叶明、叶邦、徐侃、徐颜、徐彦、徐高、徐呆、陈浩、陈文、陈茂、李忠、李升、李硕、董明、董昕、郑英、章楷、杨广、俞昌、余青、余全、张永、赵宗、方彦成、丁圭、丁珪、黄季官、黄季常、娄谨、楼谨等。

　　此本首题"唐银青光禄大夫持节邺郡诸军事兼守刺史上柱国清源县开国伯王焘撰"，次题"宋朝散大夫守光禄卿直秘阁判登闻检院上护军臣林亿等上进"。前有《外台秘要方目录》，题署"朝散大夫守光禄卿直秘阁判登闻检院上护军臣林亿等上进"。次有《外台秘要方序》，题署"唐银青光禄大夫使持节邺郡诸军事兼守刺史上柱国清源县开国伯王焘撰　天宝十一年（752）载岁在执徐月之哉生明者也"。次有《校正外台秘要方序》，题署"前将仕郎守殿中丞同校正医书臣孙兆谨上"。卷四十末有宋皇祐三年（1051）五月二十六日《劄子》。卷末有"宋熙宁二年（1069）五月二日准中书劄子奉圣旨镂版施行"二行，次有校正林亿等衔名三行，中书门下富弼等衔名八行。卷中避宋讳，凡宋神宗以前帝讳嫌名皆缺避。

　　每卷有子目，目录连属正文。每卷后或题"右从事郎充两浙东路提举茶盐司干办公事赵子孟校勘"，或题"右迪功郎两浙东路茶盐司干办公事张实校勘"。卷九后题"朝奉郎提举药局兼太医令医学博士臣裴宗元校正"。

　　陆心源《仪顾堂题跋》卷七著录此本，其识文曰：

　　　　（前略）以崇祯中程衍刊本校之，删削几近二万字，妄改处亦复不少。黄荛圃孝廉宋刊之富甲于东南，仅得《目录》及卷第廿三两卷，见《百宋一廛赋注》。日本虽有全书，模印在后，多模糊处，见《经籍访古志》。此本宋刊初印，无一断烂，洵海内之鸿宝也。书中"痰"字皆作"淡"，明本改作"痰"。"担"字皆作"擔"字。按，《说文》无"痰"，《广韵》始有"痰"字，云"胃上水病"，《一切经音义》卷三"淡饮，胃上液也"，其字作"淡"，不作"痰"，与此本舍。《说文》亦无"擔"字，"人部"有

"儋、何也"，即今"担"字。《汉书·货殖传》"浆千儋"，《西域传》"负水儋粮"，此"儋"之正字也……明刻改"淡"为"痰"，改"儋"为"担"，此明人不识字之统病也。是此书不但有功医学，并可参证小学，宋本之可贵如此。焘书原有双行夹注，明刊往往于原书夹注上加"通按"二字，窃为己说。尤可笑也。

傅增湘《藏园群书经眼录》卷七亦著录此本。

卷中有"武林高瑞南家藏书画记""曹溶之印""蒋氏彦恒子孙保之""清宁东阁""思济堂""京口世家""浙右项笃寿子长藏书""季振宜藏书""胡惠浮印""当湖小重山馆胡氏遮江珍藏""无事小神仙""存斋四十五岁小像戊寅二月某石并刊""臣陆树声""归安陆树声叔桐父印"等印记。原明正德时人高瑞南妙赏楼、清人陆心源皕宋楼等旧藏物。

宫内厅书陵部所藏《外台秘要方》本，与静嘉堂文库藏本同为宋绍兴年间（1131—1162）浙东茶盐司刊本。此本今仅存卷三、卷六、卷九、卷十一、卷二十一、卷二十三、卷二十五至卷二十八，凡十卷。为日本中世时代原金泽文库外流出汉籍之一种。卷中有"金泽文库"墨色楷书长方印记。江户时代森立之《经籍访古志·补遗·医部》著录纪藩竹田纯道藏北宋刊本《外台秘要方》四十卷时曰："又按，枫山秘府所藏亦与此本同，但所存仅为第三、第六、第九、第十一及第二十一、第二十二、第二十三、第二十五、第二十六、第二十七、第二十八，凡十一卷。每卷有金泽文库印记。"森氏所言即系此本。

森氏记竹田纯道家藏"北宋本"《外台秘要方》。今录其识文备考。其文曰：

> 每卷首有林亿等上进名衔，卷末有装宗元校正及赵子孟校勘名衔，或有右迪功郎张实校勘字。每半版高留寸五分，幅四寸八分。十三行，行二十四字。版心有刻手姓名。每卷捺竹田定贤印。目录首上有上池印。按，此本竹田氏奕世所传，承应间（后光明天皇与后西天皇年号，即1652年元月至1654年11月——笔者）《视听日录》载纪藩医员藏是书，即此本也。嘉永己酉，官下命邮致使于医学影钞（凡二通，一纳枫山，一纳医学），亦大朝右文之所派及也。盖宋刊医籍，存于皇国者颇多，然多南渡以后物。其北宋本，如

《千金方》犹有补刻，特此本真林亿等经进之原刊，明诸家所不梦见者，而首尾完具，毫无缺失，况晋唐经方特赖是书二存，则岂可不谓之天下之至宝也耶！

杨守敬《日本访书志》卷九著录北宋本《外台秘要方》四十卷、《目录》一卷，亦即纪藩竹田氏藏本。其识文曰：

> 原本藏日本纪藩竹田氏。森立之《访古志》曰：此本嘉永己酉官下命邮致使于医学影钞，凡二通。一纳枫山官库，一藏医学。盖宋刊医籍，存于日本者颇多，然多南渡以后物。其北宋本如《千金方》犹有补刻，特此本真为林亿等经进之原刊，而首尾完具，毫无缺失，岂可不谓天下之至宝乎！立之又言，当新写此书时，立之方为医学校官，以五人分书之，越三年乃成，其费不赀。余因立之言，先购得小岛学古校本，乃知明程衍道刊本夺误凡千万言，因访之杉本仲温，据言纪藩之宋本不可见，枫山库之新本亦不可得，维医学之一部，明治初散出，未知存于谁何之手，余乃嘱仲温物色之。久之，以此本来，缺其末一册。盖以末册有题识，恐为其官所觉也。索价殊昂。余以为此书宋刊，中土久绝，程本伪讹不可据，乃忍痛得之。每卷首有林亿等上进名衔，卷末有裴宗元校正及赵子孟校刊名衔，或有右迪功郎张实校勘字。影摹之精，下真宋刻一等，无怪立之言以五人之力三年乃成也。末一册托书记官岩谷修从枫山库本补之，仍为完璧。此书为古方渊薮，晋唐逸籍赖是以存。当吾世不乏寿世，仁民之君子，当覆之以传也。

两位先辈所论说的，大概就是这个南宋初年的刊本，而并不是真正的北宋本。

日本《御书籍来历志》和董康的《书舶庸谭》卷三亦都著录了此本。

此外，日本公文书馆第一部、静嘉堂文库、东京大学总合图书馆和早稻田大学图书馆也都收藏有明崇祯十三年（1640）新安程衍道经馀居依据宋刊本重新镌刻的《（重订唐王焘先生）外台秘要方》四十卷。

此本已被日本文化财审议委员会确认为"日本重要文化财"。

15. 宋刊元明配补本（黄荛圃手识本）《孙真人备急千金要方》三十卷《首》一卷

前述唐人王焘撰《外台秘要方》与唐人孙思邈撰《孙真人备急千金要方》，同为历代医界古方渊薮，被奉为处方圭臬。然自明代以来，国内已经见不到《备急千金要方》的全本了。日本却一直留意收集我国的医方家文献。除《外台秘要方》外，极为看重孙思邈的《孙真人备急千金要方》。9世纪末日本藤原佐世撰《本朝见在书目录》，其"医方家"著录《千金方》三十一卷，题"孙思邈撰"。此为《千金方》传入日本的最早记录。

目前，日本藏《孙真人备急千金要方》宋刊本两种，一本今存米泽市立图书馆，为宋绍兴十七年（1147）刊、绍熙庆元年间（1190—1200）补刊本，此本已经被认定为"日本重要文化财"，共三十三册。一本今存静嘉堂文库，为宋刊元明配补本，共二十四册。此处一并记述。

静嘉堂文库藏《（新雕）孙真人千金方》三十卷，原为清代文献学家黄荛圃"士礼居"与陆心源"皕宋楼"的旧藏。卷末有黄荛圃手识文二款。从中可以明白此本的版本价值与藏书家对它的情谊。

手识文之一撰写于清嘉庆己未（1799），其文曰：

嘉庆四年二月十九日，至昭明巷老屋，遇书友邵钟琳，谓余曰："吾兄西山堂中，有元板《千金方》中配明板者，曾送阅乎？"余曰："未也。"因到彼阅之，适主人不在，从其火（伙）取归。共十四册，内配第六至第十，第十六至十九，仍缺第二十卷。其余皆宋刻宋印，非元板也。越日，遣人问其价，需钱二两四钱。遂如值与之。余家旧藏钱述古钞本，云是从宋阁本出者也，已自侈为善本。今得宋刻勘之，鲜有一处符合者。初不解其故，后检《通考》，知晁所见者为《千金方》三十卷，陈所见者为《千金备急要方》三十卷本。其前"类例"数条，林亿等新纂。则知钞本即从宋阁本出，已是经后人增损原书，故与宋刻原本多所不同也。二本非特文义增减，即药名分两、法制，殊有不合。前人之方，忽经后人以意改削，可信不可信乎！矧钱本所据，今以补入。宋本之明本参考，同出一原（源）。于明本烂板，钞本皆缺文。宋阁本所出，益未可信其说矣。惟是《千金方》宋刻，昔人无有见及者，所见止《千金备急要方》，故不得不以此为祖本，而于林亿等"纂例"以前之本，反有不信尔。余得此本，虽残缺，亦自侈为奇秘矣。持示五柳注人，反以明刻为胜于旧刻，而宋刻断断乎其不信。宜酉山堂之以无意得之，而仍以无意去之也。古书难识，于今益信云。岁在己未清明前五日，棘人黄丕烈书于士礼居。

二月廿六，洞庭钮非石、枫桥袁绶堦访余。余以此书出示，相约以诗记事，用孙字，禁押本事。时同观者，有西宾夏方米，谓余："宜用杜老明妃诗例"，遂遵之，率成五律四首，并不重韵。

千金遍易得，宋刻俨然存。
备急诚为要，重刊未足论。
混淆今世本，补缀旧时痕。
晁志真堪据，题应陋振孙。

开国荥阳郑，藏书到子孙。
几时晦尘土，顷刻抵瑶琨。
纂例曾经亿，嫌名却避敦。
卅方嗟尚缺，何处觅仙魂。

鬼遗方仅半，岁奔认钱孙。
插架分先后，排签并弟昆。
世增收骏价，仙感活龙恩。
从此思明理，都惭少凤根。

人命千金贵，方书自古尊。
所嗟求秘笈，不尽出医门。
本草心徒爱，伤寒眼竟昏。
残编同宝要，珍重付儿孙。

手识文之二撰于清嘉庆丁丑（1817）。其文曰：

余既收得宋刻残本《千金方》，久藏箧衍，来暇装潢也。及后收得元刻全本，知从宋阁本出。而钱述古之旧钞以为出自宋阁本者，据此也。前云此配明本，所见未的。后又收得明翻元刻，宋本缺卷，尚可为狗尾之续，因合装之。宋自宋，元自元，明自明，迹不可掩，虽合而仍可分，不致以伪乱真也。丁丑夏五复翁。

卷末又有清同治六年（1867）墨跋数字。文曰：

千金唱和集　题宋本千金方　黄丕烈　慎独生墨跋　丁卯

此本每半叶有界十四行，行二十四字，间或二十五六字。注文小字双行。白口，双黑鱼尾，左右双边（17.9厘米×12.5厘米）。

全书中卷一至卷五，卷十一至卷十五，卷二十一至卷三十，凡二十卷系北宋刊本。每半叶有界十四行，行二十五字。首行题曰"新雕孙真人千金方"。版心或题"千金方（几）"，或题"千金（几）"。不记字数，也无刊工姓名。

卷六至卷十，卷十六至卷十九，凡九卷系元刊本。每半叶有界十一行，行二十二字。细黑口，版心题"金方（几）"。

卷二十，凡一卷系明刊本。题名行款与元刊本同，白口。版心题"千金方某某类"等字。此乃明慎独斋刊本之零本。

此书在明代已经没有全本，所以留存有宋刻二十卷，亦弥足珍贵了。我将此宋刊二十卷目，抄录于此：

卷一，习业第一，精诚第二，理病第三，诊候第四，处方第五，用药第六，合和第七，服饵第八。

卷二（妇人上），求子方第一，有胎恶阻第二，养胎第三，有胎病方第四，难产第五，子死腹中第六，逆生第七，胞衣不出第八。

卷三（妇人中），虚损第一，烦闷第二，中风第三，心腹痛第四，恶露第五，下痢第六，小便第七，难方第八。

卷四（妇人下），补益第一，不适第二，崩中第三，月水不调第四。

卷五（小儿），序例第一，初生第二，惊癫第三，客忤第四，痈疽第五，伤寒第六，咳嗽第七，症结第八，杂病第九。

卷十一，肝脏脉论第一，肝虚实第二，肝劳第三，肝筋极第四，症结癖气第五。

卷十二，胆腑脉第一，胆虚实第二，咽门第三，髓虚第四，补虚煎第五，吐血方第六，万病方第七。

卷十三，心脏脉论第一，心虚实第二，心劳第三，脉极第四，脉虚实第五，心腹痛第六，胃痹第七，头风第八。

卷十四，小肠腑脉论第一，小肠虚实第二，舌论第三，风眩第四，风癫第五，惊悸第六，好忘第七。

卷十五，脾脏脉论第一，脾虚实第二，脾劳第三，肉极第四，肉虚实第五，热痢第六，冷痢第七。

……

卷二十一，消渴第一，虚闷不得眠第二，淋闭第三，尿血第四，水肿第五。

卷二十二，序论第一，果实第二，菜蔬第三，谷米第四，鸟兽第五。

卷二十三，丁（疔）肿第一，痈疽第二，发背第三，丹毒第四，瘾症第五，瘰疽第六。

卷二十四，九漏第一，肠痈第二，肠痔第三，癣疥第四，恶疾第五。

卷二十五，解食毒第一，百药毒第二，五石毒第三，虫毒第四，胡（狐）臭第五，脱肛第六，瘤瘿第七，癫病第八。

卷二十六，卒死第一，蛇毒第二，被打第三，火疮第四。

卷二十七，平脉火法第一，五脏脉轻重第二，指下形状第三，五脏脉所属第四，分别病状第五，三关对治法第六，五脏积聚第七，阴阳表里虚实第八，何时得病第九，扁鹊华佗察色第十，五脏六腑气绝候第十一，四时相反第十二，死期年月第十三，扁鹊诊诸反逆死脉第十四，诊百病死生第十五。

卷二十八，养性第一，导引养性第二，黄帝杂忌第三，按摩法第四，调气法第五，居处法第六，房中补益第七，服食法第八。

卷二十九，明堂三人图第一，三阴三阳流注第二，针灸禁忌法第三，五脏六腑旁通法第四，用针界例第五，灸例第六。

卷三十（孔穴主对法），头病第一，舌病第二，膝病第三，风病第四，癫病第五，杂病第六。

陆心源《仪顾堂题跋》卷七著录此本，称"是书全本明初已不可得矣"。其文又曰："校以日本覆宋治平本，不但编次先后迥然不同，即字句方药，几于篇鲜同章，章尠同句。惟与治平本校勘记所称唐本多合，洵孙真人之真本，非林亿既校以后刊本所可同日而语也。"

卷中有"荥阳开国世裔郑氏家藏图书""袁廷梼借观印""汪士钟藏""平阳汪氏藏书印""秋浦""紫仙审定真迹""许烈之印""子宣""许号仙鉴定印""归安陆树声叔桐父印""归安陆树声所见金石书画记"等印记。

静嘉堂文库所藏的宋刊《备急千金方》，从版本学的立场上说，因为其中有十九卷元代补刊和一卷明代补刊，尚有"不纯"之处。今山形县米泽市立图书馆所藏的《备急千金方》本，是原中世纪时代金泽文库的藏本，后来为江户时代第一代幕府大将军德川家康所得，转由他的家族米泽藩主所有，近二百余年来一直收藏于"兴让馆"。此本为宋绍兴十七年（1147）刊、绍熙庆元年间（1190—1200）补刊本，为今日世间唯一的一个唐人孙思邈撰《孙真人备急千金要方》的宋人刊本了。

此本每半叶有界十三行，行二十三字。白口，间有小黑口，左右双边（22厘米×14.2厘米）或（20厘米×14厘米）不等。版心题"千金方（卷数）"或"千金要方（卷数）"，并记字数、干支、叶数、刻工姓名等。

卷前有宋林亿等校正《备急千金要方目录》《新校备急千金要方序》《新校备急千金要方例》，并有孙思邈《备急千金要方序》等。卷三十末有《校定备急千金要方后序》，列名钱象先、林亿、孙奇、高保衡、韩琦、曾公亮、欧阳修、赵檩檕凡八人。

本文卷首题"备急千金要方卷第（几）"，次续小字双行注纲目。次行低一字半左右署"朝奉郎守太常少卿充秘阁校理判登闻检院上护军赐绯鱼袋臣林亿等校正"。第三行约低六字题每卷之卷数，第四行起为卷目，后连续正文。每卷末与正文隔一行题"备急千金要方卷第（几）"。卷二末误题"备金千金"。

每篇类例首为"论"，续之以"脉"，继之以"大方"，更添"单方"，末置"针灸"之方。其中卷五、卷六、卷十五，此三卷分上下两篇。

凡版心记干支之各卷，大体皆在"丙寅"与"丁卯"，即宋高宗十六年、十七年。此各卷之避讳缺笔，皆至宋仁宗之讳。文字宽裕，栏界阔大。此即宋绍兴年间覆刊宋治平年间之本。补刊部分版心记字数，栏界稍窄，文字稍为紧小。此各卷中避讳至宋孝宗，当为绍熙至庆元间补刊。

此本为日本中世时代原金泽文库外流出汉籍之一种。

江户时代森立之《经籍访古志·补遗·医部》著录米泽侯藏宋刊本《备急千金要方》三十卷、《目录》一卷，即系此本。其识文曰：

> 此本为上杉氏累世所□，实系宋治平三年所镂版施行者。其版心无题记，文字宽裕，栏界长大。玄、匡、贞、殷、恒、敦等字皆有缺笔是也。其原版漫灭，或全纸补刊，或数字填入者，亦往往有之。盖其款式字样，仿佛相类，而版心记甲、丙、丁卯、庚午字者，考其干支，殆为元祐补刊。其版心举字数者，及栏界狭隘文字紧小者，俱玄、微等字不缺笔，惟慎字缺笔，是乾道、淳熙间所补刊也。元祐去治平不远，所以略相类，若乾淳则相距百馀年，展传模刻，其讹舛亦在所不免也。要之，此本虽非真人之旧，然是宋校原本，实为医家不可缺之书。嘉永元年官命刊之医学，以行于世，实为旷典。

卷中有"金泽文库"墨印，每册首又有"米泽藏书"朱印。此本已被日本文化财审议委员会确定为"日本重要文化财"。

日本孝明天皇嘉永元年（1848）江户医学馆曾经依据此宋刊本《备急千金要方》三十卷重加影印，有多纪元坚《考异》一卷。此本有嘉永二年（1849）重印本。后来，中国苏州崇德书业公所又用此本在国内重新影印。

此外，宫内厅书陵部还收藏有《（重刊）孙真人备急千金要方》三十卷、《首》一卷，为元代建安刊本。静嘉堂文库藏有同一刊本残本十八卷。

16. 宋刊本《锦绣万花谷》（残本）二卷（日本重要文化财）

假如说，宋初编著《太平御览》和《册府元龟》这样的类书，是为宫廷皇室和上层知识者提供读书的便利的话，那么，宋代刊印的《锦绣万花谷》一百二十卷，则更多的是满足了街道闾里各色人士的读书和一般市井文化的需要。此种市井文化在当时或许为士人所不齿，故编著者未留下名姓，如同同时代的平话，以及稍后发达起来的话本和演义一样。

《锦绣万花谷》一百二十卷，分为《前集》四十卷、《后集》四十卷、《续集》四十卷。尽管为士大夫所不屑，但当时一定是畅销之物。日本目前各个藏书机构中收藏的《锦绣万花谷》宋刊本共有六种。其中，静嘉堂文库所藏的《锦绣万花谷》中的《前集》正文卷十、卷十二，共二卷一册，被确定为"日本重要文化财"。

此本每半叶有界十二行，行十九字。单黑鱼尾，白口，左右双边（19.4厘米×13.7厘米）。卷中有"金泽文库""华外""新井文库""杉岖篸珍藏记""松方文库""岛田翰读书记"等印记。

由印记判定，此本《锦绣万花谷》在中世纪时代已经传入日本，被收藏于金泽文库。后来此本从金泽文库流出时，卷数失落，被分割为断简残片。现在日本静冈县万松山龙潭寺中，也藏有《锦绣万花谷》的《前集》卷廿三、卷廿四，卷廿九、卷四十，凡三卷，另外有《目录上》一卷，合计共四卷残本。卷中亦有金泽文库墨印印记。我相信此本与静嘉堂文库藏本同源，即为原金泽文库所藏的同一书本，为金泽文库外流出汉籍之一种。两处相合，得《前集》正文五卷，《目录》一卷。静嘉堂文库藏本，直接来源于明治时代儒学大家竹添光鸿的旧藏；万松山龙潭寺藏本，直接来源于江户时代的求古楼藏书。

日本收藏宋刊本《锦绣万花谷》除了静嘉堂藏本与静冈县万松山龙潭寺藏本为同源之外，还有五种文本，皆为零星残卷，共同组成了一个中国宋刊《锦绣万花谷》文本群。

（1）官内厅书陵部藏宋刊本《锦绣万花谷》（残本）二卷。

此本今存全书一百二十卷的卷三十九、卷四十，共二卷。卷四十尾有市桥长昭手识文二行，其文曰："残阙中仅得此一本，虽无益考索，以宋刻难获，遂购归于插架。"由此推断，此本原系市桥长昭旧藏。

此本每半叶有界十三行，每行二十三字左右。细黑口，左右双边（19.3厘米×12.8厘米）。

日本光格天皇文化五年（1808）市桥长昭以所藏三十部宋元版汉籍献与昌

平坂学问所，此为其一。卷中有附纸一页，乃系市桥长昭《寄藏文庙宋元刻书跋》，市河三亥书法。卷中有"仁正侯长昭黄雪书屋鉴藏图书之印""浅草文库""昌平坂学问所"等印记。

（2）东洋文库藏宋刊本《锦绣万花谷》（残本）九卷并目录（残本）一卷。

此本系由日本文求堂主人田中庆太郎从中国携带回国，赠予三菱财团主人岩崎氏，入藏岩崎文库。故为三菱财团岩崎氏家旧藏。

每半叶有界十三行，行二十三字左右。细黑口，左右双边。今存前集《目录》（卷一至卷二十五），共残一卷。并存前集正文卷三十二、卷三十三、卷三十八，后集正文卷十至卷十五，共九卷。

（3）东洋文库藏宋刊本《锦绣万花谷》（残本）六卷。

此本也由日本文求堂主人田中庆太郎从中国携带回国，赠予三菱财团主人岩崎氏，入藏岩崎文库。为三菱财团岩崎氏家旧藏。

每半页有界十三行，行二十三字左右。细黑口，左右双边。今存续集正文卷十至卷十五，共六卷。

（4）大东急记念文库藏宋刊本《锦绣万花谷》（残本）五卷。

此残本也是由日本文求堂主人田中庆太郎从中国携带回国，赠予大东急记念文库的。

今存《前集》正文卷二十六，《续集》正文卷二十三至卷二十六，共五卷。《前集》每半叶有界十一行，行十九字。《续集》每半叶有界十三行，行二十三字。细黑口，左右双边。

（5）御茶之水图书馆藏《锦绣万花谷·续集》（残本）三卷。

此残本存《续集》正文卷十四"利州路"，卷十五"广东路"，卷十六"广西路"，共三卷。由日本文求堂主人田中庆太郎从中国携带回国，赠予当时新起的日本国粹主义者德富苏峰，入藏德富氏藏书室"成箦堂"。首叶有"德寓猪印"朱文阴文大方印，卷十六末有明治四十三年（1910）七月五日文求堂主人手识文曰："宋刊本万花谷一册　拜呈。"

每半叶有界十三行，行十八字左右。细黑口，四周双边或左右双边（21厘米×14.2厘米）。版心标记"谷　续十四（十五、十六）"。

封面系后人裱装，纸面微黄而整洁。墨书"旧刊锦绣万花谷"。

静嘉堂文库所藏此本已被日本文化财审议委员会确认为"日本重要文化财"。

17. 南宋宁宗年间刊本《南华真经注疏》（残本）五卷（日本重要文化财）

此本（晋）郭象注、（唐）成玄英疏《南华真经注疏》，又名《庄子注疏》，清人编纂《四库全书》时未能著录。静嘉堂文库所藏此书，为中世纪时代日本金泽文库旧藏。

卷前有《南华真经疏序》，第四叶系写补，题"唐西华法师成玄英撰"。次有《南华真经序》，第一叶系写补，题"河南郭象子玄撰"。是书全十卷。此本今存卷一，卷七至卷十。存卷中有多叶写补。

卷中避宋讳。凡"玄、弦、悬、殷、匡、恒、贞、徵、树、让、桓、完、慎、郭、廓"等字皆缺笔。

此本为蝴蝶装，每半叶有界八行，行十五字。注文双行，行二十字。白口。左右双边（22.6厘米×16.5厘米）。双黑鱼尾，有耳格记篇名。版心记大小字数，并有刻工姓名，如方文、杜寄、陈文、呈文、蓝文、李庆、李信、刘生、刘聪、刘丙、刘炳、何开、葛文、余亨、叶琪等。

是书原系日本金泽文库旧藏，后从文库中散出，归新见正路，后又依次归于向山荣五郎、竹添光鸿、松方正方，最后流入静嘉堂中。卷中有"金泽文库""赐庐文库""向黄邨珍藏印""宝宋阁珍藏""松方文库""岛田翰读书记""新见旗山旧藏书""竹添井井旧藏书"等印记。

卷中有清光绪九年杨守敬手识文，又有清光绪十年黎昌庶手识文。此本被刻入《古逸丛书》中，当时尚存卷二及卷三（凡二十二叶），今已逸失。

清光绪年间，清廷驻日本公使黎庶昌曾面见此书。今卷末有清光绪十年（1884）春黎庶昌手识文。其文曰：

南宋刊本《庄子注疏》十卷，首题南华真经注疏卷第几，次题庄子某篇某名第几，郭象注。次题唐西华法师成玄英疏。分为十卷，与宋《艺文志》同。又于每卷内题某篇某名第几，郭象注。以还子玄之旧。故分言之则三十三卷；合言之则十卷也。惟唐《艺文志》作《注庄子》三十卷，《疏》十二卷。《四库》未收，《书目》依道藏奉作三十五卷，《敏求记》又作二十卷，均未知如何离析。此为日本新见旗山所藏，仅存十分之五。字大如钱，作蝴蝶装。予见而悦之，以金币为请。新见氏重是先代手泽，不欲售，愿假以西法，影照上木，而留其真。予又别于肆中收得《养生主》一卷，《德充符》数叶，为新见氏所无，并举而归之。然尚阙至《应帝王》以至《至乐》，因取坊刻本成疏，校订缮补，而别集它卷，字当之不足者，命工仿写。盖极钩心斗角之苦矣。设异日宋本复出，取以与此数卷相校，字体多不类，读者当推原其故也。成疏称意而谈，有郭象注解之曲畅，而不蹈其玄虚；有林希逸口义之显明，而不至流于鄙俚。且世传老子西出流沙，莫知所终，疏以为适之恩屬宾。尚存唐以前旧闻。如此类，尚可喜也。予既以此列为叙目，又书一通，诒新见氏，传于原书之后。大清光绪十年春王正月三日。遵义黎庶昌。

此文后有"纯斋"朱文方印，"黎庶昌印"白文方印。

又有清光绪九年（1883）秋杨守敬手识文。其文曰：

右《庄子》郭象注成玄英疏宋刊本。原十卷，缺三至六凡四卷（此本今又缺卷二——笔者），新见义卿赐庐文库旧藏。按新见氏藏书最富，余曾见其书目。森立之《访古志》亦往往引之。后其书散逸，哲孙旗山君又从它处购还，此本是也。会星使黎公酷嗜庄子书，以为传世无善本，而成疏又在若存若亡间，谋欲刊之。先是，日本万治间（1658—1660）书坊有刊此书者，分为三十三卷。其中多俗字，盖从古本钞出（原文注曰：日本别有旧钞本三十三卷，藏石经山房）。市野光彦以道藏本校之，藏向山黄村处。黎公以为坊刻，字体虽恶劣，而足以补宋本之缺。又从市上购得宋本第三卷凡二十二叶，盖即旗山本之所逸者，乃谋之旗山，欲得其本上梓。旗山则以为先世手泽所留，虽千金不售。夫以五六册残书云千金不售，可谓至奇；而其坚守先业，亦可谓至笃。黎公乃从旗山借此本，以西洋法影写而刻之。其所缺之卷，则据坊刻本集宋本之字以成之。夫以西法照影刻书，前世未闻，而集字成书，尤为异想。此与新见氏抱残篇如拱璧者，可称双绝。按玄英之书，虽名为疏，实不为解释郭氏而作。故其书中往往有直录郭注不增一辞者。原书三十卷本，自刊行后，人多所分并，有称十二卷者（原文注：新旧《唐志》《通志略》《文渊阁书目》《菉竹堂书目》）；有称三十三卷者（原文注：《郡斋读书志》《玉海》《文献通考》《世善堂书目》。按，此以每篇为一卷）；有称三十卷者（原文注：《书录解题》。按，此与原序合）；有称二十卷者，（原文注：《读书敏求记》《述古堂书目》亦同）。此本十卷，与《宋志》合，然亦合疏于注者。依郭注卷第，非成氏原卷如此也。道藏坊刻，互有短长，宋本亦多讹字。余据三本，择善而从，庶于此书可读矣。夫先人有藏书，子孙不能守之，是为不孝；能守之而不能传之，使先人之名与书共为不朽，亦非善守者也。旗山既能守之，又能假之他人模刻以传，自今以往，海东西莫不知此书为新见氏旧藏者，则旗山之孝为何如乎。光绪癸未秋九月，宜都杨守敬记。

此文后有"杨守敬印"白文方印等。

此本已被日本文化财审议委员会确认为"日本重要文化財"。

日本镰仓时代又有（晋）郭象注、（唐）成玄英疏《南华真经注疏》写本一种。此本中世时代为金泽文库收藏，江户时代归求古楼狩谷掖斋，为金泽文库外流出汉籍之一种。此本今存《内篇·人间世第四》零叶，凡二十七行，有"乎古止"点。森立之《经籍访古志》著录此本，今存大东急记念文库。

18. 北宋刊本《册府元龟》（残本）四百七十八卷

《册府元龟》一千卷，与《太平御览》一千卷，比肩而为北宋两大类书巨著。《太平御览》成书于宋太宗太平兴国八年（983），《册府元龟》成书于宋真宗大中祥符二年（1009）。在二十三年的时间里，北宋皇朝御制官办，编著成两套各具千卷的大书，并皆刻印出版，显示出了中国文化发展到10世纪和11世纪内具的巨大的生命活力。

静嘉堂文库所藏的《册府元龟》为此本成稿后不久的一个刻本，今残存四百七十八卷，分装为一百六十册。

此书每半叶有界十四行，行二十四字。小字双行，行同正文。单黑鱼尾，白口，左右双边（18.9厘米×12.3厘米）。前题"宋推忠协谋同德守正佐理功臣枢密使特进行吏部尚书检校太尉同中书门下平章事修国史上柱国太原郡开国公食邑七千户食实封二千八百户臣王钦若等奉敕撰"。

是书全一千卷。此本今实存四百七十八卷。卷目如次：

卷一百二十九至卷一百六十六，	计三十八卷；
卷一百七十一至卷一百八十，	计十卷；
卷一百八十二至卷二百四，	计二十三卷；
卷五百五至卷五百三十八，	计三十四卷；
卷五百四十五至卷五百六十五，	计二十一卷；
卷五百六十七至卷五百七十七，	计十一卷；
卷五百八十三至卷五百九十九，	计十七卷；
卷六百一至卷六百六，	计六卷；
卷六百八至卷六百六十，	计五十三卷；
卷六百六十六至卷七百一，	计三十六卷；
卷七百六至七百八，	计三卷；
卷七百十七至卷七百二十，	计四卷；
卷七百二十六至卷七百三十二，	计七卷；
卷七百三十七至卷七百三十九，	计三卷；
卷七百四十二至卷七百五十六，	计十五卷；
卷七百六十一至卷七百九十一，	计三十一卷；
卷七百九十六至卷八百，	计五卷；
卷八百三至卷八百六，	计四卷；
卷八百十一，	计一卷；
卷八百十二，	计一卷；

卷八百十五至八百六十五，　　　　　计五十一卷；
　　卷八百七十六至卷九百，　　　　　　计二十五卷；
　　卷九百六至卷九百三十三；　　　　　计二十八卷；
　　卷九百三十六至卷九百三十八，　　　计三卷；
　　卷九百四十至卷九百四十二，　　　　计三卷；
　　卷九百四十四至卷九百四十七，　　　计四卷；
　　卷九百五十至卷九百五十六，　　　　计七卷；
　　卷九百六十七至卷一千，　　　　　　计三十四卷。

全部合共四百七十八卷，其中有后人写补者。

第一册首有墨书文字"宋刊册府元龟残本存目"十字。

陆心源《仪顾堂集》著录此本。其识文曰：

　　（前略）卷首题曰"册府元龟卷第几"，版心或曰"册几"，或曰"府几"。"胤"字作"裔"或作"某"，注曰："与太祖庙讳同。""匡、敬、恒、祯、员"缺笔维谨。"桓"字不缺。盖是书初刊本也。以明季李如京刊本校之，舛讹几不可读。（中略）即此四百七十一卷（实四百七十五卷——笔者），脱文已一万三千馀字，颠倒改窜者三卷，安得全书复出一二正之也。余又藏有旧钞本一千卷，卷首题曰"监本新刊册府元龟"，然第五百九十三卷末叶亦缺，卷五百二十颠倒，卷五百五十七改窜，卷七百三十缺文。与今本同，当从南宋本影写，则是书在南宋已鲜善本。此本虽残，殊可贵也。

傅增湘《藏园群书经眼录》卷十著录此本。其识文曰：

　　此书（指《册府元龟》——笔者）明季李如京刊本夺讹百出。余藏宋本五卷，曾取李本对勘，改定宏多，至为愉快。然十馀年来就吾国官私所藏宋本多方访求，寓目而校者只一百八卷。余别藏有明钞本二部，亦从宋本录出者，以卷帙浩穰未及披检也。因阅《仪顾堂题跋》，据所藏残宋本举出补订脱文者凡六十四条，脱文至一万三千馀字，心焉向往。顷渡海东游，因预检陆氏所举各条，或得见宋刊，已经校定者，或为明钞本所有，其佳处与陆氏所举相同者，共得三十七条，而无从校补者尚有二十馀条。遂取李刻各卷携之行箧，高轮华邸再度游观，荷诸桥辙六、长泽规矩也二君之慨允，尽出此四百七十一卷，按陆氏所摘者逐条抄录。随行者有田中子隆君与长男忠谟，于是三人者竭半日之力合写六千馀字，尽补其脱文错简以归，十馀年来隔海相望，神游目想，悬此闳愿而不能得者，一旦幸而见偿，东行快心之事当以此为第一矣。

傅氏著录静嘉堂文库此本存四百七十一卷，与实存卷目略有差异。其著录存卷"六百四至五"，实为存卷六百四至卷六百六；其著录存卷"六百六十六至七十五""六百七十九至七百一"，实为存卷六百六十六至卷七百一；其著录存卷"九百八至三十三"，实为存卷九百六至九百三十三。又缺漏存卷九百四十至九百四十二。大凡点检书中目录，烦劳费神，稍不留意，即有差池。尤其在他人处读书，更是时间窘迫，无论主人热情宽慰，面对浩瀚典籍，眼下失神总是难免的。

卷中有"汪士钟""汪士钟印""存斋读过""君直段读""归安陆树声叔桐父印"等印记。原为汪士钟、陆心源皕宋楼等旧藏。

静嘉堂文库另有《册府元龟》一千卷明人手写本一种。日本目前各藏书机构收藏的《册府元龟》明人手写本共有四种。静嘉堂文库所藏的明人手写本大概是依据明代国子监刊《册府元龟》所抄录，故题写《新刊监本册府元龟》。此本原为明代严嵩的家藏本，凡共二百四十册，为陆心源十万卷楼的旧藏。另一种亦为《新刊监本册府元龟》手写本，由明人赵琦美手校，并留存有赵氏手跋文。共二百二册。明时亦为严嵩家藏本，然于18世纪后期流入日本，为日本昌平坂学问所旧藏。明治维新之后，即归藏于内阁文库至今。第三种明人手写本，共二百二册，此本系日本明正天皇宽永末年（1643）从中国购入。为德川大将军幕府所收藏，后又归于德川家康嫡亲尾张藩主家。此本卷中有"御本""尾阳内库"等印记。现存于名古屋蓬左文库。第四种手写本则有明确的年代可考，此为写于明嘉靖九年至十九年间（1530—1540）的写本《册府元龟》一千卷。此本原先为清代学问大家孙星衍等旧藏，现在收藏于国立京都大学人文科学研究所东洋学文献中心。

静嘉堂文库还收藏有明代崇祯十五年（1642）序五绣堂刊本《册府元龟》

一千卷。此本前有明崇祯十五年黄国崎《册府元龟序》，次有文凤祥《册府元龟叙》，次有李嗣京《册府元龟考据》等。每半叶有界十行，行二十字。白口，四周双边（19.2厘米×13.6厘米）。首题"册府元龟"，次署"淮南李嗣京参阅，西极文凤祥订正，豫章黄国琦校释"。静嘉堂文库收藏的这一本子，卷中有"栋亭曹氏藏书"朱文长印，原为陆心源十万卷楼旧藏，共三百册。

依据我在日本检阅的材料和采访所得，除静嘉堂文库收藏之外，日本尚有十个机构收藏有明崇祯年间五绣堂刊本《册府元龟》，目前共计保存有十八部。分记于后：

（1）国会图书馆藏此刊本两部。一部共三百册。一部有清康熙十一年黄国琦侄黄九锡补刊，原共三百二十册，现合为一百五十册。

（2）国家公文书馆藏此刊本五部。一部原系江户时代林氏大学头家旧藏，共三百册。一部共二百四十册。一部共三百三册。另二部有清康熙十一年（1672）黄九锡修补版页。其中一部原系枫山官库旧藏，共二百四十册；一部共三百二十册。

（3）东洋文库藏本。卷中有清康熙十一年补刊叶，五绣堂藏版，共二百四十册. 。

（4）尊经阁文库藏本。原系江户时代加贺藩主前田纲纪等旧藏，共四百五十册。

（5）东京大学藏此刊本三部。一部藏总合图书馆，卷中有清代修补叶，共二百四十册。一部藏文学部汉籍中心，有清康熙十一年补刊。此本今缺卷四十九至卷五十三，卷四百八十五至卷四百九十三，共三百十六册。一部藏东洋文化研究所，原系大木干一等旧藏。

（6）京都大学藏本。系清康熙十一年黄九锡补刊本，卷末有同年黄九锡《册府元龟后跋》，共三百册。

（7）关西大学藏本。原系内藤湖南旧藏。此本与京都大学藏本同，亦系清康熙十一年黄九锡补刊本。卷末附有内藤湖南手识语一笺。其文曰："近卫公所藏初印本，卷首有李嗣京序（如别刻本序论所载）、揭帖、考证。每卷首所列订正者名不同，与黄国琦、文凤祥、黄九锡诸人序。"卷中有"湖南秘笈"等印记。共二百四十册。

（8）东北大学藏本。共三百二册。

（9）大阪天满宫藏本。原系鸿池善右卫门旧藏并捐赠。此本缺卷一百九十至卷一百九十二，卷二百九十七至卷二百九十九，共六卷，实存九百九十四卷，共三百十八册。

（10）阳明文库藏本。原系江户时代近卫家熙等旧藏，共二百册。

日本17世纪初期至19世纪中期江户时代，在长崎港的书籍贸易中，《册府元龟》为日本大宗进口物。桃园天皇宝历四年（1754）长崎港《舶来书籍大意书》著录《册府元龟》二部，各共四十帙四百册。其识文曰："此宋景德年中，王钦若等奉敕撰编。录历代君臣之事迹、劝惩之法典，类聚三十二门，凡一千九十三门而成书。"据日本《商舶载来书目》记载，中御门天皇享保六年（1721）中国商船"佐字号"载《册府元龟》一部三十帙抵日本。据桃园天皇宽延四年（1751）《持渡书物觉书》记载，是年中国商船载《册府元龟》五部各三十二帙三百二十册抵日本。据《长崎官府贸易外船赍来书目》记载，桃园天皇宝历九年（1759）中国商船"己卯一番船"载《册府元龟》一部凡八帙抵日本。据《书籍元帐》记载，孝明天皇嘉永三年（1850）中国商船"戌一番"载《册府元龟》一部共三十帙抵日本，此书售价三百十目。据孝明天皇安政六年（1859）《会所书籍入见帐》记载，是年《册府元龟》二部投标价为岛屋四百十目，纸屋四百八十六目七分，本屋六百三十六目九分。

19. 宋庆元三年建安余氏刊本《（重修）事物纪原集》二十卷

宋人高承编撰的类书《事物纪原集》凡二十卷，然到清代乾隆年间编修《四库全书》时，此书已无宋代刊本。其《四库全书总目》曰：

《事物纪原集》十卷，（编修严福家藏本）明正统间南昌简敬所刊，前有敬《序》云，作者佚其姓名。考赵希弁《读书附志》云《事物纪原集》十卷，高承撰，开封人……陈振孙《书录解题》亦云"《中兴书目》作十卷，高承撰，元丰中人，凡二百十七事。今此书多十卷，且多数百事。当是后人广之耳"云云。则此书实出高承,敬《序》盖未详考。惟检此本所载凡一千七百六十五事,较振孙所见更数倍之,而仍作十卷。……与陈赵两家之言俱不合,盖后来又有所增益,非复宋奉之旧。

《四库全书》编修官员在这里的说法,与《事物纪原集》一书流传的实际正好相反。其实,《事物纪原集》二十卷的宋代刊本才是一个"繁本",流传到后代的,例如明代刊本删节了部分内容,可以称为"简本"。《四库全书》编修官员由于未能见到古本,也未能知晓此书流传的脉络,仅仅依照典籍流传增删的一般状态,翻阅了明代的"简本",就写了这些想当然的推测之词。

清末杨守敬在日本访书时,见到了明正统九年(1444)建安陈华刊《事物纪原》二十卷本。此本每半叶有界九行,行二十字。黑口,四周双边。今东京大学东洋文化研究所有藏本。此本虽然也是明正统年间的刊本,但是与《四库全书》采进本不同。杨守敬在《日本访书志》卷十一著录此本并曰:

余所见《纪原》有二通,一为正统十三年南昌阎敬(《四库全书》作"简敬")所刊,一为胡文焕奉,即从阎本出也。皆十卷,分五十五门。此本为正统九年所刊,首列汉阳教谕南平赵弼《序》,次汉阳府推官建安陈华《序》。据《序》中言,陈华得此本于国子祭酒江西胡颐庵,后以倩赵弼校订。赵又为之删削增益,乃使其子缮写付刻。今核其书分五十门,较简本颇有省并,其中徵引之文,亦稍有裁削,且有并全条删削者,大非高氏之旧矣。然其分卷仍作二十,与《书录解题》合,每条题目皆作阴文,下即紧接书之,不别居一格,似仍宋刻之旧,且书中称《国朝会要》,仍是高氏原本。简本尽改作《宋朝会要》,良由不知书为宋高氏所作,故尽改之。又如伍希明《太乙金镜》,简本作王希明之类,皆以此本为是。

无论是依据《四库全书》的叙述,还是依据杨守敬的记事,可以推测至少自明代以来,在我国读书界,宋刊本《事物纪原集》已经失逸,几近千年已经无人知晓天地间竟然还有此书的宋版留存。

今静嘉堂文库藏《事物纪原集》二十卷,系宋庆元三年(1197)建安余氏刊本,共八册。每半叶有界十三行,行二十一字。双黑鱼尾,白口,左右双边(18厘米×12.5厘米)。版心有记字数者,有不记字数者。

首行题曰"重修事物纪原集"。《目录》分上下，上之末有刊行识语，其文曰："此书系求到京本，将出处逐一比校，使无差谬，重新写作，大版雕开，并无一字误落。时庆元丁巳之岁，建安余氏刊。"

卷中避宋讳，凡遇"玄、铉、警、弘、殷、胤、恒、祯、徵、桓、慎、敦"等字皆缺笔，语涉宋朝则上空一格。

卷中有"沈与文印""民部藏书郎""袁廷梼""五砚主人""汪士钟""平阳汪氏藏书印""汪士钟印""伯卿甫""宋本""顾广圻""广圻审定""廷相""思适斋藏""金匮蔡氏醉经轩考藏章""蔡廷桢""蔡廷桢印""卓如""济阳蔡氏""姑馀山人""繁露堂图书印""归安陆树声叔桐父印"等印记。则此书原为袁廷梼、蔡廷桢醉经轩、汪士钟、陆心源皕宋楼等旧藏。

傅增湘《藏园群书经眼录》卷十著录静嘉堂藏宋庆元三年建安余氏刊本《重修事物纪原》二十六卷，半叶十一行。然静嘉堂所藏《事物纪原集》的宋庆元刊本，本书是唯一的一种，傅增湘所著录的卷数与行款，与此本皆有出入，不知所指是否此本，还是别有缘故。

20. 南宋嘉定年间刊本《历代故事》十二卷
（日本重要文化财）

宋人杨次山，摘取《史记》《汉书》《后汉书》《三国志》《晋书》《南史》《北史》《唐书》《五代史》《左传》《家语》《说苑》《新序》《国策》等，编辑成《历代故事》十二卷。

此本系杨次山手书上版，书法雅秀而兼疏古之意。此书《四库全书》未曾著录，历代目录著作也所未加记载，世人知之甚少。

卷前有《序》，署"壬申岁仲春　坤宁殿题"。此乃1212年宋宁宗之皇后杨氏所撰写。编纂者杨次山，乃杨皇后之兄。

每半叶有界八行，行十六字。注文双行，行字不定。白口，左右双边。

此本原系明内府旧藏，至清而为清室怡府明善堂所藏。其后流入民间，为季振宜、陆心源皕宋楼等先后收藏。卷中有"文渊阁印"，又有清室怡府"明善堂"藏书印记。

此本堪称天壤之秘帙，已被日本文化财审议委员会确认为"日本重要文化财"。

21. 南宋年间刊本《名公书判清明集》（残本）（日本重要文化财）

无名氏撰《名公书判清明集》，不见历代目录著录，唯仅见于《钱竹汀日记》。静嘉堂文库藏此书宋刊本残本八册。每半叶有界九行，行十六字。黑口，双黑鱼尾，四周双边（19.8厘米×11.9厘米）。首叶第一行顶格题署"名公书判清明集"。

有宋一代，于律法文献一目，出现了若干记录清官断案中辨析异疑，实施"洗冤""折狱"的专门性记事。世人所知的有如郑克编著的《折狱龟鉴》二卷，宋慈编著的《洗冤集录》五卷，无名氏编著的《洗冤巡方总约》不分卷，万桂荣编著的《棠阴比事》三卷等。这些记事皆以诸多冤案为实例，记录清官们雾中断狱，分明是非，既暴露出各地司法案情冤狱积弊之厚重，又多少警示人命关天，为清官者不得草菅从事。与唐代相比较，宋代的这些断案实例，多少显示了中国古代政治意识的巨大进步。

此本《名公书判清明集》，依据残存的"引文"，知其刊于宋理宗景定二年（1261）。书名全称又曰《名公书判清明集析类》。从此书名与残叶考察，此书将诸多"名公"的判决，分门析类，记其案情原委，录其判词定语。全书体例以"门"为其大目，"门"下分"类"，"类"下立子目，记录案由。故现存正文首叶第二行顶格有黑鱼尾，下题"户婚门"，此为大目；第三行上空一字，下题"立继类"，此为"门"下所分的"类"；第四行上空二字，下题"当出家长"，此为属于"立继"一类的一个具体案由；第五行起正文，顶格书写。

此残本"当出家长"一案，记录的是一个关于"李"姓家族的"立继嗣"的诉讼的判词。首叶文字如下：

> 立继之法，必由所由。李氏既是家长，则立继必由李氏。李氏之词则曰"已立刘恢继嗣十余年，而刘宾暗作据照谋夺"。刘宾之词一则曰"众尊长立宾男明孙为继"；二则曰"李氏老病昏昧"等语……

这是一则很有趣的家族立嗣的案子，估计全书记录皆如次。以一案为法准，或许可为以后类似的官司提供"判例"，这倒有点像英国中世纪以来的法制了。

此本卷中有"郁松年印""马玉堂藏书""朱彝尊印""翰墨奇缘人""二西斋""浦伯子""浦扬烈印""浦玉田藏书记""留与轩浦氏珍藏""筼斋""泰峰见过""归安陆树声叔桐父印""归安陆树声藏书之记"等印记。为郁松年、马玉堂、陆心源皕宋楼等旧藏。

此本已被日本文化财审议委员会确认为"日本重要文化财"。

22. 宋人笔记宋刊本六种

宋人笔记为治古典文史者所必需，然时至今日，宋人笔记的宋刊本大都逸失，可能使用者大概皆从明刊五朝小说本《宋人百家小说》（一百四十六种）中出之。

今静嘉堂文库藏宋人笔记宋刊者甚富，兹录其数种于后。

（1）宋乾道年间刊初印本沈括撰《梦溪笔谈》二十六卷

首题"梦溪笔谈卷第一"，次行题"沈括存中"，三行低四字题"故事一"。首有沈括《自序》，末有乾道二年（1166）六月扬州教授汤修年《跋》。

每半叶有界十二行，行十八字。黑口，左右双边。卷中语涉宋帝皆空格，凡"玮、慎、完"字，皆避宋讳。

目前学界运用最广的明代崇祯年间马元调刊本，即从此本所出。

原沈民则、许季诵、胡笛江、陆心源皕宋楼等旧藏。卷中有"许元方印"白文方印，"季诵氏"朱文方印，"曾在李鹿山处""楚卿""当湖小重山馆胡氏篆江珍藏"等朱文长印。

清末杨守敬在日本曾见一种宋乾道本《梦溪笔谈》，著录在他的《日本访书志》卷七中。然杨氏所见的并非静嘉堂文库这一藏本，今不知散落于何处。

（2）宋开禧年间胡楷刊本孙奕撰《新刊履斋示儿编》二十三卷

此本前有开禧元祀（1205）九月孙奕《自序》。目后有嘉定癸未（1223）正元日胡楷《重刊跋》。

是编系总说一卷、经说五卷、文说诗说四卷、正误三卷、杂记四卷、字说六卷。

顾千里曾校此宋胡楷刊本。卷末有"嘉庆庚辰顾千里借观"九字。

（3）宋建宁刊本洪迈撰《夷坚志》（甲志—丁志）八十卷

静嘉堂文库藏洪迈撰《夷坚志》（甲志—丁志）八十卷，为宋建宁刊本。此本系《甲志》二十卷、《乙志》二十卷、《丙志》二十卷、《丁志》二十卷。

前有古杭一斋沈天佑《序》，次有《夷坚甲志目录》，次有《夷坚乙志序》，题署"乾道二年（1166）十二月十八日番阳洪迈景庐叙"，次有《夷坚乙志目录》，次有《夷坚丙志序》，题署"乾道七年（1171）五月十八日洪迈景庐叙"，次有《夷坚丁志序》，题署"绍兴二十七年（1157）也后五年予闻之于知君向仲德士俊云"，次有《夷坚丁志目》。

"目录"后有文衡山弟子陆师道手录之《宾退录》一条，小楷极精。

《乙志序》后有刻书刊语，其文曰"八年夏五月，以会稽本别刻于赣，去五事易二事，其它亦颇有改定处，淳熙七年（1180）七月又刻于建安"。

各《志》有读者手识文，姓名如次：

《甲志目录》末、卷第三末、卷第七末、卷第十四末有陆师道手识文；

《甲志目录》末、卷第三末、卷第十四末、《乙志序》末、《丙志序》末、《丙志》卷第十四末、《丁志》卷末有严元照手识文（末一条题署乾隆五十有七年七月二十六日）；

《甲志》卷第一末有顾广圻手识文（嘉庆壬戌十二月廿三日）；

《丁志》末有乾隆五十七年（1792）严元照、瞿中溶、钱大昕，及黄丕烈手识文。黄氏文曰：

此书出郡中故家，为白堤钱听默收得。余其时识未老、胆未大，仅一请观而已。后知为严姓买去，亦遂置弗问也。事隔数年，严氏书画为余友钱唐何梦华买得，是书将归浙中中丞阮云台。梦华知余爱此书，影钞副本以赠，向酬其笔墨之费朱提二十金，谓可赎昔年交臂失之之过。及戊辰岁，阮中丞借余斋中未见书录其副，遂辍所得《夷坚志》甲乙丙丁四集宋刊本赠余，余向所失者，一旦得之，可为万幸，而影钞本仍为筌蹄。适都中顾太史南雅致书于余，因有同馆洪公名占铨者欲购其先世所著诸书籍。余谓此书世鲜流传，当可备录，急邮寄去，阅半载仍还余。盖洪公系寒素出身，即馆选亦囊无钱，虽二十金亦不能置也！事之可叹如此。项郡中忽有如洪太史者，长篇累牍尽是洪姓人所著书名目，此却未录入，以书本不经见也。书贾竟以是进，余犹恐其残缺太甚，未必当意，乃越日而还价矣，又越日而交银矣。向日余之得，此人以为痴者；今忽有类余痴绝之人，还余原直，不亦异哉！噫，同一洪姓，同一购其先世著述之心也，而都中之洪公，但有其心；郡中之洪公，并有其力。欧阳子所云力足以副所好者，真笃论哉！惟余邀朋友之赠而宝真本，又非分之福矣。

每半叶有界九行，行十八字。白口，双黑鱼尾，左右双边（20厘米×14.6厘米）。版心偶记大小字数，有刻工姓名，如上官佐、丘才、付成、余如川、周祥、范仁、游元、黄归、蔡方、余川、余周、官太、徐山、黄中、叶伸、罗定、丘文、余元、吴从、余文、徐中、黄仲、刘盈、罗明、丘永、余光、阮正、傅成、黄昌、蔡才。

此本原系文衡山、严久能、黄丕烈、汪阆源、胡心耘等旧藏。卷中有"季振宜藏书"朱文长印，"芳椒堂印"白文方印，"竹坞"朱文长印，"玉兰堂"白文方印，"辛夷馆印"朱文方印，"元照之印"白文方印，"严氏久能"朱文方印，"张氏秋月字香修一字幼邻"朱文方印，"香修"朱文方印，"梅溪精舍"白文方印，"阮氏伯元"朱文方印，"钱塘严杰借阅"白文方印，"何元锡借观记"白文方印，"江左"朱文方印，"厚氏"朱文方印，"元照私印"朱文方印，"严氏修能"朱文方印等。

（4）宋嘉定年间岳珂撰《愧郯录》十五卷

静嘉堂文库藏岳珂撰《愧郯录》十五卷，为宋嘉定年间（1208—1224）刊本，卷中有明人修补。

前有宋嘉定焉逢淹茂戌岁围如（1214）既望岳珂《自序》，后有《后序》，题"是岁后三月望岳珂"。书中语涉宋帝皆空一格。

卷一、卷五、卷七有缺页，乃由周季贶之子屺思钞补。

每半叶有界九行，行十七字。白口，左右双边（20.4厘米×14.7厘米）。版心记大小字数，并有刻工姓名，如丁良、王宝、吴彬、李仁、马祖、刘昭、丁松、石昌、宋、金滋、蒋荣祖、蒋荣、曹冠宗、高文、王显、王遇、朱春、王禧、吴椿、李涓、高文、董澄、缪恭、曹冠英等。

卷首副叶纸有识文曰："同治丙寅（1866）皋月华延年室主人持赠，桃华圣解庵主癸日识。"后有"桃华圣解庵主小印"朱文长方印。卷十第十五叶系写补，有识文曰："此叶静嘉书库陆本原缺，谨以附赠，重其尚出旧钞也乞。察存。"

此本原系朱卧庵、周季贶、陆心源皕宋楼等旧藏。卷中前《序》有"朱卧庵考藏印"朱文长方印，"延陵吴氏家藏"朱文长印。《目录》前有"白舫"朱文印，"华芰顾藏"朱文印。卷一有"朱之赤鉴赏"朱文长印。卷七后有"世美堂印"朱文方印，"休甯千秋里人"白文方印，"沈辨之印"白文方印。卷中另有"祥符周氏瑞石堂图书"白文方印，"星贻"朱文小长方印，"屺思"朱文小楷印，"沨印"白文小方印，并有"臣陆树声""归安陆树声叔桐父印"等印记。

（5）宋端平年间九江郡斋刊本赵善璙撰《自警编》（不分卷）

静嘉堂文库藏宋人赵善璙撰《自警编》，为宋端平年间（1234—1236）九江郡斋刊本。

前有嘉定甲申（1224）正月望汉国赵善璙《序》，卷末有《自跋》，题署"端平元年（1234）三月善璙再书"，其曰："客有好事者，从予钞录，遂锓木于九江郡斋"云云。

此本语涉宋帝皆提行，避宋讳，凡"胤、耿、讲、完"等皆为字不成。

每半叶有界十行，行二十字，小字双行。白口，左右双边（21.6厘米×15.8厘米）。双黑鱼尾。版心记刻工姓名，如人中、子秀、文民、必文、文恕、志才、旱成、王必文、志中、文只、周宗、梅保、朱、何、吴、帅、恕、苟、葛道民、道岷、兴才、谢友、陈矛、举龙、苟遭民、苟民、道珉、友民等。又有明人补刻者唐乙民、唐乙子、唐乙史等。

此本原系项子京、朱卧庵、陆心源皕宋楼等旧藏。卷中有"神游心赏""子子孙孙保之""项子京家珍藏""项墨林父秘笈之印""子京父印""项叔子""墨林山人""墨林玩秘""檇李""项元汴印""方氏世昌""天籁阁""朱方真逸""钱琨之印""含晖堂""臣陆树声""归安陆树声叔桐父印"等印记。

日本江户时代光格天皇享和二年（1802）昌平坂学问所刊印《自警编》九卷。仁孝天皇文政六年（1823）堀野屋仪助等又以此官版重印。

（6）宋理宗年间刊本王明清撰《挥麈前录》四卷、《后录》二卷、《三录》三卷

静嘉堂文库藏宋人王明清撰《挥麈前录》四卷、《后录》二卷、《三录》三卷，为宋理宗年间（1125—1264）刊本。每卷第二行题曰"朝请大夫主管台州崇道观汝阴王明清编次"。《前录》有庆元元年（1195）七月九日实录院两牒，后有乾道丙戌（1166）长至日明清《自跋》，乾道己丑（1169）八月左文林郎饶州德兴县丞沙随程迥可久《跋》，迪功郎高邮军教授临汝郭九惠《跋》，并李垕《复简》，淳熙乙巳（1185）王明清《自跋》。《三录》后有庆元初元（1195）仲春王明清《跋》。

卷中避宋讳。文中有语涉宋帝，皆空一格，如遇"弦、弘、胤、侦、徵、桓、构、慎、悼、敦"等皆为字不成；凡宋高宗讳，如《后录》卷二"芬芳馥郁结构山根""跨水横桥丽构新""巍然适构千龄运"等句中的"构"字，皆注"高宗庙讳"以代之。

前录首十叶，系后人钞补。

每半叶十一行，行三十字或二十一字。小字双行。黑口，左右双边（19厘米×12.5厘米）。版心刻工名姓有无不定，如丁益之、危洽等。

卷首及卷中有"叶氏绿竹堂藏书""三十五峰园主人""陈氏匡侯家藏""平阳汪氏藏书印""叶盛""汪士钟""王宪奎印""陈枋"等印记。

依据15世纪日人瑞溪周凤《卧云日件录》记载，日本宽正五年（1464）建仁寺住持天与清启受将军足利义政之委派访华，向中国开列所需书籍文献十五种，其中有"《挥麈录》全部附《后录》十一卷并《馀录》一卷"，明廷照单全部

馈赠。

23. 元人《文集》元刊本十种

（1）张养浩撰《张文忠公文集》三十八卷

元人张养浩撰《张文忠公文集》二十八卷。国内北京大学图书馆藏元刊本一种，此外尚有清人写本两种传世。今静嘉堂文库藏《张文忠公文集》二十八卷元刊本全本一种，与北京大学藏本构成双璧。

此本卷前有元元统三年（1335）龙集乙亥二月甲寅朔中奉大夫江制等处行中书省参政事鲁□《序》。继有《张文忠文集目录》（第十九叶、二十叶系抄补）。卷末有《云庄小像》《云庄画像记》《云庄画像赞》《大元赐故西台御史中丞赠诚宣惠功臣荣禄大夫陕西等处行中书省平章政事柱国追封滨国公文忠张公神道碑铭》等。

每半叶有界十行，行十八字。小黑口，双黑鱼尾。版心题《云庄类藁》，有刻工姓名，并记大小字数。

此本原系陆心源皕宋楼等旧藏。卷中有"松蔼藏书""松蔼""周春""嘉兴李聘""黄锡蕃印""归安陆树声藏书之印""归安陆树声叔桐父印"等印记。

又据《商舶载来书目》记载，日本后桃园天皇安永元年（1772）中国商船"多字号"载《太师张文忠公文集》一部二帙抵日本。今日无论中国或日本，皆不见有此本存世。

（2）任仕林撰《松乡先生文集》十卷

元任仕林撰《松乡先生文集》十卷，国内无元刊本留存。静嘉堂文库藏《松乡先生文集》十卷，为元刊元印本。

首题《松乡先生文集》十卷，次行题"句章任士林叔实"。有《任叔实墓志铭》与《序》，此系中顺大夫泰州尹兼劝农事赵孟頫为文并书。继有元泰定丁卯（1327）孟夏墙东老叟陆文圭《叙》，并京兆杜本《序》。后有《元宋卿先生文集目录》。卷十末有摹刊"任勉私印"阳文方印,"任氏近思"阴文方印等。

每半叶有界十三行,行二十三字。版心粗黑口,双黑鱼尾。四周双边(18.8厘米×12.1厘米)。

卷中有"太原叔子藏书记""莲泾""结社溪山""家在黄山白冈之间""田耕堂藏""平阳汪氏藏书印""民部尚书郎""汪士钟印""元本""郁松年印""秋夏读书冬春射獦""归安陆树声藏书之记""归安陆树声叔桐父印"等印记。

此本原系汪士钟、陆心源皕宋楼等旧藏。陆心源《仪顾堂续跋》卷十三著录此本,称"是书有明泰昌时刊本,脱误甚多,此则其祖本也"。

(3)释圆至撰《筠溪牧潜集》(《天隐禅师文集》)七卷

元代僧人圆至有《筠溪牧潜集》,又名《天隐禅师文集》一种。此书原本不分卷,至刻书时,厘定为七卷。《四库全书》著录时,编修官未见元本,以明本入列。今静嘉堂文库藏《筠溪牧潜集》,为元大德三年(1299)刊本。

卷首有万里《序》,题"(大德)三年己亥十月初九日丙辰紫阳方回万里"。此《序文》以手书上版。下有"西斋"长印,"虚谷书院"方印。全书原不分卷,以类各为起讫。诗一,铭二,碑记三,序四,书五,杂著六,榜疏七。至元大德年间刻刊之时,以原来的七"类",厘定为七卷。卷末有大德三年天目云松子洪乔祖《手跋》。此《跋文》作者可能只读过原稿而未见刻版,故称此书为"一卷"。

每半叶有界十二行,行二十一字。版心白口,双黑鱼尾,偶记大小字数。

此本原系钱梦庐、陆心源皕宋楼等旧藏,卷中有"何畋之印""臣畋""钱天树印""曾藏钱梦庐家"等印记。

日本东山天皇宝永六年(1709)有日僧常信用木活字刊印《筠溪牧潜集》一种。此本题"元释圆至撰,元释碛砂等校"。

我国国家图书馆有元大德年间刊本《筠溪牧潜集》七卷一套,与静嘉堂文库藏本为世间仅存的两套《筠溪牧潜集》的元刊本。

(4)程钜夫撰《雪楼程集》(残本)六卷

元人程钜夫《雪楼程集》元刊本国内已无存本。静嘉堂文库今藏一元刊本的残本。此书全三十卷,今存卷二十二至卷二十七,凡六卷。

此本原系新宫城文库、岛田篁村等旧藏。

今静嘉堂文库、国家公文书馆和大仓文化财团另藏有明洪武二十八年（1395）与耕书堂刊本《楚国文宪公雪楼程先生文集》三十卷、《年谱》一卷、《附录》一卷，国内尚有同刊本六套收藏，恕不赘言。

（5）赵孟頫撰《赵子昂诗集》七卷

赵孟頫为元朝一代名家，遗世诗文被编纂为《松雪斋文集》十卷、《赵子昂诗集》七卷、《新刊赵松雪文集》四卷、《松雪遗稿》一卷等多种文本，其间先后又有各家刊本。其文本组合既丰富又混乱。

静嘉堂文库藏《赵子昂诗集》七卷，为元后至元七年（1341）建安虞氏务本堂刊本。同刊本在中国国家图书馆也收藏有一套。而国内关于《赵子昂诗集》的文本，也仅此一种，别无他本，甚至连后人写本也不存。故静嘉堂文库藏此本《赵子昂诗集》七卷与中国国家图书馆藏本，在世间不仅是元刊本之双璧，也是唯一的两部专刻本收藏了。

卷首题《赵子昂诗集》七卷，有《赵子昂诗集目录》，后题"宜黄后学谭伯玉编"。

目录尾题之前，有阴刻刊记一行，题"至元辛巳春和建安虞氏务本堂编刊"。

卷一为五言古诗，卷二为五言律诗，卷三为五言绝句，卷四为七言古诗，卷五为七言律诗，卷六为七言绝句，卷七为六言杂著等。此本所收诗作，比《松雪斋文集》尚多《有所思》《望美人》等诗十余首。

每半叶有界十一行，行二十字。版心细黑口，双黑鱼尾。左右双边（17厘米×10厘米）。

原陆心源皕宋楼等旧藏。卷中有"归安陆树声叔桐父印"等印记。

日本南北朝时代在时间年代的区域上与中国元末明初相一致。当时有"五山版"元人赵孟頫《赵子昂诗集》七卷问世，其文献学几与中国元刊本等值。另外，日本江户时代有《赵子昂诗集》七卷写本两种流传至今。其中一部藏国家公文书馆，一部藏日本东北大学附属图书馆。

（6）袁桷撰《清容居士集》五十卷、《目》二卷

元人袁桷《清容居士集》五十卷、《目》二卷，中国国家图书馆珍藏一元刊

本。但不知道何种原因，袁桷的《清容居士集》，国内除了国家图书馆的这一种元刊本之外，竟然已经不存一种元明清的刊本，仅有四种清人写本。今静嘉堂文库藏《清容居士集》五十卷、《目》二卷，为元刊元印本，并有明代人畏斋王肆的手识文，厘定为四十册。

此本卷首有《清容居士集目录》上下，其中有数叶写补。卷末有王瓒撰写之《谥议》，并有苏天爵撰写之《袁文清公墓志铭》。

每半叶有界十行，行十六字。小字双行，行同正文。版心细黑口，双黑鱼尾。左右双边（20.6厘米×14.6厘米）。

卷五十尾题之前有明代人王肆手跋文，其文曰：

> 永乐丙申（1416）冬十月八日予得此《清容居士集》，奈何虫鼠损伤，卷目失次。乃于暇日补治，序其先后之目，故得以全其美。斯集也，虽未敢宗以为亿世之法，然蓄书者亦得备一时之制作也，不亦可乎？畏斋王肆识。

文后有"畏斋"朱文长方印，"王氏敏道"白文朱文方印。卷中有"泰峰见过""曾在上海郁泰峰家""归安陆树声叔桐父印""归安陆树声藏书之印"等印记。

此本原系上海郁松年宜稼堂、陆心源皕宋楼等旧藏。陆心源在《仪顾堂续跋》卷十三中称此本曰："字皆赵体，与元刊《玉海》相似。当为同时所刊。上海郁氏宜稼堂刊本之祖本也。……中间钞补皆明初人笔也。是书钞帙尚多，刊本流传极罕。余又藏旧钞本，为爱日精庐张月霄旧藏。后录王肆跋，当从此本钞出，恐世无第二本矣。"

（7）丁复撰《桧亭藁》九卷

元人丁复文章歌诗，由其门生李谨之等编纂为《桧亭藁》九卷刊行，而国内已无一刊本留存。静嘉堂文库藏丁复《桧亭藁》九卷，为元至正十年（1350）南台御史张惟远集庆学宫刊本。

首题《桧亭藁》九卷，次行题"天台丁复仲容父"。此本封面有明人徐燉手书"丁桧亭集徐氏汗竹巢珍藏本元板"十四字。

有《桧亭诗藁序》三篇，分别题署"（后）至元五年（1339）岁次己卯季冬廿有八日中山李桓谨书"，"（后）至元六年（1340）岁在庚辰十月辛丑永嘉李孝光季和甫在建业城东青溪观题"，"至正四年（1344）四月戊寅临川危素序于钱塘驿舍"。后有《桧亭续集序》，题"至正十年（1350）岁在庚寅秋八月朔旦上元杨翩序"。

每半叶有界十行，行二十字。白口，双黑鱼尾。四周双边（18.8厘米×12.2厘米）。版心有刻工姓名，如史正之、施克明、施克、朱彦明等。

此本原系明人徐兴公汗竹巢、清人陆心源皕宋楼等旧藏。卷中有"徐㷺兴公""晋安徐兴公家藏书""闽中徐惟起藏书印""萨德相藏书印""萨宏之印""冶南何氏瑞室图书""归安陆树声叔桐父印"等印记。

（8）虞集撰《新编翰林珠玉》六卷

元人虞集，有《道园遗稿》六卷，《雍虞先生道园类稿》五十卷，《道园学古录》五十卷及《翰林珠玉》六卷传世。前三种国内皆有元刊本存世，惟《翰林珠玉》六卷，仅有清人写本流传。今日本留存虞集《翰林珠玉》元刊本三种，两种为全本六卷，一种为残本四卷。

静嘉堂文库所藏《翰林珠玉》六卷，为元（后）至元年间（1335—1340）孙存吾如山家塾刊本。卷一卷头书名的次行题"儒学学正孙存吾家塾刊"，三行题"邵庵虞集伯生父"。

前有《目录》，共计收诗五百八十八首。每半叶有界十一行，行二十字。大黑口，双黑鱼尾。左右双边（18厘米×10厘米）。

卷中有清人黄丕烈手识文，其文曰：

> 是书本吾郡物，卷中有白堤钱听默经眼印也。余向于都中厂市见之，未及买。后欲访求，渺不可得矣。去冬五柳主人族弟归，忽代购获，喜出望外。非特既失复得，固见遇合之巧。且装潢款无一毫更改，古色古香，犹是二十年前眼中故物。若非天之畀余，安能遂余好古之愿，若是之奇乎。复翁甲戌正月五日记。

此文后有黄氏自注一款，文曰：

> 此书原索白金四两，时余识力未到，已无及矣。及令番收得，云京钱八吊，五柳弟不愿取直，欲易余家刻《国策》十部。遂与交易，了夙愿矣。

此本原系钱听默、黄丕烈、陆心源皕宋楼等旧藏。

卷中有"黄丕烈印""复翁""白堤钱听默经眼""汪士钟藏""归安陆树声叔桐父印"等印记。

日本国家公文书馆藏元（后）至元年间（1335—1340）庐陵孙氏益友书堂刊本《翰林珠玉》六卷。此本为日本仁孝天皇文政年间（1818—1829）由出云守毛利高翰献赠幕府。卷中有"佐伯侯毛利高标字培松藏书画之印"等印记。又有名古屋蓬左文库藏此同一刊本的残本四卷，缺逸卷第二和卷第三。

此外，静嘉堂文库、尊经阁文库和东洋文库分别藏有虞集《虞伯生诗》八卷、《补遗》一卷，明毛氏汲古阁刊本。然未见国内图书馆报告有此存本者。

（9）李道纯撰《清庵先生中和集》六卷

元人李道纯文章，由门生蔡志颐编纂成《清庵先生中和集》六卷。其元刊本国内不存。静嘉堂文库今藏《清庵先生中和集》六卷，为元大德十年（1306）翠峰丹房刊本。

卷前有《序》，题署"当涂南谷杜道坚书于钱塘玄元真馆"。后有《清庵先生中和集目录》，题署"都梁清庵莹蟾子李道纯元素撰，门弟子损庵宝蟾子蔡志颐编"。此本分《前集》三卷、《后集》三卷。

目录末尾题之前，有双行刊记。其文曰："大德丙午（1306）中元翠峰丹房刊行。"《前集》卷下尾题后空一行，又有双行刊记。其文曰："大德丙午中秋刊于翠峰丹房。"

每半叶有界十一行，行二十一字。大黑口，双黑鱼尾。左右双边（18.5厘米×12.4厘米）。

此本原系陆心源皕宋楼旧藏。卷中有"心田顿省""子器"等印记，此为元人李道纯撰《清庵先生中和集》在天地之间的孤本了。

（10）杨维桢撰《铁崖先生古乐府》十卷

《乐府补》六卷

《复古诗集》六卷

元人杨维桢留存后世著作甚多，有《铁崖先生古乐府》《东维子文集》《铁崖文集》《铁崖先生全集》《杨铁崖先生文集全录》《丽则遗音》《史义拾遗》《铁崖先生诗集》《铁崖漫稿》《铁崖赋稿》《铁笛清江引》《复古香奁集》

等。然从文献学的角度考察，国内已无杨维桢著作的元代文本了。

静嘉堂文库藏杨维桢撰，由门生吴复类编纂的《铁崖先生古乐府》十卷、《乐府补》六卷、《复古诗集》六卷，则为元刊元印本。

《铁崖先生古乐府》卷前有至正丙戌张天雨《序》和吴复《序》。

《复古诗集》题太史绍兴杨维桢廉夫著，太史金华黄卿评，门生云间章琬孟文注。卷前有至正二十四年（1364）章琬《序》，后有至正甲辰（1364）章琬《跋》。下有"学古""云间世家""章氏孟文"等印章。此《诗集》收杨维桢古杂诗五百馀首，由门生章琬题诗集名为《复古》。

此本《目录》把《铁崖先生古乐府》和《复古诗集》连作十六卷。版心统题"古乐府"。所以后世明人刊本常常题署《铁崖先生古乐府》十六卷，而不见有《复古诗集》之名了。

每半叶有界十一行，行二十字。

原承雅堂、陆心源等旧藏。卷中有"天都陈氏西雅楼图书""东阜先生后人""天都陈氏承雅堂藏书"等印记。

在观书之余，我们还有幸经眼了静嘉堂文库所藏的我国古代书画珍品。其中，元人赵子昂亲笔《与中峰明本》尺牍一幅，已被认定为"日本国宝"。另有宋人虚堂智愚亲笔墨迹两幅《景西至节》与《就明书怀》，被确定为"日本文化财"；元人中峰明本亲笔尺牍《与大友直庵》和元人月江正印亲笔墨迹《与友云士思壮行偈》共两幅也被确定为"日本重要文化财"。此外，宋人马远绘《风雨山水图》一幅、元人因陀罗绘《禅机图》（智常禅师图）一幅，皆被认定为"日本国宝"。另有宋元明人绘画十一幅被认定为"日本重要文化财"。它们是：

宋人牧谿绘《罗汉图》一幅；

元人孙君泽绘《楼阁山水图》二幅；

元人雪庵绘《罗汉图》一幅；

元人《寒山图》一幅（有虎岩净伏题赞）；

明人张瑞图绘《秋景山水图》一幅；

明人张瑞图绘《墨画山水图》一幅；

明人倪元璐绘《墨画山水图》一幅；

明人蓝瑛绘《秋景山水图》一幅；

明人陈绍英绘《墨画夏景山水图》一幅；

明人王建章绘《川至日升图》一幅。

当我第一次访书结束，以依依之心告辞这个文库之后两个月，我收到了文库长米山寅太郎先生惠赠的静嘉堂所藏宋刊本书影四十幅，这于我是最宝贵的礼物了。

自那以来，到2001年11月，我在日本文部科学省等处，任职客座教授，有机会四次访问了这一日本储藏汉籍瑰宝的文库。每次都承蒙文库长米山寅太郎教授接见。

从学术史上来说，静嘉堂文库实在是一个无尽的宝库，然而却又是20世纪之初中国综合国力虚脱积弱的标志。九十余年来，它在中国学术界所留下的伤痕和追忆，无论是现在还是将来，都将永远地铭刻于心。

在杏雨书屋访"国宝"

日本"杏雨书屋"一名,学界所知者寥寥。我在日本遍访唐人写本《说文解字》,几经曲折,蒙日本学术界诸位老先生的指点与协助,终于在20世纪80年代中期于大阪郊区找到了这一收储着诸多华夏汉籍珍本的藏书库。

唐人《说文解字》写本,据说世间仅存"木部"六叶与"口部"一叶,皆流失于海外。我从1985年开始在日本寻访流传东瀛的汉籍善本,一直把找到唐人写本《说文解字》作为海外访书的既定目标之一。据我所知,此唐人写本《说文解字》于1926年之前尚在国内,其后则归日本人内藤湖南。物换星移,沧海桑田,于今则是下落不明矣。

内藤湖南(Naito Konan,1866—1934),名虎次郎,字炳卿,湖南为其号。他是20世纪初近代"日本中国学"的主要创始者之一。从青年时代起,他就是"亚细亚主义"的信奉者,早年作为日本《朝日新闻》社的记者,曾多次在中国采访。1902年11月,他在北京崇文门外木厂胡同刘铁云宅邸,看到了刘氏为选编《铁云藏龟》而正在使用的甲骨文片,成为世界上第一个亲见中国这一举世震惊发现的外国人。

内藤湖南一生嗜书如命,仅在1900年至1909年之间,他通过大阪鹿田松云堂，收藏了宋刊《眉山七史》、元刊《玉篇》（零本）、元刊《中州集》（此书后与中国董康交换它本）、元刊《三国志》《南史》《北史》《隋书》《唐书》《五代史》《君臣图像》等，此外，尚有日本平安时代写本《春秋左氏传》、五山版《唐才子传》等珍本。1915年，内藤湖南又通过田中庆太郎的文求堂，以1500元的巨资，在中国购得《史记集解》残本五十八卷，后被日本文化财审议委员会指定为"日本国宝"。

1900年中国学者文廷式到日本，内藤湖南从文氏处得知他藏有蒙文本《元朝秘史》，大喜过望，当即便请文氏赠予。1902年，文廷式赠内藤湖南手抄本《元朝秘史》一部凡十卷并《续》二卷，此为是书传入日本之始。后来，日本的东洋史学家那珂通世所编纂之《成吉思汗实录》一书，主要就是根据内藤所藏的这部蒙文《元朝秘史》手抄本译撰而成的，由此而为20世纪日本的蒙古史研究和元朝史研究作了奠基。内藤湖南也从此开始了对我国满蒙史料的特别关注。1905年春季，日俄战争已经进入后期。日本经过所谓"沈阳会战"，确定了在陆上的胜局。是年4月，内藤湖南受日本外务省派遣，调查沈阳政务，兼调查沈阳所留存的关于清朝的历史文档。内藤湖南检阅了沈阳故宫文溯阁收藏的《四库全书》，同时又在故宫的崇谟阁等处发现了《满洲实录》《满文老档》《蒙古源流》《五体清文鉴》和《汉文旧档》凡五种关于满族、蒙古族和清前期（后金）时代的重要资料。内藤当即将《汉文旧档》五册手写本（现场收藏六册，其中有一册重复）全部晒成蓝图制版而归。此《旧档》收录太宗时期的各项稿簿、朝鲜来书、奏疏文稿等。其中有不少为《清实录》所忌讳而未收的文稿，对于考察满族入关之前的内政与外事，皆为重要史料，内藤湖南实为第一发现人，并为最早传入日本者。内藤湖南此次在沈阳期间，拍摄了《蒙古源流》的蒙文部分。在这一"考察文献"的过程中，他得到日本宫内大臣田中光显的指示，与日本所谓"满洲军总司令部"合作，由军方出面，强行压价购得了沈阳黄寺所收藏的明代所制蒙古文佛经中的珍品——《金字蒙古文藏经》。1912年，内藤湖南为"采访史料"再度到我国东北，请求拍摄沈阳故宫崇谟阁所藏之《满文老档》。这一档案保存的是关于清代开国之初清太祖与清太宗两朝最为重要的资料，所以未能获得当时中国方面的批准，然中方同意拍摄《五体清文鉴》。然而，内藤湖南却利用中国政府管理系统的腐败，在拍摄《五体清文鉴》5000余张的同时，又偷拍了被禁止翻印的《满文老档》4000余张。二十年间内藤湖南在中国如此"精心地"收集到有关满蒙的史料，依据我的统计共有97种。在他的主持下，由他的学生如鸳源一（1896年出生）、今西春秋（1907年出生）、三田村泰助（1909年出生）等进行整理（标点、解题与罗马字标音对照等），自1919年开始，最先以《满蒙丛书》的形式构建起了日本20世纪初期的"满学"和"满蒙学"的雏形。这里不对内藤湖南收集的满蒙史料做更多政治价值判断，但是，这些资料的收集和整理，在其后日本军国主义统治集团确立其对东亚的战略并采取的实际行动中，其意义是不言自明的。

内藤湖南的晚年，定居于京都府恭仁山庄，一生收藏之文献典籍，也移藏于此。"恭仁山庄本"除允好友观瞻之外，不作公开之用。1934年内藤湖南去世之后，翌年，大阪府立图书馆曾征得其家族同意，举办过"恭仁山庄善本展"，并有珂罗版图谱一册行世。后来世人有"恭仁山庄本已交大阪府馆收藏"之说，其渊源盖在于此。其实，善本展后展品已经全部交还其家族了。1936年，当时的日本东方文化学院影印了恭仁山庄所藏的宋绍兴刊本《毛诗正义》单疏本。此本与唐人写本《说文解字》"木部"残卷，合称"恭仁山庄双璧"，皆已被指定为"日本国宝"。

半个世纪多过去了，日本社会发生了巨大的震荡，于今"恭仁山庄本"究竟存落于何处，不仅中国的文献学者，就是大多数日本的文献学者皆茫茫然不知其所在。

我原先在京都大学人文科学研究所东洋学文献中心，发现有一"内藤文库"，系内藤湖南旧藏，欣欣然有喜色。然披览之余，没有我所追寻的唐人写本，很是失望。原来此"内藤文库"所藏，就是我前面说的内藤湖南收集的有关我国满族与蒙古族的文献资料，凡161种，合1591册。为满蒙研究之重要史料。后来又有日本友人相告，内藤氏家族在1984年将恭仁山庄与"恭仁山庄本"一起，转让给了位于大阪府的关西大学，该大学正拟另设立一个"内藤文库"。于是，我便开列"日本国宝"汉籍三件、"日本重要文化财"汉籍四件，请代为查询，然久无回音。后来收到京都大学名誉教授福永光司老先生寄赠的关西大学收藏内藤湖南文献的几个影印件，确认了内藤湖南原先所有的"国宝级"汉籍不在其内。后来曾蒙日本著名汉籍文化史学家大庭修教授的好意，邀约我访问了正在筹建中的关西大学附属图书馆的"内藤文库"。当时这一"文库"还在整理之中，观摩之中我弄清楚了原来关西大学"内藤文库"收藏的汉籍，是以宋元刊本之外的明刊本为主体的。

我原以为"恭仁山庄本"的国宝已无处可以寻觅，正在彷徨之际，京都大学名誉教授岛田虔次老先生托人传话。岛田先生说："严先生在日本访书，最好去大阪看看杏雨书屋，那是内藤湖南的精华。"这个讯息使我十分振奋，因为这正是我在寻找，却又无从知其下落的一批唐钞宋刊——包括唐人写本《说文解字》在内的堪称天壤间孤本的珍宝。

原来，早在1938年，内藤氏家族就已经把"恭仁山庄本"中的极品，凡刊本67种、手写本31种，转让给了经营医药的豪富武田氏家族。

武田氏家原有藏书楼，名曰"杏雨书屋"，以储东洋本草医书为主，与其从业相当。据说这一藏书楼的建立与1923年的关东大地震有关。当年在大地震中，关东地区如东京帝国大学图书馆，内阁文库等所藏文献典籍损失惨重，为防止再次发生典籍的失散，该家族以私人之力，开始从事中国与日本的本草医书文献的收藏。先是购得小野家的本草典籍，1932年又购得早川佐七氏的植物学典籍。待他们收购到内藤湖南的极品精本以及原福井崇兰馆的旧藏后，"杏雨书屋"作为藏书楼便有规模了。1964年，建立了武田科学振兴财团，从事相应的文化事业。1977年6月，武田氏家族第六代传人武田长兵卫把原来作为武田氏家族私人财产的杏雨书屋收藏，全部交武田科学振兴财团管理，虽然在所有权上仍属私家系统，但却不再归私人所有了。

杏雨书屋因为是一个私家的藏书机构，不公开对外。亟欲登堂入室睹其藏本者，皆需要特别介绍。当今京都大学名誉教授羽田明先生被聘为杏雨书屋主人，羽田明教授是日本东西关系史研究的名家。他出身学术世家，父亲羽田亨教授是名震日本和欧美的日本京都帝国大学总长。于是，我便恳请我的好朋友、日本国立京都大学小南一郎教授和狭间直树教授从中联络，他们建议我请求著名的东洋史学家贝塚茂树教授为之荐介。贝塚茂树教授是京都大学著名的"京大三杰"之一。他对于中国的甲骨文字和古史，都有精到的研究。20世纪60年代初期，贝塚茂树教授与伊藤道治教授等提出"中国黄河长江文明论"（河江文明论），认为把中国文明的起源归结为黄河文明过于狭窄了，长江也同样是中国古代文明的发源地之一。在将近五十年前的中国文明史研究中，这一见解无疑具有前瞻性和前沿性。过了三十年之后，中国学者开始呼应这一理论，提出了中国文明起源的"河江文明论"！贝塚茂树教授的哥哥汤川秀树教授，是1949年诺贝尔物理学奖获得者，也是日本第一个诺贝尔奖得主；弟弟小川环树教授，又是著名的中国文学研究家。小南一郎教授陪同我拜见了贝塚茂树教授，他爽快地答应了我的请求，笔书推荐函一通，并答应用电话与他的好朋友羽田明教授进行联络。

由于京都大学方面各位教授的好意，我终于在杏雨书屋读到了世界珍宝唐人写本《说文解字》，当我看到书卷后前辈人士的题跋识语时，忽然感到冥冥之中或许真有某种因缘关系。因为我在这部珍本的尾题中看到了"小川琢治"这一名字。小川琢治（1870—1941）先生就是推荐我这次前来阅读的贝塚茂树教授和他的哥哥和弟弟这著名的"京大三杰"的父亲，当年京都帝国大学的教授，专治东亚历史地理史。这位小川琢治先生与内藤湖南于1910年在北京观看了此部唐人写本。不意七十余年后，一个中国人又漂洋过海到日本来寻找当年在北京失传的中华瑰宝，而撰写推荐信的，竟然就是在北京观看这部书的日本人的后裔。真是万事轮回，沧海桑田啊！

9月10日秋日晴朗，由狭间直树教授陪同，我们乘阪急特快电车到了大阪郊外一个叫作Juso的地方。这里的景色很美，宽阔的淀川从它的身旁流过，街心公园一片翠绿。我们穿过一条很狭窄却又很热闹的巷道，到了武田医药制造厂。真是难以想象，中国文献中的稀世珍宝，竟然就储存于我眼前巨大的水泥厂房卵翼之下的一栋小楼中——小楼位于厂房的左侧，这便是杏雨书屋。工作人员客气地了解我们的来意后，我们即被引入二楼休息室中，工作人员端上两杯咖啡，便问需要什么书。当我们喝完咖啡，便进入一间宽敞的房间中。房内的陈设雅淡清新，似无纤尘之染，一位老先生正聚精会神地读着线装古书。工作人员依书单从内屋用小车推进几部书，我欣喜地接过本子，然而，心里却顿时有些发凉——这位先生递进来的不是原品，而是原品的影印件。我和狭间教授相视片刻，接过影本。我想，真本乃系国宝，恐怕不会轻易示人。现在虽说不是原品，但毕竟是全部的影印件，也已经相当不易。于是，便向狭间教授苦笑地点点头，还是认真地阅读起来。

羽田明教授是下午特地从京都赶来的。他一进屋，便先与那位读古书的老先生打招呼，然后便径直来到我们面前。羽田先生很有风采，不拘小节，看上去并不像已经是七十四岁的老人。他说："我赶来看看，有什么需要帮忙的。您是第一位来这里访书的中国学者，我们应该尽地主之谊呀！"他又说："本书屋以收藏为主，并不公开，所以，一般是不接待外来参观的。来这里看书的，都是有专门研究的。"说着，他便向我们介绍了那位看古书的老者——原来，这位老先生是国际著名的生物学家北村四郎，京都大学的名誉教授。这使我十分震惊，作为一位现代生物学家，而且是国际知名学者，一定是站在现代这一学科的最巅峰，掌握和关注的一定是最具有现代意义的学术，而这位老先生却如此安详和入神地在这里读着中国的古书。看他的桌子前铺着的中国线装书，与头脑中突然映入的"现代生物学""国际知名"，一时间还真不知道应该如何对接呢！北村先生含笑点头，指着桌上的古书说："我是这里的常客，读中国的古医书，非常有意思。"谈话间，羽田明教授似乎发现了什么，他问我："先生喜欢看影印本吗，为什么不先看一看原本呢？"这使我很窘迫。

由工作人员所造成的这一遗憾，终于由于羽田明教授的到来得到解决。当我打开用白锦缎裹缠的书包时，真是欣喜与感慨交加，展现在我眼前的是在我国国内已经失却，而已经成为他国之"国宝"的中国文献。从前曾闻恭仁山庄有《四宝诗》，其曰："白首名扬甘伏雌，抱残守缺慕经师；收来天壤间孤本，宋刊珍篇单疏诗"云云，终于得见其真颜了。

1. 唐人写本《说文解字》（残卷）"木部"一百八十八字（日本国宝）

杏雨书屋所藏唐人写本《说文解字》，即此"木部"六叶，共九十四行，一百八十八字。每行二篆，分二段记载，先用大字表示篆体，其下横写反切注音，解说之文，又分二或三行书写。篆字属悬针体，似与唐人元次山《峿台铭》相近，其楷书与唐人写经文字甚类。

此本外封用古锦装裱，内衬水色缎子，有清光绪二十七年费念慈题签《唐写本说文木部残字》。卷端有清同治七年曾国藩亲笔《唐写本说文》五大字。本文用纸，系唐写经中所见的那种硬质黄麻纸。纸面高八寸四分，全长七尺九寸七分。

本文末尾尚存改装之前宋人裱装所用的衬纸，幅宽四寸一分。其后用另纸黏接，系宋人米芾之子米友仁亲笔《跋》，文曰："右唐人书篆法说文六　纸臣米友仁鉴定恭跋"。后又用另纸相接，有宋人俞松亲笔，书曰："宝庆初年四月三日装池　俞松题记"，左方并有"俞松心画"及"寿翁"二印记。

以上除曾国藩题五字外，看来基本保留宋人装帧旧态。此本凡六叶，各纸接合处，皆钤"绍兴"小玺。从米友仁《题跋》与"绍兴"小玺判断，此本至南宋初年，似犹存于王室内府。

俞松《题记》后隔七寸九分，接另一纸，有同治七年曾国藩亲笔长诗。诗曰：

插架森森多于笋，世上何曾见唐本；
莫君一卷颇瑰奇，传写云自元和时；
问君此卷有何珍，流传显晦经几人；
君言是物少微识，残笔黯黮不能神；
……

诗后题署"同治三年八月作此诗应　子偲尊兄雅嘱七年八月曾国藩书"，后有朱印一枚。此"诗题"后，又有吴云、陈宝琛、翁同龢、杨守敬、王树柟、樊增祥、白坚、傅增湘、杨钟羲、张元济、董康，及日本人西园寺公望、犬养毅、德富苏峰、桥本独山、市村瓒次郎、铃木虎雄等的题跋。自卷端至此题跋，总长三丈二尺五分。

此本如曾国藩《题跋诗》所说，原为清人莫友芝所藏。莫氏有《唐写本说文解字木部笺异》，详说此本发现之经过。后归白坚所有。早在1910年秋，内藤湖南已经在陶斋（端方）的书架上见过此本。同年十月初四日，内藤湖南记曰："庚戌十月初四，陶斋尚书见示唐写《说文》，真天下奇宝也。我邦曾有此书数行，今已不知落在，可惜。同观者狩野直喜、小川琢治、泷精一、富冈谦藏、滨田耕作也"云云。十七年后，即1926年，此本归内藤湖南所有。

卷中有内藤湖南为收藏此本而专制的藏书印章"宝抚籑"。

在我开始对日本所藏汉籍善本进行追踪调查时，先师周祖谟教授曾经对我说："据说《说文解字》的唐人写本，目前在世界上只剩下'木部'六页和'口部'一页了。听说这'木部'六页是被日本人搞走的。你如果能够找到它们，就是功德无量了！"20世纪30年代，周祖谟先生与小川环树曾是北大的同学，而小川环树的父亲小川琢治就是在此本唐人《说文解字》上留有题跋的日本名人之一。估计周先生或许当年便是从小川环树那里得到的信息。半个世纪后，当中国日益强大奋进之时，我又在日本知识界许多学者的帮助之下，终于在日本的Juso重见了在国内失逸的这一绝世国宝。当我把这一信息告诉周先生，并把书影递给他过目时，他欣喜于衷，又像如释重负地说："我们终于可以肯定地说，《说文解字》还有唐人写本。尽管是六页，却也可以窥见全豹！功德无量啊，我要把它补充到《大百科全书》中的'说文解字'条目中去！"

2. 宋绍兴年间刊单疏本《毛诗正义》（残本）三十二卷（日本国宝）

在杏雨书屋我还同时面见了与唐人写本《说文》合成"双璧"的日本国宝。

宋太宗端拱元年校勘《五经正义》，于淳化三年刊刻成《毛诗正义》，宋绍兴九年于绍兴府覆刊。杏雨书屋所藏此宋刊单疏本，国内已经不存，实系天壤间孤本。1934年1月此本被日本文化财审议委员会指定为"日本国宝"。

《毛诗正义》今存卷八至卷四十，缺卷一至卷七。每半叶十五行，行二十二字至三十二字不等，以二十五字或二十六字居多。框廓内纵七寸六分，横五寸二分。版心记卷数、页数，每卷末记字数。卷四十末有原淳化三年刊本所列校勘官名衔，末有"绍兴九年九月十五日绍兴府雕造"牌记。

此书原系日本中世纪时代的文化设施金泽文库旧藏，后流入民间。日人岛田翰著《古文旧书考》曾记此本曰："古泽介堂氏从周防古刹所获，后归井上百爵，故遂为吾师（竹添光鸿）有。"每卷卷首或卷尾有"金泽文库""香山常住"墨印，并有"井井居士珍赏子孙永保"印记。此书外配书匣，匣盖内面有

"甲子（大正十三年）六月购 炳卿"墨书。

3. 北宋刊南宋补本《史记集解》（残本）六十九卷（日本国宝）

杏雨书屋还藏有北宋刊本《史记集解》残本，昭和九年（1934）被认定为"日本国宝"。

《史记》刊本自南宋以来，通行"三家注本"。在北宋时代，"集解""正义"还是单行于世的。事实上，《史记集解》的北宋刊本，世间已经极为罕见。杏雨书屋所藏此十四行本，为宋仁宗时期（1023—1063）之前刊本，间有南宋时期配补，与原国内铁琴铜剑楼藏本（今存国家图书馆）可能为同一刊本。如是，天壤间仅此二本而已。

《史记》的裴骃《集解》单刊本，全一百三十卷。杏雨书屋藏此本今存卷第三十一（世家第一）至卷第三十九（世家第九）、卷第四十四（世家第十四）至卷第四十九（世家第十九）、卷第八十一（列传第二十一）至卷第一百一（列传第四十一）、卷第一百九（列传第四十九）至卷第一百三十（太史公自序第七十），凡五十八卷。其中卷第三十三《鲁周公世家》第三，被误刻成"卷第三十二"，又《本纪》《书》《表》则全部逸失。此外，又以日本中国学名家京都富冈桃华旧藏南宋刊本《史记》卷第五十（世家第二十）至卷第六十（世家第三十一）凡十一卷配补。所以，全部共计凡六十九卷。

北宋原本每半叶有界十四行，行二十四字至二十八字不等。小字双行，行三十三字至三十九字不等。白口，版心题"世家"（或"史世家""列传"等），并记叶数、卷数，偶见刻工姓名。左右双边（25厘米×16.3厘米）。

卷中避宋讳，凡"敬、竟、殷、匡、恒"等，而"贞、祯"等字则缺笔，可推为宋仁宗以前刊本，至为珍贵。

每卷之末有读者手录《史记索隐》之"述赞"。又《列传》部分每卷皆有朱点，并以墨书附训，盖系日人读者所施。每卷首有"井井居士手装 明治四十二年十月"字样。卷中有"竹添氏光鸿""双桂书楼""岛田重礼敬甫氏"等印记，则此本原系明治时代著名的汉学家竹添光鸿所有，后来归为内藤湖南。内藤湖南为收藏此书而专门制作了藏书印"宝马盒"。

杏雨书屋所藏《史记集解》，除此本国宝之外，尚有宋绍兴十年（1140）邵武朱中奉刊本《史记集解》一百三十卷全本。

此本卷首有裴骃《史记集解序》。序文每半叶八行，行十五字，大字清晰。《序》后有《目录》，亦大字。《目录》终末里面半叶有刻印者"刊语"，其文曰：

> 邵武东乡朱中奉宅
> 刊行校勘即无讹舛
> 绍兴庚申八月朔记

本文第一行上有小题，下有大题，而不署撰者名，与北宋十四行本同。此书卷第一至卷第三十二，每半叶十二行，行二十二字（其中卷第二十八内半叶十四行，每行二十七字或二十八字）；卷第三十三后，每半叶十三行，每行二十五字或二十六字。注文双行，每行三十六字或三十七字。白口，左右双边（12.9厘米×18.9厘米）。版心记"史记"（或"史表""史礼书"等），并记卷数、叶数，有刻工姓名，如大潘、小李、小胡、何明、韩正等。

卷中有历代日本读者所施训点墨书，如卷第七及卷第六十一至卷第六十八，卷第七十至卷第七十八，皆有朱笔训点等。卷中有"兰陵家藏书籍""兰陵藏书"印记，则系日人贵胄飞鸟井家族旧藏。字画遒劲，版刻精美，犹有北宋余韵。

向读日本安政年间（1854—1859）森立之《经籍访古志》卷第三，文记"史记七十卷，宋刊本。京都飞鸟井家藏。唐司马贞索隐，载正文全文。未见"相信森立之所记的即系此本，然他未能见到原文本本身，故所说"七十卷"与"唐司马贞索隐"等全是谣传。我竟于130年后于杏雨书屋复见此本，亦一大快事也。

4. 宋刻眉山版"七史"与元刻路学版"六史"

杏雨书屋藏有宋刻眉山版"七史":

(1)《宋书》一百卷,凡四十册,(梁)沈约编撰;

(2)《南齐书》五十九卷,凡十五册,(梁)萧子显编撰;

(3)《梁书》五十六卷,凡十四册,(唐)姚思廉等奉敕编撰;

(4)《陈书》三十六卷,凡八册,(唐)姚思廉等奉敕编撰;

(5)《魏书》一百十四卷,凡四十册,(北齐)魏收等奉敕编撰;

(6)《北齐书》五十卷,凡十册,(唐)李百药等奉敕编撰;

(7)《周书》五十卷,凡十二册,(唐)令狐德棻等奉敕编撰。

关于眉山版"七史"的渊源,宋晁公武《郡斋读书志》卷第二上"宋书"条中有如下记叙:"绍兴十四年井宪孟为四川漕,始檄诸州学官,求当日所颁本。时四川五十余州皆不被兵,书颇有在者,然往往亡缺不全,收合补缀,独少《后魏书》十许卷,最后得宇文季蒙家本,偶有所少者,于是七史遂全,因命眉山刊行。"

藏书家历来把"眉山版七史"称之为"蜀大字本"。但此版在元代时因版面模糊,已经开始修补。明洪武年间,眉山"七史"版存入南京国子监,世称"南监本"。自洪武至嘉靖、万历、崇祯,历朝各代皆相递修,至清朝初时,印版尚存江宁藩库,然不幸于嘉庆年间遭罹火灾,全版付之一炬。

今杏雨书屋所藏"眉山七史",为宋刻并后历代各朝递修版。各史版式基本相同,皆为左右双边,每半叶有界九行,每行十八字。版心旧版有字数和刻工姓名。框廓内高24.5厘米左右,宽19厘米左右。卷首有《目录》。本文第一行小字题写"本纪第一",接下大字题写书名(如"宋书一""南齐书一"等)。各史有明代弘治四年(1491),正德八年(1513)、九年(1514)、十年(1515)修版补刊叶。

宋刻眉山版"七史",我国国家图书馆有完整收藏一套,各史散册则为多家书屋分别收藏,不成系统。故杏雨书屋藏此宋刊"七史",可与中国国家图书馆藏本合为眉山版"双璧"。

与此套宋刻眉山版"七史"相呼应，杏雨书屋还收藏有"元版六史"，此即元代大德年间（1297—1307）江东建康道所隶属的"九路"学校校勘"十七史"，其时由宁国路、瑞州路、徽州路、建康路、池州路、太平路、信州路、广德路、铅山路凡此"九路"学校刊刻晋人陈寿撰《三国志》六十五卷以下"六史"。所谓的"道"与"路"，是元代的行政建制。"九路"学校刻刊的"六史"即上述《三国志》与唐人李延寿撰《南史》八十卷，唐人李延寿撰《北史》一百卷，唐人魏徵、长孙无忌撰《隋书》八十五卷，宋人欧阳修、宋祁等撰《唐书》二百廿五卷，宋人欧阳修撰《五代史记》七十四卷。世称元代"儒学刊本"，其实是元代的"路学刊本"。

此"六史"的刻板明初时藏于南京国子监，从成化年间开始，历经弘治、正德、嘉靖和万历，即起自1465年迄于1620年，在此一百五十年间凡数次修版。藏本状况如次：

《三国志》六十五卷，池州路学刊本；

《南史》八十卷，信州路学刊本；

《北史》一百卷，信州路学刊本；

《隋书》八十五卷，瑞州路学刊本；

《唐书》二百廿五卷，建康路学刊本；

《五代史记》七十四卷，刻刊路学不明。

目前国内各家藏书机构中皆无此元刊"六史"的完整收藏，仅有零星散本。其中如国家图书馆和上海图书馆有池州路学刊《三国志》残本，四川省图书馆有信州路学刊《南史》全本，国家图书馆和南京图书馆有信州路学刊《北史》残本，国家图书馆、上海图书馆和浙江天一阁文物保管所有瑞州路学刊《隋书》全本，北京大学图书馆又有瑞州路学刊《隋书》的残本。从收藏的状态考察，杏雨书屋保存的此套元代路学刊"六史"，实为传世至今的唯一完整的元代"九路"学校刊本。在史学史和文献史上自有其独特的价值。

在我结束访书时，羽田明教授以诚恳之情，赠我书屋藏97种图影。暮色中我和狭间教授离开了厂房，我在心中默默地向书屋告辞，因为我明白，这一走，不知何日何时才能再来。中国典籍中的无价之宝，仍然静悄悄地留在这巨大厂房的一角，几乎不为人所知晓，不知还要待到何年。

在天理图书馆访"国宝"

先前曾听说清末豪富盛宣怀的愚斋藏书,身后一部分散于日本,后来藏入天理图书馆。20世纪80年代中期,天理图书馆曾将馆藏若干精品汇编成《天理图书馆善本丛刊》(汉籍之部)十二卷刊出,皇皇可观。如卷二之《赵志集》,一说是中国唐代写本,一说是日本平安时代中期写本。但无论归属于何种,时间界定大致在10世纪则是无疑的。《赵志集》所著录的作品,不仅《全唐诗》未收,就是后来的《全唐诗逸》中亦缺漏未能补入,这是一部在中国已经亡逸的唐代诗歌集。就天理图书馆的全部收藏而言,《天理图书馆善本丛刊》则未能全部收录。例如已被日本文化财审定委员会认定为"日本国宝"的宋刊本《刘梦得文集》和《欧阳文忠公集》等,皆因篇幅过大而未能刊行。

我着意于天理藏书久矣,却总不得其门而入。这是因为有一个长期不能释怀的疑问——这个天理图书馆,究竟是天理市的图书馆呢,还是天理大学的图书馆,抑或天理教的图书馆呢?这个疑问曾经请教过多位日本教授,答案各异,一时竟不知道应该到哪儿去联系。1990年,我正在日本佛教大学文学部任客座教授,我的朋友辻田正雄先生知道我的想法后,便邀约了中国戏剧文学研究家岩城秀夫先生、中国哲学宗教研究家鹈饲光昌法师和我，在一个和煦的冬日，一行四人开始了于我而言的第一次天理访书之行。

我们由京都出发，乘近畿铁道天理线特急，约两个小时到了天理市。它是位于奈良县中部一个独特的宗教城市。这个城市的居民，大部分都信仰"天理教"——这是一个起源于19世纪后期的日本神道教派系，属于日本教派神道中十三教团之一。教祖中山みき（Nakayama Miki）是日本江户时代后期的一个自耕农家庭的主妇，她在41岁，即1838年10月24日突然托声"天神附体"，自称："我本真神，此次为救助世间而由天降。愿各位将 Miki 置于神屋之中！"三天之后，即同年的10月26日，众人承伏，接受神旨，将中山みき家屋定为"神殿"。中山みき以"阻止贫困"作为神的召唤，散家财以赈穷人，并以自己走"康健生活之路"作为模本，定祭祀之神为"天理王命"（Tenriou-no-mikoto），创建"天理神道"①。一个多世纪以来，教徒甚众。以前，我曾在京都最热闹的街区，看到过身穿玄色法衣的天理教徒，他们手擎宣传教理的木牌，上书"人是最宝贵的"，向行人布教。天理市是天理教的教徒聚居之所，故以"天理"命名该市。天理教本部设在该市，据说，它实际上控制着这个城市的议会与政府。

我们出了车站，广场宽阔而肃穆，在阳光下给人以庄重之感。从车站乘计程车去天理图书馆，道路整齐而干净，似无纤尘之染。路上行人大都着玄色法衣，胸前白圈中大书"天理教"三字，背后则书所属各支部名，其服饰与中国清代兵勇制服甚似。

天理教崇尚节俭，故市内除指定地区外，一路上不见酒吧舞厅，甚至连歇脚的咖啡店也不易找到，教会把资金主要用在了宗教活动与文化事业上了。天理图书馆和天理大学，便是天理教的两大文化设施。这里顺便说一句，日本的诸大宗教，皆着意在高层次上培养神职人员或亲近本宗的世俗研究者，所以，凡有实力的宗教派系和各教团，常常有自己的大学。例如国际基督教大学、上智大学、佛教大学、花园大学、龙谷大学、创价大学等。当时我正任职于佛教大学文学部，

---

① 关于天理教的创始与教义，请参见日本三桥健主编《わが家の宗教神道》，东京大法轮阁社，平成七年（1995）版，平成九年（1997）三版。日本井上顺孝主编《神道—日本生まれの宗教システム》，东京新曜社，1998年。

后来又在天主教的宫城女子学院日本文学专业先后任职客座教授。天理教当然也就有了天理大学。天理大学把天理图书馆视为大学的图书馆，但事实上天理图书馆是天理教本部开设的图书馆，并不是大学的附属机构，这与其他大学非常不同。由于天理教是天理市政治、文化与主流意识形态的总代表，它的图书馆，当然也就是天理市的图书馆了。至此，我前面提到的疑问总算有了答案，原来矗立在我们面前的这座欧式风格与和式风格兼备的建筑物，外观灰淡而室内辉煌的藏书所，它既是天理大学的，又是天理市的，当然也是天理教的文化设施。

蒙天理大学樽本照和教授和天理图书馆金子和正教授的鼎力相助，我们有幸进入图书馆的内部，亲眼看到了那些远藏异国他乡的珍贵汉籍。我们先是在天理大学——这是一所没有围墙的大学，在它的一间朴实整洁的会客室中，由樽本照和教授为我们作了简短的介绍之后，便引领我们到了咫尺之遥的图书馆。这是一座内储"日本国宝""日本重要文化财""日本重要美术财"的宝库，其外观看似平淡而室内却气势恢宏。天理图书馆距今有六十余年的历史，它大宗地收藏图书是在20世纪四五十年代的十数年间。当时，战败后的日本，百业俱废，财力匮乏，许多汉籍古版流浪街头，其中不少便在此时流入了美国。天理教则以其独特的宗教活动，积聚了充裕的资金。1956年其教主七十周年祭时，计划经费达40亿日元，在宗教界显示了雄厚的财力。在此背景之下，天理图书馆在社会上广泛收集文献典籍，大力拓展其文化建设。20世纪40年代末，京都市堀川"古义堂"藏书归于天理图书馆，这是日本江户时代汉学界中古义学派的创始人伊藤仁斋及其传人伊藤东涯父子的特藏，共计5500余种。其中，中国古刊本135种，凡2370余册。后来被日本文化财保护委员会认定为"日本国宝"的《欧阳文忠公集》即在其内。1953年，天理图书馆以巨资收购了中国清末政治家与实业家盛宣怀的"愚斋"旧藏236种，凡1367册。传说当年盛宣怀在治事的余暇，颇寄情于图书金石。据盛宣怀自撰的《愚斋存稿并东游日记》的记载，光绪三十四年（1908年），在他赴日本治病期间，曾选购流寓于东瀛的汉籍数百部，归于"愚斋"。不意五十年后，这批汉籍竟再次回流东洋，令人唏嘘不已！这次在天理图书馆内随手检得明刊本《程氏墨苑》《增修互注礼部韵略》和《新刻全像达摩出身传灯传》等，皆钤有"愚斋图书馆"藏印，即是盛宣怀的旧藏了。此外，该馆还收集到了四位日本中国学界重要学者的部分汉籍特藏。其中，盐谷温博士的中国古戏曲小说文献625种，凡4407册；吉川幸次郎博士的中国戏曲小说文献375种，凡1690册（吉川氏的大宗旧藏，现已归神户市立图书馆）；矢野仁一博士的清史文献，包括满文文书凡3000种；服部宇之吉博士的经部礼类旧藏。大约在此先后，天理图书馆通过有关的门道，购得中国地方志文献1376种，凡17024册。天理图书馆的汉籍特藏，如果从版本的角度考察，目前已经整理出来的善本中，有宋刊本39种，金刊本1种，元刊本40种，明刊本366种。在日本宗教界的汉籍保存史上，这也可以说是相当壮观了。

金子和正教授为我们这次访书，专门在馆内布置了一间"特展室"，把镇库之宝，包括国宝、重要文化财，还有张大千亲笔等放置于此，供我们细细地研赏，其诚意实在令人感动。

由此起步，我从1989年冬到2002年春十数年间先后6次出入天理图书馆，获得了丰厚华夏文化原典的感受，摘记综合于后。

天理图书馆的汉籍特藏中，有两件典籍可以称为"镇库之宝"，此即宋刊本《刘梦得文集》与宋刊本《欧阳文忠公集》。它们已经被日本国家文化财保护委员会确定为"日本国宝"了。

1. 宋刊本《刘梦得文集》三十卷（日本国宝）

中国唐代诗人刘禹锡的文学在平安时代很受知识阶层的欢迎。10世纪时，日人藤原公仁（966—1041）编纂《和汉朗咏集》二卷，其卷上"春部·春兴"引"野草芳菲红锦地，游丝撩乱碧罗天"，此二句出自刘禹锡《春日书怀》。同书卷上"秋部·雁"引"浔阳江色潮添满，彭蠡秋声雁送来"，此二句出自刘禹锡《登清晖楼》。同书卷下"鹤部"引"双舞庭中花落处，数声池上月明时"，此二句同样出自刘禹锡。所有这些都是为当时的日本汉诗人从事创作以及读者欣赏汉诗提供指导，这是日本古文献中关于刘禹锡文学的早期记录。

11世纪日本杰出的女作家紫式部创作了世界文学史上第一部写实长篇小说《源氏物语》。女作家在作品中使用了刘禹锡的诗文以引导小说情节的发展和深化。①

17世纪日本江户时代著名学者林鹅峰（1618—1680）在《本朝一人一首》卷十中评论日本文化史曰：

> 桓武朝僧空海熟览《王昌龄集》，且其所著《秘府论》，粗引六朝之诗，及钱起、崔曙等唐诗为例。嵯峨隐君子读《元稹集》，菅丞相曰：'温庭筠诗集优美也'。公任、基俊所采用宋子问、王维、李顾、卢纶、李端、李嘉祐、刘禹锡、贾岛、章孝标、许浑、鲍溶、方干、杜荀鹤、杨巨源、公乘亿、谢观、皇甫冉、皇甫曾等诸家犹多，加之李峤、萧颖士、张文成等作，久闻于本朝。然则当时文人，涉汉魏六朝唐诸家必矣。

此系概述了刘禹锡文学等在日本古代文学中的地位。

由于时代久远，刘禹锡诗文流传到现今，我国国家图书馆现在保存《刘梦得文集》宋人刻本只有卷一到卷四，凡四卷。其他唐钞宋刻，已经渺不可传。日本天理图书馆收藏《刘梦得文集》三十卷，《外集》十卷，文本完整，共十二册。卷中避宋讳，凡遇"构、购、觏、沟、彀"等字皆缺画，止于"构"字部类，可以推测此本为北宋末年到南宋初年的刊本。此本每半叶有界十行，行十八字。细黑口，左右双边（25.5厘米×18.5厘米）。版心下方有刻工姓名，例如王权、王荣、王民、王祥、王道、王堪、王信、王性、王吟、王元、王升、千止、张千、张安、单隆、口章、单逵、家宗、杨中、辰定、呈下、夏用、品奇、任显等。外题左肩墨书"刘梦得文集（卷数）"。

此本原系京都建仁寺旧藏，由该寺开山千光国师荣西和尚于1191年从中国宋代舶载而至日本。卷三十末叶有爵形朱印"天山"印记，相传为足利义满的读书印铃。明治时代初期，流至京都福井崇兰馆，而最终为天理图书馆藏本。1913年，董康在日本曾将此《刘梦得文集》制成复本，后收录于《四部丛刊》第五辑中。1955年（昭和三十年），这部《刘梦得文集》被日本国家文化财保护委员会

---

① 关于《源氏物语》中引用刘禹锡的诗文，请参见严绍璗著《中日古代文学关系史稿》，湖南文艺出版社，1987年。今井卓尔、鬼束隆昭（ほか）主编，严绍璗（ほか）著《近代の享受と海外との交流の源氏物语讲座9》，日本勉诚社，平成四年（1993）。严绍璗、中西进等编著《中日文化交流史大系·文学卷》（日文版）日本大修馆出版社，1995年；（中文版）浙江人民出版社，1996年。

确定为"日本国宝"。

2. 宋刊本《欧阳文忠公集》一百五十三卷（日本国宝）

欧阳修为宋代文学大家，著作浩繁。其诗文身后由其子欧阳发等于宋熙宁五年（1072）汇编成集，然世无刊本。迨至南宋光宗绍熙二年（1191），同郡人孙谦益等对《文集》再加校正，宋宁宗庆元元年至二年（1195—1196）间覆校之后，便有周必大刻本一百五十三卷行世。然传世至今，国内已无全本。现今国家图书馆存周必大刊本一种，可惜残缺十卷，由明人写本配补。此外尚有宋刊本两种，一种存一百四十三卷，一种仅存四卷。

天理图书馆所藏此周必大刊《欧阳文忠公集》一百五十三卷，并《附录》五卷，由刻工姓名如方正、言人、上官通、葛小七、葛正之、李景山、何念乙等推勘，可以断为宋庆元年间（1195—1200）刊本，出自浙江吉州。大字洵美，刻刊精当，我国学术界人士曾寓目者为数寥寥。是书虽不能言其为欧阳修文集的最初刊本，但是仍然可以言其为绍熙、庆元年间校定后的一个较早的全本，为世上独一无二之宋刻全本了。此本整本版式纵28.0厘米，横18.3厘米。内叶每半叶有界十行，行十六字，注文双行。白口，左右双边（20.5厘米×14.5厘米）。版心上部有字数，下部有刻工姓名。卷中有"金泽文库"第一号墨印，确系中世时代相模（神奈川）"称名寺文库"之特藏。其后，从金泽文库流散于世，后归江户时代京都大儒伊藤仁斋家古义堂。卷中及卷末，皆有伊藤家"读书记"与"识文"等文字。其中有三十五叶系伊藤仁斋后人伊藤长坚（兰嵎）写补。今第八册有手识文曰："享保甲寅（1734）复月伊藤长坚补写"，第三十九册中又有手识文曰："明和八年（1771）辛卯三月十七日读了"等等。卷中有"广昌始□荷氏子子孙孙其永宝用"等印记。1952年（昭和二十七年）此书被日本国家文化财保护委员会确认为"日本国宝"。

说到《欧阳文忠公集》的宋刊本，日本宫内厅书陵部现今也藏有一种，为宋绍熙年间（1190—1194）刊本。然此本今残存卷二十四至卷二十九、卷三十五至卷四十五、卷七十六至卷八十九、卷九十三至卷一百十、卷一百十五、卷一百十七、卷一百十九至卷一百二十五、卷一百三十二、卷一百三十三、卷一百四十七、卷一百四十九至卷一百五十三。凡六十八卷厘定为十八册。卷首有"奚疑斋藏书"等印记。

　　《欧阳文忠公文集》在日本的最初的刊本（和刊本）大约起始于18世纪中期。后樱町天皇宝历十四年（1764）由京都吉田四郎右卫门刊印《欧阳文忠公文集》三十六卷。此本题"宋欧阳修撰，欧阳发编，孙谦益校"，担任此本校稿的皆川淇园是18世纪日本著名的汉学家，尤长中国明清通俗小说。他在1797年（清嘉庆二年，日本宽政九年）为《通俗平妖传》的日文译本（本城维芳译）所作的《序文》，在日本汉文学史上是极为著名的。

　　目前所知，日本国会图书馆还存有江户时代日本人手写本《欧阳文忠公文集》两种。一种是青山延寿手写《欧阳文忠公文集》。此本现存卷第二十五至卷第三十，凡六卷共一册。另一种是青山延光手写《宋大家欧阳文忠公文抄》。此本不分卷。

　　此外，江户时代日本书商还不断地从对日贸易的中国商人那里订购欧阳修著作集。依据《商舶载来书目》记载，中国商船"远字号"于中御门天皇正德元年（1711）载《欧阳文忠公全集》四套抵日本；正德二年（1712）又载《欧阳文忠公居士集》一部抵日本；享保八年（1723）又载《欧阳公集》一部抵日本。又据《外船赍来书目》记载，桃园天皇宝历九年（1759）由中国输入《欧阳修集》二套。又据《书籍之帐》记载，仁孝天皇天保十二年（1841）由中国输入《欧文忠公全集》四套，《欧文忠公集》四套（略有疵点）。弘化三年（1846）又输入《欧阳文集》一套，还标明定价十二目（日本货币计量单位）。

3. 宋刊本《通典》（残本）一百六十九卷

　　唐人杜佑于从大历元年（766）到贞元十七年（801）的三十五年间编著了《通典》二百卷。以综合群经诸史和历代文集、朝廷奏疏等文献为基础，记载历代典章制度及其沿革；以食货、选举、职官、礼、乐、兵刑、州郡、边防八门，每门又各分子目，分述其事。上起黄虞，下至唐代天宝，备述其详。为我国史学著作中政书类中通制之始，开宋人郑樵《通志》、马端临《文献通考》之先河。

《通典》的宋人刻本，目前国内上海图书馆收藏有一个残本八卷本；宋刻元修本在北京大学图书馆保存有残本八十八卷本；北京国家图书馆保存有四个残本，分别为二十三卷本、七卷本、五卷本和五卷本。总计存有一百三十六卷，其中若干卷有重复。

日本目前保藏杜佑《通典》宋刻本残本两部。一部残存一百九十八卷，并有《首》一卷，共四十四册，存于宫内厅书陵部；一部残存一百六十九卷，并有《首》一卷，共三十五册，存于天理图书馆。此为《通典》宋刻本之双碧。

今天理图书馆藏本，蝴蝶装。为北宋末年到南宋初年以北宋仁宗年间（1023—1063）刊本为底本的一个复刊本。原为明代晋府等旧藏。

此本今阙逸卷三十六至卷四十，卷一百三十一至卷一百三十五，卷一百四十七至卷一百五十，卷一百八十四至卷二百，共阙逸三十一卷。版式纵32.5厘米，横20.5厘米。每半叶有界十五行，行二十六至三十一字不等。白口，左右双边（23.5厘米×15.5厘米）。版心上方有册数，下方记刻工姓名如赵宗、李懋、雍卞、洪坦、潘亨、朱言、李正、赵亨、郭奇、严忠、陈仁、周忠、徐仁、张明、吴益、吴春、刘仁、李益、李元、李通、严志等。

卷中避宋讳"弘、殷、竟、敬、恒"等皆为字不成，阙笔至"构"字，可推测刻本最晚不超过宋高宗年间（1127—1162），但中间也偶有元人补叶。卷中有"晋府书画之印""双鉴楼所藏宋本""义德堂图书""子子孙孙永宝用"等印记。

与此本宋刻《通典》连绵构成双璧的，便是现在还是作为"皇室御物"的宫内厅书陵部藏北宋本《通典》一百九十八卷并《首》一卷。此本版式行款与天理图书馆藏本相同，刻工姓名大多亦相一致，当为北宋末年同一刻本。宫内厅藏此本，原先为朝鲜半岛高丽国旧藏，卷中有"高丽国十四叶辛巳岁藏书大宋建中靖国元年大□乾统元年"朱文大方印记等。此本仅阙逸卷一百十九与卷一百二十凡二卷，然其中有二十八卷系后人写补，天理图书馆藏本正好可以补益其缺损，两相益彰，构成唐人杜佑著《通典》北宋刻本的全本。

4. 宋刊本《白氏六帖事类集》（日本崇兰馆旧藏）（日本重要美术财）宋刊本《白氏六帖事类集》（清人季振宜旧藏）（日本重要文化财）

天理图书馆还收藏有唐人白居易编纂的《白氏六帖事类集》南宋绍兴年间刊本两种。其中一种为原日本崇兰馆旧藏，已被确定为"日本重要美术财"；一种为原季振宜等旧藏，已被确定为"日本重要文化财"。关于这两本文献的状况，已经在"静嘉堂文库"一节中阐述过了。

5. 宋刊本《豫章黄先生文集》（残本）十六卷《外集》（残本）六卷（日本重要文化财）

天理图书馆藏宋人著作有不少的宋刊文本，其中尤为翘首者，当数黄庭坚撰《豫章黄先生文集》、章炳文编撰《搜神秘览》、罗烨编撰《新编醉翁谈录》三种。

黄庭坚为著名的"苏门四学士"之首，其文章诗作不仅在我国文学史上，而且在日本汉文学史上，特别是在日本五山文学史上都具有重要意义。据说黄庭坚对自己的诗文创作态度严厉。叶梦得《避暑录话》载黄元明之言曰：

> 鲁直旧有诗千余篇，中岁焚三之二，存者无几，故名《焦尾集》。其后稍自喜，以为可传，故复名《敝帚集》。晚岁复刊定，止三百八篇。而不克成。今传于世者尚几千篇。

天理图书馆藏《豫章黄先生文集》，是目前存世的唯一一个宋人刻本，可惜已经是一个残本了。原来，全本《豫章黄先生文集》为三十卷，并《外集》十四卷、《别集》二十卷、《简尺》二卷、《词》一卷、《伐檀集》二卷、《山谷先生年谱》三十卷。天理图书馆的这个残本今存《文集》十六卷和《外集》六卷，为南宋孝宗年间（1163—1189）刊本，装订为二十二册。每半叶有界九行，行十八字。注文小字双行，每行约二十九字左右。白口，左右双边（19.5厘米×13.5厘米）。版心上记字数，下记叶数，有刻工名姓，如唐用、唐时、刘仅、刘彦、庄文、杨才、郑明、伍三、王忠、彭世宁、上官庆等共四十七人。《豫章黄先生文集》全本三十卷。此本今存卷第二至卷第十四、卷第十七至卷第十九。外集全十四卷，今存卷第一至卷第六。卷中避宋讳，阙笔至"眘"字。

外集卷第六末，有嘉庆三年（1798）七月黄丕烈手识文。其文曰：

> 《豫章外集》六卷，得诸书船友邵姓，云自江阴杨文定公家收来，卷端有杨敦厚图章，即文定孙也。装潢精雅，亦以其为宋刻，故珍之。然六卷后有缺叶，谬以卷十四末叶续之。因后有山房李彤跋，取阅者偶不经意，即信为完璧者。然其实补缀之痕不可没也。宋陈振孙《书录解题》（著录）"豫章外集十四卷"。按今明刻犹如是。所存诗六行，确在卷十四末，惟李彤《跋》明刻无之。然翁覃溪云，外集末有李彤跋，其在十四卷末宜矣。主卷末所缺，就明刻者以宋板十八行十八字计之，连煞尾一行，适得一叶，当以素纸存其面目可尔。又翁云，《豫章外集》其作诗年月，往往在内集前，今人称《外集》为《后集》，失之。殊不知宋刻版心有"后黄一""后黄二"云云，则《外集》称为《后集》，特以所刻之先后言之耳。世人不见宋刻，妄论短长，亦奚为耶？余旧藏《豫章文集》三十卷本，仅有一卷至十四卷、十七卷、十八卷、十九卷，俱属宋刻；今又得此，行款悉同，当是联属者。何意两美之适合也。毛氏云，在在处处有神物护持，其信然欤？且《延令书目》载有《黄山谷集》三十卷、《后集》六卷，宋板合诸此本，卷数却同，或即沧苇所藏，亦未可知。书之以志，旧物源流，固各有其本尔。时嘉庆三年岁在戊午秋七月棘人黄丕烈识。

此本原系毛晋，汪士钟等旧藏。卷中有"虞山毛晋""敌樵杨敦厚重威章""汪士钟藏""汪振勋印""双鉴楼考藏宋本"等印记。

此本于1958年（昭和三十三年）被日本国家文化财保护委员会确定为"日本重要文化财"。

与天理图书馆所藏《豫章黄先生文集》形成双碧的，则是日本国家公文书馆第一馆（旧内阁文库）中亦收藏有宋人黄庭坚《豫章先生文集》宋刻本一种。

此《集》亦为一残本，凡《文集》十二卷并《外集》十一卷。每半叶八行，行十五字，小字双行。白口，左右双边。版心鱼尾下有"豫章（几）"，下记刻工名姓。此本《文集》今存卷五至卷九、卷十六、卷十七、卷二十至卷二十一、卷二十四至卷二十六。《外集》今存卷五至卷十五。卷中宋人名讳阙画有"慎"字，约系南宋孝宗（1163—1189）至光宗（1190—1194）年间刊本。

每卷首行题"豫章先生文集卷（第几）"，换行接续正文。

卷中有长方朱文楷书大木记，文曰：

颜氏家训曰借人典
籍皆须爱护先有缺
坏就为补治此亦士
大夫百行之一也
鄞江卫氏谨志

此本书法端正，字大如钱，刻刊精善。此本与《东坡集》等三十种典籍同时被市桥长昭献纳汤岛圣堂。

卷首有"西禅寺常住"五字，原系京都西禅寺旧藏，后归市桥长昭氏家。日本光格天皇文化五年（1808）仁正寺藩主（孝明天皇文久三年，即1863年，改称"近江西大路藩"，自称"下总守""黄雪山人"——笔者注）市桥长昭献赠文庙三十种宋元刊本之一种。卷末有市桥长昭撰《寄藏文庙宋元刻书跋》，《跋》文已见前记。卷中有"仁正侯长昭黄雪书屋鉴藏图书之印"篆书长方朱文印。又有"浅草文库"楷书朱文方印。

森立之氏《经籍访古志》卷六著录此本，称其"楷法端正，字大钱大"。董康《书舶庸谭》卷六亦著录此本。此本亦已经被确定为"日本重要文化财"。

这里顺便说一句，《中国大百科全书·中国文学》（中国大百科全书出版社，1986年）关于宋人"黄庭坚著述"的主要著作，取《四部丛刊》中"《豫章先生文集》三十卷"本，着实使人费解。《中国大百科全书》说的所谓"《豫章先生文集》三十卷"本，大概就是指的《豫章黄先生文集》三十卷、《外集》十四卷、《别集》二十卷、《简尺》二卷、《词》一卷、《伐檀集》二卷、《山谷先生年谱》三十卷本的系统本。这一文本目前国内保存有明刊本四部。它们是黄庭坚文集的完整系统，就黄庭坚研究而言，显然是不能割裂而只取其部分的。作为"黄庭坚著述"的主要著作，窃以为不应该提示读者使用"四部丛刊"这样的文本。

6. 宋刊本《搜神秘览》三卷（日本重要文化财）

天理图书馆收藏的汉籍珍本中，像《刘梦得文集》则由日本建仁寺开山千光国师荣西和尚那样直从中国携带归来者，还有如《搜神秘览》三卷。此本《搜神秘览》为南宋光宗（1190—1194）时刊本，系1241年日本禅宗史上著名的僧人东福寺开山圣一国师圆尔辨圆从中国归国时赍带东来。

此本《目录》末有空叶，第二行上空七字有刊行木记"临安府太庙前尹家书籍铺刊行"牌子，即为传世"临安书棚本"之一种。每半叶有界九行，行十八字，小字双行。白口，左右双边（18.5厘米×12.5厘米）。版心上部记字数，下部有刻工姓名，如吴升、浩、李、允等。前有宋政和癸巳（1113）著者《自序》。序文首叶顶格题署"搜神秘览序"，次行上空七字题署"京兆章炳文叔虎"。卷中避宋讳，阙笔至"敦"（南宋光宗）。此书三卷一册，袋缀。书箱版面右侧下方题"宋板搜神秘览""全一册"，左册下方题"崇兰馆"。

卷中有"即崇院""普门院"等印记。其中"普门院"就是圣一国师所居之所。

此书自四条天皇仁治二年（1241）年由京都东福寺开山普门院圆尔辨圆自中国携带归来后，一直存放于京都东福寺。1353年东福寺第二十八世主持大道一以编撰《普门院经纶章疏语录儒书等目录》，在"露部"著录"《搜神秘览》一部三册"，即系此本。日本江户时代有《搜神秘览》三卷手写本传世，推测约从此本抄出。此书现为海内外孤本，中国方面已编入黎氏《古逸丛书》中，日本文化财审议委员会也已经确定此本为"日本重要文化财"。

7. 宋刊本《新编醉翁谈录》十集（日本重要文化财）

治中国小说史者，一般都注意到宋人的《醉翁谈录》。然宋人《醉翁谈录》有两种，一为金盈之著本，记唐人遗事、宋人诗文与当时京城俗事；一为罗烨著本，以"小说引子""小说开辟"为题，记当时流传的"话本"体别八类，举话本文本一百八种。罗烨本世上传本稀少，各家《目录》不著，仅见于明人李诩《戒庵老人漫笔》所引。20世纪40年代之前所知者甚少。

今天理图书馆所藏罗烨本《新编醉翁谈录》十集二十卷，共二册，为南宋刊本。题为"新编"，推测意义有二，一为此前他人已经有一种《醉翁谈录》；一为此前此本《醉翁谈录》已经被刊印过，此次属补充再刊之意。从刊本出现的时空推考，此本题"新编"，当属第一意义。即金盈之著本在先，罗烨著本在后。此不赘考。

此本《新编醉翁谈录》，版面纵24.4厘米，横14.5厘米。每半叶有界十一行，行二十字左右。黑口，左右双边（14厘米×9.5厘米）此书分甲、乙、丙、丁、戊、己、庚、辛、壬、癸十集，每集二卷。宋讳"构、观、沟"等，皆为字不成。

卷首内题"新编醉翁谈录卷之（几）"，占二行。下有阴刻"某集"。第三行题"庐陵罗烨编"。柱刻黑口"炎几（甲—癸）""卷数""叶数"。卷中有"伊达伯观澜阁图书印"等印记。

1941年，是书原藏主人日本伊达家曾复制公刊，世人始知此书之确存。1957年中国新华社上海分社据伊达家本再次翻印，以《中国文学参考资料小丛书》之一种公行于世。1959年（昭和三十四年）天理图书馆所藏的此本《新编醉翁谈录》被日本国家文化财保护委员会确定为"日本重要文化财"。

8. 元刊全相本《至元新刊全相三分事略》三卷

元朝一代的市井文学日臻发达，在中国文学史上成为通俗文学由萌芽趋向成熟的桥梁。明代成型的不少通俗作品，皆渊源于元代的市井文学。关于三国的故事，目前留存的元代文学文本，只有二种。一种是前面已经报告过的现今收藏于日本公文书馆第一部的元代至治年间（1321—1323）建安虞氏所刊《全相平话》五种之一的《三国平话》；还有一种，就是天理图书馆收藏的此本元代至正十四年（1354）建安书堂翻印（后）至元年间（1335—1340）《新刊全相三分事略》。这两部说话文本，堪称元代三国文学之双璧。

此本为原封面，分二行题署"新全相三\国志□□"（此二字已破损，无法辨认）。两行之间，有"甲午新刊"四字。书名上部横书"建安书堂"四字。

每叶四周单边（19.2厘米×13厘米），上图下文。文字框（13.2厘米×13厘米），每半叶有界二十二行，行二十字；绘像框（6厘米×13厘米）。版心镌刻"三国（上、中、下）"。

全书分为上中下三卷。卷上与卷中的内题标题，皆作"至元新刊全相三分事略"，卷下的内题标题则作"照元新刊全相三分事略"。三卷的卷末尾题中，卷上与卷中皆作"照元新刊全相三分事略"，而卷下的尾题则作阴刻，文曰"新全相三分事略"。卷末叶边框外有墨书"三分事略 元刻本 全"一行。

封面四周有框，上侧横书"建安书堂"，次有绘图"三顾茅庐"，次有书名大字，竖行题署"新全相三\国志□□"，书名中间刊刻"甲午新刊"四字。

依照这些题署，可以知道此本是《三分事略》在"甲午年间"的一个"新刊本"。祖本定名为"至元新刊"，而封面又镌刻"甲午新刊"。至元年间无"甲午"纪年，此"甲午"应该为"至元"后的第一个"甲午"纪年，则当为元至正十四年。

此本原为日本播磨国仁寿山书院、竹柏园文库等旧藏。卷中有"白川书院""好古堂图书记""仁寿山书院记"和"英王堂藏书"等印记。

9. 明刊本《三遂平妖传》二十回本

如果不是纯粹从版本的立场上考察，而就其汉籍的内容而言，天理图书馆在中国古小说戏曲方面的文献典籍收藏则极为丰富。如《西厢记》收明清刊本计有40余种，大都为盐谷温博士的旧藏。所藏《荔镜记戏文》，乃系闽南语言文学的重要的古代文献，为国际中国学界所知名。通俗小说方面除上述《新编醉翁谈录》之外，元刊本《至元新刊全相三分事略》、明刊本《三遂平妖传》等百十种，为东亚通俗文学史研究的重要宝库。其中《三遂平妖传》系明刊二十回本，据说世上仅存二部——一部今存此天理图书馆，一部今存中国北京大学图书馆。天理图书馆藏本，四卷二十回本，分装四册。前有童昌祚撰写的《重刊平妖传引》。内题第二行有"东原罗贯中编次""钱塘王慎修校梓"，第三行有"金陵世德堂校梓"。每卷文图并茂。

卷一绣像七幅凡十三叶；卷二绣像七幅凡十四叶；

卷三绣像八幅凡十六叶；卷四绣像八幅凡十六叶。

每半叶有界九行，行二十字左右。边框单边，版心上部题署"平妖传"，下部间有"苑刊"字样。绣像中偶见"金陵刘希贤刻""刘希贤刻"等字样。

封面纸呈黄色，正中题识"平妖传"，有框架围拢，左右双边。右侧题署"冯梦龙先生增定"，左侧题署"本衙藏版"。

此本《平妖传》原系日本江户时代著名的小说家泷泽马琴所有，今第四册卷末有日本仁孝天皇天保四年（1834）癸巳夏四月之吉日泷泽马琴的亲笔墨书《读三遂平妖传题跋》。其文行书，文曰："《平妖传》一书，相传云元人罗贯中所手集，和汉好事者以旧刻本难得而为憾。清张无咎增补《平妖传引》曰王缑山先生每称罗贯中《三遂平妖传》堪与《水浒》颉颃。"此文全文三个半叶，每半叶七行。泷泽马琴作为江户时代著名的文学创作家，其作品多有受中国通俗文学影响者，如"双草子"（一种讲故事的小说体裁）《新编金瓶梅》，即从中国《金瓶梅词话》翻出。

天理图书馆藏此本《三遂平妖传》，今第二回缺第十七叶，实为无限遗憾。1981年日本学士院会员（院士）小川环树教授曾与我联络，意欲赴北京大学将此一缺叶补上。先生于20世纪80年代访华时，特意拜访了北京大学图书馆，并在该馆文科教师阅览室阅读了北大藏明刊本《三遂平妖传》。蒙北京大学方面的好意允诺，先生曾即席抄录了天理图书馆所缺之叶。

天理图书馆另有《三遂平妖传》清人刊本二部，为八卷四十回本。卷首有张无咎《序》。《目录》题署《批评北宋三遂平妖传》。

10. 明人明刊本通俗小说二十六种

天理图书馆堪称中国明人明刊本通俗小说的宝库。

（1）《警世通言》一种

此本系残本凡二十四卷十二册。萩林衍庆堂刊本，全书金镶玉装。封面题署"警世通言"，左侧有刊印者识语，文曰："自昔博洽鸿儒兼采稗官野史而通俗演义一种，尤便于下里之耳目耶！射利者尚取淫词，大伤雅道，本坊耻之。兹刻出自平平阁主人手授，非警世劝俗之语，不敢滥入。庶几木铎老人之遗意，或亦士君子所不弃也。萩林衍庆堂谨识。"

此本前有"天启甲子腾月"无碍居士所撰《序》。《目录》叶第二行题署"可一居士评""墨浪主人较"。

每半叶十行，每行二十字。四周单边。版心题"警世通言"。各卷有绣像，每卷二幅凡一叶。《序文》第五叶、第六叶以及卷十七第二十三叶，皆为后人补写。

此本系日本著名的中国文学研究者盐谷温先生旧藏。

（2）《醒世恒言》二种

天理图书馆藏明刊本《醒世恒言》二种。一为萩林衍庆堂刊本，一为金阊叶敬溪刊本。

萩林衍庆堂刊本，四十卷十六册。封面题署"醒世恒言"，双边有界。封面有刊印者识语，文曰："本坊重价购求古今听素演义一百二十种。初刻为《喻世明言》，二刻为《警世通言》。海内均奉为邺架珍玩矣。兹三刻为《醒世恒言》，种种典寔，事事奇观，总取木铎醒世之意，与前刻共成完璧云。萩林衍庆堂谨识。"

此本每半叶十二行，每行二十二字。四周单边（18.5厘米×13.0厘米），版心镌刻"醒世恒言"，并记卷数与叶数。

前有天启丁卯中秋可一居士《序》。次有《目录》，《目录》题次行曰"可

一居士评　墨浪主人校"。

金阊叶敬溪刊本，十四卷九册。有"天启丁卯中秋"（1627）陇西可一居士所撰《序》。封面正中题署"醒世恒言"，右侧刻"绘像"二字，左侧刻"金阊叶敬溪"。《目录》叶第二行题署"可一居士评""墨浪主人较"。

每半叶有界十行，每行二十字。卷初有绣像七十四幅，凡三十七叶。

（3）《石点头》一种

此本十四卷八册，叶敬池刊本。封面正中题署"石点头"，右侧刻"墨憨斋评"四字，左侧刻"金门叶敬池"，上有横书文字"绣像传奇"。《目录》叶第二行题署"天然痴叟著""墨憨主人评"。

每半叶有界九行，每行二十字。四周单边或左右双边。卷初有绣像二十八幅，凡十四叶。

天理图书馆另有清同人堂刊本《石点头》十四卷十四回十册一种。

（4）《西湖二集》一种

此本三十五卷并《首》一卷，又有"附集"《西湖秋色》一卷。云林聚锦堂刊本。封面题署"西湖二集"（附集题署"西湖秋色"），右侧镌刻"精刻绘像"四字，左侧先有双行小字曰"内附西湖秋色一百韵"，下有"云林聚锦堂藏版"七字。

前有湖海士《序》。《目录》叶第二行题署"武林　济用子清原甫纂""抱膝人訏谟甫评"。《西湖秋色》内题"武林　周楫清原甫著""友人蒲国琦敷仙甫　蒲国玶玺书甫同阅"。

每半叶十行，每行二十字。四周单边。版心题"西湖二集"（或"西湖秋色"）。卷首绣像五十八幅凡二十九叶，有缺叶。《西湖秋色》第四叶，第五叶为后人补写。

（5）《笔耕山房宜春香质》一种

此本四集二十回二十册，笔耕山房刊本。封面题署"宜春香质"，右侧镌刻"绣像批评"四字。

全书分为"风""花""雪""月"四集，每集五卷。内题"醉西湖心月主人著""且笑广芙僻者评""般若天下不山人参"。

每半叶八行，每行十八字。四周单边。版心上题"宜春香质"，下题"风（或花，雪，月）"。卷首绣像三十二幅凡十六叶，有缺叶。

卷中有"不登大足之堂""隅卿藏珍本小说戏曲""鄞马廉字隅卿所藏图书"等印记。由此可知，此书原来是马隅卿先生遗藏，不知何故会流浪于此。

（6）《新刻按鉴编纂开辟衍绎通俗志传》一种

此本六卷八十回六册，古吴麟瑞堂刊本。封面题署"开辟演义"，右侧题署"钟伯敬先生原评"，左侧镌刻"绣像 古吴麟瑞堂藏版"。

前有"崇祯岁在旃蒙大渊献春王正月人日"王黉所撰《序》。内题"五岳山人周游止集""靖竹居士王黉子承绎"。

每半叶有界九行，每行十八字。版心题"开辟演绎"。卷初有绣像四十八幅，凡二十四叶。

（7）《刻按鉴通俗演义列国前编十二朝》一种

此本四卷二册，闽地余氏三台馆刊本。

前有"崇祯二年（1629）夏五月"《序》。内题书名曰："刻按鉴通俗演义列国前编十二朝传"，次行署"三台山人　仰止　余象斗编集"，再次行署"闽双峰堂　西一　三台馆　梓行"。

内封左右分书"列国前编＼十二朝传"，中间有"三台馆梓行"五字。书名之上有"刊语"，每行十字，共十行。

每半叶有界九行，每行十七字。有小字双行，四周单边（19.5厘米×11厘米）。版心题署"十二朝列国前编"。叶面上图下文。

各卷有绣像：

卷一绣像十八幅，凡九叶；卷二绣像二十幅，凡十叶；

卷三绣像十四幅，凡七叶；卷四绣像十二幅，凡六叶。

卷中有"艺丛之印""樱井文库"等印记。

此本日本另有一套收藏于神宫文库。

日本中御门天皇正德二年（1712）日人李下散人以此明双峰堂三台馆刊本《刻按鉴通俗演义列国前编十二朝》为基础，编译为《通俗列国志十二朝军谈》。

（8）《新镌陈眉公先生批评春秋列国志传图》一种

此本残卷十一卷二册，姑苏龚绍山刊本。全书原为十二卷，第一卷缺，今存卷二至卷十二。每半叶十行，行二十字。白口，四周双边（22厘米×14厘米）。版心题署"批评列国志传"。下署"（一至十二）卷像"，下记叶数。

第一册有绣像五十幅，凡二十五叶；第二册有绣像五十八幅，凡二十九叶。绣像偶镌工者姓名，如卷二《武王分土封诸侯》图有"李青字镌"字样，卷十二《秦王计并六国》图有"刘镌"字样等。

卷中有"宇津冈氏图书之印"等印记。

此本另有同一刊本两部，皆藏于日本国家公文书馆第一部。其中一部原系枫山官库等旧藏，孙楷第《日本东京所见小说书目》卷三著录《新镌陈眉公先生批评春秋列国志传》十二卷即系此本。另一部原系江户时代林罗山等旧藏，卷中有"江云渭树"印记，则为孙楷第先生未见。

此本另外还有同一刊本一部，今藏尊经阁文库，原系江户时代加贺藩主前田纲纪家旧藏，共十二册。

日本江户时代大阪商贾为"初读舶来小说者"编纂中国俗语辞书《小说字汇》，共编入中国通俗小说一百六十种，《春秋列国志》字汇为其中之一。

日本东山天皇宝永二年（1705），日人清地以立即以此明姑苏龚绍山刊本《新镌陈眉公先生批评春秋列国志传》为基础，编译为《通俗列国志》（前编·后编）。

（9）《新锓全像大字通俗演义三国志传》一种

此本残本九卷四册，福建刘龙田乔山堂刊全相本。全书为二十卷，第七卷至第十七卷缺逸，今存卷一至卷六，卷十八至卷二十。封面分二行题署"镌图象三国志"，二行中间小字题署"刘龙田梓"，标题上端横书"乔山堂"。

前有"岁在屠维季冬朔日"立祥所撰《序》。后有《全汉总歌》《新镌全像三国志传君臣姓氏附录》。

每半叶有界十五行，每行二十五字（左右各一行为三十三字），白口，四周单边（20.0厘米×12.5厘米）。版心题署"出像三国志"。

上图下文。内题次行镌刻"书林乔山堂梓行"，卷二十末有双边木记曰"闽书林刘龙田梓行"。

此本原系盐谷温等旧藏。

此本另有同一刊本一套，今藏于日光轮王寺天海藏藏本，原系天海大僧正等旧藏。

（10）《李卓吾先生批评三国志》一种

此本一百二十回二十册，建阳吴观明刊本。前有署名"秃子"（即李贽）《三国志演义序》。次有《三国志宗寮姓氏》。《序》末下隅有双行文字曰"长洲文葆光书，建阳吴观明刻"。

每回末有"总评"，卷中又有评语，刊于框格眉端。

每半叶有界十行，每行二十二字。四周单边（20厘米×13.5厘米）。版心题署"三国志"，下署"第（一至一百二十）回"，下记叶数。

每回有绣像二幅凡一叶。卷中印记可辨者有"北村文库"等。

此本另有同一刊本两套，一套今藏于蓬左文库，原系江户时代尾张藩主家旧藏；另一套今藏于米泽市立图书馆，原系江户时代米泽藩主家旧藏。卷中有"林农氏藏书""兴让馆藏书"等印记。

日本东山天皇元禄二年至五年（1689—1692）湖南文山以《通俗三国志》为题，翻译刊出中国《三国志》。以此为标志，日本开始了对中国历史战争小说的翻译。由此以后，日本江户时代创作的"军谈作品"与"读本小说"，常常冠以"通俗"二字。

（11）《钟敬伯先生批评三国志》一种

此本二十卷二十册，明末刊本。内题第二行题署"景陵钟惺伯敬父批评""长洲陈仁钟卿父较阅"。

每半叶有界十二行，每行二十六字。每半叶十二行，行二十六字。四周单边

（19.5厘米×12厘米）版心题署"批评三国志"，下署"卷之（一至二十）"。第一册在书名下题署"钟伯敬评，陈仁锡阅"，卷中有"函崎文库"印记，卷中有"北雨崎文库"等印记。

此本另有同一刊本两套，一套今藏于东京大学东洋文化研究所，原系长泽规矩也双红堂文库等旧藏，此本今缺序目图像；另一套今藏于爱知大学，原系小仓正恒等旧藏天理图书馆。

（12）《新刻京本按鉴合像演义三国传》一种

此本二十卷十册，明刊全相本。

每半叶有界二十五行，每行二十二字至三十二字不等。白口，四周单边。版心题署"新刻京本按鉴三国志传"或"三国志"。

此本为全相本，插图在文字上方，两半叶为一图，有画题。卷中有后人写补叶，也有缺叶。

此本另有同一刊本两套，一套今藏于国家公文书馆第一文库，原系江户时代林氏大学头家等旧藏；另一套今藏于京都大学。

（13）《东西两晋演义》一种

此本十三卷十二册，带月楼刊本。全书分为《西晋》四卷，《东晋》八卷，《纪元传》一卷。封面题署"东西演义"，右侧题署"秣林陈氏尺蠖斋评"，左侧镌刻"带月楼梓"。

各卷内题曰"新锲重订出像注释通俗演义西（东）晋志传题评"，第二行题署"秣林陈氏尺蠖斋评释""绣谷周氏大业堂校梓"。

每半叶有界十二行，每行二十四字。版心题署"东西晋志传"或"西东晋志传"。各卷皆有绣像如次：

西晋志传各卷：

卷一有绣像十二幅凡十二叶；卷二有绣像十二幅凡十二叶；

卷三有绣像十四幅凡十四叶；卷四有绣像十六幅凡十六叶。

东晋志传各卷：

卷一有绣像十四幅凡十二叶；卷二有绣像十六幅凡十六叶；
卷三有绣像十六幅凡十四叶；卷四有绣像十八幅凡十八叶。
卷五有绣像十六幅凡十二叶；卷六有绣像十六幅凡十六叶；
卷七有绣像十四幅凡十四叶；卷八有绣像十四幅凡十四叶。

各卷绣像中偶见作画者姓名，如《东晋志传》卷一绣像《邓伯道弃子留侄》一图中，有"王少准写像"字样。他们是应该永远地为我们所纪念的。从他们题留的文字看，当时明人把"作图"或"作画"称之为"写像"，真是很有文化价值意蕴。

（14）《新镌全像通俗演义隋炀帝艳史》一种三套

天理图书馆藏明人刊本《隋炀帝艳史》一种三套，皆为人瑞堂刊本。

封面正中题署"艳史"，右侧镌刻"绣像批评"，左侧题署"人瑞堂梓"。

前有《隋炀帝艳史叙》一篇五叶，题署"笑痴子书于咄咄君"。又有《艳史题辞》一篇三叶，题署"崇祯辛未朱明既望，槜李友人委蛇居士识于陶陶馆中"。又有《艳史序》一篇五叶，题曰"崇祯辛未岁清和月野史主人漫书于囗（霞？）白堂"。版心题署"艳史"。《序》后有《凡例》数则，次有《隋艳史爵里姓氏》，次有"绣像"，共七十图。每幅绣像后题采前人诗文一句。如第一幅绣像后采王昌龄诗句题曰："火照西宫知夜饮，分明复道奉恩时"等等。

卷首有绣像七十幅，凡七十叶。然三套书中的绣像皆有脱落。

各卷内题第二行题署"齐东野人编演""不经先生批评"。

每半叶有界九行，每行二十字。白口，四周单边（22.5厘米×13.5厘米或19.6厘米×13厘米），单鱼尾。版心题署"艳史"，下记回数，并记叶数。

天理图书馆藏此同一刊本三套。一套封面题署"艳史"，题签双边有界。卷内用青墨标句读点，又用朱墨标四声。此本今缺卷二十一至卷二十五的插图，共十二册。一套无封面，此本今缺《隋炀帝艳史叙》前四叶，又缺卷三十一首叶、卷三十二首叶，插图亦缺卷二十一至卷二十五，共十二册。一套插图亦缺卷二十一至卷二十五，共十二册。

此本另有同一刊本十套，分别收藏于日本国会图书馆、国家公文书馆第一部、东洋文库、静嘉堂文库、东京大学总合图书馆、东京大学东洋文化研究所、东京大学文学部汉籍中心、京都大学文学部中国语学文学哲学研究室、早稻田大学附属图书馆、足利学校遗迹图书馆。

日本桃园天皇宝历十年（1760）赘世子覆刊此本《隋炀帝艳史》，改名题曰《通俗隋炀帝外史》。江户时代大阪商贾为"初读舶来小说者"编纂中国俗语辞书《小说字汇》，共编入中国通俗小说凡一百六十种，《艳史》字汇为其中之一种。

（15）《镌李卓吾批点残唐五代史演义传》一种

此本八卷六十回八册，金镶玉装。明后期刊本。前有周之评《序》。

卷首大题书曰"镌李卓吾批点残唐五代史演义传"。各卷内题第二行皆题署"贯中 罗本 编辑" "卓吾 李贽 批评"。

每半叶有界九行，每行二十字。四周单边。版心题署"残唐五代传"。卷首有绣像三十一幅，凡十六叶。

（16）《新镌杨家府世代忠勇演义志传》一种

此本八卷四册，明后期刊本。前有"万历丙长至日午"秦淮墨客《序》。各卷内题第二行皆题署"秦淮墨客 校阅" "烟波钓叟 参订"。

每半叶有界十行，每行二十二字。四周单边。版心题署"杨家府演义"。

（17）《新镌朱兰嵎先生批评三教开迷归正演义》一种

此本二十卷一百回十册，白门万卷楼刊本。前有朱之蕃《序》，编著者潘镜若《自序》，又有顾起鹤《引》等。

卷一内题第二行题署"九华潘镜若编次" "兰嵎朱之蕃评订" "白门万卷楼梓行"。

每半叶有界十一行，每行二十二字。版心题署"开迷归天演义"。卷中有"桥本藏书"等印记。

（18）《新刻全像三宝太监西洋记通俗演义》二种

天理图书馆藏明刊本《新刻全像三宝太监西洋记通俗演义》二种，一种为十二行本，一种为十一行本。二种皆为二十卷一百回。

十二行本问明步月楼刊本，映旭斋藏版。每半叶有界十二行，行二十五字。白口，四周双边（21厘米×13.5厘米）。版心镌"出像西洋记"，下署"卷之（一至二十）"，下记叶数。

封面右侧题署"三宝太监全传"，中央题署"西洋记"。

前有明万历丁酉岁（1597）菊秋之吉罗懋登《序》。

正文首行顶格题署"新刻全像三宝太监西洋记通俗演义卷之一"，次行上空十五字题署"二南里人编次"，三行同第二行，题署"三山道人绣梓"。第四行顶格题"第一回"，第五行上空二字，署回目"□盂兰盆揭谛□补陀山会神"。

文中有绘画，每卷十图。绘图左右对称，两侧有对语，如第一回第一图对语曰："连注投机转金论于香地""悬河泻辩宣银于宝坊"。

此本今缺《序》第一叶，《目录》有补写四叶。

此本另有同一刊本一套，今藏于筑波大学附属图书馆。

十一行本系明末覆明刊本。卷首题曰："二南里人编次　三山道人绣梓"。

前有明万历丁酉岁（1597）菊秋之吉罗懋登《序》。

卷末有明正德十三年（1518）黄谦《御制弘仁普济天妃宫重修题名碑记》。

各卷有插画各二十图凡二十叶，一图连缀两半叶。卷内有"竹内文库""海堂邻人藏书""图书""石斋"等印记，共十册。

十一行本另有四套，其中，两套藏于国家公文书馆第一部，一套藏于东洋文库藏本，一套藏于日光轮王寺藏本。

（19）《新刻绣像批评金瓶梅》一种

此本二十卷、首一卷一百回十二册，绘图首有东吴弄珠客《序》。

每半叶有界十行，每行二十二字左右。四周单边。版心题署"金瓶梅"。卷首原有绣像一百九十幅，凡九十八叶。其中缺十幅，第二十九回的绣像《潘金莲揽汤邀午战》与第九十七回的绣像《假弟妹暗续鸾胶》为后人画补。

卷内有眉评、旁评。卷中有"中川氏藏"印记。

（20）《新刻出像官板大字西游记》一种

此本二十卷一百回二十册，金陵唐氏世德堂刊本。封面正中题署两行"刻官板全像西游记",书名中间有小字"金陵唐氏世德堂校梓"。

前有(明万历)壬辰(1592)夏端四日秣陵陈元之《序》。

各卷卷首题署书名略有出入。卷一至卷十一、卷十七至卷十九,卷题"新刻出像官版大字西游记";卷十二至卷十六、卷二十,卷题"新刻官版大字出像西游记"。各卷次行皆署曰"华阳洞天主人校"。

各卷尾题也略有出入。卷一、卷七题曰"出像官版大字西游记";卷二、卷四、卷十三题曰"出像西游记";卷八题曰"刻出像西游记"等。

各卷内题第三行皆有"金陵世德堂梓行"一行,然卷九、卷十、卷十九、卷二十又有"金陵荣寿堂梓行"一行,卷十六又有"书林熊云滨重锲"一行。此疑似为明代人补刊。

每半叶有界十二行,每行二十四字。白口,四周单边(20.5厘米×13.5厘米)。版心镌刻"出像西游记卷之(一至二十)"或"西游记卷之(一至二十)"等。

各卷皆有绣像如次:

卷第一有绣像八幅凡十六叶;

卷第二、第三、第六至第十四、第十六至第十八、第二十,各有绣像十幅凡二十叶;

卷第四、第五、第十五、第十六,各有绣像九幅凡十八叶。

第二册封面有墨书"平等院心王院藏",内封又有墨书"槙尾山西明寺藏";第九册内有游纸一幅,墨书"平等心王院",下有花押;第十册封面有墨书"平等心王院"。卷中偶有缺叶。

此本另有同一刊本两套,分别收藏于日本广岛市立浅野图书馆和日光轮王寺天海藏。

(21)《新刻全像达磨出身传灯传》一种

此本四卷一册,杨丽泉清白堂刊全相本。原为清人盛宣怀旧藏。

卷一内题书名"新刻全像达磨出身传灯传",第二行题署"书林丽泉 杨氏梓行"。

卷二内题书名"新锲全像达磨出身传灯传",第二行题署"书林清白堂 杨丽泉 梓行"。

卷三内题书名"新刻达磨传灯传",第二行题署"逸上 朱开泰 修选""书林清白堂 杨丽泉 梓行"。

卷四内题书名"新刻达磨传灯传"。

每半叶有界十行,每行十七字。版心题署"达磨全传"或"达磨全祖传"。

卷中有"愚斋图书馆"等印记。

(22)《新镌批评出相韩湘子》一种三套

天理图书馆藏《新镌批评出相韩湘子》明天启年间刊本一种三套,两套为三十卷六册,一套为三十卷八册。

前有"天启癸亥(1623)季夏朔日"烟霞外史《序》。封面黄纸,正中题署"韩湘子全传"。右侧题署"新镌绣像",左册有"金陵九如堂藏板"七字。

卷内题书名"新镌批评出相韩湘子",第二行题署"钱塘 雉衡山人 编次","武林 泰和仙客 评阅"。

封面双边有界,题署"韩湘子全传"。右侧题署"新镌绣像",左侧题署"金陵九如堂藏版"。

每半叶有界十行,每行二十二字。左右双边(19.5厘米×13厘米),版心题署"韩湘子",下记"第(一至三十)回",并记字数。

卷首有绣像三十二幅,凡十六叶。

天理图书馆藏此同一刊本三部。一部封面为黄纸,封面上有"三多斋发兑"朱印,共六册;一部封面为白纸,共八册;一部无封面,金镶玉装,共六册。

此本另有同一刊本三套,分别收藏于宫内厅书陵部、国家公文书馆第一部和东洋文库。

(23)《李卓吾先生批评忠义水浒传》一种

此本一百卷一百回二十三册,容与堂刊本。

前有李贽《序》《梁山泊一百单八人优劣考》《水浒传一百回文字优劣》《又论水浒传文字》《批评水浒传述语》和《引首》。

每半叶有界十一行,每行二十三字。版心上部镌刻"李卓吾先生批评水浒传",下部间或题署有"容与堂藏板"五字。

卷首有绣像二百幅，凡一百叶。

（24）《忠义水浒传》一种

明刊本《忠义水浒传》原一百回。此本今存七十四回、《首》一卷共九册。

前有《读水浒传序》。封面正中题署"水浒传"，右侧题署"李卓吾先生评"。标题上横书"绘像"二字。

每半叶有界十行，每行二十二字。版心题署"忠义水浒传"。

此本今存第一回至第二十回，第三十八回至第九十一回，凡七十四回。

卷首有绣像二百幅，凡一百叶。

（25）《忠义水浒全书》一种

此本一百二十回三十二册，明末刊本。

前有杨定见《小引》，又有《出像评点忠义水浒全书发凡》《水浒忠义一百八人籍贯出身》《宣和遗事》《新镌李氏藏本忠义水浒全书》，又有《引首》。

卷首题"新镌李氏藏本忠义水浒全书"。次行题署"施耐庵集撰"，再次行署"罗贯中纂修"。

每半叶有界十行，每行二十二字。版心上部镌刻"水浒全书"，下部间或题署有"郁郁堂四传"或"郁郁堂"。

第一册有绣像七十八幅，凡三十九叶；第二册有绣像四十二幅，凡二十一叶。

全书卷中时有后人年写补。

此本另有同一刊本七套。其中，国家公文书馆第一部收藏三套，此外分别收藏于静嘉堂文库、尊经阁文库、京都大学文学部中国语学文学哲学研究室和早稻田大学附属图书馆。

（26）《剪灯余话》并《续集》一种

此本为《剪灯余话》四卷、《续集》一卷，正统七年（1442）黄氏集义精舍刊本。

前有明永乐庚子（1420）春闰正月下澣曾哲㮮《序》，又有永乐十八年（1420）春正月既望王英《序》、同年正月朔吉罗汝敬《后序》，又有明宣德癸丑（1433）七月朔旦刘敬《序》，又有张光启《序》、刘敬《跋》等。

卷一尾题"新编剪灯余话"，卷三、卷四尾题"新刊剪灯余话"，《续集》尾题"新刊剪灯余话续集"。

每半叶有界十二行，行二十二字。《续集》每行二十三字。黑口，四周单边（18厘米×12厘米）。版心镌刻"余话"，下记卷数。卷数下又刻"南陵胡氏家口"，并记叶数。

此本原系小津桂窗等旧藏，卷中有"西庄文库""桂窗"印记等。

此本另有同一刊本一套，今藏于早稻田大学，然无《续集》。

11. 明人写本《永乐大典》（残本）十六卷（日本重要美术财）

天理图书馆藏《永乐大典》本，为明嘉靖年间（1522—1566）的重新誊录本共十六凡三百七十四页。

每半页有界八行，大字十五字，小字二十八字至三十字。四周双边（35厘米×22厘米）。版心标"永乐大典"，下记卷数、叶数。封面系茶黄色绫纸，正文用白绵纸，朱色行界。书卷幅高50.5厘米，幅宽30厘米。

今存卷目如次：

卷九百零八/二支（九五）/二十二页/诗（诸家诗目四）

卷九百零九/二支（九五）/二十五页/诗（诸家诗目五）

卷二千三百九十八/六模（一二七）/十九页/苏（姓氏九、苏辙）

（此卷原系富冈铁斋旧藏）

卷二千三百九十九/六模（一二七）/十九页/苏（姓氏十、苏颖浜年表）

卷二千七百三十七/八灰/十九页/崔（姓氏）

（此二卷原系山本悌次郎旧藏，后归古屋幸太郎）

卷二千七百三十八/八灰/二十五页/崔（姓氏）
卷五千四百五十五/十四爻（一七）/二十五页/郊（郊祀配侑）
卷五千四百五十六/十四爻（一七）/十九页/郊（郊祀配侑）
卷七千三百零三/十八阳（六五七）/二十一页/郎（户部侍郎一）
　　　　　　　　　　　　　　　　　　（此卷原系富冈铁斋旧藏）
卷七千三百零四/十八阳（六五七）/二十三页/郎（户部侍郎二）
卷一万三千四百五十一/二寘（一〇三）/二十二页/士（事类）
卷一万三千四百五十二/二寘（一〇三）/十九页/士（学士、处士、博士）
卷一万四千一百二十四/四霁（五〇）/二十九页/嚏　柢　氏等字
卷一万四千一百二十五/四霁（五〇）/三十页/剃　梯　涕　禘
卷一万四千六百二十八/六暮（三八）/二十七页/部（吏部十五、吏部条法）
　　　　　　　　　　　　　　　　　　（此卷原系富冈铁斋旧藏）
卷一万四千六百二十九/六暮（三八）/三十页/部（吏部十流、吏部条法）

卷中引用书名及圈点皆用朱笔。各册末有补纸记纂修列衔名。

"二支（九五）"后列名：

重录总校官侍郎　臣高拱
　　　　学士　臣瞿景淳
　　分校官编修　臣陶大临
　　　书写儒士　臣杜美
　　　圈点监生　臣丛仲楫
　　　　　　　　臣徐璜

"十四爻（一七）"后列名：

重录总校官侍郎　臣高拱
　　　　学士　臣瞿景淳
　　分校官谕德　臣张居正
　　　书写监士　臣章仲景
　　　圈点监生　臣蒋洲
　　　　　　　　臣苏泰

"二〇（一百三）"后列名：

重录总校官侍郎　臣秦鸣雷
　　　　　学士　臣胡正蒙
　　　分校官修撰　臣诸大绶
　　　书写儒士　臣胡邦宁
　　　圈点监生　臣林汝松
　　　　　　　　臣董仲铬

"四霁（五十）"后列名：
重录总校官侍郎　臣秦鸣雷
　　　　　学士　臣王大任
　　　分校官编修　臣张四维
　　　书写儒士　臣章必进
　　　圈点监生　臣傅立道
　　　　　　　　臣许汝孝

其中，卷五千四百五十五、卷五千四百五十六，皆附清乾隆三十八年（1773）誊录笺二页。

12. 西班牙传教士 J.G. 门多萨的《中华帝国史》

在天理图书馆的收藏中，有一类特藏虽然不是汉籍，但它们与中国文化的关系至为密切。这便是该馆有相当丰富的欧洲中国学著作，尤以早期的著作称名于世，其中，有些著作即使在欧洲也已经难以寻觅了。如1585年刊于意大利罗马的西班牙奥古斯汀教会的传教士J.G.门多萨（Juan Gonsales de Mendoza）所编撰的 *Dell Historia Della China*（《中华帝国史》）。此书可以称为欧洲中国学的始祖。他尽其所能向欧洲人介绍了中国的地理、宗教、政治、社会和历史，称赞中国民族"是一个沉静和充满才智的民族"。此书无论是研究中国文化史或东亚文明史，还是研究欧洲中国学或日本中国学，都是宝贵的文献。此外，该馆所藏的1687年在巴黎出版的比利时传教士 Philippe Couplet（柏应理）撰写的 *Confucius*

Sinarum Philosophus（《中国贤哲孔子》，中文标题为"西文四书直解"），是第一次把《大学》《中庸》和《论语》全部翻译成拉丁文，也为《论语》西文全译之始。书后附有"中国史年表"，从太古时代的伏羲起始，一直记事至他本人撰书时的1683年。这在世界文化史上，无论是对于东方的文明史，还是对于西方的文明史，都是极为重要的一个具有文化史意义的标志。基督教一贯主张上帝创造历史说，而此书则明言在上帝创史之前的太古时代，中国的伏羲已经开始了中国的历史；况且此说是由一位由西方教会派遣到东方来传播上帝意旨的传教士所提出，它展示了西方基督教文化（特别是它内具的世界观）与中国的非神学文化在撞击中所形成的新文化特征，同时，它事实上也已经多少预示了欧洲在意识形态层面上以理性的呐喊对神学进行革命的时代快要到来了。

天理图书馆以其丰厚的收藏，展示了它在文化史上的贵重的价值。当我返回京都后不久，便接到金子和正教授热情洋溢的信函，邀我再次去天理访书，并做访书谈，随信寄来了许多宝贵的书影，令人展读不已……

在尊经阁文库访"国宝"

日本江户时代的藩主,最初都是一些跟随其主子德川家康征伐天下的武将,属于识字不多只会拼命的武士阶层。当他们成为一方诸侯,从攻城略地转变到治国安邦,即面临着生存方式的重大转型。其中有部分藩主,像纪伊藩(Kii Han)、尾张藩(Owari Han)、加贺金泽藩(Kanezawa Han)等,便开始设立私学,收藏文献,对子弟与臣属进行文治所必备的文化教育。在这个过程中,数量不少的汉籍文献,便进入了江户各地藩主的家族中,形成16世纪后期发展起来的新的汉籍藏书家。用现在流行的话说,这便创造了汉籍在日本传播的一道新的风景线,著名的尊经阁便是在这一形势中发展起来的属于"加贺金泽藩主"前田氏家族的藏书楼。

作为江户时代显赫的大名,前田氏的祖先前田利家(Maeda-Toshiie,1538—1599)发迹于16世纪中叶日本室町时期的末期,即在织田信长(Oda Nobunaga,1534—1582)与丰臣秀吉(Toyotomi Hideyoshi,1537—1598)争夺天下的军阀混战之中,前田利家作为一介武夫,先是效忠于织田信长,晚年则转向于原先主子的对手丰臣秀吉。1598年丰臣秀吉临终时,曾托孤于前田利家,显示出他当时已经是一方重镇了。1599年前田利家去世后，由长子前田利长（Maeda Toshinaga，1562—1614）袭承功勋。前田利长初时与他的父亲一样，为丰臣氏家族服务，而与另一大军阀德川家康（1542—1616）相对立。德川家康为此曾经拘押了他的母亲作为人质。在长期的军阀混战之中，1600年5月，日本近世史上发生了著名的"关之原战"，德川家康一族最终奠定了统一日本的契机。而前田利长也与他的父亲一样，转向倒戈，从忠诚于丰臣氏转而为德川家康奔驰杀伐。前田氏家族也因此从德川家康处受领俸禄。自前田利长的弟弟前田利常（Maeda Toshitsune，1593—1658）开始，便受封为"加贺金泽藩主"，并与德川氏家族通婚。前田利长的第二代在继承"加贺金泽藩主"的同时，又扩大受封领地为"富山藩主"和"大圣寺藩主"。一家三支，立为三处领主，成为江户时代极为显赫的家族。后来，19世纪中期开始的明治维新，在政治建制上实行"撤藩设县"。前田氏三家藩主，虽然被撤销了"加贺金泽藩主"，却被授予了"侯爵"；被撤销了"富山藩主"而被授予"伯爵"；被撤销了"大圣寺藩主"而被授予"子爵"。明治天皇虽然一度也厉行改制，却也始终未曾亏待从前的朝臣。

当我在访书的过程中，慢慢地进入到了日本历史的幕帘背后，我忽然意识到，眼下我所认识的日本，与在社会上道听途说的日本已经很不一样了。就说对于武士意识的理解吧。世俗的说法是，所谓的武士，就是凶狠与愚忠的标志物。然而，从这一时代前田氏家族的发迹轨迹来看，在室町末期三大军阀的争斗中，这一家族反复无常，惟利是图，毫无忠诚可言。由此我想到，对于日本文化和历史的理解，如果仅仅依靠传闻，作些一知半解的文章，真是毫无意义。一旦研究深入，探摸到历史的某些真相时，许多的官样文章便就转成为文化垃圾了。这或许离开本题远了点，但仔细想想，却又是本题的基本出发点，即人文学术的一切研究皆应该从文本调查开始，否则，所谓的研究便难免让人生疑，在学术的发展中一钱不值了。

在前田氏家族中，受封为"加贺金泽藩主"的一支最为强大。其势力发展到第三代前田纲纪（Maeda Tsunanori，1643—1724）时期，他们作为武将的攻城略地的杀伐作用，几乎完全结束，其生存方式已经转变到治国安邦方面了。德川幕府本身也已经设立了传授程朱理学的学校，以强化"阶位制"的观念，并且，正在透过中国传入的儒学，教化日本固有的神道学说。此种从精神方面实行的文治策略已经显现了它在实际统治中的价值。前田纲纪着手开始在藩政方面进行制度的整备，他邀集了像木下顺庵（Kinishita Jyunan，1621—1698）、室鸠巢（Muro Kyusou，1658—1734）、稻生若水（Inou Jyakusui，1655—1715）等这样一些江户时代中期很有名望的学者，一起商讨学问，收集相关的文献典籍，并对京都东寺和三条西家等收藏的古文献进行整理。一时之间，前田纲纪作为"好学的大名"而名噪幕府。经过"金泽藩主"前田氏家几代的努力，他们收集到了自752年（日本天平胜宝四年，中国唐玄宗天宝十一年）到1700年（日本元禄十三年，清康熙三十九年）的许多旧文书，编辑为2204通；又以《三朝宸翰》为题，收集了伏见天皇（1287—1297在位）、花园天皇（1308—1317在位）、后醍醐天皇（1318—1330在位）三位天皇的亲笔文书。此外，还有汉籍与和书一万多册。所有这些文献典籍，明治维新后，皆由"前田育德会"管理。

前田氏家受封为藩主，他们在关东地区购置有不少的房产。例如，在面临太平洋相模湾的镰仓，建有硕大豪华的别墅（现在为"镰仓文学馆"）。1926年（日本昭和元年）"前田育德会"决定在东京都的前田氏家产"室芳春院松子"建立独立法人的文库，使这样一大批典籍文献向社会公众公开，定名为"尊经阁文库"。

尊经阁文库位于东京都目黑区驹场绿树掩映之中。日本近代文学馆、东京大学人间文化学部等，与它咫尺相邻。从喧闹的涩谷或吉祥寺乘坐"京王井之头"电车，在驹场下车，迎面扑来的是一种静谧的气氛。一年四季中，或踏着树影婆娑的人行道，或踩着枯黄的落叶，走进尊经阁文库古树参天的庭院，心里总是涌起肃穆的感觉。1993年2月1日，我由东京外国语大学教授高桥均先生引荐安排，进入文库读书。此后，曾多次行走在这充溢着人文氛围的道路上，寻觅着中华文化的宝藏。

在尊经阁文库读书，总是在事先用电话预约好，所以，当读者进入文库的时候，你需要的文献，已经由工作人员安放在桌子上了。读者并不多，有时候只是一个人，煞是安静。

1. 11世纪至14世纪写本《玉烛宝典》（残本）十一卷

尊经阁文库所藏汉籍中，有《玉烛宝典》一种。此书隋代杜台卿编辑，国内不存，日本却有写本传世。今尊经阁文库藏《玉烛宝典》一种，系日本11世纪至14世纪写本。《玉烛宝典》全本十二卷，此本凡十一卷，缺失卷第七。卷子本六轴。原为江户时代加贺藩主前田纲纪等旧藏。

日本孝谦天皇天平胜宝三年（751）编纂成日本第一部书面汉诗集《怀风藻》，其收入作品曾征引《玉烛宝典》中的典故，如第二十九首正一位太政大臣藤原朝臣史《元日应诏》中有句曰"正朝观万国，元日临兆民"，其"正朝"一词则取自《玉烛宝典》"正月为端月……其一日为元日……亦云正朝"之说。这可能是《玉烛宝典》进入日本古代文学的最早记录。

9世纪藤原佐世《本朝见在书目录》第三十"杂家"著录《玉烛宝典》十二卷，题"隋著作郎杜台卿撰"。此为《玉烛宝典》传入日本最早之目录学记录。

此尊经阁文库藏本，每半叶九行，注文双行。卷一正文与注文皆每行二十字，卷二以下正文与注文自十四字至十八字不定。

首有《玉烛宝典序》。此本今缺卷七"秋七月"一卷，实存十一卷。

此本系11世纪与14世纪不同写本的合缀本，卷后有钞录识语如下：

（卷二）"贞和五年四月十二日一校了　面山叟。"（编撰者注，贞和系日本14世纪南北朝时北朝崇光天皇之年号，实乃1349年）

（卷五）："嘉保三年六月七日书写了　并校毕。"（编撰者注，嘉保系日本11世纪崛河天皇年号，实乃1096年）

（卷六）："贞和四年八月八日书写毕。"

（卷八）："贞和四年十月十六日校合了　面山叟。"

18世纪日本江户时代佐伯侯毛利高翰曾经命工匠从前田侯家所藏《玉烛宝典》重新钞录成书，后献予德川幕府，藏于枫山官库。森立之《经籍访古志》卷五著录枫山官库藏贞和四年钞本《玉烛宝典》十二卷，即系此本。森氏识文曰：

隋著作郎杜台卿撰。缺第九一卷。每册末有"贞和四年某月某日校合毕，面山叟记"。五卷末有"嘉保三年六月七日书写并校毕"。旧跋按此书元明诸家书目不载之，则彼土早已亡逸耳。此本为佐伯侯毛利氏献本之一，闻加贺侯家藏卷子本，未见。

森氏所言此本为贞和年间写本，甚误；所言缺卷九，或字误。明治中期，黎庶昌、杨守敬编作《古逸丛书》，误信森氏之言，录入此江户时代之覆写本，而未审当时日本尚有此前田家卷子本。

2. 日本六条天皇仁安三年（1168）丹波氏家写本之转写本《黄帝内经太素》（残本）一卷（日本重要文化财）

唐代杨上善奉敕撰注《黄帝内经太素》三十卷，为中国医学理论之圭臬。《新唐书·艺文志》曾经著录此书。北宋治平年间（1064—1067），林亿等奉敕校正医书，《黄帝内经太素》亦在其列。此事可见林亿等《甲乙经序》、《苏魏公集·本草后序》。《素问》新校正本及《甲乙经》校正本，引《黄帝内经太素》之说甚多。此可以证明《黄帝内经太素》在北宋时一定有写本或刊本存世。但晁公武《郡斋读书志》、陈振孙《直斋书录解题》等书目中却未见著录此书，则《黄帝内经太素》至南宋而始佚。今存日本仁和寺藏六条天皇仁安初年（1166—1169）丹波氏家写本，是世间唯一的古写本。

9世纪日本藤原佐世撰《本朝见在书目录》，记录皇室与中央办事机构的汉籍藏书，其"医方家"中著录《内经太素》三十卷，题"杨上（善）撰"。并著录《素问音训并音义》五卷、《素问改错》二卷。此可证明《黄帝内经太素》在9世纪已经传入日本。

京都仁和寺今藏此丹波氏家写本，尚保存残卷二十三卷，已被日本文化财审议委员会确认为"日本国宝"。此本每纸界幅宽23.8厘米左右，每行字数不同，十四五字至十七八字皆有。是书全三十卷。此本今缺卷一、卷四、卷七、卷十六、卷十八、卷二十、卷二十一，凡七卷，实存二十三卷。此本首题"黄帝内经太素卷第（几）"，次行低一字署"通直郎守太子文学臣杨上善奉敕撰注"。

每卷末记"仁平（1151—1154）""保元（1120—1124）""仁安（1166—1169）"等年份，并有典药头丹波頓基手书"以家本移点校合了"等识文。

尊经阁文库今藏《黄帝内经太素》残本一卷，为日本仁和寺藏六条天皇仁安初年（1166—1169）写本的一个转写本。其年代相当于中国宋孝宗乾道年间。此本今存三十卷的卷第十九，凡一卷。

首题"黄帝内经太素卷第十九"，下有"设方"二小字。次行低一字署"通直郎守太子文学臣杨上善奉敕撰注"。第三行比第二行署名低一字题"知古今""知要道""知方地""知形志所宜"。第四行与第三行平，题"知祝""知针石""知汤药""知官能"。第五行起为"知古今"正文，文中注文双行。

卷末与尾题隔一行，录丹波頓基手识文曰："仁安三年二月二十四日以同本书之以同本移点扶合毕。"

此本原系江户时代加贺藩主前田纲纪等旧藏。此本卷前首题之下，有"尊经阁藏"印记。

此本已由日本文化财审议委员会确认为"日本重要文化财"。

由京都仁和寺藏此丹波氏家写本的后世转写本，在日本尚有以下六种：

（1）东京大学总合图书馆藏本。此本为江户时代写本，卷中有江户时代多人手识文，又有大正年间土肥庆藏以与仁和寺所藏之"国宝本"校合手识文。

（2）东京大学总合图书馆藏本。此本为江户时代写本。此本今缺卷第一、卷第四、卷第七、卷第十六、卷第十八、卷第二十、卷第二十一，凡七卷，实存二十三卷。原系渡部信渡部文库等旧藏。

（3）东京大学总合图书馆藏本。此本为江户时代后期写本。二十四卷本。原系渡部信渡部文库等旧藏。

（4）国会图书馆藏本。日本仁孝天皇文政三年（1820）写本。今存残本二十七卷，题"唐杨上善奉敕撰注"。

（5）国会图书馆藏本。日本仁孝天皇天保十五年（1844）有学晦道人直宽写本，题"唐杨上善奉敕撰注"。

（6）大东急记念文库藏本。此本为江户时代后期写本。今存残本凡二十二卷。今缺卷一、卷四、卷七、卷九、卷十六、卷十八、卷二十、卷二十一。

此外，由京都仁和寺藏此丹波氏家写本的后世转写本而已经传入中国者则有两种：

（1）中国医学科学院图书馆藏本。此本为日本仁孝天皇天保八年至十年（1837—1839）有坂璋传写本，凡三十卷。

（2）中国复旦大学图书馆藏本。此本为日本仁孝天皇天保十四年（1843）有坂璋传写本，凡三十卷，并有《黄帝内经明堂》一卷。题"唐杨上善奉敕撰注"。此本原缺卷一、卷四、卷七、卷十六、卷十八、卷二十、卷二十一，凡七卷。

3. 北宋刊本《重广会史》一百卷

《重广会史》一书，仅见于《宋史·艺文志》，其后晁公武《郡斋读书志》、陈振孙《直斋书录解题》及《文献通考·经籍考》等皆未见著录。

此本不著编撰者姓名。原江户时代加贺藩主第五世前田纲纪（松云）等旧藏。

每半叶有界十五行，行二十至二十六字不等。小字双行，二十五字至三十字不等。白口，左右双边（16.2厘米×12.9厘米）。版心标"史（几）"，记叶数，并有刻工姓名，如伊序、人、完、三、余任、序、佥、范佥、姜、秘、柱、范、堆、召等。

每卷有目，目连正文。每类先引诸子，再引诸史。其中，卷十缺"不能进贤"、"贤者汇征"两类，卷六十二缺"婚姻"一类，卷六十三缺"宦者"一类，卷八十一缺"富"、"不耻贫贱"两类。

各卷有"经筵"朱文印，又有"高丽国"朱文长方印，印式如次：

> 高丽国十四叶辛巳
> 藏书大宋建中靖国
> 元年大辽乾统元年

此本封面印签皆高丽旧式。

4. 宋刊本《冲虚至德真经》八卷

《列子》一书8世纪之前已经传入日本。孝谦天皇天平胜宝三年（751）编纂成日本第一部书面汉诗集《怀风藻》，其收入作品多处征引《列子》中的典故，如第二十首有诗句曰"幸陪瀛洲趣，谁论上林篇"，其"瀛洲"或取自《列子·汤问篇》等。

9世纪日本藤原佐世编撰《本朝见在书目》，著录皇室与中央机构所藏汉籍1500余种，其中其第廿五"道家类"中关于《列子》书有如下记载：

《列子》八卷，郑之口人列圉寇撰，东晋光禄勋张湛注；

《列子》八卷，陆善经注；

《冲虚真经》八卷。

这是日本古文献关于《列子》书的最早的目录学记载。

尊经阁文库今藏宋刊本《冲虚至德真经》八卷，题周列御寇撰，晋张湛注。全书凡三册。

此书原系中世纪时代日本金泽文库旧藏，江户时代归加贺藩主前田纲纪等收藏。卷中有"金泽文库"印记，系中世时代金泽文库外流出汉籍之一种。

今国会图书馆另藏有《冲虚至德真经》八卷元刊本一种。题周列御寇撰，晋张湛注，唐殷敬顺释文。此本首叶顶格题"列子序"，下空十字题"张湛字处度"。第二叶顶格题"冲虚真经目录"。第二行与第三行为宋人所加之注文。文曰："姓列名御寇，或名圉寇。先庄子，故庄子称之。天宝初奉旨册为冲虚真人，其书改题曰《冲虚真经》，名冠八篇之收。此是刘向取二十篇除合而成，都名新书焉，大宋景德四年敕加'至德'二字，号曰《冲虚至德真经》。"（原文如此）注文后第四行署"当涂县丞殷敬顺释文"。

5. 宋刊本《世说新语》

《世说新语》一书，日本保存有唐人写本残叶三种，其书名皆题署《世说新书》，并皆已经被确定为"日本国宝"。又有宋刊本两种，书名皆题署《世说新语》，今一存宫内厅书陵部，一存尊经阁文库。宋本全书皆作三卷，而日本国家公文书馆所存元刊本《世说新语》则作八卷。至有明一代，刊刻繁多，其说不一。明嘉靖年间（1522—1566）覆宋刊本，明万历三十八年（1610）博古堂刊本等作三卷，明嘉靖十四年（1535）三畏堂刊本作六卷，而明刊三色套印本则作八卷。其间排比开合，扑朔迷离，为文献学研究提供了很好的课题。

尊经阁文库今藏宋刊本《世说新语》三卷、《叙录》一卷、《人名谱》一卷，凡五册。首行题署"世说新语上"，次行题署"宋临川王义庆撰，梁刘孝标注"。《附录》题"宋汪藻撰"。

卷中避宋讳，凡"徵、敬、恒、殷、贞、构、匡、胤、竟"等字皆缺画。

版心记刻工姓名，如徐忠、陈盛、方逵、方通、宋道、李正、汪文、何又、通、思、正、明、迁、方、盛、杨思、杨明、刘宾、郑敏、严定、严忠、邓英、葛珍、叶巳、叶明、陈荣、江泉、羊思、王子正、王荣、方迁等。

此本正文首叶第一行在"世说新语上"之下，有"金泽文库"墨印，而边框右侧上方，则钤有"金泽学校"印记一枚，此二印皆清晰可读。此可确证"金泽学校"就是"金泽文库"了。卷中有训读标点，并有"金泽文库"印记。

原来在江户时代初期当德川幕府大将军家从金泽文库中运出一部分典籍的时候，作为大诸侯的加贺藩主前田纲纪也插手"金泽文库本"而把若干珍本移于本藩，如《春秋左氏音义》《孔子家语》《列子》《世说新语》等，明治后则藏于前田育德会尊经阁文库；此本即系日本中世时代金泽文库外流出汉籍之一种。

6. 宋临安陈宅经籍铺刊本《宾退录》十卷

宋人赵与旹撰《宾退录》十卷，世称此书可继《梦溪笔谈》和《容斋随笔》。据15世纪日本瑞溪周凤在《卧云日件录》中的记载，宽正五年（1464）日本建仁寺住持天与清启受将军足利义政之委派访华，向中国开列所需书籍文献十五种，其中有"《宾退录》全部"，明廷照单全部馈赠。

又据《外船书籍元帐》记载，日本仁孝天皇天保十二年（1841）中国商船"丑二番"曾载《宾退录》一部抵日本，售价八目。

此书在国内至清代则世上仅以写本流传。

尊经阁文库今藏《宾退录》十卷，为南宋临安府睦亲坊陈宅经籍铺印本，凡五册。

前有赵与旹《自序》，每半叶五行，行七字。后有宋宝祐五年（1257）陈宗礼《后序》。

每半叶十行，行十八字。白口，左右双边。卷中凡遇"本朝""皇朝""国朝"及"圣旨"等，并宋诸帝、诸皇后、"太上皇""太子"等字，皆空一格。

第十卷末有"临安府睦亲坊陈宅经籍铺印"一行。

此本原系江户时代加贺藩主前田纲纪等旧藏。

此外，日本现今还存有《宾退录》十卷的清人手写本三种，皆是从此临安府睦亲坊陈宅经籍铺印本抄录而成。

（1）清人朱竹垞摹写本，存静嘉堂文库。

卷末有摹写宋刻"临安府睦亲坊陈宅经籍铺印"木记一行。又有张燕昌手识文曰："右大梁赵与旹《宾退录》十卷，竹垞先生早年依宋刊本手录。卷中间有讹笔而无俗礼书卷之气盎然。先生中年后，益留心《说文》之学，便下笔不苟，点画繁简，皆有来历。此可见先辈学问与年偕老矣。癸亥春日，燕昌书于娱老书巢。"

（2）清人卢文弨手写本，存东洋文库。此本原三菱财团岩崎氏家等旧藏。

（3）清人何义门与顾广圻手识文摹影宋本，存静嘉堂文库。

卷中有何义门手识二则：

其一文曰："康熙庚寅之春，桐城方扶南见赠此书，从竹垞先生家传录，其中阙一叶云。焯记。"

其二文曰："三月借汲古阁所藏研北孙翁传本，属学徒金生俨深补钞。又记。癸丑秋日憩闲主人。"

卷中又有顾广圻手识文曰："右影宋本《宾退录》，其行间疏密，殊不失旧观。何校亦颇有发明。所惜原本后二叶有损字处耳。然较近刻自胜。顾广圻记。"

第十卷末有摹写"临安府睦亲坊陈宅经籍铺印"一行。

7. 历代兵书明刊本五十四种

尊经阁文库的汉籍特藏中，关于"兵书"的收藏是非常有意思的。原来《四库全书总目》中"兵家类"著录的著作有二十种，其中明人著兵书只有五种；《四库存目》中著录"兵家"类书四十七种，其中明人著兵书二十八种。这就是说，由《四库全书》著录和存目的中国历代兵书为六十七种，而其中明人著作有三十三种。今尊经阁文库收藏的汉籍兵书著作由我查检到的共有五十四种，其中明人著兵书竟然有五十种。粗略估计，日本江户时代一个藩主所藏的汉籍兵书，竟然占《四库全书》登录的80%，而其中收藏的明人著兵书，竟然比《四库全书》登录的三十三种还要多出十七种。这只是藏书量的数字之比，还不包括内容的比较。

如若再与中世纪时代的日本经典性的汉籍藏书机构"金泽文库"和"足利学校"等相比较，则尊经阁文库所收藏的汉籍兵书，不仅数量巨大，而且时代相近。我对文库内的下列藏本做了一次大概的翻阅：

序号	书名	卷数	作者	版本
1	孙子参同（孙子参同广注）	三卷	（明）李贽评 王世贞批点	明万历四十八年吴兴松筠馆朱墨套印本
2	孙武子会解	四卷	（明）郭良翰解	明崇祯三年万卷楼本
3	孙子合符全集	二卷	（明）郑元极解	明崇祯年间本
4	孙子书解引类（孙子书）	三卷	（明）赵本学编注	明刊本
5	（重订笺注）孙吴合编	四卷	（明）赵光裕注	明刊本
6	黄石公秘传素书	不分卷	题（秦）黄石公	明人写本
7	诸葛武侯兵书	不分卷	题（汉）诸葛亮	明刊本

（续表）

序号	书名	卷数	作者	版本
8	新镌汉丞相诸葛孔明异传奇论注释评林	七卷	（明）章婴评注	明刊本
9	武经直解	十二卷	（明）刘寅撰	明嘉靖年间刊本
10	（新刊）续武经总要续编	七卷 一卷	（明）赵本学撰 （明）俞大猷撰	明嘉靖年间刊本
11	武经七书解义	七卷	（明）王升解义	明万历年间刊本
12	武经七书	七卷	（明）王守仁批评 胡宗宪校	明天启年间朱墨套印本
13	新镌武经七书集注 兵法渊源	七卷 一卷	（明）李清集注	明天启四年刊本
14	新镌武经七书类注 武经图考	十五卷 一卷	（明）黄华旸类注	明崇祯十年富西堂本
15	标题评释武经七书	七卷	（明）陈元素评释	明刊本
16	武经总要前集 后集 武经总要百战奇法前集 后集 武经总要行军须知	二十二卷 二十一卷 一卷 一卷 二卷	（宋）曾公亮 丁度 等奉敕编纂	明万历年间刊本
17	武学经传句解	十卷	（明）王圻撰	明万历年间刊本
18	武经注解考注 武备集要 武艺要法	八卷 二卷 一卷	（明）周光镐撰	明万历年间刊本
19	武经题旨明说	十三卷	（明）汪本源撰	明崇祯年间刊本
20	（新刊京本策论品题）武经通鉴	七卷	（明）郑灵撰	明万历三十九年杨氏四知书堂本
21	（新镌）武经标题正义	七卷	（明）赵光裕编	明万历年间刊本
22	（新镌）武经标题七书	十卷	（明）谢弘义编	明刊本
23	武经通义（孙子司马法通义）	七卷	（明）陆万垓编 陆长卿校 王尧年参阅	明崇祯十一年陵金陆氏刊本
24	武经翼	十五卷	（明）方家振编撰	明崇祯年间信笔斋本
25	（新镌）注解武经	七卷	（明）沈应明注解	明刊本
26	唐荆川先生纂辑前编 后编	六卷 六卷	（明）唐顺之撰 焦竑校	明武林曼山馆本
27	（新刊官板批评）正百将传 续	十卷 四卷	（宋）张预撰 （明）何乔新撰	明万历十七年金陵周曰校刊本

（续表）

序号	书名	卷数	作者	版本
28	虎钤经	二十卷	（明）苏相茂订正	明刊本
29	登坛必究	四十卷	（明）王鸣鹤辑 袁世忠校	明万历年间刊本
30	讲武全书兵占	二十七卷	（明）丁继嗣编	明万历二十一年刊本
31	讲武全书兵览部 兵律部 兵　占	三十二卷 二十八卷 二十四卷	（明）姜师闵 丁继嗣编	明万历年间刊本
32	武备志	二百四十卷	（明）茅元仪撰	明天启年间刊本
33	兵垣	四编	（明）臧懋循编	明天启元年序朱墨套印本
34	兵镜 附　兵镜吴子纲目	二十卷	（明）吴惟顺 吴鸣球纂 张国经定	明天启年间刊本
35	兵录	十四卷	（明）何汝滨编	明崇祯元年粤正气堂本
36	练兵实纪	九卷	（明）戚继光撰	明刊本
37	纪效新书	十八卷	（明）戚继光撰	明万历二十三年江氏明雅堂本
38	纪效新书	十四卷	（明）戚继光撰	明万历年间刊本
39	（增定）武备新书	十四卷	（明）戚继光撰	明万历年间刊本
40	三军百战百胜奇法汇编 武将经略	二卷 一卷	（明）戚继光撰	明万历年间刊本
41	（新镌武两先生编辑）必读武学	四卷	（明）吴牲撰 余昌祚校	明崇祯三年序刊本
42	武德全书	十五卷	（明）李槃汇编 李名世校	明刊本
43	（杨修龄先生校定）武经射学正宗	八卷	（明）高颖编	明崇祯年间刊本
44	火攻阵法	四卷	（明）曹飞编	明天启年间刊本
45	金汤借箸十二筹	十二卷	（明）李盘撰	明崇祯年间刊本
46	一览知兵武闱捷胜	一卷	（明）陈君墦编	明天启年间书林余仁公刊本
47	握机经 握机纬	三卷 十五卷	（明）曹胤儒编	明刊本
48	古今平定略	八卷	（明）洪承畴编	明崇祯年间古闽余璟刊本

（续表）

序号	书名	卷数	作者	版本
49	喻子十三种秘书兵术	十三卷	（明）喻龙德撰 龚居中传辑 徐惟惕参论	明天启三年大经刊本
50	武学经传	三十九卷	（明）翁溥编	明嘉靖年间刊本
51	武备要略	十四卷	（明）程子颐等撰	明崇祯年间刊本
52	武备全书	十一种 四十一卷	明人编辑 不著姓氏	明刊本
53	（精选详注武科三场）韬略全书	五卷	（明）方仪凤纂 汪万顷注	明万历年间万卷楼本
54	皇明将略 （秘刻）武略神机火药 （新刻）武备三场韬略全书 （新刻）朱批武备全书海防总论 （新镌）武备全书国朝名公京省地舆户口钱粮丝棉绢布钞总论	（不分卷）	（明）李同芳编撰	明朱墨套印刊本

上述五十四种兵书，全部为明人编著，且几乎是在明代嘉靖年间（1522—1566）之后的刊本。这一收藏的实际状况，透露出当年江户时代汉籍流布中的一个几乎不为人所注意的特征，即一千余年间，汉籍在日本的流布，到了江户时代，由汉籍兵书中所表现出的中国古代的军事思想和军事技术，才开始为日本社会的相关层面所注目，并这样集中起来；透过日本对兵书的吸纳，可以窥见日本江户时代社会政治和文化的关于"军事国家""百家思想"和"厉兵御外"等若干重要的特征。

尊经阁文库对读者的接待安排，有一件事情是其他藏书处都不曾想到和做过的，这就是在快到中午的时候，工作人员总是客气地问道："您中午是否需要在这里用午餐？假如需要的话，我们可以替您代为定饭。"于是，他们便拿出一张"Bentou"（盒饭）的目录，请你点定一份，价钱比外面的略便宜一些。原来，文库的工作人员，每天向附近的餐馆订约午饭，乘便他们就帮助读者一起把饭预定了。中午时分，当工作人员休息吃饭的时候，他们就招呼我说："请您到隔壁房间吃饭。"隔壁房间是一间大约20多平米的西式会客室。四边的墙壁用一米高的木裙围贴,墙上悬挂的是前田氏几代藩主的油画像,金框镶边。四周摆放的是奥地利式的皮沙发,中间有丝绒桌布铺面的大桌子,桌子上摆放着一壶茶,摸一摸总是热的,壶旁有配套的茶杯。一盒"定食"端正地放在桌子上,下面铺垫了塑料纸。这壶茶,并不是餐馆送来的。文库的工作人员每次都这样默默地为一个素不相识的读者的午餐做这样的准备。我坐下来,常常深吸一口气,端详着"定食"饭盒的装潢——有时候,饭盒盖上会有很好看的图画,有时候会有一首短歌或俳句什么的,然后再慢慢地打开饭盒的盖子。这时候,往往会有一些回忆袭上心头,挥之不去,使人无奈。

我的学术生涯,从20世纪70年代后期开始,进入了日本中国学领域。在编纂这一领域内第一部工具书《日本的中国学家》(此书1980年由中国社会科学出版社出版)的时候,四个多月的时间中,每天在北京图书馆读书。当时的北京图书馆的总馆在北海的西侧。那时候,在阅览室借阅外文书等待的时间,出奇地长。一般的情况是,如果在上午开馆第一个到达柜台,递进"索书条"到借到书,大约在20分钟到30分钟;如果是后来的读者,大约等书的时间,会在一个小时,甚至一个半小时左右。因此,我每天总是在6点半左右骑车从中关村的宿舍赶到位于府右街壮丽的北京图书馆,争取成为当天的第一个读者。每天中午,当时的北京图书馆或许有些大意了,没有意识到读者也是需要吃饭的,因此也就没有为读者准备最简单的食品。而依据阅览室的规则,读者也不能把饮用水和食品带入室内,这当然是为保护图书所必须采取的规则,稍稍不足的是图书馆也不为读者准备饮用水,偶尔在大厅中放一桶水,也刹那间被人喝完。所以,每天一进入北京图书馆,便是没有吃的,也没有喝的。中午时分,如果要吃饭,只有把借的书还回去,到外面去吃;吃好了回来再借书。假如吃饭用一个小时,借书再等待一个多小时,加上第一次借书的半个多小时,那么在北京图书馆为读者提供的一天九个小时的阅读时间中(8:00—17:00),便丢失了三个来小时。这对于一个每日清晨从中关村赶来为送进第一张"索书条"的人来说,是无论如何也舍不得的。于是,我与许多读者大众一样,都是咬一咬牙,把生理上的全部兴奋集中在读书上。我常常环视阅览室内的左邻右舍,大多数的朋友都神情专注,没有动窝用饭的意思,这种由对榜样的尊敬而引发的"自律",有时候还真起作用!后来,我发现当年北京图书馆大厅一楼(即二楼楼梯下来靠边)的男厕所中,有供读者"方便"之后洗手的水龙头,虽然设备是极端粗糙,但却可以在那里喝几口自来水,抵制住碌碌饥肠的煎熬。于是,依靠这样的意志和这样的方法,终于度过了一百多个中午,查完了我在北京图书馆想要查的资料。现在,只要我路经府右街的北京图书馆旧馆(现在的中国国家图书馆分馆),心里总是充满怀旧之情,对于大厅一楼的男厕所中的水龙头好像有说不完的牵挂,总是希盼在大厅修葺或旧楼翻修中,不要弄坏了男厕所中的这几个水龙头。它们虽说不上有救命之恩,但也是在我生命的痛苦的时刻,为自己提供过体内能量的啊!

现在,北京图书馆早已经升格为中国国家图书馆,而且也早已经迁居于白石桥巍峨的大厦之中,并且听说对读者的人文关怀也显得很是温馨。但不知为什么,我的生命史中的这一段短暂的经历,竟然会成为永远的记忆。当我在尊经阁文库的读者休息室中一边用饭,一边环顾日本这个武士家族的发家历史的时候,由这样的记忆常常引发一些问题萦绕心头,一个在自己的文化的发展中接受了中华文化影响的民族,与创造了中华文化的本土民族,国民精神的共性与差异究竟是如何形成的,这些文化材料的本质意义与变异特征究竟是以何种形态表现的?……这或许在异国的访书中,又为自己从事的比较文化研究,提供了思考的材料与线索。我将在另外的论著中探讨这些问题了。

在御茶之水图书馆访"国宝"

20世纪上半叶日本著名的国粹主义者德富苏峰（1863—1957）曾经珍藏过许多有价值的汉籍，他的藏书楼名之为"成篑堂"。

德富苏峰本名德富猪一郎，是明治时代末期到昭和时代中期极为活跃的政论家。二十四岁时建立"民友社"，创办《国民之友》和《国民新闻》等杂志和报刊，鼓吹平民主义。但从甲午战争时期开始，他在思想上急遽转向国家主义，在政治上介入党派政治活动。经过日俄战争到九·一八事变，德富苏峰的皇室中心主义观念不断膨胀，1938年刊出《皇道日本的世界化》，1942年刊出《兴亚的大义》等，竭尽全力表述他的日本民族主义、国家主义和超国家主义思想。他以人文学术鼓吹战争达于巅峰，曾经出任日本军国主义文化组织"大日本言论报国会"的会长。1943年4月，他与另一个日本国粹主义分子三宅雪岭（雄二郎），同时获得日本政府的"文化勋章"，完全成为日本国家主义和军国主义的文化人。1946年远东军事法庭以"乙级战犯"罪名将他拘捕，撤销其所有社会公职和荣誉，并限定不准重新担任国家公务。

德富苏峰一生喜欢收藏典籍文献，命自己的藏书处为"成篑堂"，并长年疯狂写作。从1918年开始撰写《近世日本国民史》，到1952年完成此书，总计有一百卷之巨，另外还发表了近两百种著作。他在1952年被解除"战犯监管"，当年出版了《胜利者的悲哀》。于1957年因病死去。他是日本近代著名作家德富芦花（1868—1927）的亲兄长，他比他的弟弟只长五岁，却比他的弟弟长寿三十年。德富芦花信仰基督教，同情日本社会主义运动，公开反对日本帝国政府判处日本共产党创始人之一的幸德秋水死刑……亲兄弟俩有着很不相同的思想观念，映衬出20世纪上半叶日本社会激烈的动荡和不安。

在远东军事法庭判处德富苏峰后，他的"成箕堂"藏书就移交给了一个叫作"御茶之水图书馆"的藏书处了。

"御茶之水"（お茶の水 Ocyanomizu），这是日本东京都的一个地名。东京都的大动脉"中央铁道"从这里穿过，日本交通的大枢纽东京站、世界著名的东京大学、居住着当代天皇的日本皇宫、明治时代日本祭祀孔子的大本山汤岛等都离这里不远，是一个繁华喧闹人口流动量极大的地区。但是，"御茶之水"这个名词对我们中国人来说，听起来还真有点不习惯，也觉得十分奇怪。这是因为我们还不大理解日本语中关于"词"构成的一些原则。一般说来，日本语文中在表达"尊称"的时候，在作为实词的名词之前，通常要加上"O"（お）、"Go"（ご）等接头词，由此扩展到对一些喜欢的对象，例如"饭""酒""茶"等，也使用类似于尊称的接头词，把"饭"称为"Go-han"（ご饭），把"酒"称为"O-sake"（お酒），于是，"茶"也便称为"O-cha"（お茶）了。日本语中的"O"（お），可以用汉字"御"来表示。由于进入日语的汉字，大量地处于一字多音的状态中，"御"在日语中还可以发声为"mi"等，本文不再赘述。单说这"御茶之水"，其实就是"茶之水"之意，而"茶之水"则就是"茶水"的意思了。在文化史上，地名往往表达历史的陈迹。在今日繁华的东京，还有叫"洗足池""早稻田""五反田"这样淳朴而古老的地名。这里被称为"御茶之水"，当年一定是"茶寮"林立的闹市区了。

原来的御茶之水图书馆位于中央铁道御茶之水站的东侧，但是今天的读者已经见不到这个图书馆的原貌和原名了。我在日本访书过程中，走遍了御茶之水这个地区的东南西北，却始终也没有找到一个被称为御茶之水图书馆的藏书楼。早稻田大学文学部教授田中隆昭（Tanaka-Takaaki）博士为我多次探访打听，终于弄明白了原来御茶之水图书馆已经更名为妇人之友图书馆了，成为日本女性专门读书的地方。其实，在此之前，我几次路经这个"妇人之友图书馆"，却从未驻步。任何的想象力都不可能把"汉籍特藏"与"女性之友"连接在一起的。田中教授是著名的《源氏物语》研究专家，长我七岁，为了协助我察访日本的汉籍，他背着一个大书包，在六月的烈日下东奔西走。书库管理方面起初不是很愿意接待，有种种的说法，在田中教授的斡旋下，终于答应我可以阅读我所需要借阅的书籍了。

在这个妇人之友图书馆访书，馆方提出了一个我在日本二十年间其他地方读书从未遇到过的"新要求"，即由于我出具的书单上全部是"贵重本"，因此，从此书离开库房的一刻起到阅读结束回归书库的期间，必须对出库的这些书籍向保险公司进行"即时保险"，所需要的"保险费"当然由我承担了。我想了想，这不能说人家没有道理，就答应下来了，并最终落实了首次观书的时间。

在一个初夏的上午，我开始第一次"观书"。依据我的书单，先交纳了一天的保险费日元4840元，然后被领进与办公室连接的阅读间。这是一间几乎只可容纳一个人的读书室，四周用玻璃窗围着，窗明几净，透明玲珑。工作人员用精致的手推车，把我期盼的文献送进来，并为我准备了铅笔。就这样，我开始了一天的读书。我在阅览过程中的任何动作，四周都能察觉纤毫。中午，我不能离开这里，因为我关注着这几册善本的命运，只能匆匆到对门的洗手间喝几口冷水——这是我80年代初期在北京图书馆练出的本领。我在下午五点结束阅读。待我乘电梯下楼的时候，我才明白对这些善本的"即时保险"是多么重要。原来，工作人员竟然与我和其他嘈杂人等一起，推着小车，把我刚刚归还的无价的善本裸露地堆放在车上，乘用这公共的电梯下到了地下一层的书库中……

第二天，我就继续着第一天的程序，与安歇在这座大楼地下的来自华夏的典籍继续晤面。

1. 唐人写本《大般涅槃经集解》（残本）一卷
（日本重要美术财）

《大般涅槃经》为佛教中关于"大乘思想"的重要经典。《大般涅槃经集解》由唐三藏玄奘翻译。御茶之水图书馆藏唐人写本残本一卷，卷子本共一轴。

此轴纸本，幅宽30.03厘米，界高22.11厘米。每行有界十七字，注文小字，每行二十一字。卷本有轴，轴系原漆，钮为后补。原封面，封纸与正文纸质相同，唯感稍厚，有水迹污损，左上侧题曰"注大般涅槃经第卌二"，则此卷为第四十二。

卷末题署：

大唐龙翔二年五月廿日
于玉华吉加寺殿三藏法师玄奘奉　　　诏译
　　　翻经沙门基受旨执笔

此本已被日本文化财审议委员会确认为"日本重要美术财"。

2. 唐人写本《菩萨藏阿毗达摩古迹之记》（残本）一卷（日本重要美术财）

御茶之水图书馆藏《菩萨藏阿毗达摩古迹之记》（残本）一卷，唐人写本，卷子本共一卷。

此轴纸本，幅宽30.3厘米，界高25.8厘米。卷本有轴，轴系原漆。

卷中附明治三十三年岛田蕃根观卷书笺，又有大正五年（1916）十月四日德富苏峰手记。原系青木信寅、德富苏峰成篑堂藏本。

此本已被日本文化财审议委员会确认为"日本重要美术财"。

3. 8世纪日人写本《维摩诘经》（残本）一卷（日本重要美术财）

《维摩诘经》是《维摩经》和《维摩诘所说经》的别称，为佛教大乘经典。

此"经"由姚秦时代三藏鸠摩罗什翻译。

御茶之水图书馆藏日本奈良时代写经所的写经手所书写的《维摩诘经》残本一卷。用黄色楮纸，全纸高约27.7厘米，界高约22.2厘米，间距宽约2.14厘米。卷中有三井寺公胤手记。

此"经"已被日本文化财审定委员会确认为"日本重要美术财"。

御茶之水图书馆另外收藏此《经》唐人写本残本一卷，卷子本共一卷。

此卷纸本，黄麻纸，全纸高约30厘米。界高22.5厘米，字幅宽约2厘米左右。是经全本三卷，此经今存卷中，凡一卷。每行二十二字至二十四字不等。文字稍小，而笔捺有致，字风柔和。

此外，日本大阪府立图书馆珍藏唐人写本《维摩诘所说经》三卷，卷子本共一卷。原系富冈桃华等旧藏。此经纸本，幅宽27.72厘米。全本共三卷，此本今存卷上，凡一卷。卷末有"丁未写记"墨书一行。

4. 唐人写本《妙法莲华经》（残本）一卷

御茶之水图书馆藏唐人写本《妙法莲华经》（残本）一卷，姚秦时代鸠摩罗什译。卷子本共一轴。前已记述，东京国立博物馆收藏有《妙法莲华经》唐长寿三年的写本七卷，已被确认为"日本国宝"。

此"经"全本七卷。此本今存卷七，凡三叶，每叶二十八行，卷末有墨书大题《妙法莲华经卷七》；并存《普贤菩萨劝发品》第二十八，凡一叶，此叶十八行。此本行约十七字，上下单边，每叶界高21.94厘米，天头宽2.16厘米，折本全高25.58厘米。

此卷纸本，纸质稍厚，卷轴红漆，仍系原物。纸背为古维文。

5. 宋刊本《大智度论》一百卷

《大智度论》相传为龙树菩萨所造，意为《摩诃般若波罗蜜经释论》。梵文中"摩诃"（Maha），即是"大"的意思；故《摩诃般若波罗蜜经释论》即是菩萨为《大般若波罗蜜经》所作的理论阐述。而"般若"的概念在佛学中则为"六度"之一，梵文作"Prajna"，可以理解为"智""慧"的意思。《大智度论》佛学界习惯上又称为《智论》。此"论"系姚秦时期三藏鸠摩罗什翻译。国内已不存宋本的专刻本。

《大智度论》传于日本，最早见于日本圣武天皇天平二十年（746）六月一日的《写章疏目录》。此《目录》记载当时存于写经所的汉籍佛典与外典中有《大智度论章门》六卷、《大智度论释》一卷。目前所见有平安时代后期《大智度论》写本一种。此本今存卷第二十二，凡一卷。绀纸银界金字，银杏型涂金轴，卷首有"神护寺"朱文印记，系"神护持经"之一种。此本现存奈良县阪本龙门文库。

御茶之水图书馆藏宋刊本《大智度论》全本一百卷，折本装共一百帖。原系德富苏峰成篑堂等旧藏。

此本卷前有释僧睿述《大智度论序》。《序》文起首于"夫万有本于生，而生生者无生；变化兆于物始，而始始者无始。然则无生无始，物之性也……"。终于"委殊途于一致，理固然矣，进欲停笔争是，则校竞中日，卒无所成，退欲简而便之，则负伤于穿凿之讥，以二三唯案译而书。都不备饰，幸冀明悟之贤，略其文而挹其玄也"。

《序》文中有朱笔改字。若文中"有之田或"，朱笔改"或"为"惑"；又若"以言求之，则怪其染"，朱笔改"染"为"深"等。

《序》后空一行，刊题"摩诃般若波罗蜜经释论"，下方刊一"圣"字，此系依千字文序列函号。

第五行顶格刊题"大智度论卷第一"。第六行上空二字题署"龙树菩萨造"，接下空三字，题署"姚秦三藏法师鸠摩罗什译"。换叶第一行起刊题"缘起论地一"，即为正文。各卷同。

各卷本文末，节本卷难字注音表，凡反切、难音，皆用双行刊刻。

每半折六行，行十七字左右。上下天地24.6厘米，幅宽11.4厘米。中缝为后人重新切裱。

此外，日本庆应大学附属图书馆藏有与御茶之水图书馆《大智度论》同一刊本之残本卷三十五，凡一卷。原为日本幸田文库等旧藏。东洋文库另藏《大智度论》残本卷第九，首尾残缺，凡一卷。此本为宋刊《迹砂藏》之散出本。

6. 宋两浙转运司刊本《大方广佛华严经疏》（残本）三卷

《大方广佛华严经疏》与《大方广佛华严经》是两个不同的经典文本。前者是对后者的义疏。《大方广佛华严经》系唐三藏实叉难陀翻译的文本。唐释澄观对此经进行意义阐述，至宋代，则由释僧净源再加疏注，是为《大方广佛华严经疏》。这样的诠释形式，系追随中国儒学经典的解释学体系而成。大藏中保存的此种经注典籍并不少见。除《大方广佛华严经疏》外，我在御茶之水图书馆读到的此类经注的专刻宋本还有如南北朝时刘宋僧人智聪所撰《大方广圆觉修多罗了义经心镜》，宋释子璿所撰《首楞严义疏注经》等皆是。

《大方广佛华严经》在日本又被称为"尼经"。佛史传后堀河天皇贞永三年（1232）有日本比丘尼真觉、明达、性明、戒光、明行、禅惠、信戒七位在"承久之役"中丧夫妇人合写之《大方广佛华严经》五十四帖。此写经俗称"尼经"，书风柔和，经中朱笔句切点，又有墨笔所施之假名音点（使用的是"吴音系"）。此经今存京都拇尾高山寺。

国内有佛学研究者对这两个文本的关系，似有混淆之处，常混为一说，或许只因未能见到这两个文本的缘故。

日本今存《大方广佛华严经疏》宋刊本两种，一种为宋绍兴十六年（1146）刊本，静嘉堂文库有残本十三卷；一种为宋两浙转运司刊本，御茶之水图书馆有残本三卷，静嘉堂文库有残本十七卷与残本二十卷各一套。我在静嘉堂文库未能读到此书而在御茶之水图书馆访书中得与此书晤面，故特记录于此。

御茶之水图书馆藏宋两浙转运司刊本《大方广佛华严经疏》卷五，卷四十一，卷四十五，凡三帖。原系京都拇尾高山寺旧藏。

此本每半折四行，经文每行十五字左右，疏文双行，每行二十字左右。宋刊大字本。上下天地高约24.2厘米，幅宽11厘米。此本由后人重新装裱，中缝被多处切割，文字模糊。有三处可见"浙西运使开　注华严经四十一"，有一处可见"注华严经四十一浙西运使开　九"。

卷第四十一之首叶第一行，顶格题刊"大方广佛华严经疏第四十一"，下有双行文字曰"入第□十四经下半"，凡八字。第二行上空一字，题署"清凉山沙门澄观述，晋水沙门净源录疏注经"。第三行起为卷第四十一之正文，首有双行文字："（□四至一切处迴向长行亦／二先位行三□初牒名徵起）佛子云何为菩萨。"

卷中蠹蚀较多，且此本之卷五，纸质、墨色与字体等，皆与其他二卷有异，似为他本杂入。卷首有"高山寺"朱文长印。封面有"天下之公宝须爱护"朱文。

与此宋代专刻本相同的，则是静嘉堂文库所藏《大方广佛华严经疏》残本两套。一为残本十七卷，一为残本二十卷。

静嘉堂文库另外藏有《大方广佛华严经疏》宋绍兴十六年（1146）刊本残本十三卷，折本装，凡十二帖。此经今存卷一、卷二、卷三、卷四、卷五、卷七、卷八、卷九、卷十一、卷十八、卷二十、卷二十九、卷三十，凡十三卷。

卷一末有宋绍兴十六年（1146）施主发愿文。其文曰："湖州乌程县移风乡乌墼镇市北保居住清信崇奉佛弟子张长福，与母亲沈氏一娘、妻室陆氏三娘、长男立、次男文祐、文质与家眷等，舍钱伍拾贯文，开华严经大疏第一卷，功德奉为母亲沈氏一娘，行年七十八岁，三月十三日降生，忏悔罪尤，庄严净报者。时绍兴丙寅孟夏望日谨题。乌墼镇普静寺习教比丘　守能　募捐。"

卷二末有宋绍兴十五年（1145）施主发愿文。其文曰："平江府吴江法喜院比丘法忠，施长财，命工刊此第二卷华严经大疏一轴，所鸠功德，资荐考宋六郎、妣朱氏六娘、兄七郎、妹二娘、四娘，伏愿众魂圆修三观，顿悟一乘，不离婆婆，即归华藏。皇宋绍兴乙丑季春一日题寄。华亭善住教院习教比丘　妙琪劝缘。"

卷三末有宋绍兴十五年（1145）施财者发愿文。其文曰："平江府吴江法喜院比丘法忠，施钱刊此华严经大疏第三一卷，所□福善，洗涤无始黑业，仍忏见为僧受具破毁律仪，咸希清净，然后庄严报谢种智圆成，广及众生，同归华藏。皇宋绍兴乙丑清明日题，华亭善住习教比丘。"

卷二十九末有施财者发愿文。其文曰："常州无锡县新安乡去私里水平大王天子管界居住弟子过元，施钱三贯文足，刊疏一板，荐亡翁廿八承事、亡婆钱氏七娘子、亡考五十一郎、亡妣皋氏十八娘子，愿速生净土。比丘昙秀，施钱一贯文；弟子徐骞同妻陈氏四十八娘，施钱一千；弟子高颋同妻徐氏四十娘，共施钱一千；女弟子徐氏五十娘、徐氏四十八娘，共施钱一千；女弟子詹氏三娘、朱氏八娘，各人施钱一千。"

我不厌其烦地抄录这些施财者的发愿文，是因为觉得它们为中国佛学史、中国民俗史与中国文化史提供了十分生动的最基本的材料。我们由此而获得的对中国社会文化的感知，或许会大大超过许多教科书枯燥的叙述。

此本每半折无界六行，行二十字左右。上下单边，高约23.3厘米。一纸幅宽56厘米，为五半折，每半折幅宽11.3厘米。接缝处有刻工姓名，如林俊、沈义、陈良、瞿颜、周通、沈安、赵宗、骆升、骆良等。

静嘉堂文库藏此两种三套宋刻残本《大方广佛华严经疏》，这三部佛典的传递路线饶是有趣，也耐人寻味。其中两套两浙转运司刊本不仅刻本与御茶之水图书馆本相同，而且在日本的最初收藏地也相同，都是京都拇尾高山寺的旧藏本。自京都拇尾高山寺流出后，由日本东京溜池灵南街第四号读杜艸堂主人寺田盛业（望南）收藏。而宋绍兴年间刊本，原为中世纪时代十无尽院收藏，后来也归了读杜艸堂主人寺田盛业（望南）。19世纪中期，此三部宋刊书皆返回中国，同归于陆心源的皕宋楼。然而，这原已回归的典籍，却又物换星移，1907年又第二次出国，现在全部被收藏在日本的静嘉堂了。

7. 宋刊本《物初剩语》二十五卷《物初和尚语录》(不分卷)(日本重要美术财)

宋释大观有《物初剩语》二十五卷传世,而不见《四库全书》著录,今国内也无留存文本。御茶之水图书馆藏此宋本一部,共十册。

此本每半叶十一行,行二十字。左右双边(19.4厘米,12.6厘米)。版心记事不统一。

《物初剩语》无目录叶,如卷一著录五七言诗三十三首,诗目如次:

(1)听一琴师(五言);
(2)喜雨次北磵老人贺王百里韵(七言);
(3)崔中书家藏阎立本醉道士图北磵老人命同赋(七言);
(4)送镜潭返蜀(五言);
(5)次韵酬陈上舍(五言);
(6)春日杂书以"红入桃花嫩,青归柳叶新"为韵十首(时寓琴川)(五言);
(7)为崔学士赋梅山(五言);
(8)除夜雪至人日(五言);
(9)庵居寄友(五言);
(10)芰松行(七言);
(11)中庭榴花盛开(五言);
(12)苦旱效昌黎诗(七言);
(13)送梅山赴温州支盐(七言);
(14)听僧弹独清(五言);
(15)酬虞府判(七言);
(16)次韵山行(五言);
(17)次钱槐隐索面韵(七言);
(18)茨雪为槐隐作(五言);
(19)安牧夜住玉冈长庆(七言);

（20）寿直院应侍郎（七言）；

（21）呈刘秘书（五言）；

（22）积阴（五言）；

（23）枯木行（七言）；

（24）茨实（五言）；

（25）定斋（五言）；

（26）喜雨（七言）；

（27）桃源行（五言）；

（28）重九后二日宿颐蒙庵十五韵呈颐蒙讲师兼简李雪林（五言）；

（29）至径山会安危峰（七言）；

（30）东山（五言）；

（31）赠医工姚枢干（七言）；

（32）送莹玉涧再游庐山（七言）；

（33）剡源住华亭延庆（七言）；

物初之诗，风气朴实，如七言《苦旱效昌黎诗》，所述题材更贴近民生，且为民俗学、生物学、宗教学等提供了诸多的材料。此诗曰：

> 五日不雨忧无麦，十日不雨忧无禾。
> 十日五日巨无雨，奈此一晴半岁何。
> 种不入土期已矣，已种而槁还蹉跎。
> 高田低田涨黄埃，早稻晚稻如束莎。
> 湖通人行成径路，舟无口荡空摩沙。
> 井口辘轳久断汲，水争升斗严相诃。
> 未忧饥死忧渴死，有生窘急俾虿蛾。
> 雷公鞭车电摇帜，秋来云气频遮罗。
> 须臾风伯扫无迹，赫赫火伞升羲和。
> 蝗螟交孳方坌集，蔽天漫垅何其多。
> 在处斋心走群望，金碧观阙开峨峨。
> 一蹄涔湫龙所蛰，但见蜥蜴与蝌蚪。

牲肥酒香竭诚敬，有灵不阁理则那。
暴尪之说尤诞口，颈血溅俎悲刑鹅。
彼苍降酷何太甚，执丰口柄终无颇。
所感召者既若此，不知何以消荐瘥。
救饥无及且救渴，安得十日连滂沱。
弗须淬剑血妖魔，但看挂壁蚩陶梭。

卷中有朱笔句点，若干汉字旁有假名注音。

此本传为佛国禅师从中国携带归国。卷中有"宝珠庵常住"等印记。

此本已于1932年（昭和八年）被确认为"日本重要美术财"。

这样丰富多彩的作品，国内外治宋代文学者几乎还无人顾及于此，这位洋溢才华的僧人作家的作品，一直沉眠在异国地下室的书库中，真是令人扼腕！

8. 宋刊本《虚堂和尚语录》三卷、《续辑》一卷

有宋一代，随着禅宗风气的盛行，高级僧侣普遍以"语录体"为传递佛教义理的手段，称为"剩语""语录"，或"法语"，于是，社会盛行大和尚们的语录本。《虚堂和尚语录》汇集宋释智愚虚堂和尚在嘉兴府兴圣禅寺、报恩光孝禅寺、庆元府显孝禅寺、瑞嵓开善禅寺、万松山延福禅寺、婺州云黄山宝林禅寺、庆元府阿育王山广利禅寺、柏岩慧照禅寺、临安府净慈报恩光孝禅寺、径山兴圣万寿禅寺等禅寺之语录，并法语、序跋等。

御茶之水图书馆藏宋刊本《虚堂和尚语录》三卷、《续辑》一卷，皆为虚堂和尚在世时编成。每半叶有界十一行，行二十字。白口，左右双边（19.6厘米×12.5厘米）。

卷末有宋咸淳五年（1269）新差住持福州鼓山嗣法小师妙源《跋》。《跋》后有《刊记》一行，其文曰："小师楚苹清塞谨抽衣资命工刊行"。

此本由日本入宋僧携归，卷中有朱墨点，系日本室町时代僧人所施。此本在中世纪后期曾经为一休纯（Ixtukyu Soujyun, 1393—1481）收藏。"一休"的

名字为很多中国人，特别是为迷恋电视动画片的孩子们所熟知，也是件有趣的事情。

卷中有"天下能藏司""真珠庵""蟠桃院""乐亭文库""桑名""古川氏之记"等印记。

此外，宫内厅书陵部也藏有宋刊本《虚堂和尚语录》三卷、《续辑》一卷一种。

宋释智愚虚堂和尚在日本中世纪时期的佛界有相当的威望。日本花园天皇正和二年（1313）僧人宗哲等曾经刊印《虚堂和尚后录》一卷。每半叶十一行，行二十字。白口，左右双边。尾有刊记六行，其文曰："祖翁在世，《语录》二帙刊流天下。宋咸淳五年（1269）续录后集，已成三卷，而本朝未刊行之。先师常为言，而未果成也。为人之后者，曷无勇为乎！仍搜遗逸新添数纸于后录之尾，锓梓于龙翔。正和癸丑（1313）开炉日，拙孙宗卓敬书，沙弥宗哲等施财开版。"读其文可感知日本僧人内心对虚堂的景仰之情。

依据我所察访到的资料，日本在明治时代之前，曾有三次刊印《虚堂和尚语录》三卷并《后录》一卷。此即室町时代刊本、后阳成天皇至后水尾天皇庆长年间（1596—1615）活字刊本、后光明天皇正保四年（1647）京都中野小左卫门刊本。

9. 宋刊本《重刊古尊宿语录》（不分卷）（日本重要美术财）

御茶之水图书馆藏宋咸淳丁卯（1267）刊《重刊古尊宿语录》。全本不分卷，题署宋释渭颐编辑，凡二十二册。

卷前有宋咸淳丁卯阿育王山住持嗣祖大观《序》，又有释德最撰《略传》。

每半叶有界十一行，间或十二行，行二十字至二十二字不等。白口，左右双边（20.1厘米×12.6厘米）。

此本各册细目如次：

第一册《池州南泉普愿和尚语要》

《投子和尚语录》

《睦州和尚语录》

第二册《镇州临济慧照禅师语录》

第三册《赵州真际禅师语录并行状》

第四册《大隋开山神照禅师语录》

《衢州子湖山定叶禅院第一代神力禅师语录》

《皷山先兴圣国师和尚法堂玄要广集》

第五册《襄州洞山第二代初禅师语录》

第六册《汝州南院颙和尚语录》

《汝州叶县广教省禅师语录》

第七册《潭州神鼎山第一代諲禅师语录》

《并州承天嵩禅师语录》

《石门山慈照禅师凤岩集》

第八册《舒州法华山觉和尚语要》

《筠州大愚芝和尚语录》

第九册《云峰悦禅师语录（初住　次住）》

《袁州杨歧会老语录》

《潭州道吾真禅师语要》

第十册至第十二册《云门匡真禅师广录》（三卷）

第十三册《东林和尚云门庵主颂古》

第十四册《滁州琅琊山觉和尚语录》四卷

第十五册《舒州白云山海会和尚语录》

第十六册至第十九册《黄梅东山语录》

《宝峰云庵真净禅师语录》三卷

第二十册至第二十二册《佛眼禅师语录》

卷中有浅野梅堂手识文，其文曰："元治首载甲子槐夏于葛西乐是园柏拱楼一阅蒋潭鈌侣。"

此本原系日人狩谷掖斋、新见赐庐、浅野梅堂、德富苏峰成篑堂等旧藏。1932年（昭和八年）日本文化财审议委员会确认此本为"日本重要美术财"。

10. 宋湖州刊本（思溪版）《一切经》（残本）三百十七帖

德富苏峰成篑堂旧藏宋湖州刊本（思溪版）《一切经》（残本）三百十七帖。此本折本装，每半折六行，行十七字左右。上下单边。经题之下依千字文列函号。各纸右端有函号、经题、版数、刻工姓名等。

此本存目如次：

第一帙（全经本）

《大方等大云经》三卷，三帖；

《大方广三戒经》三卷，三帖；

《佛说持明藏瑜伽大教尊那菩萨大明成就仪轨经》四卷，四帖（首有《大宋新译三藏圣教序》）；

《大方广善巧方便经》四卷，四帖；

《大乘不思议神通境界经》三卷，三帖；

《给孤长者女得度因缘经》三卷，三帖；

《金刚般若波罗蜜经论》三卷，三帖；

《僧伽斯那所撰菩萨本缘经》四卷，四帖。（以上凡二十七卷，二十七帖）

第二帙（全经本）

《发菩提心破诸魔经》二卷，二帖；

《发菩提心论》二卷，二帖；

《大乘修行菩萨行门诸经要集》二卷，二帖；

《如幻三摩地无量印法门经》三卷，二帖；

《佛说超日月三昧经》二卷，二帖；

《菩萨璎珞本业经》二卷，二帖；

《未曾有因缘经》二卷，二帖；

《宝如来三昧经》二卷，二帖；

《缘生初胜分法本经》二卷，二帖；

《中本起经》二卷,二帖。(以上凡二十一卷,二十帖)

第三帙(全经本)

《甄正论》三卷,三帖;
《破邪论》二卷,二帖(上卷有朱墨笔注,上下卷皆有朱点)。
(以上凡五卷,五帖)

第四帙(单经本)

《佛说尊胜大明王经·智光灭一切业障陀罗尼经·如意宝惣持王经》(三经同卷)一帖;
《说罪要行法·受用三水要行法·护命放生仪轨法》(三经同卷)一帖;
《佛说师子奋迅菩萨所问经·华聚陀罗尼咒经·华积陀罗尼神咒经·六字咒王经·六字神咒王经》(五经同卷)一帖;
《菩提场庄严陀罗尼经》一卷,一帖;
《菩提场庄严陀罗尼经》一卷,一帖;
《阿閦如来念诵供养法·佛顶尊胜陀罗尼念诵仪轨》(二经同卷)一帖;
《商主天子所问经二》一卷,一帖;
《入定不定印经》(首有《大周新翻三藏圣教序》)一卷,一帖;
《圣宝藏神仪轨经》二卷,一帖;
《佛说犊子经·乳光佛经·无垢贤女经·腹中女听经》(四经同卷)一帖;
《诸教决定名义论》(《复颂》·《佛说大方广未曾有经善巧方便品》)(二经同卷)一帖;
《观自在多罗瑜伽念诵法》(《复别经》一卷),一帖;
《妙法莲华经论》一卷,一帖;
《观所缘论释》(卷首有《中宗皇帝制三藏圣教序》)一帖;
《息除中天陀罗尼经·秘密箧印心陀罗尼经》(二经同卷)一帖;

《消除障难随求陀罗尼经·灯明如来陀罗尼经》（二经同卷）一帖；

《三赋歌·御制佛赋上下·御制诠源歌》（四歌赋同卷）一帖；

《德光子经》一卷，一帖；

《涅槃经本有今无偈论》（《复别经》一卷），一帖；

《叶衣观自在菩萨经·毗沙门天王经·诃利帝母真言法》（三经同卷）一帖；

《普贤金刚萨埵瑜伽念诵仪·文殊问经字母品第十四》（二经同卷）一帖；

《金刚王菩萨秘密念诵仪轨》（《复别经》一卷），一帖；

《金刚顶莲花部心念诵仪轨》一卷，一帖；

《金刚顶瑜伽千手千眼观自在菩萨修行仪轨经》一卷，一帖；

《三具足经论》（卷首有《翻译之记》）一卷，一帖；

《转法论经》（卷首有《翻译之记》）一卷，一帖。

第五帙（单经本）

《菩萨善戒经》卷第四、七、十，三卷，三帖；

《大般涅槃经》卷第四、六、七，三卷，三帖；

《众事分阿毗昙》卷第二、三，二卷，二帖；

《金刚三昧经》卷下（《复别经》三卷），一帖；

《优婆夷净行法门经》卷下，一帖；

《诸法无行经》卷上，一帖；

《无量清净平等觉经》卷下，一帖；

《杂阿含经》卷第十六，一帖；

《中论》卷第四，一帖；

《集诸法宝最上义论》卷上，一帖；

《功德施论》卷下，一帖；

《阿毗昙八犍度论》卷第十五，一帖；

《佛说未曾有正法经》卷第三，一帖；

《方广大庄严经》卷第六、第七，二帖。

第六帙（单本经）

《佛顶尊胜陀罗尼经》第五，一帖；

《一切功德庄严王经》（《复别经》三卷），一帖；

《最胜佛顶陀罗尼净除业障经》一帖；

《观自在菩萨怛嚩多唎随心陀罗尼经》一帖；

《无量门微密持经》一帖；

《阿那律八念经》（《复别经》二卷），一帖；

《佛说七知经》（《复别经》二卷），一帖；

《佛说诸法本经》（《复别经》二卷），一帖；

《佛说慧印三昧经》一帖；

《相续解脱地波罗蜜了义经》一帖；

《劝发诸王要偈》（《复别颂》一卷），一帖；

《婆薮槃豆传》（《复别经》一卷），一帖；

《赞扬圣德多罗菩萨一百八名经》（《复别经》一卷），一帖；

《佛说萨钵多酥哩踰捺野经》（附《大宋新译三藏圣教序》）（《复别经》二卷），一帖；

《胜军化世百喻伽他经》（《复别经》一卷），一帖；

《佛说四谛经》（《复别经》二卷），一帖；

《佛说苦阴经》（《复别经》二卷），一帖；

《佛说乐想经》（《复别经》二卷），一帖；

《佛说缘本致经》（《复别经》二卷），一帖；

《佛说长者法志妻经》等（三经同卷），一帖；

《八大人觉经》（《复别四经》），一帖；

《金刚场陀罗尼经》一帖；

《佛说铁城泥犁经·佛说古来时世经》（三经同卷）一帖；

《佛为海龙王说法印经》等（四经同卷），一帖；

《诸法最上王经》一帖；

《佛说大乘流转诸有经》（《复别经》二卷），一帖；

《大寒林圣难拏陀罗尼经》（《复别经》一卷），一帖；

《金刚顶经曼殊室利菩萨五字心陀罗尼品》等（二经同卷），一帖；

《佛说八部佛名经》等（三经同卷），一帖；

《佛地经》等（二经同卷），一帖。

第七帙（单本经）

《佛说月明菩萨经》（有"西寺目财"朱文印），一帖；

《菩萨所问大乘法螺经》（有"西寺目财"、"宝轮"朱文印），一帖；

《文殊师利般涅槃经》（有"宝轮"朱文印），一帖；

《佛说梵志阿颰经》（有"西寺目财""宝轮"朱文印），一帖；

《佛说须赖经》二、十一（有"西寺目财""宝轮"朱文印），二帖；

《佛说四无所畏经》（《复赞》一卷、《别经》二卷）（有"宝轮"朱文印），二帖；

《一字顶轮王瑜伽经》（《复别经》二卷），一帖；

《佛说楼阁正法甘露鼓经》（《复别经》一卷）（有"西寺目财"、"宝轮"朱文印），一帖；

《佛说一向出生菩萨经》，一帖；

《佛说圣大惣持王经》（《复别经》一卷）（有"西寺目财"、"宝轮"朱文印），一帖；

《佛说较量寿命经》（有"西寺目财"、"宝轮"朱文印），一帖；

《佛说阿难陀目佉尼诃离陀邻尼经》等（二经同卷）（有"西寺目财"、"宝轮"朱文印），一帖；

《一切秘密最上名义大教王仪轨》卷上下等（二经同卷）（有"稀司目财"、"宝轮"朱文印），一帖；

《无字宝箧经》等（三经同卷）（有"西寺目财"、"宝轮"朱文印），一帖；

《显扬圣教论颂》（有"西寺目财""宝轮"朱文印），一帖；

《一切佛摄相应大教王经圣观自在菩萨念诵仪轨经》（有"西寺目财""宝轮"朱文印），一帖；

《弥勒成佛经》（有"西寺目财""宝轮"朱文印），一帖；

《最上大乘金刚大教宝王经》卷上下，一帖；

《圣虚空藏菩萨陀罗尼经》一帖；

《阿难陀目佉尼诃离陀经》等（二经同卷），一帖；

《大乘遍照光明藏无字法门经》（《复别经》四卷），一帖；

《分别布施经》等（三经同卷），一帖；

《伏媱经》（《复别经》二卷），一帖；

《菩萨行五十缘身经》（《复别经》一卷），一帖；

《圣观自在菩萨不空王秘密心陀罗尼经》一帖；

《象头精舍经》等（二经同卷），一帖；

《月光童子经》（《复别经》二卷），一帖；

《菩萨内习六波罗蜜经》（《复别经》一卷），一帖。

第八帙（残经本）

《开元释教录略出》卷二、卷三、卷四，凡三帖；

《众经目录》卷第一并序、卷二、卷三、卷四，凡四帖；

《大周刊定众经目录》卷第一并序、卷二、卷三、卷四、卷六、卷八、卷十一至卷十八、卷二十，凡十五帖。

第九帙（残经本）

《瑜伽师地论》卷六十一、卷六十三、卷六十四、卷六十七、卷六十八、卷六十九、卷七十一至卷七十五、卷七十八、卷八十、卷八十一、卷八十七、卷九十，凡十六帖；

《经律异相》卷二、卷五、卷八、卷十、卷十四、卷十五、卷十七、卷二十、卷二十五至卷二十七、卷二十九、卷三十二、卷三十三、卷三十四、卷三十六、卷三十七、卷三十九、卷四十五、卷四十八、卷六十一、卷六十三、卷六十四、卷六十七、卷六十八，凡二十一帖。

第十帙（残经本）

《说一切有部发智大毗婆沙论》卷一百二、卷一百四、卷一百六、卷一百七、卷一百十三、卷一百十六、卷一百二十、卷一百二十三至卷一百二十五、卷一百二十八、卷一百三十、卷一百三十二、卷一百三十三、卷一百三十九、卷一百四十、卷一百四十一、卷一百四十五、卷一百四十八、卷一百四十九、卷一百五十三、卷一百五十八至卷一百六十四、卷一百六十六、卷一百七十一、卷一百八十至卷一百八十二、卷一百八十五至卷一百八十八、卷一百九十八，凡三十八帖。

第十一帙（残经本）

《佛本行集经》卷三十三、卷四十一、卷四十六、卷四十九、卷五十、卷五十一、卷五十五、卷五十六、卷五十七、卷五十九，凡十帖；

《正法念处经》卷四十三、卷四十八、卷四十九、卷六十四至卷六十八：凡八帖；

《阿毗达磨品类足论》卷一至卷四、卷六至卷八、卷十一、卷十四至卷十六，凡十二帖。

第十二帙（残经本）

《方广大庄严经》卷八、卷十、卷十一、卷十二，凡四帖；

《普曜经》卷一、卷三、卷四，凡三帖；

《萨遮尼乾子受记经》卷五、卷七、卷八、卷九，凡四帖；

《大乘阿毗达摩集论》卷二、卷三、卷五、卷六、卷七，凡五帖；

《大方等大集经》卷七、卷十七、卷二十三，凡三帖；

《佛地论》卷一、卷二、卷三、卷六，凡四帖；

《御制秘藏诠》卷十二、卷十四、卷十七，凡三帖。

11. 宋刊本《北磵诗集》九卷（日本重要美术财）

宋释居简，俗姓王氏，字敬叟，为宋代佛门工于诗文者。其作品编撰为《北磵诗集》九卷、《北磵文集》十卷、《北磵和尚外集》一卷。今国内仅有宋刊本

《北磵文集》残本八卷一种，存于中国国家图书馆。

日本今御茶之水图书馆藏宋刊本《北磵诗集》九卷一种，宫内厅书陵部藏宋刊本《北磵文集》残本四卷一种、宋刊本《北磵和尚外集》一卷一种。另保存有15世纪日本依宋刊崔尚书宅本覆刻《北磵诗集》九卷、《北磵文集》十卷、《北磵和尚外集》一卷。

御茶之水图书馆藏宋刊本《北磵诗集》九卷，为国内所不见，《四库全书》也不著录。

此本每半叶十四行，行二十四字。左右双边（23.5厘米×16.5厘米）。版心有字数，并记刻工姓名。从行款判断，此本亦当为宋时崔尚书宅刻本。

首附叶水心《水心先生酬北磵诗帖》二叶。前有《目录》二十叶。

卷末有日人写录之原五山版《北磵诗集》应安甲寅日僧祖应《刊语》。

此本原系日本镰仓圆觉寺旧藏，疑为五山僧人从中国携带归国。后归德富苏峰成篑堂等旧藏。每册尾有"青柳轩常住"墨书，墨痕尚鲜。

此本系明治三十八年（1905）德富苏峰得之于镰仓圆觉寺之塔头归源院。

此本已被日本文化财审议委员会确认为"日本重要美术财"。

此外，宫内厅书陵部藏宋刊本《北磵文集》残本四卷，为《文集》之卷七至卷十。而中国国家图书馆所存之《北磵文集》宋刊本残本八卷，为《文集》之卷一至卷八，缺佚卷九与卷十。此两残本恰能互相补缺，成一宋时崔尚书宅刻本之完本。

宫内厅书陵部又藏《磵和尚外集》一卷，系宋淳祐年间（1241—1252）刊本，为国内所不见，《四库全书》也不著录。每半叶十行，行二十字。白口，左右双边（20.8厘米×5厘米）。首题"嗣法小师大观编"。前有宋淳祐庚戌（1250）清明后十日嗣法小师大观撰《序》。全本凡《偈颂》三十六叶、《赞》十五叶、《题跋》六叶。末附《行述》一篇，亦大观所撰。卷末有日本南北朝时北朝后光严天皇应安庚戌（1370）日僧圆月题识。其文曰："磵阴语，日本未行，予忝为耳孙，责不归焉邪？古岩西堂募缘开版。《语录》《外集》二册既印行京师，予集众读则夸之。吾祖如此胸次也。有似葛伯，不能祀其先。成汤送饷于民，使耕田为祀，葛伯敛而食之，猺（原文）予虽读而夸之，颡且如雨下。应安庚戌夏不肖远孙圆月拜手。"此识语当从五山刊本补录。此本卷首有"巢松印记。董康《书舶庸谭》卷三、傅增湘《藏园群书经眼录》卷十四，已经著录此本。

12. 宋刊本《新雕大唐三藏法师取经记》三卷
（日本重要美术财）

《新雕大唐三藏法师取经记》，不知何人所编撰。题名"大唐"，则可能始撰于唐代，而宋版题名"新雕"，更可以证实这一推测。全书记叙三藏法师与其徒弟猴行者西天取经的故事，实为明代《西游记》小说源头之一，然此书在我国国内早已经逸失。

御茶之水图书馆藏宋刊本《新雕大唐三藏法师取经记》全本三卷，已被日本文化财审议委员会确认为"日本重要美术财"。

全书每半叶十行，行十八字左右。左右双边（17.5厘米×13厘米）。每叶蠹蚀严重，今日所见之本已经由德富苏峰重新修缮装订，故版心皆已磨灭，其文字不可得见。

全书行文中简体字甚多，如"无""尽""处""乱"等，又多处使用异体字。

卷一存五叶。首叶起首曰：

> 惊惶猴行者曰："我师不用惊惶，因名蛇子，有此众蛇，虽大小差殊，且缘皆有佛性，逢人不伤，见物不害。"法师曰："若然如此，皆赖小师威力。"进步前行。大小蛇儿见法师七人前来，其蛇尽皆避路，闭目低头，人过一无所害。……

最末文曰：

> "……猕猴，今日吐至来日，今月吐至后月，今年吐至来年，今生吐至来生也不尽。"白脱精闻语，心生忿怒，被猴行者化一团大石在肚内，渐渐会大。教虎精吐出，开口吐之不得，只见肚皮裂破，七孔流血，喝起夜叉，

浑门大杀。虎精大小粉骨尘碎，绝灭除踪。僧行收法，歇息一时，欲进前程，乃留诗曰："火类坳头白火精，浑群除灭永安宁，此时行者神通显，保全僧行过大坑。"

第六叶起为卷三。（卷二全缺）

卷三标题占二行，顶格书曰："新雕大唐三藏法师取经记卷第三"，第三行上空四字，分节标题，首书"如优钵罗国处第十四"。后依次为"如竺国度（渡？）海之处第十五"，"转至香林寺受心经处第十六"，"到陕西王长者妻杀儿处第十七"。

卷三共九叶半，第十叶前本叶文占三行，空一行，题曰："新雕大唐三藏法师取经记卷弟（第？）三终。"

全卷末有德富苏峰墨书手识文，其文曰：

  此书予尝于日口坊书肆得焉。蠹蚀剥藩，无殆着手（似应为"殆无"——笔者）之地。今偶修补缮治，俨然宋椠，面目如新。呜呼，微予，此书不免银鱼之饵也。后之触此书者，珍惜宝爱而可也，至嘱。明治三十八年二月十三日夕于成箦堂，苏峰学人。（后有"德峰所有"朱文大方印）

卷末另贴一纸，为浅绿色笺，荷叶蜻蜓图案着底，系罗振玉题跋。其文曰：

  事既假托三浦将军所藏《取经诗话》巾箱本，叹为中土久佚之秘籍。闻苏峰先生藏宋椠别本，荷远道假观，板式大于《取经诗话》，而雕本尤精，□□□□与三浦本虽微异而实为一书。书中"惊"字从"敬"（此字缺最后一捺），阙朱笔，乃宋椠之确证，予既取两本，同影印，并识语以记嘉惠。丙辰冬上虞罗振玉书于东山寓居之四时嘉至轩。

此本书中附有同年罗振玉致德富苏峰信函一封。其文曰：

  苏峰先生阁下，辱答书，敬悉成箦堂文库所藏《唐三藏取经记》，允见借□佩高谊……三五日即珍重奉还，断不口失迟误……。

末署"弟罗振玉再拜"。信封贴日本邮票三钱，时罗振玉住日本京都左京区净土寺町字马场八番。

此本原系京都高山寺、德富苏峰成箦堂等旧藏。卷三首叶标题左上角有"高山寺"朱文长印,印色业消退。全书封面有"青山草堂"朱文阴文方印,"德富所有"朱文双边方印,又有"须爱护苏峰嘱"朱文印。

孙楷第《日本东京所见小说书目》卷一著录此本。

此本于1932年(昭和八年)被确认为"日本重要美术财"。

我在御茶之水图书馆,亦即现在的这个"妇人之友图书馆"中观书五天,每天中午就依靠喝些自来水抵抗饥饿,好在日本的自来水都是可以喝的,没有灾病之虞。每天坐在透明的玻璃罩里与来自华夏的典籍晤面,低了一天的头,难免有些酸疼麻木之感,但总是沐浴在数百千年前我们的先祖所阐述的知识的大海中,倒也忘却了身外的一切。当下午五点的钟声响起,就匆匆把文献归还,走出大楼的玄关,没入熙熙攘攘的人群之中,在火车站上,迎着夕阳,等待呼啸而来的列车。这时候真是感到身心疲乏。走到住宿的门口,踏在细石铺垫的小路上,想到自己这样一次一次地蹀躞海外,面对茫茫的汉籍,何时了结!心情又变得沮丧起来。但到了晚上,拿出一天的记录,整理一天的所得,听着先祖们的款款言论,体验他们对人类文明的伟大贡献,心情又豁然开朗,觉得付出竟是如此值得!第二天东方日出,阳光灿烂,不容细想,又踏上了观书之道。

在真福寺访"国宝"

佛教经由中国与朝鲜半岛传入日本之后,自飞鸟奈良时代直至江户时代,中日两国以佛教为中心的宗教交流持续不断,学问僧持续西渡,取回汉籍文献甚为丰厚。特别是自禅宗兴盛之后,从12世纪后期至17世纪初期,在日本文化史上还出现了以佛教寺庙为文化中心地的"五山文化时代",这是一个汉籍传播极为发达且成就极为辉煌的时代,所以,日本的佛教寺庙便成为收藏中国文献典籍的巨大宝库。

日本佛教寺庙的汉籍特藏,如关东地区的轮王寺,中部地区的真福寺,关西地区的东福寺、石山寺、高山寺、三井寺、万寿寺等,皆拥有珍典秘籍,其中不乏绝世之宝。但寺门有宗规,不为外人窥目。近代以来,虽间有披露,然学术界真正能得以睹物过目者则极为少矣。

蒙日本佛教大学的照应,特别是我的朋友吉田富夫教授(Yoshida Tomio)的斡旋,更由于丹羽香女士(Niwa-Kaori)和清水茂先生(Shimizu Shigeru)的悉心安排,使我得以首先进入日本中部地区的寺庙,经眼秘籍。

在日本的寺庙特藏中,"真福寺本"具有特别重要的价值。早先黎庶昌氏《古逸丛书》中,曾著录有8世纪日本人写本《汉书·食货志》

一种,并《琱玉集》一种(皆为残本),此即系"真福寺本"。20世纪以来,有两位日本学者曾经传递过关于"真福寺本"的讯息。明治三十八年(1907),后来成为日本"近代中国学"奠基者之一的内藤湖南,当时作为新闻记者途经名古屋时,曾经拜访过真福寺。同年7月28日,他在大阪刊《每日新闻》上以《名古屋的宝物》为题,报道了他在真福寺经眼的古本。尽管文字语焉不详,但这是首次披露真福寺汉籍珍本的收藏。30年之后,即1935年,东京帝国大学的黑板胜美(Koroita-Katsubi)博士,根据当年内藤氏提供的线索,对名古屋真福寺的典籍进行了调查。黑板胜美博士报告该寺有日本国宝级典籍三件——即8世纪日人写本《汉书·食货志》(残卷),同时代写本《琱玉集》(残卷),唐人写本《翰林学士诗集》(残卷)。此外,尚有宋刊本数种,被确认为"日本重要文化财"。自20世纪30年代黑板胜美博士报告之后,60年以来,再未见有学者提及"真福寺本",更无有评述者。

我前几次在日本期间,向朋友打听真福寺,皆不知其详。原来,名古屋在第二次世界大战末期,曾遭受美军空袭,除车站旁的几条小巷外,全城几乎被夷为平地。我心中疑惑,这真福寺及其所藏之珍宝典籍,大概已遭兵燹,不禁悲怆。

丹羽香女士帮了我的大忙,经她多方调查,证实真福寺为真言宗智山派之大本山,属空海大师一宗。原寺的确已经在1945年的战火中被毁,现今名古屋香火旺盛的大须观音,即系该寺之后身。原寺所藏之典籍文献,现由该寺宝生院掌管。经与寺院诸长老协商读书事项,寺院方面表示,既然是从中国来访书,又是北京大学的先生,理当同意接待。但是否可以出示国宝,此事尚需持主亲自批准,并且需视当日天气而定,如天冷、阴湿、雨雪等,则皆为不宜。又寺庙收藏,实系私家性质,故开库时尚需要付一笔费用。当丹羽香女士把她联络的诸事转告我时,我真是欣喜至极,完全接受寺庙方面提出的这些规约,于是,便约定了观书的日期。

真是天不助我!前一天还是晴空万里,当日却是一个雨天。我感到此次试欲经眼珍宝秘籍,似为奢望了,但若能拜谒寺庙,确认文献的存在,也是一件有益之举。

接待我们的是大须观音宝生院法务执事冈部快晃(俊光/Okabe-Yoshimitsu)法师。我们递上日本佛教大学的公函,被延领入室。法师和顺热情,在用过抹茶之后，谈话即转入正题。原来，真福寺的汉籍，主要为14世纪该寺二代持主信瑜的收藏。如是，则此地的典籍——无论是写本或是刻本，皆不会晚于元末明初之时。据冈部法师谈，真福寺原来建立于岐阜羽岛的木曾川与长良川的交会点上，其地名"大洲"，亦名"大须"。当时，二代持主信瑜与奈良东大寺东南院法师圣珍交好，圣珍遂将一批唐人写本与宋人刊本赠予信瑜，此即为今日之汉籍"国宝"与"重要文化财"，最早便藏于岐阜羽岛。17世纪初，德川家康执掌军政大权之后，分封其子到名古屋，是为"尾张藩"（今名古屋辖区古称尾张）。1612年，德川家康下令真福寺迁入尾张，即今汉籍国宝所藏之地。德川家康于1616年还亲临尾张新真福寺，阅读和汉古文献，故尾张藩主对真福寺之特藏尤为重视，多次着人点检文献，加盖官印。这次我所见的多种本子上，皆有"尾张国大须宝生院经藏图书寺社官府点检之印"之朱文方印（印约一寸五分五厘见方），首尾又常有"寺社官府再点检印"之朱文圆印（印直径约一寸），这些都是当时的大名尾张藩主以官方的名义进行整理的标记。

冈部法师在谈话中说："昭和十年东京大学的先生来这里（即指上述1935年黑板胜美博士的调查），说这么好的文书，一定要造地下室特藏起来。寺院方面听从东京大学先生的这个提议，造了一个特别的地下室。十年后，美军轰炸，地面的建筑烧尽了，唯独这些宝籍却在地下无恙。幸亏东京大学的先生啊！今天，中国北京大学的先生专程来敝寺，我想还是看一看原物为好。"对于末一句话，我怀疑自己是不是听差了道，而丹羽女士已经会心地笑了。

跟随法师走过曲折的回廊，再换一次鞋，步入地下通道，几个转弯后，便不知道东西南北了。冈部法师用密码打开了厚约30厘米的钢门，又接通电源，在开启第二层铁门后，展现在我们眼前的是一间约50平方米的特藏室。室内中央及正对着入口处的墙旁，皆有一列柜子。一面墙上悬挂着四张日本文化财审议委员会颁发的"日本国宝证书"。

法师递给我们白色的工作手套，便从柜中取出一卷轴，脱去绫缎包袱，我们屏住呼吸，慢慢地展开——这便是举世无双的唐人写本《翰林学士诗集》（残卷）了。

1. 唐人写本《翰林学士诗集》（残本）一卷（日本国宝）

《翰林学士诗集》全长二丈一尺二寸一分（706厘米左右），宽九寸一分（30厘米左右）。文字有界，乌丝栏边，界长七寸一分（23.6厘米左右）。每行十七字至二十字不等。纸质与我曾见过的唐人写本相似，属黄麻纸类。

此书中国历代诸家书目皆不载。本书系残卷，卷末与全文隔一行书"集卷第二"，旁注小字"诗一"二字，故不知道此书编著者姓氏，也不知道全帙卷数，甚至不知道正式书名。今题《翰林学士诗集》，系据19世纪日本目录学巨著《经籍访古志》所载。

森立之《经籍访古志》卷六著录"《翰林学士诗集》零本一卷"，题"旧钞卷子本，尾张国真福寺藏"。森氏题识曰："现存第二卷一轴，简端缺撰人名氏，不可考。……（是书）旧题《翰林学士》，亦未详其谁。今检书中所载，许敬宗诗居多，而目录每题下称'同作几首'，似对敬宗言，则或疑敬宗所撰欤？……是书洵为初唐旧帙……天壤间仅存之秘籍，零圭碎璧，尤可宝惜，不必问其作者而可也。"据此则可知《经籍访古志》所言之《翰林学士诗集》，即今名古屋大须观音宝生院藏本。森立之于《经籍访古志》此项之末，又引江户时代目录学家小岛学古语曰："壬寅冬月，泊热田。浅井正翼携真福寺经藏典籍见访，狂喜。展观中有是集，背书代宗朝'赠司空大□正广智三藏和上表制集卷第五、上都长安西明寺沙门释圆照□'云云。古香袭人，殆千年前本也。"此处所言"背书"云云，系指此卷纸背乃钞写《不空三上和上表制集》第五，为日本平安时代之遗迹。

今检《翰林学士诗集》，前有《目录》，其文曰：

  五言侍宴中山诗序一首奉　敕制并　御诗
  五言辽东侍宴临秋同赋临韵应　诏并同作三首并御诗
  五言春日侍宴望海同赋光韵应　诏合同上九首并御诗
  五言奉和浅水源观平□举旧蹟应　诏及同上五首并御诗
  五言侍宴延庆殿同赋别题得问阁凤应 诏并同上三首并

御诗

五言七夕侍宴赋韵得归衣飞□一首应　诏

五言侍宴延庆殿□同赋得花间鸟一首应　诏并御诗

五言侍宴抄栅宫赋得情一首应　诏

五言后池侍宴迴文一首应　诏

五言奉和咏棊应诏并同上六首并　御诗

从"目录"看，皆系侍宴应诏之作，然"目录"不具作诗者姓氏。我统观全卷，则作诗者自唐太宗李世民之下，约有许敬宗、郑元璹、于志宁、沈叔安、张後胤、张文崇、陆揖、杨师道、褚遂良、岑文本、长孙无忌、朱子奢、上官仪、高士廉、郑仁轨、刘泊、刘子翼等十八人，皆系初唐贞观至永徽年间近臣。全卷诗作凡六十首，虽系侍宴应诏之作，然今《全唐诗》皆未著录。昔日日本人市河世宁作《全唐诗逸补》，此六十首诗无一采入，显然他也未曾见过此卷。

此卷"目录"中《五言辽东侍宴》与《五言春日侍宴》处，有前述"尾张国大须宝生院经藏图书寺社官府点检之印"朱文方印，纸背有朱书"东南院本"四字，确系原奈良东大寺东南院藏物，14世纪归属于真福寺。明治四十一年（1908）审定此卷为"日本国宝"，昭和二十七年（1954）日本文化财审议委员会正式认定为"日本国宝"。

2. 8世纪日人写本《汉书·食货志》（残本）一卷（日本国宝）

"真福寺本"目前存寺的被认定为"日本国宝"的汉籍还有两件。一件为8世纪日人写本《汉书·食货志》，今为残卷；一件为同时期日人写本《琱玉集》，今亦为残卷。此二宝皆已被编入《古逸丛书》中了，故不赘述。

3. 宋刊本《新雕中字双金》一卷（日本重要文化财）

我在真福寺中经眼的汉籍珍典尚有宋本六种，皆已被日本文化财审议委员会认定为"日本重要文化财"。其中像《新雕中字双金》《绍圣新添周易神煞历揔王篇》等都是很有趣的文献。

《新雕中字双金》一卷，是宋代民间使用的类书，也是知识分子科场应考的参考书。此书为北宋神宗熙宁二年（1069）刊本。全本三十六叶，今缺第五、六、七、八共四叶，实存三十二叶。每半叶有界十一行，大字一字为小字四字，小字双行，行二十八字至三十五字。左右双边。

前有宋景德四年（1007）《双金序》。序文共半叶，有界十一行，行二十二字。作序者姓名被挖版抹去。其文曰：

> 夫《双金》者，不知何许时人所撰集也。观其创意立规，亦文辞之士，博采经籍，广摭子史，撮英撷粹，芟蔓存本，以成其志也。开一十八门，立五百馀目，星联珠贯，逾数万事，囊括包举，止盈一编。文略而可详，类繁而有别。盖将以备修撰而易检阅，振纲领而省简册也。徵少为贵者之言，作之有要；俾闻一知十之士，用之弗迷。至于从宦退徵，羁游异域，赍装之外，书籍难偕，置此巾箱，可觉遗忘，惜其有益时用，而沈在缃帙。爰命刊印，庶传永久，以其二字而明一事，谓之双事，有实而理可贵，谓之金，命名之义，其在兹乎！皇宋景德四年闰五月日前进（下刮去七字）序。

此书按部门分为"玄象、四时节令、地土草木、帝德、道释、鬼神、戎狄、文教礼乐、宗族、军武、刑教、职官、屋宇器服、鸟兽、人事、农田、肢体性情、虚实语数色"凡十八门。封面正中大字题签："新雕中金双字一部。"两侧各有小字一行，其文曰："此本今将经籍子史重加校勘，近五百余事件错误并以改正，甚至精详，己酉熙宁二年十月望日印行。"全书末有"刊记"，其文曰："此书曾因检阅，舛错稍多，盖是自来递相摸搭，刊亥为豕，刻马成乌。误后学之披寻，失先贤之本意。爰将经史，逐一详证，近五百余事件讹误，今重新书写，召工雕刻，仍将一色纯皮好纸装印，贵得悠□□□书君子详识此本，乃是张家真本矣！时圣宋己酉熙宁二年孟冬十月望日白。"封面有"爾王"朱文藏书印，不知为何人。

《新雕中字双金》一书，在日本的流布并不宽广。12世纪日本藤原信西《通宪入道藏书目录》第二十七匦著录中，曾见有"《大字双金》上下二帖"。其后不见其流传。大须观音宝生院所收藏的这部北宋刊本《新雕中字双金》，实为汉籍之宝了。

4. 宋刊本《绍圣新添周易神煞历揔王篇》一卷（日本重要文化财）

古人演绎《周易》，自阐述万物起源、生命创生达于万事占卜勘合，层出不穷。真福寺藏《绍圣新添周易神煞历揔王篇》一卷，即为以《周易》为依托，讲述杂占解卦之书，在民间销路极好。此卷原系册子本，后又改装成卷子本，中间多有错简，原书名已经失传，书叶中间有"绍圣新添周易神煞历揔王篇""六十四卦火珠林并杂占解卦共一部"等文字，故以《绍圣新添周易神煞历揔王篇》命为书名。原册字叶每半叶十四行，俗书细字，每行约二十七字至三十字不等。文中有"此本勘正纳甲飞伏，甚至精当，益得学者，亦不乖误买者认真的"等文字，这确是当日的广告刊文，煞是有趣。此卷中有"怪梦历""盗贼历""病患历"等，于研究民间信仰与习俗，至为有益。

5. 宋刊本《礼部韵略》（残本）三卷（日本重要文化财）

真福寺藏本中被认定为"日本重要文化财"的还有《礼部韵略》（残本）三卷，厘定为三册。此本为宋丁度奉敕撰，北宋哲宗年间（1086—1100）刊本。每半叶有界十一行至十三行不等，行二十二字左右。注文双行小字，行二十九字左右。白口，单黑鱼尾。左右双边（22厘米×14.4厘米）。版心著录"平（或上、入）声上（或下）（叶数）"。韵目标字阴刻。下象鼻处有刻工姓名，如安许、朱涂、浩吉、发、洪、涂许、许公、陈华、屠、公诚等。

是书全五卷，此本今存卷第一、卷第三、卷第五，凡三卷共六十一叶。

卷首无序跋。本文卷首题"礼部韵略平声上第一"。各卷大题后次行低三格排列目次，目后连接正文。全书卷末附宋元祐庚午（1090）《礼部续降韵略条制》、《贡院条制名讳》，并宋景祐四年（1037）《礼部条制》等。

卷中避宋讳，九十余字为字不成，凡"玄、絃、蚿、炫、舷、佉、县、悬、朗、俍、硠、狼、浪、阆、悢、誏、埌、朓、窲、蜓、铤、擎、檠、惊、儆、警、弘、泓、殷、匡、筐、朊、眩、泫、弦、眶、框、勖、胤、炅、颖、恒、贞、桢、侦、徵、浈、树、澍、顼"等字皆缺笔，宋哲宗名"煦"字下注"御名"。

此本原奈良东大寺东南院圣珍等旧藏。后移归尾张藩主家，卷中有"尾张国大须宝生院经藏图书寺社官府点检之印"方印记，首尾有"寺社官府再点检印"圆印记。另有附纸，题曰"文政四年辛巳九月日令修理毕"。

森立之《经籍访古志》卷二著录尾张真福寺藏北宋刊本《礼部韵略》零本三卷，即系此本。森氏谓"此本比之绍兴增修本，体式迥异，惜残缺不完"。

此本已被日本文化财审议委员会确认为"日本重要文化财"。

6. 宋刊本《广韵》（残本）一卷（日本重要文化财）

作为"日本重要文化财"的宋刊本《广韵》有三种，国家公文书馆藏本和静嘉堂文库藏本皆已见前述。名古屋大须观音宝生院即真福寺藏本，为北宋刊本，今存五卷本中的卷第三，凡一卷共二十九叶。此本刊刻精秀，墨色苍古，约为北宋末期刊本，亦系海内无二，现存最古之《广韵》刊本。

封面外题"韵书残欠"，右下端墨书"第六十七合下"。此卷首二叶缺，存第三叶至第三十二叶。第三十二叶缺内半叶。卷中避宋讳，凡"玄、泫、弦、铉、郎、朗、敬、惊、警、弘、殷、筐、炅"等字皆缺笔。"贞、徵"等字不缺笔，"树"字有缺笔有不缺笔。此卷未见宋神宗、宋哲宗、宋徽宗三人庙讳之字，而宋钦宗以下庙讳全直书不避。

每半叶有界十三行。注文小字双行，行三十二字至三十七字不等。大字相当小字四格。白口，单黑鱼尾。左右双边（23厘米×14.8厘米）。版心著录"韵上（叶数）"。下象鼻处有刻工名，如亨、徐、安、屠、孙、王、洪等。

卷中有"尾张国大须宝生院经藏图书寺社官点检之印"。首尾又有"寺社官府再点检印"。封面边侧有仁孝天皇文政四年（1821）修补识文，曰"文政四辛巳九月日令修理毕　寺社奉行"，并有圆形墨印。

此本已被日本文化财审议委员确认为"日本重要文化财"。

此外，日本尚有下列机构收藏有宋元刊本《广韵》：

（1）官内厅书陵部藏宋宁宗年间（1195—1224）浙中覆宋孝宗时刊本《广韵》五卷。此本原系日本狩谷掖斋、涩江抽斋、森枳园、高木寿颖等旧藏。卷末有1880年森立之手题识文，其文曰："右宋板《广韵》五卷，与清张士俊所重刊本全同，而间字体有小异同，《士俊序》云精校雠梓之者也。然宋板之误字，改而不可者亦有之，比较而后可自知矣。此本之出，在狩谷望之掖斋殁后，涩江全善簏斋得而藏之。簏斋捐舍后，遂入我架中。此书枫山库中亦未收之，真天下之瑰宝也。己卯春日，七十三翁研园森立之。"又有1882年高木寿颖手题"识文"，其文曰："谨案，《玉篇》《广韵》是学者必用之书，犹车之两轮不可存一而缺一也。今二书俱得宋板，真是一双璧玉。可谓小人无罪，怀璧是罪，则非我家所能藏者，因以献焉。明治十五年一月，高木寿颖。"卷中有室町时期（1393—1573）朱点，并有"弘前医官涩江氏藏书记""森氏开万册府之记""高木寿颖藏书之记"等印记。

（2）静嘉堂文库藏宋宁宗年间（1195—1224）浙中覆宋孝宗时刊本《广韵》五卷。此本原系陆心源皕宋楼等旧藏。

（3）龙谷大学图书馆藏宋宁宗年间浙中覆宋孝宗时刊本《广韵》五卷。此本原系日本写字台文库等旧藏。

（4）庆应义塾大学附属研究所斯道文库藏宋末元初刊本《广韵》五卷。此本卷中有"崇山沙门释玄琳静□"的墨书，并有"三井家鉴藏"等印记。

（5）国立国会图书馆藏南宋刊本《大宋重修广韵》五卷。首叶为《牒》。顶格题"大宋重修广韵一部"。第二行上空三字，书"凡二万（原字）六千一百九十四言"。第三行上空四字，书"注一十九万一千六百九十二字"。第四行顶格署"准景德四年十一月十五日"。此本原系日本泉涌寺、木神原氏等旧藏。卷中有墨笔汉字假名注音。

（6）国立公文书馆藏南宋刊本《大宋重修广韵》五卷。首题"大宋重修广韵一部，凡二万六千一百九十四言，注一十九万一千六百九十二字。准景德四年十一月十日敕"。次有陈州司法孙愐《唐韵序》。本文卷首题"广韵上平声卷第一"。此本原系近江西大路藩主市桥长昭、昌平坂学问所等旧藏。为市桥长昭所献三十种宋元旧刊本之一种。

（7）日光轮王寺天海藏金刊本《广韵》五卷。粘叶装。此本系据宋本覆刊，卷中仍避宋讳，凡遇"玄、眩、惊、泓、愍、匡、筐、炅"等字皆阙笔。每册首眉上有朱书"庆源寺"三字，第二册有墨书"树上房上儿"一行，皆系五山僧人所书。此本原系庆源寺等旧藏。

（8）天理图书馆藏元延祐二年（1315）圆沙书院刊本《广韵》五卷。前有唐天宝十年（751）孙愐《唐韵序》。《序》后有双行刊本木记曰：

　　龙集乙卯菊节
　　圆沙书院刊行

卷中有"河东公世图书之记""中氏书画之记""中万图书""公世"等印记。

（9）国立公文书馆藏元覆宋刊本《大宋重修广韵》残本四卷。此本今阙卷一，并缺卷二、卷三首叶。每卷首题"大宋重修广韵某声卷第（几）"。卷三、卷四末有"纪阳南斗寄附"题记。卷中有"昌平坂学问所""文化戊寅""浅草文库"等印记。

（10）大谷大学悠然楼藏元至顺元年（1330）敏德堂刊本《广韵》五卷。《序》后有刊印木记曰"至顺庚午敏德堂刊本"，又有"辛未菊节后十日印"八字。此本原系大西行礼等旧藏。日人森立之《经籍访古志》卷二著录原容安书院藏元至顺刊本《广韵》五卷，清人杨守敬《日本访书志》卷三著录本，皆与此本同。

（11）米泽市市立图书馆藏元元统三年（1335）日新书堂刊本《广韵》五卷。前有唐天宝十年（751）孙愐《序》。《序》后有刊本印记：

　　元统乙亥中秋
　　日新书堂刻梓

每册首有"麻谷藏书"印记,卷中有"释""中姜"等印记。

(12)尊经阁文库藏元至正二十六年(1366)南山书院刊本《广韵》五卷。孙愐《序》后,有双边刊行木牌:

至正丙午菊节
南山书院刊本

此本原系日人江月宗玩、大野酒竹等旧藏。每册末有"宗玩""酒竹文库"等印记。

(13)静嘉堂文库藏元至正二十六年(1366)南山书院刊本《广韵》五卷。此本与尊经阁文库藏本系同一刊本,版式行款皆同,惟卷首无孙愐《序》及刊行木牌。卷中有"燕喜楼"朱文圆印。

(14)龙谷大学附属图书馆藏元至正二十六年南山书院刊本《广韵》五卷。此本与尊经阁文库藏本系同一刊本,版式行款皆同,惟卷内磨损甚多,第一册版心文字几不可见。封面系后人装帧,茶褐色纸。卷中有"写字台之藏书"等印记。

(15)国家公文书馆藏元至正二十六年南山书院刊元至顺庚午(1330)配补本《广韵》五卷。森立之《经籍访古志》卷二、杨守敬《日本访书志》卷三及傅增湘《藏园群书经眼录》卷二皆著录此本。杨氏称此本"首题陈州司马孙愐唐韵序……各本皆题为'司法',而此题为'司马',当是浅人所改。"又曰:"或疑此即陆法言之原本。"傅氏亦曰:"且注文亦简略,与至顺本又不尽同,可证明代《广韵》刊本之刊落注文非中涓所为矣。又明代永乐甲辰广成书堂刊本、弘治辛酉刘氏文明书堂刊本皆改'司法'为'司马',实此本之作俑也。"卷一、卷二有"周信乍"记,各卷有"昌平坂学问所"印记,卷末有"宽政戊午"朱印。

(16)国家公文书馆藏元刊本《明本正误足注广韵》五卷。卷首题"明本正误足注广韵卷之一",下有"上平声"三字。前有宋景德四年(1007)十一月十五日《牒》、宋大中祥符元年(1008)六月五日《牒》等。森立之《经籍访古志》卷二著录此本,并谓:"元刊本皆不载景德、大中祥符二《牒》,此特存,可谓奇矣。"此本原系近江西大路藩主市桥长昭、昌平坂学问所等旧藏。为市桥长昭所献三十种宋元旧刊本之一种。卷中有"仁正侯长昭黄雪书屋鉴藏图书之印""昌平坂学问所""浅草文库"等印记。并有市桥长昭"寄藏文庙宋元刻书跋文"二叶。

（17）东洋文库藏元刊本《广韵》五卷。

（18）足利学校遗迹图书馆藏元刊本《广韵》残本四卷。阙卷一、卷二。今存卷三至卷五，每卷首尾亦阙。

7. 宋刊本《大宋僧史略》三卷

大凡查考宋代佛学流派和僧人传历，使用宋释赞宁所撰《宋高僧传》及宋释普济所撰《五灯会元》者居多。名古屋真福寺今藏宋释赞宁所撰《大宋僧史略》三卷，不见《宋史·艺文志》著录，《四库全书》也未采进，推测宋释赞宁撰此《大宋僧史略》实是为编著《五灯会元》预作准备，故《五灯会元》出而此书则湮没不闻，由此而传世极少。此本为宋绍兴十四年（1144）序刊本，每半叶十二行，行二十五字。原系大须观音等旧藏。

在我访书过程中，冈部法师还热情地邀我观看了其他许多文献。他从横列于中央的柜子中，拉开一层抽屉，指着说："这些文书已经几百年了，但无人来寺庙中整理，先生如果有兴趣，我们愿意提供条件。"我信手翻来，其中和文文献居大多数，间有汉文文献。我为法师的真诚所感动，我想这"真福寺本"还真是一个尚未开发的宝库，有待中日两国的学者未来的合作。

待我们重返地面的时候，名古屋已是一片夜色。法师领我进了大殿，一起向观音菩萨合十致意。分别时，冈部法师表示有机会时，将把我方才看过的文献做成复本，全部赠送。我在感谢之余，问起观书的费用。法师莞尔，说："先生专程来研究,我们应该提供条件，应该的，的确应该的！"日本语在表现上具有"体面主义"特征，冈部法师连说了三遍"应该的"，我就完全明白了寺庙的友好表示了。

雨已经停了，大气似被洗过一般，清凉爽快。夜幕中，我们又驱车拜谒了岐阜羽岛真福寺旧址——凭吊方才经眼的汉籍国宝从奈良迁入名古屋的三百年前的中转之地。但见庙宇的廊柱上挂着醒目的白底黑字的牌子，上书："德川家康因缘，开运圠大须观音"。两侧有白幡竖起，上书："名古屋大须观音之古里　大须观音"。淡淡的月光笼罩着宁静的庙宇，寂静无声。600年前，以《翰林学士诗集》为镇库之宝的一批汉典，便储藏在异国的这座小庙之中。直到600年后这个冬日的深夜，它的故里才有后人经百般寻访，专程来此凭吊。我站在庙门之前，久久徘徊，待我返回京都的住所，已是翌日的清晨了。

　　1999年10月17日和2002年2月22日，我又先后两次拜访了名古屋大须观音和真福寺的旧址——岐阜羽岛。

在石山寺访"国宝"

日本的滋贺县,古称"近江",烟波浩渺的琵琶湖占据了它的中心地位。近江与它周围的山城、伊贺、大和、伊势、丹波、摄津和纪伊等地区共同构成了日本古代文明的摇篮。沿着美丽的琵琶湖西岸,散布着系列状的古刹巨寺,展示着日本初期佛教的盛势。石山寺雄居琵琶湖西岸的最南端,位于濑田川的琵琶湖入口处。当代日本现代化力量的代表——东海道新干线便在此越过濑田川,南北奔驶。静静的濑田川从石山寺的东大门前流淌过。

据日本镰仓时代的《石山寺缘起》的描述,石山寺作为日本真言宗的寺庙,最初创建于圣武天皇天平胜宝元年(749)。据说是依据圣武天皇的敕愿,为开采塑造东大寺大佛所需要的黄金,遂由高僧良弁将天皇的"念持佛金铜如意轮观音像"安置于此地的石山,成为石山寺最初的起源。9世纪,以空海的弟子圣宝入寺作为契机,该寺成为日本真言宗的寺庙,排列为西国三十三所朝山者领取护身符佛堂的第十三号场所。

对现今大多数具备日本文化史知识的日本国民来说,石山寺吸引他们的首先是数量众多的作为"日本国宝"和"日本重要文化财"的寺庙建筑。例如，作为"日本国宝"的本堂和多重塔；作为"日本重要文化财"的东大门、钟楼、宝箧印塔和袈裟襷文铜铎。寺内还有十尊佛像雕塑也被列为"日本重要文化财"：

（铜造）观世音菩萨立像：白凤时代（7世纪）造，像高56.2厘米。

（铜造）释迦如来坐像：奈良时代造，像高14厘米。

（木造）大日如来坐像：平安时代前期造，像高96.5厘米。

（木造）维摩居士坐像：平安时代前期造，像高94厘米。

（木造）毗沙门天立像：平安时代前期造，像高203厘米。

（木造）不动明王坐像：平安时代中期造，像高85厘米。

（木造）毗沙门天立像：平安时代后期造，像高295厘米。

（木造）如意轮观音半跏像：平安时代后期造，像高60.5厘米。

（木造）大日（金刚界）坐像：镰仓时代造，像高101.7厘米。

（塑像）淳祐内供坐像：室町时代造，像高79厘米。

这真是一所艺术宝库！它展示了在特定的时空中日本佛教艺术所具有的独特美感神韵，使人的神思伸向悠远的历史和闪惑不定的未来……

其中，作为"日本国宝"的石山寺本堂，据说是10世纪末和11世纪初期，著名的女作家紫式部创作《源氏物语》的场所，被称为"紫式部源氏之间"而保存至今。《源氏物语》是世界文学史上第一部写实主义长篇小说，它以五十四卷的宏大篇幅，展现了王朝贵族的生存形式，透过权力的争斗和情爱的纠葛，多角度地显现了对人性的思索，千余年来一直震动着日本国民的心灵。石山寺本堂作为女作家创作这部小说的场所，可以想见当时女作家在创作这部小说时的心境。现在，这里几乎成为游览本寺的所有人士的首瞻之地，大家在赞叹这位盖世女作家才华的同时，到底会有多少人能够体味到她内心的物哀、宁静，而又起伏跌宕的情感呢！

还有，作为"日本重要文化财"的淳祐内供坐像，是为纪念平安时代石山寺高僧淳祐（890—953）而在中世纪雕塑的坐像。我之所以注意到淳祐，是因为他是平安时代前期日本文化史上最具名望的汉文学家菅原道真（845—903）的嫡孙。菅原道真是日本汉文学发展中从"赞颂天皇圣德"走向"应物斯感"的桥梁，他接受中国白居易文学而创导日本"白体诗"，成为平安时代汉文学的基石。菅原道真也是这一时期重要的政治家，他得到宇多天皇的信任，在醍醐天皇时代更参与内廷机要，在政治斗争中最后被左迁到九州任"太宰权帅"。身后灵魂被尊崇为"神"而坐镇各地的天满官。出身于这样浓厚的汉文化气氛家庭中的淳祐，竟然抛离家庭而以僧人观贤为师，与儒学倡导的入世宗旨相背离。在他长大的时候，恰是他的祖父被升格为"神"而享祀神社的时候。他却遁入佛门，并被佛家后世景仰而永年坐镇庙宇。祖孙两代的信仰和后人的评价，内含着极为丰富的日本文化的特征而使人回味。据说，淳祐曾经陪同他的老师观贤登高野山，拜谒空海大师。入参之时，淳祐手摸空海的膝盖而顿觉两手香气满握，一生未能消除。当淳祐回返石山寺，手录佛学经典六十卷时，经卷页面竟然香气四溢。世称此六十卷经文为"薰圣教"，至今保存在石山寺，已被确认为"日本国宝"。

石山寺的宝物中，除了这样一些宗教的建筑记载着历史的踪迹之外，它还收藏着为数不少的圣教典籍和外典文献，它们在人类文化史上闪烁着的时代的光芒也一直到当今。

目前石山寺藏典籍文献被日本文化财保护委员会列入作为"国家级"保护对象的多达二十二种，其中有"日本国宝"九种：

（1）《玉篇》中国唐人写本（残卷一卷）。

（2）《释摩诃衍论》中国唐人写本（五帖）。

（3）《史记》日本奈良时代人写本（残本二卷）。

（4）《汉书》日本奈良时代人写本（残本二卷）。

（5）《春秋经传集解》日本平安时代初期人写本（残本二卷）。

（6）《延历交替式》日本平安时代初期人写本（一卷）。

（7）《淳祐内供笔圣教》（又名《薰圣教》）日本平安时代人写本（六十卷）。

（8）《越中国官仓纳穀交替记》日本平安时代写本（残本一卷）。

（9）《周防国玖珂乡延喜八年户籍》日本平安时代写本（残本一卷）。

此外，还有"日本重要文化财"十三种：

（1）《一切经》日本奈良—室町时代人写本（四千六百四十四卷）。

（2）《十诵律》日本奈良时代人写本（残本一卷）。

（3）《佛说净业障经》日本奈良时代人写本（残本一卷）。

（4）《说一切有部俱舍论》日本奈良时代人写本（残本一卷）。

（5）《大般若经音义》日本平安时期初期人写本（残本一卷）。

（6）《不空三藏表制集》日本平安时期初期人写本（残本一卷）。

（7）《法华玄赞义决》日本平安时期初期人写本（残本一卷）。

（8）《法华义疏》日本平安时期后期人写本（七卷）。

（9）《叡山大师传》日本平安时期后期人写本（一卷）。

（10）《智证大师传》日本平安时期后期人写本（一卷）。

（11）《俱舍论记》日本十一世纪院政时代人写本（五十七卷）。

（12）《行历钞》日本镰仓时代初期人写本（一卷）。

（13）《本朝文粹》日本镰仓时代初期人写本（残本一卷）。

石山寺还藏有美术品多件，其中有三幅已经被日本文化财保护委员会确认为"日本重要文化财"：

（1）（绢本着色）《佛涅槃图》一幅，镰仓时期作品。纵283.4厘米，横297.2厘米。

（2）（纸本着色）《石山寺缘起》一幅，镰仓时期作品，间有室町、江户时期所绘，七卷三十三段。

（3）（绢本着色）《不动明王二童子图》一幅，室町时期作品。

1. 唐人写本《玉篇》（残卷）一卷（日本国宝）

在如此丰厚的文化财产收藏中，作为"日本国宝"的唐人写本《玉篇》残卷一种，在东亚文化史和文字学史上，具有特别的意义。此本为南朝梁人顾野王编撰的《玉篇》的零本。《玉篇》一书是我国文字学史上继汉代许慎《说文解字》

之后的第二部字书，书成于梁武帝大同年间（535—546）。若与《说文解字》相比较，《说文》著录汉字九千三百五十三字，分列为五百四十部部首；而《玉篇》则著录汉字一万六千九百十七字，分列为五百四十二部部首。尽管部首只增加了二部，然著录的汉字却增加了七千五百六十四字。这一特征反映了汉字发展的重大事实。后来，唐人孙强于唐高宗上元元年（674）又加以补字。到了宋代大中祥符六年（1013）陈彭年等奉敕对《玉篇》进行修订，从内容到体例，都有更动，重新定名为《大广益会玉篇》，成为由官方认定的具有权威意义的字书。从此，《大广益会玉篇》流行于世，而《玉篇》原本则在国内消亡。一般说来，今日我国治汉字者，大都只能见到11世纪的《大广益会玉篇》，而无缘与6世纪顾野王《玉篇》原本谋面了。这实在是中国文化史上的一个重大缺憾。

石山寺藏唐人写本《玉篇》卷二十七的后半部，从"糸部第四百廿五"的"经"，至"索部第四百卅一"的尾末即"豁"字止。其中，

"糸部第四百廿五"著录凡一百十六字；

"糸部第四百廿六"著录凡五字；

"素部第四百廿七"著录凡八字；

"絲部第四百廿八"著录凡七字；

"□□部第四百廿九"著录凡七字；

"□部第四百卅"著录凡一字；

"索部第四百卅一"著录凡三字。

共计留存六部半凡一百五十六字。

此写本为纸本，纸质尚糙，略见纤维。幅宽为27厘米，留存全卷长度为437.4厘米。每行约十八字至二十二字不等。本字（被解释的字）占据两竖行位置，释文小字。释文顺序一般为先注字音反切，后引证前人及各家经史子集之说。凡顾野王本人加入己意者，则标明"野王案"，以示区别。

此卷纸背为《如意轮陀罗尼》写经残文。经文标明抄写年代为醍醐天皇延长六年（928）。

石山寺所藏的这一唐人写本《玉篇》卷二十七的后半部，已被日本文化财审议委员会确认为"日本国宝"。与它相连接的"卷二十七"的前半部，现今保存在日本京都的高山寺。此前半卷幅宽仍然为27厘米，卷长923.4厘米。著录"糸

部第四百廿六"前半部凡二百七十六字。高山寺所藏的这一残卷，为《玉篇》卷第廿七的起首部分，故《玉篇》卷廿七的子目俱全。

与此卷为同一唐人写本而留存至今的，还有早稻田大学附属图书馆所藏的《玉篇》卷第九凡一卷。此卷为"言部"，幅宽与石山寺藏本和高山寺藏本相同，纵1306厘米。纸背为《金刚界私记》写卷。这一卷也已经被日本文化财保护委员会确认为"日本国宝"。

关于《玉篇》的唐人写本，虽然国内已无片纸文本的留存，而日本除存于上述三处之外，东京大东急记念文库和京都大福光寺还各藏有残卷碎片。其中，大东急记念文库收藏的是《玉篇》卷第八"心部"的碎片36.1厘米（幅宽26.5厘米）；大福光寺收藏的是《玉篇》卷第二十四"鱼部"的碎片31.4厘米（幅宽25.5厘米）。

2. 唐人写本《释摩诃衍论》五帖（日本国宝）

《释摩诃衍论》十帖，题署"龙树菩萨造"。国内无专刻本存世，目前山西省应县木塔文物保管所存有辽代僧人守臻撰《释摩诃衍论通赞疏》十卷、《通赞疏科》三卷（残二卷），为辽代咸雍七年（1071）燕京弘法寺刊本。这是对《释摩诃衍论》的解读文本。

其实，对龙树菩萨所撰著的《释摩诃衍论》的解释，并不起自辽代守臻的《释摩诃衍论通赞疏》。在佛学原典文献中已经有《释摩诃衍论记》六帖一种。此本在姚秦时代由西域僧代笺提摩多译成汉文。然国内无专刻本留存，日本有伏见天皇弘安十年（1287）高野版存世，收藏于大阪杏雨书屋。从现代比较文化学的观点来看，从龙树菩萨的《释摩诃衍论》十帖到《释摩诃衍论记》六帖，再到《释摩诃衍论通赞疏》十卷，在南亚和华夏形成了一个很有意义的阐述学系统。这恐怕是超越佛学研究者想象之外的事情了。

依据1353年东福寺第二十八世大道一以所编纂的《普门院经论章疏语录儒书等目录》"水部"的著录，日本四条天皇仁治二年（1241）日本东福寺开山圣一国师圆尔辨圆自中国归，携回汉籍内外文献数千卷中有《释摩诃衍论记》一帖。

石山寺所收藏的《释摩诃衍论》残本五卷共五帖，为唐人写本。此本并非圆尔辨圆所携带归国之本，传入时间比13世纪更早。这是世上仅存的《释摩诃衍论》的专刊本，且又为唐人抄写，至为珍贵，已被日本文化财审议委员会确认为"日本国宝"。

此本每半折行二十九字至三十二字左右。各帖纵24.3厘米，幅宽8.9厘米。文中疑难字用反切注音，注音小字双行。

首叶前空一行，第二行顶格墨书"释摩诃衍论序"，下空八字，题署"天回（册）凤威姚兴皇帝制"，《序》文共连目二十二行。第二十四行顶格墨书"释摩诃衍论卷第一"，下空六字，题署"龙树菩萨造"。

卷一文首有偈语八句，文曰：

> 顶礼圆觉满，觉行证法藏；并造论大士，及诸贤圣众。
> 欲开隔檀门，权显往向位；利益诸众生，分报师恩故。

《偈语》后接"论曰，今造此论，重释摩诃衍，为显自师。其体深玄，其穷微妙"云云。

此《论》全本凡十卷。此经今存卷第一至卷第五。

3. 奈良时代日人写本《史记》（残本）二卷（日本国宝）

石山寺收藏的《史记》古写本一种，为8世纪日本奈良时代写本。今存卷第九十六《张丞相列传第卅六》后半部与卷九十七《刘生陆贾列传第卅七》，凡二卷卷子本残本。此本全卷长953厘米，幅宽27.6厘米。每行正文十五字左右，注文小字双行。卷第九十六起自"客有语错，错……"至第六纸终。尾题"张丞相列传第卅六史记九十六"。下接卷第九十七，内题"刘生陆贾列传第卅七　史记卷九十七"。小题在上，大题在下，这是唐人写本古风。

二卷的卷背为日本僧人元杲所抄写的《金刚界念诵次第私记》。《金刚界念诵次第私记》为日本早期密教僧侣淳祐内供所撰,是早期密教的作法书之一。抄写者元杲即系淳祐内供的弟子,乃石山寺僧人,则此本可能即在石山寺中写定。

此本可以说是存世《史记》的最古的写本了。

4. 奈良时代日人写本《汉书》（残本）二卷（日本国宝）

石山寺收藏的《汉书》古写本一种,与《史记》写本同时代,为8世纪日本奈良时代写本。今存《高帝纪（下）》及《列传第四》,凡二卷,黄麻纸卷子本。《高帝纪（下）》一卷,长127厘米,幅宽27.7厘米,每行无界十三字左右。《列传第四》一卷,长127厘米,幅宽27 .7厘米,每行无界十五字左右。注文小字双行,每行十六字左右。《高帝纪》卷首题"高纪下"三字,下空四字,题"汉书"。第二行上空五字,题"秘书监上护军琅琊县开国子颜师古注"。第三行起正文,正文首字不空字,书曰"五年冬十月汉王追项羽至阳夏南……"然文中八年、九年、十年纪事有断简。《列传第四》首缺《韩信传》《彭越传》,自《英布传》中"公曰前年杀彭越往年杀韩信"起始,剩《卢绾传》和《吴芮传》。

此二卷中,凡遇"民"与"治"二字,皆为字不成,可以断定是摹写初唐人写本。

二卷的卷背为日本僧人元杲所撰《金刚界念诵次第私记》。元杲乃石山寺僧人,则此本可能即在石山寺中写定。

此本可以说与上述《史记》写本一样,为存世《汉书》的最古的写本了。

5. 平安时代初期写本《春秋经传集解》
（残本）二卷（日本国宝）

《春秋经传集解》卷二十六残本一卷,10世纪写本。此卷原系二卷,后人合为一卷。卷背系《四分戒本》。卷子全长996厘米，纵27厘米。1953年（昭和二十八年）3月，此卷被指定为"日本国宝"。

《春秋经传集解》卷二十九残本一卷，10世纪写本。此卷背系《不动明王立印仪轨修法次第》。卷子全长664厘米，纵28.5厘米。1953年（昭和二十八年）11月，此卷被指定为"日本国宝"。

我第一次造访石山寺，是在1989年的冬天。当时我正在日本佛教大学文学部担任客座教授，课后业余则寻访庙宇中收藏的汉文典籍。国立京都大学人文科学研究所的村田裕子女士发现我的"寻宝图"上列有"石山寺"之名，便欣然愿意陪我前往。在此四年前的1985年，我在京都大学人文科学研究所日本学部担任客座教授的任上，村田女士曾陪我在东京寻访汉籍，并介绍认识了她的老师高桥均教授。高桥教授对我的追踪汉籍给予了极大的评价和帮助，成为至交。在村田女士的引领下我得以亲睹庙宇珍藏的"日本国宝"，它们深邃的文化意蕴，为东亚文明史乃至整个人类社会文明史，增添了不朽的光辉！当我们离开石山寺的时候，已是黄昏时辰，濑田川在暮色中显得静谧安详，庙宇大门旁竖立的巨石上镌刻的"石山寺"三个大字显得神秘莫测。八九世纪中国和日本学者手写的汉籍文本，在这座庙宇中已经生活了一千余年，就像它门前的濑田川一样，静谧安详却持续不断地以文化流的形式，显示出不竭的生命力！

此后的十五年间，我又曾两次拜访石山寺，心里总升腾起肃穆的情感，为这辉煌奇特的庙宇，更为安躺在这庙宇中的典籍！我又数十次乘坐新干线奔走在东海道上，每当列车从濑田川铁桥上驶过，琵琶湖秀丽的景色显现眼前，我总会侧视相反方向，望着静静流淌的濑田川。它们刚从石山寺流过来，带着佛光的神圣，带着华夏典籍丰厚的人文精神，滋养着这一方土地。

在东福寺访"国宝"

在佛教庙宇林立的京都,东福寺具有特殊的文化地位。

1974年秋天,朋友引领我走访宇治市的万福寺,京都市的东福寺、泉涌寺,还有奈良的药师寺和唐招提寺等,因为是第一次进入日本的寺庙,说"拜谒"也好,说"参观"也好,只是有一种新鲜肃穆的感觉,没有其他的体味。后来,在我研讨"东亚文化关系史"和"汉籍在日本流布的轨迹"等课题,逐渐地积累了关于日本寺庙的知识,才知道当年朋友引领我们参观的苦心。其中,东福寺在汉籍东传中的地位,随着我的知识增长而被纳入追访的视野之中。

原来,在中世纪中国宋学和禅宗东传日本的过程中,1257年(宋理宗宝祐五年,即日本后深草天皇建长九年)在京都最明殿寺主持日本第一个禅林宋学讲筵的圆尔辨圆,就是东福寺的开山。圆尔辨圆于1235年35岁时到中国求学,在中国兼学天台宗、密宗和禅宗三宗,在杭州受教于禅宗大师无准师范(佛鉴禅师)。1241年归国时候携带经论章疏2100余卷,其中,1200余卷为佛学汉文著作,919卷为非佛学外典汉籍。

在圆尔辨圆留学中国期间,日本四条天皇嘉祯二年(1236)时权势炙手的摄政大臣九条道家(藤原道家)欲在京都营造一座大寺,他取当时位于奈良的规模最大的寺庙东大寺的第一字"东",又取奈良当时香火最为旺盛的寺庙兴福寺的第二个字"福",连缀而名"东福"以命名该寺。东福寺的兴建历时十九年,到后深草天皇建长七年(1255)完工。期间恰好圆尔辨圆从中国学法归来,九条道家即以这位海归僧士领衔东福寺。

作为东福寺的开山,圆尔辨圆把从中国携回的典籍全部存放在东福寺的"普门院"中。110年后,即到了1353年,东福寺的第二十八代主持大道一以清点师祖从中国携归的大宗典籍,在储存地中竟然完存,于是便编纂了《普门院经论章疏语录儒书等目录》。从文献学的立场上说,这批典籍无疑全部是宋与宋之前的写本或刻刊本,在文化史上价值无穷。

现在,假如以铁道京都站为中心,东福寺则在它的东南方向上。沿着热闹的河原町通一直南行,到东九条河西町,坐落在大街西侧有一座名万寿寺的庙宇。此庙虽然不大,但也是中世纪时代日本"京都五山"之一。从此寺庙对面的横街往东前行,大约过三个街口,就到了著名的东福寺。当然也可以在铁道京都站乘坐"奈良本线"南行,第一站就直接到东福寺站。这一地区佛教气氛凝重,寺庙林立。若从东福寺道继续上行,则到了泉涌寺;若往北行,则有三十三间房、智积院、方广寺;若往东北走,则就是清水寺了。东福寺是临济宗的东福寺派的大本山,在中世纪"京都五山"系统中排行四位。

东福寺不只是一座殿堂,而是一组占地阔大,屋宇辉煌的庭院建筑群。雄伟的毗罗宝殿,寂静的禅堂,内具佛的想象力的八角圆堂,震慑信徒们心灵的仁王门、六波罗门、月下门……这些建筑都已经被列为日本国家的"重要文化财"。很有意思的是建筑群中有一座"百雪隐",一般人难以明白它的功用,原来却是人人需要使用的"东司",雅称"洗手间",民间称为"厕所"的,也已经被列为"日本重要文化财"了。

由圆尔辨圆携回的这2100余卷汉籍文典,其中虽然有一些已经流传出去,但是东福寺仍然保藏其大宗的收藏。普门院的文籍仍然不对外人开放,我尽自己所能,收寻到了至今典藏于此的若干文本,择其要者,著录于此。

1. 宋刊本《太平御览》一千卷、《目录》十五卷（日本国宝）

《太平御览》一千卷，为宋代类书之渊薮。此书修成之时，书籍文献的流通已经从手写发展到了刻刊为主的时代。宋刊本《太平御览》大概是最早传入日本的宋刊本之一种。在此之前，汉文典籍完全是以"写本"的形式东传日本的。据日本藤原赖长《台记》"康治二年（1143）九月二十九日"记载："余退出归家后，见《御览》卷第一百卅八了。日来以此书人车中见之，将见之问成佐，答云可。又问友业，答云《御览》者临时见之可也，虽首尾难觉也。全从成佐之议见之，一天觉。百卅八卷内不过十，不慎其前悔其后，此之谓乎！"此系日本古文献中关于《御览》的最早记录。但是，此处的《御览》以所记的卷数而言，并非一定是《太平御览》，或许是《修文殿御览》等。此事待考。

日本《山槐记》"治承三年（1179）二月十三日"记曰："算博士行衡来云，人道大相国，可被献唐书于内云云，其名《太平御览》云，二百六十帖也，人道书留之，可被献摺本于内里云云，此书未被渡本朝也。"

此处"摺本"即木板刻印本。当时，在政治上炙手可热的平清盛准备把到手的《太平御览》献给高仓天皇。这是日本古文献中关于《太平御览》的第一次最确切的记录。

同书"十二月十六日"又记载曰："东宫行启于外祖父人道太政大臣（此即平清臣）八太亭有御送物，摺本《太平御览》。"其注曰："自大宋国送禅门，未渡本朝书也。"

所谓"禅门"，即"人道太政大臣"，"东宫"即不久即位的安德天皇。

据此可以知道，《太平御览》是在1179年首次传入日本的，此当南宋孝宗淳熙六年。首先接到这一典籍者，即是时任日本高仓天皇朝太政大臣的平清盛。

在此事之后六十二年，即日本四条天皇仁治二年（1241）京都东福寺开山圣一国师圆尔辨圆自中国归，携回汉籍内外文献数千卷。1353年东福寺第二十八世大道一以把圣一国师从中国携带归国的文献编纂成《普门院经论章疏语录儒书等目录》，其"剑部"著录《太平御览》一部，其"号部"又著录《太平御览》一部，并注"一部之内二册"。可能是零本散册。

今东福寺所藏的《太平御览》一千卷，宋庆元年间（1195—1200）川蜀刊本。

此本首题"宋翰林学士承旨正奉大夫守工部尚书知制诰上柱国陇西县开国伯食邑七百户赐紫金鱼袋臣李昉等奉敕纂"。

《目录》第一册首有李昉撰《序》，次有本书"刊语"，其文曰：

> 此集川蜀元未刊行，东南惟建宁所刊壹本，然其间舛误甚多，非特句读脱落，字画讹谬，而意义往往有不通贯者。因以别本参考，并从经史及其它传记校正，凡三万字有奇，虽未能尽革其误，而所改正十已八九，庶便于观览焉。

卷中避宋讳，凡"玄、眩、炫、泫、惊、敬、弘、殷、胤、匡、筐、恒、贞、沟、遘、讲、慎、敦"等字皆缺末画。

全书卷末有宋庆元五年（1199）七月朝请大夫成都府路转运判官兼提举学事蒲叔献《跋》。又有迪功郎前阆州阆中县尉双流李廷允《跋》。

每半叶有界十三行，行二十二字至二十四不等。白口，左右双边，或四周双边。版心标记"太（几）""平（几）"或"览（几）"，皆一字并卷数。有刻工姓名，如王全、张福祖、杨岳田、王道七、刘单和等凡一百三十余人与宫内厅书陵部所藏本同。

卷中各册皆有"久远院""普门院"等印记。全书凡一百四十册。

自圣一国师圆尔辨圆从中国携归《太平御览》之后，日本文献中屡见关于此书的记载。例如龟山天皇文应元年（1260）四月二十二日藤原师继在《妙槐记》中记《太平御览》事如次："今日或宋客持来《太平御览》一部千卷，以直钱三十贯买取之。件四五帖有摺过之事，后日以他本可书改欤。直钱者今两三日之后可下行之由契约了。此书者平家入道（清盛）始渡取之。近高仓院以来连连宋人渡之，方今者我家数十本欤，虽无兴予未持文也，依思文道冥加也，虽为未被施行之书，近年人玩之。"15世纪瑞溪周凤在《卧云日件录》"长禄二年（1458）四月十八日"中又记载，是日和尚以书引阅《五灯会元》《太平御览》中的"面部"诸项。颇为有趣。

依据我查寻到的材料，在18世纪中期到19世纪中期的一百年间，中国商船曾经先后四次向日本输出《太平御览》。

（1）中御门天皇享保二十年（1735）中国商船第二十五番广东船（船主黄瑞周、杨叔祖）载《钞本太平御览》一部，共二十四帙抵日本（据《外船赍来书目》记载）。

（2）桃园天皇宽延二年（1749）中国商船"多字号"载《太平御览》一部十帙抵日本（据《商舶载来书目》记载）。

（3）仁孝天皇天保十五年（1844），《太平御览》一部公示投标价格为安田屋五百十一目，三枝五百二十目，松野屋五百七十目（据《会所输入目录》记载）。

（4）孝明天皇嘉永二年（1849）中国商船"申三番"载《太平御览》（疵本）一部二十帙抵日本，售价二百七十目（据《外船书籍元帐》记载）。

目前除东福寺收藏的此本《太平御览》已经作为"日本国宝"外，尚有宋刊本四种，分藏于宫内厅书陵部和静嘉堂文库：

（1）官内厅书陵部藏《太平御览》一千卷、《目录》十五卷，为宋庆元年间（1195—1200）川蜀刊本，共一百四十册。此本原系中世纪日本金泽文库旧藏，后归相国寺、枫山官库等收藏。全书卷末有宋庆元五年（1199）七月朝请大夫成都府路转运判官兼提举学事蒲叔献《跋》。其文曰："祖宗圣学，其书之大者有二，一曰《太平御览》，一曰《资治通鉴》。《通鉴》载君臣治要之安危，天人庶证之休咎，威福盛衰之本规，模利害之端，无一不备。而其书工传于天下久矣。《太平御览》备天地万物之理，政教法度之原，理乱废兴之由，道德性命之奥。而往以载籍繁伙，无复善本。惟建宁所刻，多磨灭舛误，漫不可考。叔献每为三叹焉。洪惟太宗皇帝，为百圣立绝学，为万世开太平，为古今集斯文之大成，为天下括事理之至要。四方即平，修文止戈，收天下图书典籍，聚之昭文、集贤等四库。太平兴国二年三月戊寅，诏李昉、扈蒙等十有四人编集是书，以便乙夜之览。越八年十有二月庚辰书成，分为千卷。以《太平御览》目之，所以昭我皇度光阐大犹者也。圣学宏博，皆萃此书，宜广其传，以幸惠天下。况吾蜀文集，巨细必备，而独缺此书。叔献叼遇圣恩，且将漕西蜀，因重加校正，勒工镂版，以与斯君子共之。以推见太宗圣学之所从，明我宋历圣相承之家法，补吾蜀文献之阙，而公万世之传云。庆元五年七月日朝请大夫成都府路转运判官兼提举学事蒲叔献谨书。"此本刊刻极为古雅，堪称宋本之尤。

（2）静嘉堂文库藏南宋刊本《太平御览》（残本）三百六十六卷。此本原系明代中山王邸、清代文渊阁、汪士钟、黄荛圃、吴云递、陆心源皕宋楼等旧藏，共七十六册。卷末有清嘉庆十一年（1806）黄荛圃手识文，卷三百七十二末又有岛田翰以官内图书寮藏宋本校合之手识文。

（3）静嘉堂文库藏宋刊写补本《太平御览》一千卷、《目录》十五卷。此本原系日人竹添光鸿等旧藏。此本写补部分约有三种，皆系15至16世纪室町时代人笔。大多无边无界；又有四周双边。尾题后常有笔者名，如宗笔、有宗笔、儒山笔、孝笔、勋笔、庆秀笔等。卷二百十一末有承元三年（1209）安部资家手识文，卷二百九十三末和卷三百七十二末又有岛田翰二十二岁所作校勘记手识文。

（4）静嘉堂文库藏宋刊写补本《太平御览》一千卷、《目录》十五卷。此本原系日本中世纪时期传入本。写补部分有14世纪南北朝时代人笔，亦有15世纪至16世纪室町时代人笔。补写叶面有界无界皆有。卷中有墨书"安明""安明轩"等，又有"圣睿"印章，并"鹿王藏书"等印记。

2. 宋刊本《释氏六帖》（义楚六帖）十二卷（日本国宝）

五代十国时后周僧侣义楚编撰《释氏六帖》十二卷，习惯上又以其名命书，故又称为《义楚六帖》。此书国内已不见有宋刊本传世。京都东福寺藏本，为宋刊本《释氏六帖》十二卷全本。每半叶八行，小字双脚，左右双边。版心题"四策""五策"等。前有《释尊说法图》并《敬白》，次有《进释氏六帖表》，次有《检校太保王朴六帖述》、义楚《自序》等。

卷内第十二册内题"显德元年九月二十九日"。次有义楚自撰《释氏六帖后序》，次有安定胡正述《释氏纂要六帖后序》，次有崇宁二年履仲述《重开释氏六帖后序》。

《普门院经论章疏语录儒书等目录》著录此本。卷中有"普门院"印记。此本为17世纪初期日本后阳成天皇阅读过的文本。今此本卷后有日本后阳成天皇于庆长十七年（1612）亲笔书写的《宸翰添状》一枚。其文曰：

> 这《义楚六帖》者，慧日之开山入唐之时卷而怀之归朝云云，允绕季之龟鉴，千岁之奇珍也，姑终临写之功毕。庆长十七年稔秋志之。

文后有花押"周"字。

此本是中国历史文献典籍中首次叙述"徐福东渡日本"者。此书在《城郭·日本》一节中有如下的描述：

> 日本国亦名倭国，在东海中。秦时，徐福将五百童男、五百童女止此国，今人物一如长安……又东北千余里，有山名"富士"，亦名"蓬莱"……徐福至此，谓"蓬莱"，至今子孙皆曰"秦氏"。

读此材料，我感到非常有趣。该文将东亚文化史上三个"历史之谜"串联贯通于一炉。从全文记载的口气而言，作者却如亲赴日本，耳闻目睹的一般。我曾对此材料作过些微查考。原来，作者义楚为山东济宁开元寺僧，时有日本醍醐时代僧人宽辅留学该寺。宽辅为真言宗高僧，后谥法号"弘顺大师"。二人相交甚笃，义楚在此《六帖》中关于"徐福与日本"的记事，可以断言是来自日本僧人宽辅的说辞。它为研究者提供了几乎被我们大多忽视却又非常有意义的线索——即徐福东渡的最后落脚点在日本，这一传说的发源地，不是在中国而是在日本，它实在是亚洲移民的寻根故事。

我的这一心得，得到宗师邓广铭先生与学界数位前辈的首肯。于是，我便将此想法贡献于我国"徐福研究会"。不意"徐福研究会"高层由于宠爱徐福有加，竟把愚意所得列为"不相信世上有徐福其人"的代表，同榜有名者还有中华书局历史编辑室原主任谢芳教授。文本事实被践踏如此，真是令人有无奈的悲哀。

3. 宋开元寺刊本《毗庐大藏》

京都东福寺今藏宋开元寺刊本《毗庐大藏》一套。

原来11世纪京都东福寺第五十四世住持刚中玄柔专门派遣弟子十人，前往宋朝寻求《一切经》，所得二《藏》，皆为开元寺版，又以他版补入。日本南北朝时代北朝后圆融天皇永和三年（1377），将此二《藏》中之一《藏》归于东福寺至今（请参见"在皇宫书陵部访'国宝'"一章）。

4. 宋刊本《佛鉴禅师语录》三卷（日本重要文化财）

东亚佛教史上著名的"佛鉴禅师"，即17世纪杭州径山的宋释无准师范，为当时江南一代名僧，其名声扬播于日本。佛鉴禅师是东福寺开山圣一国师之师。无准师范的说教"语录"，由其弟子智新等编纂为《佛鉴禅师语录》三卷。然现今国内已无宋元明本存世。京都东福寺今收藏此《语录》宋刊本一套。每半叶十一行，行二十字。白口，左右双边（17.9厘米×11.4厘米）。版心记叶数。厘为三卷。

东福寺内还收藏有"无准师范画像"，画像旁有无准师范自题赞语。此幅画像已经被日本文化财审议委员会确认为"日本国宝"。

5. 1241年日僧圆尔辨圆自中国携回佛学经典宋刊本举例十种

日本四条天皇仁治二年（1241）日本东福寺开山圣一国师圆尔辨圆自中国归国，携回汉籍内外文献数千卷。今在此大宗佛学收藏中，选择经典文本十种，举例介绍。此十种经典皆非《一切经》的零本，全为专书专刻本。皆已被日本文化财审议委员会确认为"日本重要文化财"。

（1）宋刊本《首楞严经义海》三十卷（日本重要文化财）

《首楞严经》全称《首楞严三昧经》，简称《楞严经》。此《经》为佛教大乘禅观的重要著作，据说有多种汉文译本，但是通行的只有两晋南北朝时代后秦鸠摩罗什的汉译二卷本。

《首楞严经义海》是中国宋代僧侣咸辉对经典《首楞严经》所作的阐述，全书三十卷。现今国内已无宋元明本存世。今东福寺藏此本为宋淳祐十年（1250）湖州刊本，折本装，共三十帖。

《普门院经论章疏语录儒书等目录》"宙部"著录《楞严义海》一部三十卷，即系此本。

（2）宋刊本《圜悟禅师语录》十卷（日本重要文化财）

《圜悟禅师语录》一书，由宋代僧侣克勤撰，宋代僧侣释绍隆等编辑，厘为十卷。国内无宋刊本存世。东福寺藏此本为宋绍兴年间（1131—1162）刊本。

京都东福寺藏此同一刊本两部，行款格式皆同。每半叶十一行，行二十字。卷中皆有"普门院"印记等。

《普门院经论章疏语录儒书等目录》"光部"著录《圜悟语（录）》五册、《圜悟心要》二册；"冬部"著录《圜悟语（录）》二部各五册。此两部即系1241年从中国携回之本。

此外，日本大谷大学附属图书馆还收藏有元大德二年（1298）僧侣普南杭州刊本《圜悟禅师语录》十卷。此本原为神田鬯盦（喜一郎）等旧藏。

（3）宋刊本《宗门统要集》十卷（日本重要文化财）

《宗门统要集》十卷，宋代僧侣宗永撰著。国内已无此文本保存，现今只存元代僧人清茂以此《宗门统要》为基础撰著的《续集宗门统要》十二卷。

京都东福寺今藏此本的宋刊本一套。此本每半叶十行，行二十字。

《普门院经论章疏语录儒书等目录》"珍部"著录《宗门统要》二部各五册。此本即其中之一部。

日本东洋文库另藏有《宗门统要集》十卷一套，为宋淳熙年间（1174—1189）刊本，原系三菱财团岩崎氏家旧藏。

（4）宋刊本《佛祖宗派图》（日本重要文化财）

《佛祖宗派图》一种，不分卷，宋代僧侣汝达编著。京都东福寺今藏宋刊本一套，为宋建炎年间（1127—1130）刊本。折本装。

《普门院经论章疏语录儒书等目录》"珍部"著录《宗门统要》二部各五册。此本即其中之一部。

（5）宋刊本《四明拾义书》三卷（日本重要文化财）

《四明拾义书》三卷，宋代僧侣智礼撰著。现今国内已无宋元明本存世。

京都东福寺今藏宋刊本一套。此本每半叶十行，行十九字。卷中有"普门院"印记。

《普门院经论章疏语录儒书等目录》"戽部"著录《四明十义书》上下；"辰部"著录《四明拾义书》三册，即系此本。

（6）宋刊本《十谏书》不分卷（日本重要文化财）

（7）宋刊本《新编佛法大明》二十卷（日本重要文化财）

《新编佛法大明》二十卷，宋代圭堂居士撰著。现今国内已无宋元明本存世。京都东福寺今藏宋绍定端平年间（1228—1236）刊本一套。此本每半叶十行，行二十字。

日本天理图书馆另藏有《新编佛法大明》二十卷一套，为元（后）至元五年（1339）刊本。

（8）宋刊本《四分律比丘尼钞》（日本重要文化财）

《四分律比丘尼钞》，唐代僧侣道宣撰著。现今国内已无宋元明本存世。京都东福寺今藏宋开禧三年（1207）刊本一套。此本折本装，共六帖。卷中有"普门院"印记。

《普门院经论章疏语录儒书等目录》"月部"著录《比丘尼钞》七卷，即系此本。

（9）宋刊本《楞伽阿跋多罗宝经通义》六卷（日本重要文化财）

《楞伽阿跋多罗宝经通义》六卷，宋代柏庭善月撰著。现今国内已无宋元明本存世。京都东福寺今藏宋四明方氏刊本一套。卷中卷一、卷二、卷三，系后人写补。共三册。

《普门院经论章疏语录儒书等目录》，其"荒部"著录《楞伽通义》六册，即系此本。

（10）宋刊本《台宗十类因革论》四卷（日本重要文化财）

《台宗十类因革论》四卷，宋代善月撰著。现今国内已无宋元明本存世。京都东福寺今藏宋刊本一套。每半叶有界十行，行二十字。共四册。卷中有"普门院"印记。

《普门院经论章疏语录儒书等目录》"戽部"著录"《十类因革论》四册"，即系此本。

我在秋日的阳光下漫步在这神圣的宗教之地，寻访历经八百年而至今仍然静静地留存在这里的汉籍文献。高耸的银杏树、黄栌树，树叶有的微黄，有的仍然是墨绿，也有的透出红色了，而草坪却依然是葱葱如绿色的地毯。我呼吸着这里清澈的空气，数次入殿，徘徊再四，来自华夏大地的典籍与日本的文明史混融为一，也与我的来访息息相通。

在日光轮王寺天海藏访"国宝"

日本日光山的"天海藏"是17世纪中期以日光山的轮王寺为依托，以天海大僧正为中心建立起来的一座藏书楼。它是目前已知的收集汉籍外典，特别是明人明版小说最为丰富的日本寺庙特藏。这座门庭幽深的佛家藏书楼，不但对于外国人，就是对于它本国的学者来说，至今大概还是一个谜。

日光是日本关东地区著名的风景览胜之地。17世纪初，即庆长年间（1596—1614）末期，江户幕府第一代大将军德川家康，将日光赐予慈眼大师为领地。1616年，德川家康去世，其灵柩于翌年安置于清水久能山，建立"久能山东照官"，在日光同样建立"日光东照官"，共同祭祀他的亡魂。所以，景色旖旎的日光，潜藏着挟天皇以令天下的霸王之气。

慈眼大师（?—1643），即为天海大僧正，幼名龟王丸，法号南光坊、智乐院，为天台宗大师。现今天海藏典籍中，有墨书"笔者龟书之特"等语者，即系天海大僧正年轻时读书的手记。日本后阳成天皇文禄年间（1592—1595），龟王丸曾就读于足利学校。足利学校自中世纪以来，是日本汉学的中心之一。龟王丸在这里接受了良好的汉文化教养，为他以后在宗教界、政治界和学术界的活动，奠定了相当有意义的汉文化造诣的基础。在主持日光山之前，他曾在关西的比睿山、三井寺、兴福寺等处修行。后阳成天皇庆长年间（1596—1614）他充任德川家康幕僚，信任益厚，故有敕赐日光山为其领地之举。天海大僧正居于日光山的轮王寺，属日本佛教宗派中的天台宗。大僧正于1643年圆寂。当时安葬于日光东照宫之侧的大黑山的轮王寺庙所，显示其亡魂永远厮守于幕府大将军德川家康。据说出丧的行列甚为可观，朝廷委派堀田正纲为使节，著名的玉绳藩主松平正纲（1576—1648）担任总指挥，有僧俗1000余人参加丧葬。队伍从江户出发，经上野长乐寺、下野春日冈、鹿沼药王寺等，到达日光山。其豪华显贵如当年德川家康的出殡仪式。

1647年（正保四年）12月后光明天皇敕赐天海大僧正为"大师"，翌年（庆安元年）四月，正式敕赐"慈眼大师"名号，于轮王寺庙堂中建"慈眼堂"，设为大僧正祭祀之所，并为其遗书收藏之处。在日本佛教史上，天台宗诸僧侣中曾经被敕赐过三位"大师"，即敕赐最澄（767—822）为"传教大师"，敕赐圆仁（794—864年）为"慈觉大师"，敕赐良源（912—985）为"慈惠大师"。此次天皇敕赐天海大僧正为"慈眼大师"，实为六百年后的一次重大典礼。作为纪念天海大僧正而设立的"慈眼堂"，其布设的区域与东照官很类似，即不仅仅在日光轮王寺设立本堂，而且在天台宗的本山坂本比睿山和东睿山，也设有"慈眼堂"。于中可以体味慈眼大师当年的显赫。

从日本文化史上说，慈眼大师是典型的神佛习合的宗教家。在神道教信仰方面，他倡导"山王一实神道"，撰著《东照大权现缘起》三卷。神化德川家康，把德川家康作为"东照大权现"而祭祀。此本《东照大权现缘起》为"真名本汉文体"（这是一种使用汉字作为日本语的记音符号，又使用汉文语法表述意义的混用写作，非具备极深的日本文化和汉文化者所不能为），原书今存日光东照宫，已被日本国家文化财保护委员会认定为"重要文化财"。在佛教信仰方面，他作为天台宗宗门，借助德川家光（德川氏政权第三代）的力量，刻板刊印《一切经》。这是一个伟大的印刷工程，从明正天皇宽永十四年（1637）3月17日开版，到后光明天皇庆安元年（1648）3月10日完工，经历了11年缺7天的时间，刻板刊印6000余卷佛典，日本佛教史上称之为《天海版一切经》。这是日本文化史上第一次刻刊《一切经》，其中一部分使用木活字，一部分使用版刻。虽然大藏完工之时，慈眼大师已经去世，但他所倡导的这一刻经事业，不仅在日本佛教史上，而且在日本文化史上，都是具有划时代意义的。（《天海版一切经》的活字和经文，数百年来已经散落各处，如日本宽永寺今藏有《般若心经》的木活字组版，川越市博物馆今藏有《仁王般若经》经文，已被认定为"日本重要文化财"等。）

所谓天海藏，就是指以天海大僧正的名义，在他圆寂之后，收储于轮王寺慈眼堂——即大僧正灵堂内的内外典的遗籍。如果考察这批典籍的来源，其渠道大致有四：第一为天海大僧正读过的典籍；第二为天海大僧正手写的典籍；第三为山门各坊的捐赠本；第四为朝廷公卿大臣的捐赠本。所藏的典籍就其数量而言，当以内典居多，如奈良时代后期写本《大般若涅槃经集解》，即已被认定为"日本国宝"了。

近百年来，天海藏在读书界造成了一个谜。一方面它绝少让方外之人涉足其间，一方面它又不时地透露出储藏有若干极具价值的珍宝典籍。我国学术界得以知天海藏者，则首推1940年代初王古鲁先生之报道。王先生报道他与日本的中国学家丰田穰氏，曾于1941年访书于该寺之慈眼堂。此时正值日本侵华和我国抗日战争激烈年代，其后又有30年间中日两国没有邦交。故而自王先生后，便不复闻有国人再次涉足之事。虽然如此，"慈眼堂"一名，则为文献书志学家所注目。

20世纪80年代中期，我在日本国立京都大学人文科学研究所任客座教授之职，曾就轮王寺、天海藏、慈眼堂诸事请教过当时任职东京大学东洋文化研究所所长的尾上兼英（Onoe-Kanehide）教授。而尾上兼英教授作为日本已故的书志学权威长泽规矩也（Nagasawa-Kikuya）先生的学术助理，进入过轮王寺慈眼堂。尾上先生说，当年，慈眼堂曾经邀请长泽规矩也教授整理他们那里的藏书，尾上先生作为长泽先生的助手，有机会目睹其间的珍宝秘藏。后因长泽规矩也先生故世了，所以，他也被拒于法库大门之外了。笔者听来瞠目结舌，于是便打消了试图造访轮王寺的奢侈愿望。此后至今的20年间，笔者三十余回访问日本，其间多次造访日光山，徘徊于轮王寺庙门前，仰观山色之秀丽，体味庙堂之威严。托我佛祖之光，三番几次，终于目睹了日光轮王寺的汉籍珍藏，并大致理清了天海藏汉籍的概貌，体味了它的价值，算是了却了心头多年的夙愿。

原来，天海藏的汉籍，就其内容来说，大致可以一分为五：

第一为外界传闻最多的近古小说；

第二为明人文集；

第三为佛教山门外的其他宗教文献；

第四为儒学的一般经典；

第五为小学类典籍。

在这些典籍中，就刊本而言，则以明本居多，间有宋元刊本，写本以13世纪至17世纪为多。天海藏汉籍藏本如此这般的内容构成，正是些微而生动地反映了17世纪前后日本饶有趣味的文化现象。

1. 明人安少云尚友堂刊本《拍案惊奇》四十卷

说到汉籍的外典，学术界议论天海藏最多者，则在于它收储的近古小说。1941年王古鲁先生赴慈眼堂，最根本的便是奔这些小说而去的，其中，最重要的是为了探明明末安少云尚友堂本《拍案惊奇》。

原来，明崇祯元年（1628）尚友堂刊印凌濛初（即空观主人）编撰的《拍案惊奇》四十卷，此本在国内已经逸失。目前流行的《拍案惊奇》，皆系覆刊尚友堂本，或是此本的翻刊本，为三十六卷本。日本广岛大学中国语学文学研究室藏有三十九卷本的尚友堂刊本，20世纪80年代初已由我的师友章培恒先生从日本摄回。1985年，上海古籍出版社已将章先生携回之本印影出版，以飨学人。此本的回归与刊出，填补了我国明代小说典籍的空缺，功德无量。（《二刻拍案惊奇》四十卷，也由章培恒先生从日本公文书馆第一部即原来的内阁文库中拍摄得四十卷全文，由上海古籍出版社影印出版。）但广岛大学藏《拍案惊奇》本尚有若干问题不明，扉页题刊"初刻拍案惊奇"，与凌氏初次付梓时的旨意不合。《拍案惊奇》初次刊印时，当时未有"二拍"，焉来"初刻"之说？若与天海藏本相比勘，此本将原刊本的卷二十三，杂入《二刻拍案惊奇》的卷二十三，却又将原本的卷四十来填补卷二十三的阙逸，故全本只有三十九卷。书中的30幅绣像，其排列更是混乱无序，其中有两幅杂入《二刻拍案惊奇》卷之三与卷之七。此本另有绣像一幅，题曰"权学士权认远乡姑，白孺人白嫁亲生女"，然这一卷目却纯系

《二刻拍案惊奇》卷之三的回目,现今日本公文书馆第一部(即内阁文库)所藏明崇祯五年本《二刻拍案惊奇》卷之三,亦有此幅绣像,细微末节,纤毫无差,版心题曰"二刻惊奇像"。此本在"初刻"中出现"二刻"的绣像,实属怪骇。此外,"二刻"的卷之七的绣像,也杂入此本中。所以,广岛大学的《拍案惊奇》,虽然比国内的三十六卷多了三卷,但它的绣像一定是由后人杂拼起来的,推断其文本很可能是在凌氏的"二刻"梓行之后,尚友堂覆刊自己以前的印本并加以若干重新编排而行世的。

现今,真正的尚友堂《拍案惊奇》四十回本,世间仅存于日本日光山的"天海藏"中了。此本每半叶十行,每行二十字。白口,单边,无界,文中有圈点断句。版心下方每叶有"尚友堂"三字。扉页内侧镌刻有"金阊安少云梓行"七字,并有"尚友堂印"白文方印。卷首有即空观主人《拍案惊奇序》,次有明崇祯元年即空观主人《拍案惊奇凡例》,次《目录》,次有绣像四十幅。

此本卷二十三回目与本文皆作"大姊魂游完宿愿,小妹病起续前缘",便可以订正广岛大学所藏"三十九卷本"之讹误。此外,自卷三十七至卷四十,卷目与本文分别如次:

卷三十七　屈突仲任酷杀众生　郓州司马冥全内侄
卷三十八　占家财狠婿妒侄　延亲脉孝女藏儿
卷三十九　乔势天师禳旱魅　秉承县令召甘露
卷四十　华阴道独逢异客　江陵郡三拆仙书

这些可以补三十六卷本之缺漏。当然,现在我们也不能完全认定天海藏的本子,就一定是尚友堂《拍案惊奇》的初刊本了。即使如此,此本作为保存《拍案惊奇》全貌的文本,目前仍然是天下的孤本。

2. 明刊本《新编东度记》二十卷一百回

天海藏收储的明版小说,类似《拍案惊奇》者,尚有数种。如《新编东度记》二十卷一百回,不为外人注目。这是以密多尊与达摩一起由南方东渡传教为中心而衍化成的一部长篇小说。卷头题署"荥阳清溪道人著，华山九九老人述"，此则与《禅真逸史》为同一编撰者。扉页内侧题署《东度记》，其右有"新镌扫魅敦伦"一行，左下有"金阊万卷楼梓行"题记，系明末苏州刊本。

此本《东度记》每半叶十行，每行二十二字。白口单边，文中有断句。卷前有明崇祯八年（1635）世俗堂主人所撰《扫魅敦伦东度记序》，次有同年华山九九老人所撰《扫魅敦伦东度记引》，并有《阅东度记八法》。

目前，国内外所见《东度记》，皆系清代刊本，况且书名皆题作《东游记》。"天海藏"收储的此本《东度记》，大概亦可以推为海内外孤本了。

3. 明万历年间刊本《金瓶梅词话》一百回本

天海藏中有《金瓶梅词话》一百回本一种，属明代万历本系统，与中国国家图书馆藏万历本，同为明刊中最古之本，可以合称为"金瓶梅词话双璧"。

此本《金瓶梅词话》每半叶有界十一行，每行二十四字，白口单边。首有欣欣子《金瓶梅词话序》，次有明万历四十五年（1617）东吴弄珠客《金瓶梅序》，并有甘公《跋》《词》。卷中有句读。卷叶被老鼠咬啮处甚多。卷中有"天海藏"长方藏书章。

日本山口大学上村教授，曾将江户时代德山藩主毛利氏家所藏的《金瓶梅词话》，交大安书局影印，认为它与天海藏本为同版之书。然若将两本作一比勘，德山藩主毛利氏本修补处甚多，至少是后来的一个翻修本。关于两本之异同，此处不再赘述了。

依据我的调查所知，18世纪日本通过中国商人从中国进口《金瓶梅》数部套。例如，中御门天皇正德五年（1715）中国商船第四十九番宁波船载《第一奇书》一部四帙二十四册抵日本。桃园天皇宽延三年（1750）中国商船"午七番""午九番""午十番"，载《金瓶梅》十一部，其中，四部各二十四册，七部各二十册，运抵日本。孝明天皇嘉永五年（1852）中国商船"亥四番"载《金瓶梅》一部二帙运抵日本。其中1750年一年中，日本竟然从中国输入《金瓶梅》十一部，可见江户时代此书在日本市场有相当的经济效应！

依据《会所输入物书籍见帐》的记载，日本仁孝天皇天保十四年（1843），日本书籍市场还对《袖珍金瓶梅》一部二帙二十四册（小本古板），进行了投标，标价分别为能登屋出价三十二目九分，木下出价三十五目，今村出价三十五目。这真是很有意思的记录。

《金瓶梅》一书对于当时日本的通俗文学作家有相当的冲击力。

日本仁孝天皇文政年间（1818—1829）江户时代著名的作家与艺人曲亭（泷泽）马琴自己手写《金瓶梅五集》（筱默桂三评）一册。此本现存早稻田大学附属图书馆。两年后，即仁孝天皇天保二年（1831），他开始创作"草双子"《新编金瓶梅》，至弘化四年（1847）完成，共计十集。此即作家65岁至81岁之间，用16年的工夫始得成就。此本由当时江户和泉屋市兵卫甘泉堂刊印，共四十册。曲亭马琴创作《新编金瓶梅》至后期及该书刊出时，已经双目失明，他在《日记》中写道："《金瓶梅》八辑卷四至卷五丁，予作文，阿路书写，夕七时左右稿毕。此后稿同壹卷之口画三丁。难以看见，以手触摸。"

此外，孝明天皇安政七年（1860）京都甘泉堂与文庆堂合梓《金瓶梅曾我赐宝》四编八册。此书由日人柳水亭种清著，一勇斋国芳画。此书也是依《金瓶梅》为祖本的"翻案"本（此即日本文艺史用名，指以某一文本为宗，改其人名、地名，以日本人接受的形式再加叙述的文学作品），并且配有插图。

江户时代还有《金瓶梅》日人手写本一种。此本第一册内题"皋鹤堂批评第一奇书金瓶梅"，卷中有日文释文、句点等。第一回无钞写年月，第二回注明钞写年月"文政十一戎子稔正月二十九天"，第一百回注明钞写年月"天保三壬辰年四月十三日"，即起自1828年终于1832年。其写书者第二十六回末尾署"荷塘一圭门人铅汞轩陈人高阶正巽译"，第三十二回末尾署"铅汞轩主人，姓高阶，名正巽，字子止，俗号原田端太夫，又原田书颇罗堕，号铅汞轩。生于江户麻布长坂太田原侯藩城隍庙西久保八幡官是也"。此"荷塘一圭"系长崎荣福寺高僧，深谙汉文，钞书者即其门生。此本现藏鹿儿岛大学附属图书馆玉里文库。

从文献学的角度说，以日光天海藏的明本《金瓶梅》为中心，上述各种文本共同组成了中国明代话本小说《金瓶梅》在日本流布的网络。

4. 明刊本《新刻出像官板大字西游记》

天海藏中有明刊本《新刻出像官板大字西游记》二十卷一百回，此系明万历年间金陵世德堂刊本，可推为传存的《西游记》中最古的本子。

此本前有明万历壬辰（1592）夏端四日秣陵陈元之《序》。

各卷卷首题署书名略有出入。卷一至卷十一，卷十七至卷十九，卷题"新刻出像官版大字西游记"；卷十二至卷十六，卷二十，卷题"新刻官版大字出像西游记"。各卷次行皆署曰："华阳洞天主人校"。

各卷尾题也略有出入。卷一与卷七题曰"出像官版大字西游记"；卷二、卷四、卷十三题曰"出像西游记"；卷八题曰"刻出像西游记"等。

各卷内题第三行皆有"金陵世德堂梓行"一行，然卷九、卷十、卷十九、卷二十又有"金陵荣寿堂梓行"一行，卷十六又有"书林熊云滨重锲"一行。

各卷出像叶数不同，卷一有十六叶八图，卷二、卷三、卷六至卷十四、卷十六至卷十八、卷二十有二十叶十图，卷四、卷五、卷十五、卷十九有十八叶九图。卷中有断句。每半叶十二行，行二十四字。白口，四周单边（20.5厘米×13.5厘米）。版心镌刻"出像西游记卷之一（一二十）"或"西游记卷之一（一二十）"，下记叶数。

此本原系天海大僧正等旧藏，第一册与第十册之封面有墨书"进上观泉坊"五字。共十册。

明万历本《新刻出像官板大字西游记》在日本有三藏，一为此日光天海藏本，一为天理图书馆藏本，一为广岛市立浅野图书馆。

天理图书馆藏本，第二册封面有墨书"平等院心王院藏"，内封又有墨书"槙尾山西明寺藏"。由此可证此本由来久远。

广岛市立浅野图书馆藏本，为此版之后印本，今存前十卷（即第一回至第五十回）。

日本自桃园天皇宝历八年（1758）起，刊出《西游记》的日译本，以《西游真诠》为译本的总名。初编六卷，由日人木口山人（本名西田维则）译出，题名为《通俗西游记》。此编将书中《序》《目录》《总评》等合为《别册》，此

《别册》封面中央题署"劝化通俗西游记",右侧题书"西游历尽九九难,东土流传万万功",左侧题书"皇都书肆东壁堂博文堂同刻"。其后,书肆崇文堂刊出石磨吕翻译的第二编,二编书题"通俗西游记后编"。第三编亦系石磨吕山人译,书题"通俗西游记三编"。第四编系尾形真斋翻译,第五编系岳亭丘山翻译。《通俗西游记》凡五编三十一卷,为日本文化史上最初之《西游记》日本语译本。

光格天皇文化三年(1806)日本又刊出以《西游真诠》为底本的《西游记》日译绘图本,书名为《绘本西游全传》。初编译者木口山人,二编译者山珪士信。

江户时代著名通俗文学作家泷泽马琴创作的巨著《南总里见八犬传》(刊行于1814—1841),为日本读本小说最高代表,他在第九辑卷三十三中说道:"《水浒》与《西游记》,且奇又巧,其文绝妙,句句锦绣,堪称稗史之大笔,和文之师表。"

5. 明万历年间余象斗双峰堂刊本 《京本增补校正全像忠义水浒志传评林》二十五卷

天海藏中又有明刊本《三国志演义》二种、明刊本《水浒传》《禅真逸史》《禅真后史》《英烈传》《西洋记》等演义小说。其中,如《禅真逸史》本,刻刊甚精,系明代著名的刻书工匠刘素明的杰作。

《京本增补校正全像忠义水浒志传评林》二十五卷,当年王古鲁先生已影印回国。此本系明万历二十二年(1594)余象斗双峰堂刊本,上图下文。卷中有双峰堂《刊记》一则,文曰:

《水浒》一书,坊间梓者纷纷,偏像者十余副,全像者只一家。前像板字中差讹,其板蒙旧(原文简体——笔者注),惟三槐堂一副,省诗去词,不便观(原文简体——笔者注)诵。今双峰堂余子改正增评;有不便览者芟之,漏者补之;内有失韵诗词欲削去,恐观者言其省漏,皆记上层;前后廿余卷，一画一句，并无差错。士子买者，可认双峰堂为记。

笔者于异国他乡之庙堂深处，读四百年前的这一段书商言语，顿感在明代万历年间，书贾（即今出版界人士）之心态，其吹嘘自己，贬损他人之不留余地，从手法至口吻，宛如今日电视报纸之广告，不觉哑然。原来在400年前，中国的城市中，已经具有了如此活跃的市场经济的因素，真使人感慨万千！

学术界人士对天海藏收储中国的近古小说，尤其是明人明刊小说，数多质精，既惊诧又困惑。在一座六欲尽断的佛教寺庙里，竟然存放着像《拍案惊奇》《金瓶梅词话》《禅真逸史》等等的艳情作品。该寺何以会收储如此之多的"伤风毁俗"的里巷市井之辈的说话故事呢？原来，日本自13世纪后，在战火中崛起的将军武士，皆信奉佛教的禅宗。17世纪中国隐元法师将黄檗宗传入日本后，许多寺庙采用汉语诵经。因此，当时的僧尼们在必须学会目读汉文佛典的同时，又必须学习用汉语诵经。但是，当时并没有汉语教科书，于是，便从学习中国的演义小说开始，僧尼们学习汉语会话。中国的演义小说，大都用白话写成，且又描绘了中国的民风民俗，很得学习者的喜欢，是理想的教材。

当时，编纂汉语学习的教本，主要就是选编中国明清俗语文学的词句和故事。留存至今的由当时著名的翻译家与汉语教育家冈岛冠三编撰的《续俗文音译》（此书题签为《续俗文音释》）七卷，是用于学习汉语口语的重要的教本。该书的卷一至卷三，以一般常言为内容，称为"长短杂话"，试摘例如下：

卷一◆把官路当人情，好不便宜。
　　◆好事不出门，恶事传千里。
　　◆三十六计，走为上计。
　　◆常言道："花无百日红，人无千日好，岂能常相和。"
卷二◆有个妇人在那里哽哽咽咽地啼哭。
　　◆脱得赤条条地坐在凳子上纳凉。
　　◆你还不知道"剪拂"这两个字的意思么？原来强人下拜，不说这两字，为军中不利，所以，只说"剪拂"，此乃吉利的字样。你须记着，"剪拂"就是下拜一般。
卷三◆若养着他在家里，必然玷辱我的体面，不如早早赶出去。

◆ 这忘八家的婊子，梳弄来不知偷了多少汉，至今还要想私通，真正是个淫妇。

这些内容，无一例外都是从中国明清话本上摘选出来的，每一条都有日语对照，是一种口语对译的手册。该书的卷四和卷五为"长短话"，即编入须熟读的小故事，卷六为"与人说故事"，即编入讲读的口语材料，其内容全部是从明代的《三言》中选取，有的则稍做改编。天海藏的收储，正是生动地表现了这样一种文化现象。

6. 明人明刊本《圣水纪言》一卷

天海藏中令人不解的是，它还收储有天主教和道教等的异教文献。笔者在日本生活，多次在街巷中遇到自称为"圣水之会"的女性，劝笔者直立，紧闭双目，她口中念辞，以为祈祷。笔者才疏，不解其意，怕入日本黑党做的圈套之中，常微睁一眼，视其作为。此次读天海藏中明人孙学诗编《圣水纪言》，记明代杭州圣水之会事，才有所醒悟。原来在街巷对我施法的圣水之会，乃是天主教之一宗。此书首言天主教传入国内（中国），可与释老二道及儒学并存无碍。文中设定"袁氏多闻子"与"杨氏无知子"二人的论辩，其中多处指佛教之徒弃家室，毁人伦，而天主乃为救世之主云云。此本系明刊本，白口双边，传本极稀少。笔者不解如此谩骂佛学之异教典籍，缘何会入天海藏中。况且，17世纪时，德川幕府禁绝天主教，凡携带及保存天主教典籍者，重刑直至处死，长崎一地发生27名天主教徒被杀殉教案，轰动全国。故此《圣水纪言》如何能保存至今？除此天主教典籍之外，天海藏中还有明嘉靖十七年（1538）周藩刊《金丹正理大全》、明万历二十八年（1600）许氏雪竹斋刊《太上治生法会伊始真人鲜悟真经》、明万历三十一年（1603）草玄居刊《许真君净明宗教录》等道教文献，亦不知当年的僧侣们何以要把这些典籍收储于"天海藏"中，并把它们保藏到现在。用现今学术界的时髦话语说，17世纪的日本日光轮王寺，或许正是处在"多元文化"的状态中，推测其中有一些佛教僧侣，正以"超信仰"的立场，从事着

"跨文化研究"吧。

7. 明人文集明刊本四种

天海藏收明人明刊文集，如费元禄《甲秀园集》四十七卷、赵钑《无闻堂稿》十七卷、叶向高《苍霞草》十五卷、吴时行《两州集》十卷等，大都为初刊本。像《无闻堂稿》乃是赵钑去世的当年（明隆庆六年）赵氏玄对楼的刊本，此本由其长男编辑并校刻的。又如费元禄的《甲秀园集》亦系初刊本，此本传世较稀。其中有《二酉日录》一编，记西洋人利玛窦事，饶有趣味。

（1）费元禄《甲秀园集》四十七卷

明人费元禄《甲秀园集》四十七卷，为明万历年间（1573—1620）刊本。

前有明万历丁未（1607）陈继儒《甲秀园集序》、万历戊申（1608）费元禄《甲秀园集自序》、万历三十五年（1607）吴文泫《费无学先生传略》、周婴《费无学集序》。后有明万历三十八年（1610）黄光《费无学懒斋记》等。

每半叶有界十行，行二十字。白口，四周单边。

（2）赵钑《无闻堂稿》十七卷

明人赵钑《无闻堂稿》十七卷，明隆庆六年（1572）赵氏玄对楼刊本。

前有明隆庆六年罗汝芳《无闻堂稿序》。《目录》后有《明故中宪大夫都察院右佥都御史柱野赵公行状》。

此本细目如次：

> 卷一至卷二　赠言；
>
> 卷三至卷四　贺言、寿言；
>
> 卷五　记；
>
> 卷六　题、引言、墓志铭、碑、传、语、说等；
>
> 卷七　祭文；
>
> 卷八至卷九　疏；
>
> 卷十至卷十一　书；

卷十二　赋；

　　卷十三至卷十七　诗。

每半叶有界九行，行十八字。白口，左右双边。

（3）叶向高《镌苍霞草》十五卷

明人叶向高《镌苍霞草》十五卷，《续草》二十二卷，为明万历年间（1573—1620）侯官郑熜刊本。

前有郭正域《苍霞草序》。

此本细目如次：

　　卷一　论；

　　卷二　檄·表·疏；

　　卷三至卷六　序；

　　卷七　记；

　　卷八　颂·赋·赞·箴·策；

　　卷九　行状·神道碑；

　　卷十　墓表·传；

　　卷十一至卷十二　墓志铭；

　　卷十三　北虏考；

　　卷十四　朝鲜考·日本考·女真考·朵颜三卫考；

　　卷十五　哈密考·土鲁番考·西番考·盐政考·屯政考·京营兵制考。

每半叶有界九行，行二十字。白口，四周单边，版心镌"叶进卿苍霞草"。

（4）吴时行《两洲集》十卷

明人吴时行《两洲集》十卷，为明崇祯年间（1628—1644）刊本。

前有明崇祯七年（1634）程策《题两洲集序》，崇祯八年（1635）金声《两洲集叙》、孙调元《题吴两洲先生集》等。

每半叶有界九行，行二十字。白口，四周单边。各册封面内里皆有如下墨书：

　　进上 山门北谷

大僧正样　教王房

8. 金刊本《广韵》五卷

　　在小学类典籍方面有价值的藏本，当推金刊本《广韵》五卷了。自宋人陈彭年等奉敕编撰《广韵》以来，为学习和查检汉字提供了很大的便利，故此书在日本流行极广，收藏甚多。此日光轮王寺天海藏本凡五册，为金刊本粘叶装，则不为多见。此本系据宋本覆刊，卷中仍避宋讳，凡遇"玄、眩、惊、泓、愍、匡、筐、炅"等字皆阙笔。每半叶有界十二行，每行十九字。注文双行，每行三十一字。黑口，双黑鱼尾。左右双边（16.4厘米×11厘米）。前有唐天宝十年（751）孙愐《唐韵序》。每册首眉上有朱书"庆源寺"三字，第二册有墨书"树上房上儿"一行，皆系五山僧人所书，则原为庆源寺旧藏。

　　天海藏是一座幽深的文库，笔者承蒙友人的协助，仅是从一角窥视了其中的若干典籍。这座具有三百余年历史的释门法库，与其所在地日光一样，光环照人却又扑朔迷离。20世纪末，日本举国上下主张以开放的姿态，迎接21世纪不可阻挡的国际化趋势，期待着天海藏也一定会将它的全部的珍典秘籍，展现于关心它的读者面前。

附录一

本书著录日本藏汉籍文库一览表

追踪机构	所在地	藏书状况	参考书目
宫内厅书陵部	东京都千代田区	历代天皇与皇室等旧藏	《图书寮汉籍善本目录》《皇室の乃至宝》等
国立公文书馆（内阁文库）	东京都千代田区北の丸公园	以江户时代德川氏枫山官库、昌平坂学问所、原近江西大路藩主市桥长昭、丰后佐伯藩主毛利高标等旧藏	《内阁文库汉籍分类目录》等
国立国会图书馆	东京都千代田区永田町	以土肥庆藏"鹗轩文库"、根岸武香"胄山文库"、西村茂树"西村文库"、龟田次郎"龟田文库"、新城新藏"新城文库"等旧藏为基础	《国立国会图书馆汉籍目录》等
东洋文库	东京都文京区驹达	以岩崎氏家一系与Morrison文库等旧藏为基础	《东洋文库汉籍分类目录》（经史子部）
国立东京博物馆	东京都台东区上野公园	以德川达道、德川宗敬等旧藏为基础	《东京国立博物馆图版目录》《东京国立博物馆藏书目录》
静嘉堂文库	东京都世田谷区	以中村敬宇、竹添光鸿及陆心源皕宋楼、十万卷楼、守先阁等旧藏为基础	《静嘉堂文库汉籍分类目录》
尊经阁文库	东京都目黑区驹场	以加贺藩主前田氏家一系旧藏为基础	《尊经阁文库汉籍分类目录》等
御茶之水图书馆	东京都千代田区骏台	以德富苏峰成篑堂等旧藏为基础	《新修成篑堂文库善本目录》等
金泽文库	神奈川县横滨市金泽区	以北条实时一系及称名寺等旧藏为基础	《金泽文库古书目录》等
足利学校遗迹图书馆	栃木县足利市昌平町	以上杉宪实一系旧藏为基础	《订补足利学校遗迹图书馆古书分类目录》等
杏雨书屋（武田科学振兴财团）	大阪市十三	以早川佐七、内藤湖南、藤浪刚一、福井崇兰馆江马家等旧藏为基础	《新修恭仁山庄善本书影》等

（续表）

追踪机构	所在地	藏书状况	参考书目
天理图书馆	奈良县天理市杣之内町	以伊藤仁斋一系古义堂文库，及盐谷温、盛宣怀愚斋等旧藏为基础	《天理图书馆稀书目录》等
轮王寺天海藏	栃木县日光市山内	以天海大僧正等旧藏为基础	《日光山天海藏主要古书解题》等
真福寺大须观音	爱知县名古屋市中区	以原大须观音等旧藏为基础	《大须观音真福寺文库展》等
东福寺普门院	京都市东山区本町	以12世纪日僧圆尔辨圆从中国载归之汉籍为基础	《普门院经论章疏语录儒书等目录》等
石山寺	滋贺县大津市石山寺边町	以8世纪以来累世积累为基础	《石山寺（宝物篇）》等

附录二
参考书目
（以年代为序）

日本语文文献

《古事记》,《日本古典文学大系》, 岩波书店, 昭和四十六年（1971）。
《日本书纪》,《日本古典文学大系》, 岩波书店, 昭和四十六年（1971）。
《万叶集》,《日本古典文学大系》, 岩波书店, 昭和四十六年（1971）。
《倭版书籍考》, 弥生吉且编, 木村市郎兵卫本, 日本元禄十五年（1702）。
《活版考》, 冈本保孝编, 传抄本。
《官板书籍解题略》, 橄山精一编, 出云寺本, 日本弘化四年（1847）。
《经籍访古志》（丹波元坚跋释本）, 森立之等撰, 京都大学藏本, 1885年。
《庆长以来诸家著述目录》, 中根肃治编, 明治二十七年（1894）。
《帝国图书馆和汉书书名目录》, 明治二十七年至昭和三十七年（1894—1962）。
《续史籍集览》, 东京近藤活字所, 1898年。
《重订御书籍来历志》, 林炜编撰, 传抄本。
《古艺馀香》, 田中光显编, 传抄本。
《国史大系》, 东京经济杂志社, 1900—1901年。
《古文旧书考》, 岛田翰撰, 东京民友社, 日本明治三十八年（1905）。
《青州文库古版书目》, 明治三十八年（1905）。
《汉籍解题》, 桂五郎编撰, 明治书院, 明治三十九年（1906）；名著刊行会, 昭和五十六年（1981）。
《皕宋楼藏书源流考》, 岛田翰编, 董康刻刊, 光绪三十三年（1907）。
《大日本佛教全书》, 佛教刊行会, 1911—1922年。
《日本诗纪》, 市川世宁编, 国书刊行会, 明治四十四年（1911）。
《诸家珍藏稀书解题》, 大正六年（1917）。
《静嘉堂秘籍志》, 河田罴编撰, 静嘉堂, 大正七年（1918）。

《东洋文库展观书目》，东洋文库，大正十三年（1924）。

《典籍丛谈》，新村出著，冈书店，大正十四年（1925）。

《研几小录》，内藤虎次郎著，弘文堂，昭和三年（1928）。

《大正新修大藏经》（目录部），大正一切经刊行会，昭和三年（1928）。

《静嘉堂文库图书分类目录》，昭和四年（1929）。

《静嘉堂文库图书分类目录·续编》，昭和十四年（1939）。

《尚书正义》（日本景宋本），大阪每日新闻社，昭和四年（1929）。

《学习院图书馆和汉图书目录》，昭和四年（1929）。

《世界珍书解题》，日本收癖家协会编，昭和五年（1930）。

《图书寮汉籍善本目录》，宫内省图书寮编，昭和五年（1930）。

《东京书林定室会拥书楼千叶氏藏书入札目录》，昭和六年（1931）。

《旧刊影谱》，川濑一马编，日本书志学会，昭和七年（1932）。

《成篑堂善本书影》，苏峰先生古稀祝贺记念会，昭和七年（1932）。

《成篑堂善本书目》，苏峰先生古稀祝贺记念会，昭和七年（1932）。

《足利学校秘本书目》，日本书志学会，昭和八年（1933）。

《真福寺藏调玉集》，古典保存会，昭和八年（1933）。

《苏峰随笔—爱书五十年》，德富猪一郎著，フックドム社，昭和八年（1933）。

《静嘉堂文库宋本书影》，昭和八年（1933）。

《静嘉堂文库宋本展览会陈列书解说》，诸桥辙次主持，昭和八年（1933）。

《佚存书目》（服部宇之吉解说），文求堂，昭和八年（1933）。

《近畿善本图录》，大阪府立图书馆编，昭和八年（1933）。

《访书馀录》，和田维四郎著，昭和八年（1933）。

《日本古刊书目》，古泽义则编撰，帝都出版社，昭和八年（1933）。

《尊经阁文库汉籍分类目录》，秀英社，昭和九年（1934）。

《岩崎文库和汉书目》，录岩井大慧鉴定，开明堂，昭和九年（1934）。

《大阪府立图书馆恭仁山庄善本书影》，小林写真所，昭和十年（1935）。

《大阪府立图书馆真福寺善本集影》，昭和十年（1935）。

《大阪府立图书馆尾州大须真福寺善本展览会目录》，昭和十年（1935）。

《东洋文库地方志目录》，岩井大慧鉴定，昭和十年（1935）。

《真福寺善本》，黑板胜美编撰，昭和十年（1935）。

《图书寮宋本书影》，日本书志学会，昭和十一年（1936）。

《古活字本展览会目录》，川濑一马编，昭和十二年（1937）。

《关东现存宋元板书目》（第二稿），长泽规矩也编，昭和十三年（1938）。

《东洋文库十五年史》，岩井大慧主编，东洋文库，昭和十四年（1939）。

《金泽文库古书目录》，关靖编，岩松堂，昭和十四年（1939）。

《尊经阁文库国书分类目录》，昭和十四年（1939）。

《东洋文库朝鲜本分类目录》（附安南本），昭和十四年（1939）（1974年重印）。

《近世日本的儒学》，福岛甲子三著，岩波书店，昭和十四年（1939）。

《栗田文库目录》，中文馆，昭和十五年（1940）。

《近世汉学者著述目录大成》，关仪一郎等著，东洋图书刊行会，昭和十六年（1941）。

《古书籍公定价格总览》，日本古书通讯社，昭和十六年（1941）。

《东方文化研究所汉籍分类目录》，东方文化研究所编，昭和十七年（1942）。

《日本诗史》，江村北海著，西泽道宽译注，昭和十七年（1942）。

《古书贩卖目录》，南阳堂书店，昭和十七年（1942）。

《东京大学和汉图书目录》（十编），昭和十八年至二十四年（1943—1949）。

《东洋文库汉籍丛书分类目录》，搅一雄编，昭和二十年（1945）。

《图书寮典籍解题》，国立书院，昭和二十三年（1948）。

《天理大学图书馆稀书展览会目录》，昭和二十五年（1950）。

《内藤文库汉籍目录》，京都大学人文科学研究所编，昭和二十七年（1952）。

《日本近世名家文集》，天理图书馆编，昭和二十八年（1953）。

《日本汉文学史》，冈田正之著，弘文馆，昭和二十九年（1954）。

《天理图书馆开馆廿五周年纪念稀觏本集》，昭和三十年（1955）。

《内阁文库汉籍分类目录》，内阁文库编，昭和三十一年（1956）。

《京都国立博物馆图书目录》，昭和三十一年（1956）。

《古义堂文库目录》，天理图书馆编，昭和三十一年（1956）。

《铃木文库目录》(一),京都大学文学部编,昭和三十一年(1956)。

《平野文库图书目录》,鹿儿岛县立图书馆编,昭和三十二年(1957)。

《国立国会图书馆藏书目录》(和汉书部)(昭和三十四年至三十五年年度),国会图书馆整理部编,昭和三十五年、三十七年(1960、1962)。

《天理图书馆稀书目录》,天理图书馆编,昭和三十五年(1960)。

《大谷大学图书馆善本聚英》,昭和三十六年(1961)。

《日本的汉籍收集、汉籍关系目录集成、日本的亚洲研究现状调查》,东洋文库编,昭和三十六年(1961)。

《宋版》,天理图书馆编,昭和三十七年(1962)。

《宋元绘画》,东京国立博物馆编,昭和三十七年(1962)。

《和汉图书增加目录》(昭和三十五年至三十六年年度),中央大学图书馆编,昭和三十七年(1962)。

《岩井博士古稀纪念典籍论集》,岩井博士古稀纪念事业会编,大安社,昭和三十八年(1963)。

《国宝》,文化财委员会编,昭和三十八年(1963)。

《足利学校遗迹图书馆汉籍目录》,长泽规矩也编,足利市役所,昭和四十一年(1966)。

《中国古版通俗小说集》,天理图书馆编,昭和四十一年(1966)。

《汉籍丛书所在目录》,东京大学东洋文化研究所编,昭和四十一年(1966)。

《日光山"天海藏"主要古书解题》,长泽规矩也编,昭和四十一年(1966)。

《东洋文库汉籍分类目录》(集部),东洋学文献中心连络协议会编,昭和四十二年(1967)。

《汉籍分类目录》(集部),东洋文库编,昭和四十二年(1967)。

《国立国会图书馆所藏贵重书解题》,昭和四十四年(1969)。

《中国地方志总合目录》,国会图书馆编,昭和四十四年(1969)。

《天理图书馆开馆四十周年纪念善本书影》,昭和四十五年(1970)。

《静盦汉籍解题长编》,长泽规矩也编,汲古书院,昭和四十五年(1970)。

《日本现存明代地方志目录》,山根幸夫编,1971年。

《秘籍图谱》,天理图书馆,昭和四十七年(1972)。

《日本现存宋人文集目录》，吉田寅、柳田直彦编，1972年。

《泰西中国记集》，天理图书馆编，1973年。

《古刊朝鲜本》，天理图书馆，1973年。

《足利学校善本图录》，长泽规矩也编，昭和四十八年（1973）。

《重要文化财目录》，文化厅监修，每日新闻社，昭和五十年（1975）。

《和刻本汉籍分类目录》，长泽规矩也编，汲古书院，1976年。

《全国特殊コレクション要览》（改订版），国立国会图书馆参考书志部编，国立国会图书馆，1977年。

《宋元文化と金泽文库展资料目录》，金泽文库，1977年。

《国立公文书馆内阁文库沿革略》，内阁文库编，昭和五十三年（1978）。

《正仓院展目录》，奈良国立博物馆编，昭和五十三年（1978）。

《东洋文库所藏汉籍分类目录》（经部），东洋文库，昭和五十三年（1978）。

《日本现存明人文集目录》，山根幸夫编，东京女子大学，昭和五十三年（1978）。

《日本书目大成》，长泽规矩也、阿部隆一编，汲古书院，1979年。

《东京国立博物馆图版目录》，昭和五十五年（1980）。

《日本的古辞书》，天理图书馆编，1980年。

《正仓院的宝物》，平凡社，昭和五十六年（1981）。

《国立国会图书馆所藏贵重书解题》（古写本部），昭和五十六年（1981）。

《杏雨书屋特别展示会》，武田科学振兴财团编，1984年。

《大须观音真福寺文库展》，名古屋博物馆等编，昭和五十九年（1984）。

《新修恭仁山庄善本书影》，杏雨书屋编，1985年。

《足利学校》，长泽规矩也撰，足利学校遗迹图书馆后援会，1985年。

《金泽文库》，前田元重、高桥秀荣编，金泽文库，1985年。

《东洋文库所藏汉籍分类目录》（史部），东洋文库，1986年。

《日本写经》，增田武文等编，シーゲ出版社，昭和六十二年（1987）。

《国立国会图书馆汉籍目录》，国立国会图书馆图书部编，国会图书馆，昭和六十二年（1987）。

《订补足利学校遗迹图书馆古书分类目录》，长泽规矩也编，汲古书院，昭和六十三年（1988）。

《静嘉堂文库宋元版图录》（解题篇），静嘉堂文库编，汲古书院，平成四年（1993）。

《西国十三番大本山石山寺》（宝物篇），石山寺编，京都美术社，平成四年（1993）。

《皇室至宝》，每日新闻社编，平成五年（1994）。

《东洋文库所藏汉籍分类目录·子部》，东洋文库图书部编，平成五年（1994）。

汉语文文献

《日本访书志》，杨守敬编撰，光绪三十三年（1907）。

《日本访书志补》，王重民编撰，1930年。

《方志考稿》，瞿宣颖著，1930年。

《书舶庸谭》，董康著，文禄堂，1936年（1946年重校刻印）。

《四库全书总目》，永瑢等编撰，中华书局，1965年。

《日本东京所见小说书目》，孙楷第撰，人民文学出版社，1958年。

《中国地方志综录》，朱士嘉编，商务印书馆，1958年。

《伦敦所见中国小说书目提要》，柳存仁编著，书目文献出版社，1982年。

《中国善本书提要》，王重民撰，上海古籍出版社，1983年。

《藏园群书经眼录》，傅增湘撰，中华书局，1983年。

《钜宋广韵》，宋孝宗乾道五年刊本原日本向山荣家藏本，上海古籍出版社，1983年。

《仪顾堂题跋·续跋 善本书室藏书志》（影印本），（清）陆心源撰，（清）丁丙撰，中华书局，1990年。

《黄丕烈年谱》，（清）江标撰，冯惠民点校，中华书局，1988年。

《中国古籍善本书目》，上海古籍出版社，1990年。

《日本中国学史》，严绍璗著，江西人民出版社，1991年。

《汉籍在日本流布的研究》，严绍璗著，江苏古籍出版社，1992年。

《山东文献书目》，王绍曾主编，齐鲁书社，1993年。

《所见中国古代小说戏曲版本图录》，吴希贤编，中华全国图书馆文献缩微复制中心，1995年。

《徽州出版史叙论》，徐学林著，安徽美术出版社，1995年。

《新编天一阁书目》，骆兆平编著，中华书局，1996年。

《日本藏宋人文集善本钩沉》，严绍璗编著，杭州大学出版社，1996年。

《福建古代刻书》，谢水顺、李珽著，福建人民出版社，1997年。

《北京大学图书馆藏善本书录》，张玉范、沈乃文主编，北京大学出版社，1998年。

《湖南省古籍善本书目》，常书智、李龙如主编，岳麓书社，1998年。

《日藏古抄李峤咏物诗注》，张庭芳注，胡志昂编，上海古籍出版社，1998年。

《中国传统文化研究丛书》（典藏编·目录编·版本编·校勘编），齐鲁书社，1998年。

《西谛书跋》，郑振铎著，吴晓铃整理，文物出版社，1998年。

《美国哈佛大学哈佛燕京图书馆中文善本书志》，沈津著，上海辞书出版社，1999年。

《日本见藏中国丛书目初编》，李锐清编著，杭州大学出版社，1999年。

《中国与东北亚文化交流志》，严绍璗、刘渤著，上海人民出版社，1999年。

本书著者谨向上述所有著作的著者和编者表示敬意。书稿中曾在某些著录中参考或征引过其中的若干材料，因为行款格式所限，未能一一标出，编著者在此统列各位高名与书名，一并致谢。

2004年10月

校读于北京西郊　北京大学蓝旗营　跬步斋

"严绍璗文集"总目录

国际中国学研究

养天地之正气 法古今之完人
会通学科熔"义理辞章"于一炉
我和国际中国学研究
20世纪70年代日本学者论中国古代文学的特点问题
日本学者近年来对中国古史的研究
日本对《尚书》的研究情况
日本学者关于《诗经》的研究
日本学者关于中国文学史分期方面的一些见解
日本鲁迅研究名家名作述评（一）
日本鲁迅研究名家名作述评（二）
《赵氏孤儿》与18世纪欧洲戏剧文学
关于汉学的问答
甲骨文字与敦煌文献东传纪事
日本中国学中从经学研究向中国哲学研究演进的轨迹

中国当代新文化建设的精神指向与"儒学革命"

中国古代文学研究的国际文化意识

中国学术界对Sinology研究应有的反思

日本中国学中"道学的史学"的没落与"东洋史学"兴起的考察

日本中国学中中国文学近代性研究的形成

中国国际中国学（汉学）研究三十年

我看汉学与"汉学主义"

比较文学研究

我走上比较文学研究的文化历程

"文化语境"与"变异体"以及文学的发生学

双边文化与多边文化研究的原典实证的观念与方法论

在"比较文学"研究中创建具有自己民族特色的中国学派的构想

民族文学研究中的比较文学研究空间

确立关于表述"东亚文学"历史的更加真实的观念

中外文学交流史：中国比较文学研究中的基础性学术

文学与比较文学同在共存

比较文学研究中的"文本细读"的体验

文化的本体论性质与马克思的文化论序说

日本短歌歌型形成序说

日本《竹取物语》的发生成研究

日本平安文坛上的中国文化

论五山汉文学

日本古代"小说"的产生与中国文学的关联

对"比较文学与世界文学专业"名称的质疑

关于比较文学博士养成的浅见

日本文化研究

日本的发现
中日禅僧的交往与日本宋学的渊源
徐福东渡的史实与传说
中国传统文化在日本的命运
儒学在日本近代文化运动中的意义（战前篇）
日本现代化肇始期的文化冲突
日本当代"国家主义"思潮的思想基础
日本中国学中一个特殊课题——满学
战后60年日本人的中国观
中国儒学在日本近代变异的考察
日本当代海洋文明观质疑
我对日本学研究的思考
汉字在东亚文明共同体中的价值
中日古代文化关系的政治框架与本质特征的研讨
东亚文明与琉球文明研究的若干问题
日本军国主义者对中国文化资材的劫夺
日本近代前期天皇的儒学修养
日本"中国研究"的学术机构
严绍璗教授荣获日本第23届"山片蟠桃奖"文化研究国际奖

日本藏汉籍善本研究

汉籍的外传与文明的对话
在皇宫书陵部访"国宝"
在国会图书馆访"国宝"
在日本国家公文书馆访"国宝"
在东京国立博物馆访"国宝"

在东洋文库访"国宝"
在足利学校遗迹图书馆访"国宝"
在金泽文库访"国宝"
在静嘉堂文库访"国宝"
在杏雨书屋访"国宝"
在天理图书馆访"国宝"
在尊经阁文库访"国宝"
在御茶之水图书馆访"国宝"
在真福寺访"国宝"
在石山寺访"国宝"
在东福寺访"国宝"
在日光轮王寺天海藏访"国宝"

读书序录

他序文

序孙立川、王顺洪编《日本研究中国现当代文学论著索引1919—1989》
序王勇著《中日关系史考》
序尚会鹏著《中国人与日本人：社会集团、行为方式和文化心理的比较研究》
跋六角恒广著，王顺洪译《日本中国语教学书志》
序周阅著《川端康成是怎样读书写作的》
《多边文化研究》第一卷"卷头语"
序《中日文化交流史论集——户川芳郎先生古稀纪念》
序张哲俊著《中日古典悲剧的形式——三个母题与嬗变的研究》
序李岩著《中韩文学关系史论》
序刘元满著《汉字在日本的文化意义研究》
序张玉安、陈岗龙主编《东方民间文学比较研究》
《多边文化研究》第二卷"卷头语"
序钱婉约著《内藤湖南研究》

序刘萍著《津田左右吉研究》
序王琢著《想象力论：大江健三郎的小说方法》
序张哲俊著《东亚比较文学导论》
序张哲俊著《吉川幸次郎研究》
序张哲俊著《中国古代文学中的日本形象研究》
序《东方研究2004——中日文学比较研究专辑》
序王青著《日本近世儒学家荻生徂徕研究》
序王益鸣著《空海学术体系的范畴研究》
序王青著《日本近世思想概论》
《多边文化研究》第三卷"卷头语"
序李强著《厨川白村文艺思想研究》
序王顺洪著《日本人汉语学习研究》
序周阅著《川端康成文学的文化学研究》
序隽雪艳著《文化的重写：日本古典中的白居易形象》
序牟学苑著《拉夫卡迪奥·赫恩文学的发生学研究》
序郭勇著《中岛敦文学的比较研究》
序潘钧著《日本汉字的确立及其历史演变》
序涂晓华著《上海沦陷时期〈女声〉杂志研究》
序张冰著《俄罗斯汉学家李福清研究》
序聂友军著《日本学研究的"异域之眼"》
序王广生著《宫崎市定史学方法论》
序张西艳著《〈山海经〉在日本的传播和研究》

自序文

《中日古代文学交流史稿》前言
《中国文学在日本》前言
《日本中国学史》代序
《中日文化交流史大系·文学卷》序论
"21世纪比较文学系列教材"出版总序

"北京大学20世纪国际中国学研究文库"总序
"北京大学比较文学学术文库"出版总序
《比较文学视野中的日本文化——严绍璗海外讲演录》自序
《日本藏汉籍珍本追踪纪实——严绍璗海外访书志》自序
《日藏汉籍善本书录》自序
《日本中国学史稿》前言
《魏建功文选》前言

人物纪、访谈录

好人阴法鲁先生
北京大学比较文学研究所创始所长乐黛云先生纪事
贾植芳先生的比较文学观
中西进教授的学问
我的老师们
我的生命的驿站
为人民读好书、写好书——严绍璗先生访谈

图书在版编目（CIP）数据

日本藏汉籍善本研究 / 严绍璗著. —北京：北京大学出版社，2021.10
ISBN 978-7-301-32487-5

Ⅰ.①日… Ⅱ.①严… Ⅲ.①古籍–善本–研究–中国 Ⅳ.①G255.1

中国版本图书馆CIP数据核字(2021)第180505号

书　　　名	日本藏汉籍善本研究 RIBEN CANG HANJI SHANBEN YANJIU
著作责任者	严绍璗　著
责任编辑	严　悦
标准书号	ISBN 978-7-301-32487-5
出版发行	北京大学出版社
地　　　址	北京市海淀区成府路205号　100871
网　　　址	http://www.pup.cn　新浪微博：@北京大学出版社
电子信箱	pkupress_yan@qq.com
电　　　话	邮购部 010-62752015　发行部 010-62750672 编辑部 010-62754382
印　刷　者	北京虎彩文化传播有限公司
经　销　者	新华书店
	720毫米×1020毫米　16开本　27.75印张　插页1　470千字 2021年10月第1版　2021年10月第1次印刷
定　　　价	138.00元

未经许可，不得以任何方式复制或抄袭本书之部分或全部内容。
版权所有，侵权必究
举报电话：010-62752024　电子信箱：fd@pup.pku.edu.cn
图书如有印装质量问题，请与出版部联系，电话：010-62756370